W9-AYS-387

DIS-MOI!

Scott, Foresman French Program
Book One

Albert Valdman, Ph.D.
Indiana University
Bloomington, IN

Marcel LaVergne, Ed.D
Needham Public Schools
Needham, MA

Estella Gahala, Ph.D.
National Foreign Language Consultant
Scott, Foresman and Company
Glenview, IL

Constance K. Knop, Ph.D.
University of Wisconsin
Madison, WI

Marie-Christine Carreté, Agrégée
Collège Lamartine
Houilles, France

DIS-MOI!

Scott, Foresman and Company
Editorial Offices: Glenview, Illinois

Regional Offices: Sunnyvale, California • Atlanta, Georgia •
Glenview, Illinois • Oakland, New Jersey • Dallas, Texas

ISBN: 0-673-35036-3

Copyright © 1990
Scott, Foresman and Company, Glenview, Illinois
All Rights Reserved.   Printed in the United States of America.

This publication is protected by Copyright and permission should be obtained from
the publisher prior to any prohibited reproduction, storage in a retrieval system, or
transmission in any form or by any means, electronic, mechanical, photocopying,
recording or otherwise. For information regarding permission, write to: Scott,
Foresman and Company, 1900 East Lake Avenue, Glenview, Illinois 60025.

4567891011 — RIW — 95949392

Cover: Helena Kolda.
Detail, gateway to the Cour d'honneur, Versailles. Phedon Salou/Shostal.
Acknowledgments for illustrations appear on pp. 554–555.   The acknowledgments
section should be considered an extension of the copyright page.

The authors and editors would like to express their heartfelt thanks to the following
team of reader consultants. Chapter by chapter, each offered suggestions and
provided encouragement. Their contribution has been invaluable.

Reader Consultants

Barbara Berry, Ph.D.
Foreign Language Dept.
  Chairperson
Ypsilanti High School
Ypsilanti, MI

Pearl Bennett Chiari
Foreign Language Dept.
  Chairperson
North Miami Beach Senior High
North Miami Beach, FL

Deborah Corkey
Foreign Language Specialist
Fairfax County Public Schools
Fairfax, VA

Diane D. Davison
George Washington High School
Denver Public Schools
Denver, CO

David Hardy
Newman Smith High School
Carrollton, TX

Jaquelyn Kaplan
Shenendehowa Central Schools
Clifton Park, NY

Maera Kobeck
Foreign Language Supervisor
Memphis City Schools
Memphis, TN

Amanda LaFleur
Comeaux High School
Lafayette, LA

Mary de Lopez
Modern and Classical Languages
  Dept. Chairperson
La Cueva High School
Albuquerque, NM

Carol McCollum
Spoon River Valley Schools
London Mills, IL

Judith Redenbaugh
Foreign Language Dept.
  Chairperson
Costa Mesa High School
Costa Mesa, CA

Alvaro M. Rodriguez
Robert E. Lee High School
Houston, TX

Maria Gioia Sordi
Foreign Language Dept.
  Chairperson
Archbishop Carroll High School
Radnor, PA

Jean Teel
Foreign Language Instructional
  Specialist
Shawnee Mission Public Schools
Shawnee Mission, KS

Patricia Warner
North Medford High School
Medford, OR

Albert Valdman is Rudy Professor of French & Italian and Linguistics at Indiana University. Dr. Valdman is an internationally recognized linguist and author who is currently president of the International Association for Applied Linguistics and is editor of *Studies in Second Language Acquisition*. He is a leading scholar in the fields of applied linguistics, foreign-language methodology, and creole languages. He regularly serves as visiting professor at the Université de Nice and has received the *Ordre des palmes académiques* from the French government.

Marcel LaVergne is Director of Foreign Languages and English as a Second Language in the Needham (MA) Public Schools. He received his doctorate in foreign language education from Boston University. Dr. LaVergne is a Franco-American whose grandparents emigrated from Quebec. A practicing classroom teacher, he is continually trying out new approaches to teaching language and to developing listening skills.

Estella Gahala is National Foreign Language Consultant for Scott, Foresman and Company. Dr. Gahala, formerly Foreign Language Department Chairperson and the Director of Curriculum and Instruction for Lyons Township (IL) High School, has received the *Ordre des palmes académiques* from the French government for her contribution to French education in the U.S. She spends most of her time talking with classroom teachers around the country.

Constance Knop is Professor of Curriculum and Instruction and Professor of French at the University of Wisconsin, Madison. Dr. Knop has gained national prominence as a foreign language educator through leadership roles in the American Association of Teachers of French (AATF) and the American Council on the Teaching of Foreign Languages (ACTFL), editorial roles on *The French Review* and *The Modern Language Journal*, and authorship of a college-level French text.

Marie-Christine Carreté is a teacher of English and a teacher trainer at the Collège Lamartine in Houilles, France. She received her B.A. in English from the University of California, Berkeley, and her *maîtrise* and *agrégation* from the Université de Paris. Her daily work with French young people allows her to bring an unusual level of authenticity and insight to her writing.

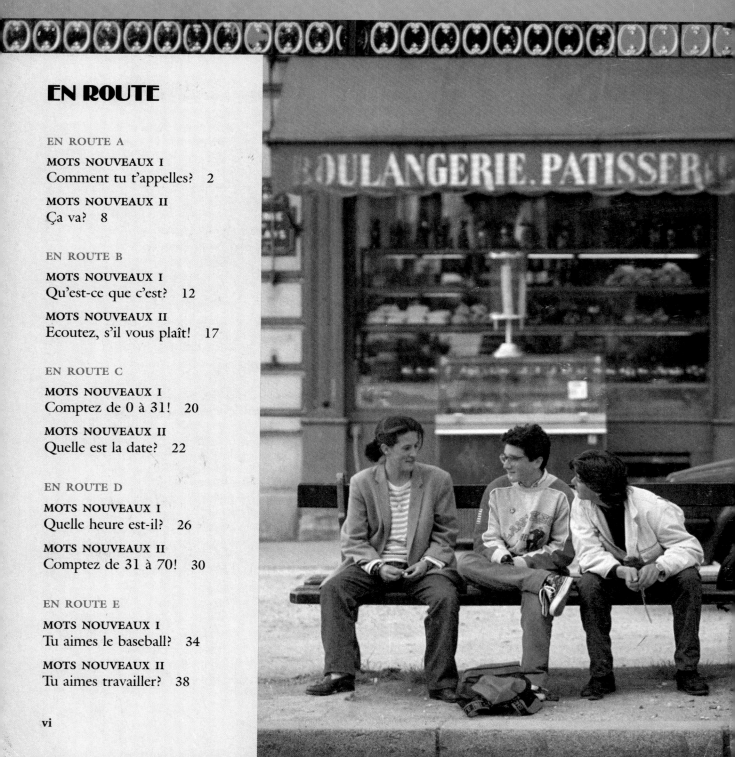

TABLE DE MATIÈRES

EN ROUTE

CHAPITRE 1

CHAPITRE 2

CHAPITRE 3

CHAPITRE 4

CHAPITRE 5

CHAPITRE 6

CHAPITRE 7

CHAPITRE 8

CHAPITRE 9

CHAPITRE 10

CHAPITRE 11

CHAPITRE 12

CHAPITRE 13

CHAPITRE 14

CHAPITRE 15

EN ROUTE

MOTS NOUVEAUX I

Comment tu t'appelles?

CONTEXTE VISUEL

Bonjour! Je m'appelle Marie. Et toi?

Je m'appelle David.

bonjour *hello*
je m'appelle *my name is*
et toi? *and you?*
comment tu t'appelles?
  what's your name?

CONTEXTE COMMUNICATIF

1 DAVID   **Qui est-ce?**
   MARIE   **C'est le professeur. Il s'appelle Monsieur** Lenoir.

2 ANNE   Qui est-ce?
   GUY   C'est le professeur. **Elle s'appelle Madame** Brel.

   Variations:
   ■ Madame → **Mademoiselle**

qui est-ce? *who's that?*
c'est *that's*
le professeur *the teacher*
il s'appelle *his name is*
Monsieur (M.) *Mr.*
elle s'appelle *her name is*
Madame (Mme) *Mrs.*
Mademoiselle (Mlle) *Miss*

3   CLAUDE   Qui est-ce? C'est **une élève?**
    CAROLINE **Oui,** c'est Hélène.

    ■ une élève → **un élève**
       Hélène → David

4   ADAM   C'est Marie?
    JOSETTE   **Non,** c'est Hélène.

une élève *a (female) student*
oui *yes*

un élève *a (male) student*

non *no*

EXERCICES

A Je m'appelle...   Your teacher will introduce himself or herself and ask your name. Answer with the French equivalent of your name. If your name is not on the list, you might choose a new name or say your name in English. Your teacher will help you to say it as a French person might.

LE PROFESSEUR   *Bonjour! Je m'appelle _____. Comment tu t'appelles?*
L'ÉLÈVE   *Bonjour, monsieur (madame, mademoiselle). Je m'appelle _____.*

Now say hello to a classmate and introduce yourself.

ÉLÈVE 1   *Bonjour! Je m'appelle _____. Et toi?*
ÉLÈVE 2   *Je m'appelle _____.*

Noms de filles *(Girls' names)*

Adèle	Charlotte	Eve	Lise	Noëlle
Agnès	Christiane	Fernande	Lisette	Odile
Alice	Christine	Florence	Louise	Pascale
Andrée	Claire	France	Lucie	Patricia
Anne	Claude	Françoise	Lydie	Paule
Annick	Claudine	Gabrielle	Madeleine	Pauline
Annie	Clémence	Geneviève	Marguerite	Renée
Antoinette	Colette	Ghyslaine	Marianne	Rose
Aude	Coralie	Gisèle	Marie	Sabine
Aurélie	Corinne	Hélène	Marion	Sara
Aurore	Danièle	Huguette	Marlène	Simone
Béatrice	Delphine	Isabelle	Marthe	Solange
Bénédicte	Denise	Jacqueline	Martine	Suzanne
Bernadette	Diane	Jeanne	Maryse	Suzette
Blanche	Dominique	Jocelyne	Michèle	Sylvie
Brigitte	Dorothée	Joëlle	Mireille	Thérèse
Carine	Edith	Josette	Monique	Valérie
Caroline	Elisabeth	Julie	Murielle	Véronique
Catherine	Elise	Juliette	Nadège	Virginie
Cécile	Elodie	Laure	Nadine	Viviane
Céline	Emilie	Laurence	Nathalie	Yolande
Chantal	Estelle	Liliane	Nicole	Yvette

Noms de garçons (*Boys' names*)

Adam	Christophe	Georges	Lionel	Raymond
Alban	Claude	Gérard	Loïc	Rémi
Albert	Cyrille	Gilbert	Louis	Renaud
Alexandre	Daniel	Gilles	Luc	René
Alfred	David	Grégoire	Marc	Richard
André	Denis	Guillaume	Marcel	Robert
Antoine	Didier	Gustave	Martin	Roland
Armand	Dominique	Guy	Mathieu	Romain
Arnaud	Edouard	Henri	Michel	Sébastien
Arthur	Eric	Hervé	Nicolas	Serge
Aurélien	Etienne	Hugues	Noël	Simon
Baptiste	Eugène	Jacques	Olivier	Sylvain
Bastien	Fabrice	Jean	Pascal	Thierry
Benoît	Fernand	Jérôme	Patrice	Thomas
Bernard	François	Jocelyn	Patrick	Vincent
Bertrand	Frédéric	Joseph	Paul	Vivien
Bruno	Gaël	Julien	Philippe	Xavier
Charles	Gaspard	Laurent	Pierre	Yann
Christian	Gauthier	Léon	Raoul	Yves

Hyphenated names with Jean and Marie are popular in France: Jean-Luc, Jean-Marc, Marie-Claude, Marie-Louise.

Comment s'appellent les filles?

B **Oui ou (or) non?** It is the beginning of the school year, and your teacher is having trouble learning names. He or she will ask about students' names. If the name is right, confirm it. If it is wrong, give the right one.

LE PROFESSEUR *C'est Paul?*
L'ÉLÈVE *Oui, madame (monsieur, mademoiselle), c'est Paul.*
OU: *Non, madame (monsieur, mademoiselle), c'est Didier.*

C **Qui est-ce?** The letters of the French alphabet are the same as in English, but the names of the letters are pronounced differently. Listen as your teacher reads the names of the letters aloud.

a	h	o	u
b	i	p	v
c	j	q	w
d	k	r	x
e	l	s	y
f	m	t	z
g	n		

After your teacher spells the name of a student, point to the person whose name it is.

LE PROFESSEUR *D-A-N-I-E-L.*
L'ÉLÈVE *(pointing) C'est Daniel.*

Une classe à Paris

DOCUMENT

Je m'abonne! *(I'm subscribing!)* You would like to subscribe to *Okapi*, a French magazine for young people. Imagine that you are subscribing by telephone. Spell out your last name *(le nom)* and first name *(le prénom)* as they would appear on the subscription blank.

Je m'abonne! Je m'appelle Monsieur Adams—A-D-A-M-S, David—D-A-V-I-D.

MOTS NOUVEAUX II

Ça va?

Salut, Paul. **Ça va?**

Ça va. Et toi?

Oui, ça va, **merci.**

Bonjour, **madame.**[1]
Comment allez-vous?

Bien, merci.[2]

Très bien, monsieur. Et vous?

salut	*hi*
ça va?	*how's it going?*
ça va	*things are OK*
merci	*thank you*
madame	*ma'am*
comment allez-vous?	*how are you?*
très	*very*
bien	*well*
monsieur	*sir*
et vous?	*and you?*

[1]The French often use the person's first name or *monsieur, madame,* or *mademoiselle* when saying hello. To a friend you could say *'Bonjour'* or *'Bonjour, Alice,'* but to a teacher you would say *'Bonjour, monsieur'* or *'Bonjour, mademoiselle.'*

[2]Polite expressions are very important in the French language. Though you might say *pas mal* or *comme ci, comme ça* to a friend, a more polite response to an adult or someone you don't know well is *bien, merci* or *ça va bien, merci.*

CONTEXTE COMMUNICATIF

1   NICOLE   Salut, Paul. Ça va?
       PAUL   **Ça va bien,** merci.

     Variations:
     ■ ça va bien, merci → **comme ci, comme ça**
     ■ ça va bien, merci → oui, ça va

ça va bien   *everything's fine*

comme ci, comme ça   *so-so*

2   PASCAL   Salut, Sara. Ça va?
       SARA   **Pas mal.** Et toi?

     ■ pas mal → non, **ça ne va pas**
     ■ pas mal → non, **ça va mal**

pas mal   *not bad*

ça ne va pas   *things aren't going well*

ça va mal   *things are awful*

3   JULIETTE   **Eh bien, au revoir,** Georges.
       GEORGES   Au revoir.

     ■ au revoir → **à demain**
     ■ au revoir → **à bientôt**
     ■ au revoir → **salut**

eh bien   *well …*
au revoir   *good-bye*

à demain   *see you tomorrow*
à bientôt   *see you soon*
salut   *bye*

EXERCICES

A   **Ça va?**   Your teacher will ask a student how he or she is. That person will answer and then ask another student the same question.

     LE PROFESSEUR   *Ça va, Marianne?*
     MARIANNE   *Oui, ça va bien, mademoiselle. Et toi, Pierre, ça va?*
     PIERRE   *Non, ça va mal. Et toi, Marc, ça va?*

B   **Au revoir!**   You meet a friend in the hall as you rush to class. Say hello, ask how things are going, and then say good-bye.

     ÉLÈVE 1   *Bonjour, _____. _____ ?*
     ÉLÈVE 2   *_____. Et toi?*
     ÉLÈVE 1   *_____. Eh bien, _____.*
     ÉLÈVE 2   *_____.*

Toi et *vous*

Marc's teacher and friends have greeted him by saying, *Bonjour, Marc. Ça va?* Note how Marc answers them.

The pronouns *toi* and *vous* both mean "you." Use *toi* when speaking to a relative, a friend, a classmate, a small child, or a pet. Use *vous* when talking to any other people or to more than one person.

ACTIVITÉ

With a partner, prepare greetings, choosing roles from among the following people. Decide whether *Et toi?* or *Et vous?* would be appropriate. Then present your dialogue to the class.

the mail carrier
your teacher
your cousin
your grandmother's friend
the man next door
your mother or father
the school principal
your best friend
the child next door

THE MAIL CARRIER	*Bonjour, _____. Ça va?*
YOU	*Très bien, merci, monsieur. Et vous?*

(en haut) A Mooréa
(en bas) A Paris

VOCABULAIRE D'EN ROUTE A

Noms	**Pronoms**	**Expressions**	
l'élève *(m. & f.)*	toi	à bientôt	comment tu t'appelles?
madame	vous	à demain	eh bien
mademoiselle		au revoir	et toi?
monsieur	**Adverbes**	bonjour	et vous?
le professeur	bien	ça ne va pas	il (elle) s'appelle
	non	ça va?	je m'appelle
	oui	ça va (bien/mal)	merci
	très	c'est + *name*	pas mal
		comme ci, comme ça	qui est-ce?
		comment allez-vous?	salut

9

Transparency 3

CONTEXTE
VISUEL

Qu'est-ce que c'est?

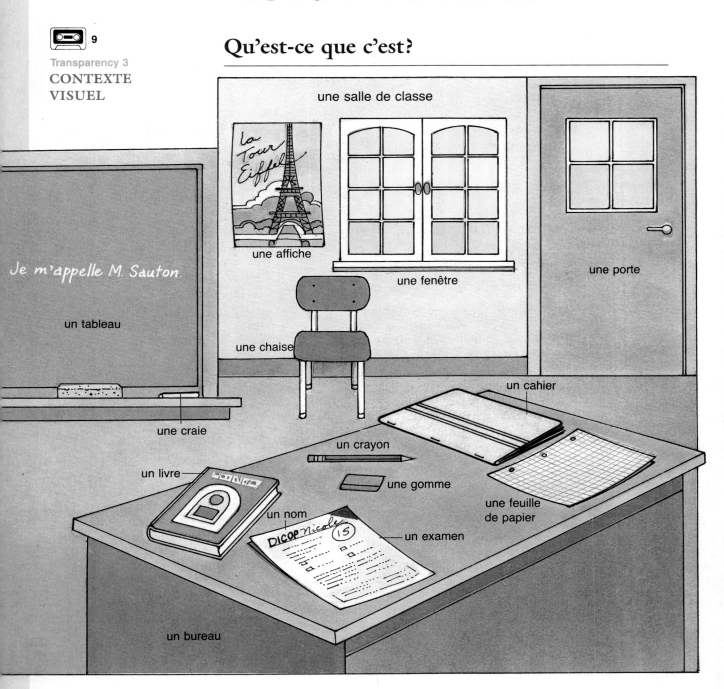

une salle de classe

une affiche

une fenêtre

une porte

Je m'appelle M. Sauton.

un tableau

une chaise

un cahier

une craie

un crayon

un livre

une gomme

une feuille
de papier

un nom

un examen

un bureau

CONTEXTE COMMUNICATIF

1   LE PROF[1]   Eh bien, **qu'est-ce que c'est?**

      L'ÉLÈVE   C'est **un** cahier, monsieur.

Variations:

■ un cahier → **une** chaise

le prof, la prof	= le professeur
qu'est-ce que c'est?	*what is it?*
un	*a, an*
une	*a, an*

2   CLAIRE   **En français, qu'est-ce que c'est?**

      ROGER   **Je ne sais pas, moi.**

      NICOLE   Moi, **je sais.** C'est un bureau.

■ un bureau → un crayon

en français, qu'est-ce que c'est?	*what's that in French?*
je ne sais pas	*I don't know*
moi	*me* (used for emphasis)
je sais	*I know*

3   LIONEL   C'est **le livre de Monsieur Moreau?**

      PAULINE   Non, c'est le livre de Coralie.

■ le livre → **la** gomme

■ le livre → **l'**affiche

le	*the*
de M. Moreau	*Mr. Moreau's*
la	*the*
l'	*the*

4   LUC   **Où est** le cahier de Philippe, **s'il vous plaît?**

      LE PROF   *(touching it)* **Voici.**

      LUC   Et l'affiche?

      LE PROF   *(pointing to it)* **Voilà** l'affiche.

■ de Philippe → d'Alice

où est ...?	*where is ...?*
s'il vous plaît	*please*
voici	*here (it is)*
voilà	*there's*

5   LA PROF   Où est le cahier de Paul, **s'il te plaît?**

      ANNE   **Je ne comprends pas,** madame.

      NICOLE   Moi, **je comprends**—voilà le cahier.

s'il te plaît	*please*
je ne comprends pas	*I don't understand*
je comprends	*I understand*

---

[1]*Le prof* and *la prof* are short forms of the word *le professeur,* and are used most often in informal conversation.

Les articles définis et indéfinis:
le, la, l'; un, une

You know that nouns refer to persons, places, or things. In French, all nouns, even for places and things, have a gender. They are either masculine or feminine, and it will be important for you to learn the gender of a noun when you learn its meaning. Nouns are usually preceded by words called articles. The article often will tell you the gender of the noun.

	DEFINITE ARTICLES	INDEFINITE ARTICLES
SING. M.	**le** livre **l'**examen	**un** livre **un** examen
SING. F.	**la** chaise **l'**affiche	**une** chaise **une** affiche

1 *Le, la,* and *l'* are definite articles. They refer to specific people, places, and things. The English equivalent is "the." *Le* goes before a masculine noun, and *la* precedes a feminine noun. The article *l'* is used for both masculine and feminine nouns beginning with a vowel sound.

2 *Un* and *une* are indefinite articles. Their English equivalent is "a" or "an." *Un* indicates a masculine noun, *une* a feminine noun.

3 The gender of nouns for people usually reflects the gender of the person you are talking about: *le prof, la prof; un élève, une élève.* You will, however, learn some exceptions. For example, the longer word *le professeur* is always masculine, even when referring to a female teacher.

4 You can't tell the gender of nouns referring to things from the meaning: *le bureau,* but *la chaise.* You should learn the gender of a noun when you learn its meaning.

EXERCICES

A En français, qu'est-ce que c'est? You're having some trouble remembering the French names for these objects. Ask a classmate for help.

ÉLÈVE 1 *En français, qu'est-ce que c'est?*
ÉLÈVE 2 *C'est une affiche.*

1.   2.   3.

4.   5.   6.

B Le cartable *(book bag)* **de Jeanne.** Your friend Jeanne carries a lot of things in her book bag. Say that each of the objects in Exercice A belongs to her.

C'est l'affiche de Jeanne.

Au lycée Janson de Sailly, Paris

C **Dans** *(in)* **la salle de classe.**   Test a classmate by asking the location of these objects in your classroom. If an object is across the room, your partner will point to it and use *voilà*. If it is nearby, he or she will point to it or touch it and use *voici*.

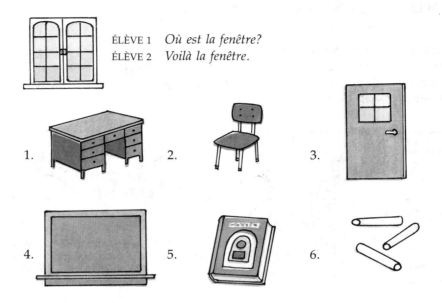

ÉLÈVE 1   *Où est la fenêtre?*
ÉLÈVE 2   *Voilà la fenêtre.*

1.   2.   3.

4.   5.   6.

Deux élèves

MOTS NOUVEAUX II

Ecoutez, s'il vous plaît!

Can you figure out what the words in the cartoon mean? They are expressions that your teacher will probably use in class. Although you do not need to learn how to write these words, you should recognize them and know what they mean.

Marc, lève-toi! Va au tableau.

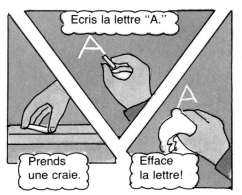

Ecris la lettre "A."

Prends une craie.

Efface la lettre!

Dessine une chaise!

Donne-moi la craie.

Retourne à ta place!

Assieds-toi!

Julie et Daniel, levez-vous! Allez au tableau! Prenez une craie. Ecrivez la lettre "A." Effacez la lettre. Dessinez une chaise. Donnez-moi la craie. Retournez à votre place! Asseyez-vous!

Prends le livre.

Ouvre le livre.

Regarde les images.

Montre-moi les images.

Commence l'exercice.

N'écris pas l'exercice!

Voici...

Lis le numéro 1.

Ferme le livre.

Julie et Daniel, prenez le livre. Ouvrez le livre. Regardez les images. Montrez-moi les images. Commencez l'exercice. N'écrivez pas l'exercice! Lisez le numéro 1. Fermez le livre.

ACTIVITÉ

Tout le monde donne des ordres!

Everyone's giving orders today! Working with
a partner, take turns giving one another
orders. Remember to say *s'il te plaît*, though. If
you don't, your partner can say *non*, and
refuse to do what you ask. If you say *s'il te
plaît*, your partner must do what you want.

ÉLÈVE 1   *Donne-moi un cahier.*
ÉLÈVE 2   *Non.*
ÉLÈVE 1   *Donne-moi un cahier, s'il te plaît.*
ÉLÈVE 2   *Voici un cahier.*

Now get in groups of three or four, and take
turns giving commands. Remember to use *s'il
vous plaît*, since you are talking to several
people.

VOCABULAIRE D'EN ROUTE B

Noms

l'affiche *(f.)*
le bureau
le cahier
la chaise
la craie
le crayon
l'examen *(m.)*
la fenêtre
la feuille de papier
la gomme
le livre
le nom
la porte

le prof, la prof
la salle de classe
le tableau

Articles

l'
la
le
un
une

Pronom

moi

Prépositions

de, d' *(possession)*
voici
voilà

Expressions

c'est le (la/l') …
c'est un (une) …
je comprends / je ne comprends pas
je sais / je ne sais pas
où est …?
qu'est-ce que c'est (en français)?
s'il te plaît / s'il vous plaît

MOTS NOUVEAUX I

Comptez de 0 à 31!

CONTEXTE VISUEL

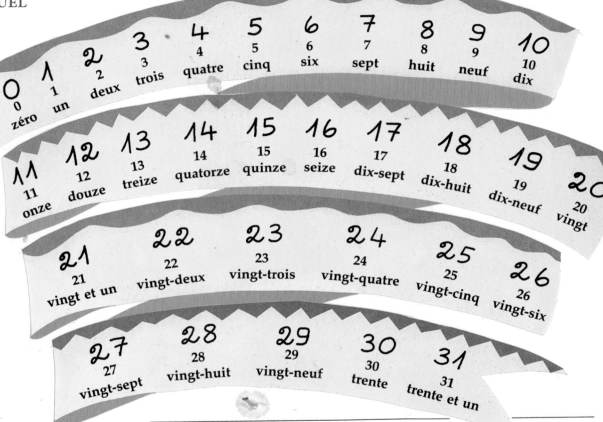

CONTEXTE COMMUNICATIF

LE PROF Yann, **compte de** 6 à 10, s'il te plaît.
YANN Six, sept, huit, neuf, dix.

Variations:
- de 6 à 10 → de 21 à 25
  six, ... → vingt et un, ...

compte *count*
de *(here) from*
à *to*

EXERCICES

A Lisez! Practice reading the numbers from left to right, from right to left, from top to bottom, and from bottom to top.

6	31	14	11	25
8	0	1	15	4
28	5	30	7	19
10	17	16	13	2
3	20	22	29	18

B Continuez! Determine the pattern in each series of numbers, then continue as far as you can.

1. un, trois, cinq, …
2. deux, quatre, six, …
3. quatre, huit, douze, …
4. cinq, dix, …
5. trente et un, trente, vingt-neuf, …
6. zéro, dix, un, onze, …

Now develop your own pattern using numbers from 1 to 31 and give it to a classmate.

C Ecrivez! Read items 1–8 to a classmate, who will write the numerals on a piece of paper. Change roles for items 9–16. Then check the answers you've written.

1. quatre
2. sept
3. onze
4. quinze
5. dix-huit
6. vingt et un
7. vingt-trois
8. vingt-cinq
9. vingt-neuf
10. trente
11. treize
12. zéro
13. deux
14. douze
15. vingt-sept
16. trente et un

DOCUMENT

Comptez sur les doigts!
When the French count on their fingers, they begin with the thumb. Try it!

MOTS NOUVEAUX II

Quelle est la date?

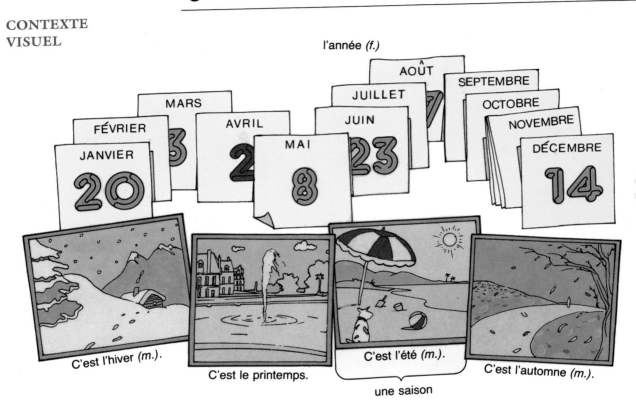

l'année (f.)

C'est l'hiver (m.).

C'est le printemps.

C'est l'été (m.).

une saison

C'est l'automne (m.).

CONTEXTE
COMMUNICATIF

1 MARCEL   **Quelle est la date aujourd'hui?**
   CAROLINE **C'est aujourd'hui le premier[1] septembre.**

   Variations:
   ■ le premier septembre → le cinq août

quelle est la date?	*what's the date?*
aujourd'hui	*today*
c'est aujourd'hui	*today is*
le premier	*the first of*

[1]In French, *le premier* is used to indicate the first day of the month. *Deux, trois, quatre,* etc., are used for the remaining days.

OCTOBRE

lundi	mardi	mercredi	jeudi	vendredi	samedi	dimanche
	1	2	3	4	5	6
7	8	9	10	11	12	13
14	15	16	17	18	19	20
21	22	23	24	25	26	27
28	29	30	31			

une semaine

un mois

un jour

le calendrier

*In France, as in most of Europe, Monday is the first day of the week on the calendar, and Sunday is the last.

2 MARTIN **Quel jour sommes-nous?**
YVETTE **Nous sommes lundi.**

■ lundi → mardi

3 MICHÈLE Au revoir, Fabrice. **A jeudi.**
FABRICE A jeudi.

■ à jeudi → à lundi

quel jour sommes-nous?
what day is it?

nous sommes lundi *it's Monday*

à jeudi *see you Thursday*

Mots Nouveaux II **23**

EXERCICES

A Quelle est la date? When we write the date in numbers here, we put the number for the month first: September 5 = 9/5. In France, they do it the other way around: September 5 = 5/9. With a partner, take turns asking and giving the date in French.

> 5/9 ÉLÈVE 1 *Quelle est la date aujourd'hui?*
> ÉLÈVE 2 *C'est aujourd'hui le cinq septembre.*

1. 2/3	3. 19/4	5. 8/6	7. 25/12	9. 14/7
2. 28/11	4. 13/2	6. 1/1	8. 12/8	10. 4/10

B Quel jour sommes-nous? You know the date, but you don't know the day. Ask and answer according to the calendar. Follow the model.

> 17 ÉLÈVE 1 *C'est le dix-sept. Quel jour sommes-nous?*
> ÉLÈVE 2 *Nous sommes jeudi.*

1. 11	4. 19	7. 6
2. 15	5. 21	8. 13
3. 27	6. 24	9. 31

C Quelle est la saison? In which season does each date occur?

> le 2 juin   *C'est le printemps.*

1. le 8 décembre	4. le 14 juillet	7. le 9 mars
2. le 18 avril	5. le 3 octobre	8. le 20 novembre
3. le 28 février	6. le 4 août	9. le 26 janvier

D A demain? Will you be seeing your classmate on the day given? No, he or she is only free on the following day. Follow the model.

> lundi ÉLÈVE 1 *A lundi?*
> ÉLÈVE 2 *Non, à mardi.*

1. mercredi	3. vendredi	5. samedi
2. dimanche	4. mardi	6. jeudi

ACTIVITÉ

Les jours de fête.   With a partner, look at a calendar for next year. In French, give the day and the date on which the following special days will occur. (You may not know all of the words, but the pictures should help you.)

1. la Saint-Valentin
2. le Jour de l'an
3. le Jour de l'indépendance
4. Noël
5. l'anniversaire de George Washington
6. la Saint-Patrice
7. ton anniversaire
8. Chanouka
9. le Jour de Christophe Colomb
10. l'anniversaire de Martin Luther King, Jr.

VOCABULAIRE D'EN ROUTE C

Noms	Les mois de l'année	Nombres		Adverbe
l'année (f.)	janvier	zéro	dix-huit	aujourd'hui
le calendrier	février	un	dix-neuf	
la date	mars	deux	vingt	
le jour	avril	trois	vingt et un	**Prépositions**
le mois	mai	quatre	vingt-deux	à (to)
la saison	juin	cinq	vingt-trois	de (from)
la semaine	juillet	six	vingt-quatre	
	août	sept	vingt-cinq	
	septembre	huit	vingt-six	**Expressions**
Les jours de	octobre	neuf	vingt-sept	à (lundi)
la semaine	novembre	dix	vingt-huit	c'est aujourd'hui le …
lundi	décembre	onze	vingt-neuf	compte de … à …
mardi	*The months of the year*	douze	trente	nous sommes (lundi)
mercredi	*are masculine.*	treize	trente et un	quel jour sommes-nous?
jeudi		quatorze		quelle est la date?
vendredi		quinze		le premier (septembre)
samedi	**Les saisons**	seize		
dimanche	l'automne (m.)	dix-sept		
The days of	l'hiver (m.)			
the week are	le printemps			
masculine.	l'été (m.)			

MOTS NOUVEAUX I

Quelle heure est-il?

CONTEXTE
VISUEL

Il est onze heures.

Il est midi.

Il est une heure.[1]

Il est dix heures.

Il est deux heures.

Il est neuf heures.

Il est minuit.

Il est trois heures.

Il est huit heures.

Il est quatre heures.

Il est sept heures.

Il est six heures.

Il est cinq heures.

[1]Note that the number 1 has a feminine form, *une*. It is used with feminine nouns: *Il est une heure.*

CONTEXTE COMMUNICATIF

1 ÉRIC RENAUD   **Quelle heure est-il,** s'il te plaît?
MME RENAUD   Il est sept heures **et quart.**[1]

   Variations:

   ■ sept heures et quart → sept heures **et demie**

quelle heure est-il?	*what time is it?*
et quart	*quarter past*
et demie	*half past*

2 LE PROF   Quelle heure est-il, Corinne?
CORINNE   Il est **neuf heures cinq,** monsieur.

   ■ neuf heures cinq → neuf heures dix
   ■ neuf heures cinq → neuf heures vingt-cinq

neuf heures cinq *five minutes after nine*

3 LA PROF   Quelle heure est-il?
ANDRÉ   Il est **dix heures moins le quart,** madame.

   ■ dix heures moins le quart → dix heures moins cinq

dix heures moins le quart *quarter to ten*

4 DIANE   Quelle heure est-il?
MME LAFONT   Il est **midi et demi.**

   ■ midi et demi → minuit et demi

midi et demi *half past noon*

---

[1]Although the expression "o'clock" can be omitted in English, *heure(s)* must be used in French. The abbreviation for *heures* is *h.* When you see times written down, they will often be in this form: *7h15, 9h10,* etc.

EXERCICES

A Quelle heure est-il? You never wear a watch. Ask a classmate for the time. Your classmate will answer according to these clocks.

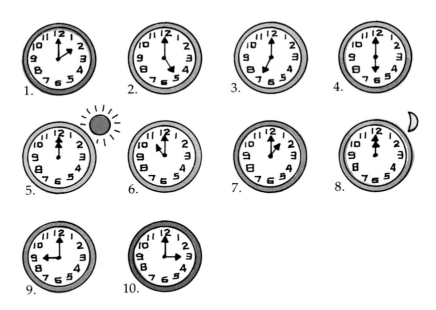

B Quelle heure est-il? Now imagine that you are asking a stranger for the time. Remember to say *s'il vous plaît!* Your classmate will be the "stranger," and will answer according to these clocks.

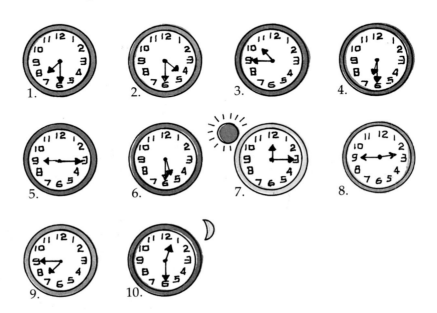

C A ce soir! *(See you tonight!)*   Your party is scheduled for 8:00. Some of your friends always arrive early, by a predictable number of minutes. You're at the door greeting them. Tell what time it is.

> Daniel / 5 minutes   *Il est huit heures moins cinq.*

1. Marc / 25 minutes   3. Marie / 10 minutes
2. Hélène / 15 minutes   4. Laurent / 20 minutes

Some of your friends are always late. Tell what time it is when they arrive.

> Solange / 5 minutes   *Il est huit heures cinq.*

5. Annie / 10 minutes
6. Pierre / 25 minutes
7. André / 15 minutes
8. France / 30 minutes

De l'art moderne à la gare de Lyon, Paris

MOTS NOUVEAUX II

Comptez de 31 à 70!

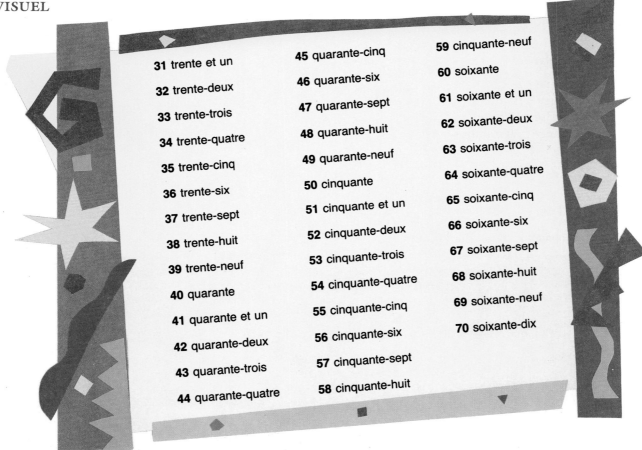

31 trente et un	45 quarante-cinq	59 cinquante-neuf
32 trente-deux	46 quarante-six	60 soixante
33 trente-trois	47 quarante-sept	61 soixante et un
34 trente-quatre	48 quarante-huit	62 soixante-deux
35 trente-cinq	49 quarante-neuf	63 soixante-trois
36 trente-six	50 cinquante	64 soixante-quatre
37 trente-sept	51 cinquante et un	65 soixante-cinq
38 trente-huit	52 cinquante-deux	66 soixante-six
39 trente-neuf	53 cinquante-trois	67 soixante-sept
40 quarante	54 cinquante-quatre	68 soixante-huit
41 quarante et un	55 cinquante-cinq	69 soixante-neuf
42 quarante-deux	56 cinquante-six	70 soixante-dix
43 quarante-trois	57 cinquante-sept	
44 quarante-quatre	58 cinquante-huit	

CONTEXTE COMMUNICATIF

LE PROF   Monique, compte de 41 à 43.
MONIQUE   Quarante et un, quarante-deux, quarante-trois.

Variation:

■ de 41 à 43 → de 63 à 68

quarante et un, … → soixante-trois, …

EXERCICES

A Quel bus arrive? You and your friend are waiting for bus number 57. Identify each bus by number.

C'est le soixante-trois.

 1.    2.    3.

 4.    5.    6.

B Quelle heure est-il? When you tell time from a digital clock or watch, you usually read the numbers just as you see them. So at 4:53, you would say *Il est quatre heures cinquante-trois,* instead of *Il est cinq heures moins sept.* Practice telling time this way.

 *Il est six heures quarante-huit.*

1.   2.    3.    4.

5.    6.   7.   8.

Quel bus arrive?

ACTIVITÉ

Working with a partner and using the following Canadian newspaper clipping, imagine that you are a sportscaster giving the dates and scores of the games that were played Tuesday and Wednesday. One of you should give the scores for Tuesday, the other for Wednesday. Follow the model.

Mardi, le vingt-six août, Philadelphie huit, Los Angeles deux.

LIGUE NATIONALE

MARDI, 26 AOÛT
Philadelphie 8, Los Angeles 2
Cincinnati 5, Pittsburgh 4
Chicago 7, Houston 3
New York 11, San Diego 6
Atlanta 4, St. Louis 7
Montréal 0, San Francisco 1

MERCREDI, 27 AOÛT
Cincinnati 7, Pittsburgh 4
Chicago 4, Houston 6
New York 5, San Diego 9
Atlanta 2, St. Louis 3
Philadelphie 1, Los Angeles 6
Montréal 9, San Francisco 3

JEUDI, 28 AOÛT
Aucun match

VENDREDI, 29 AOÛT
San Diego à Montréal (19h25)
Los Angeles à New York (19h15)
San Francisco à Philadelphie (19h20)
Chicago à Atlanta (19h40)
Cincinnati à St. Louis (20h45)
Pittsburgh à Houston (20h50)

SAMEDI, 30 AOÛT
San Diego à Montréal (13h30)
Los Angeles à New York (14h00)
San Francisco à Philadelphie (12h50)
Chicago à Atlanta (13h40)
Cincinnati à St. Louis (12h45)
Pittsburgh à Houston (14h50)

DIMANCHE, 31 AOÛT
San Diego à Montréal (13h15)
Los Angeles à New York (13h45)
San Francisco à Philadelphie (14h10)
Chicago à Atlanta (12h40)
Cincinnati à St. Louis (14h45)
Pittsburgh à Houston (12h50)

A Semur-en-Auxois, dans l'est de la France

The 24-hour clock is often used in France and Canada (and in many other parts of the world) to indicate official times for train schedules, sporting events, television programs, movies and plays, and class schedules. Using the 24-hour clock, take turns giving the dates and times of the games that will be played on the weekend. Follow the model.

Vendredi, le vingt-neuf août, San Diego à Montréal à* dix-neuf heures vingt-cinq.

*A + a time is used to indicate at what time an event takes place. It means "at."

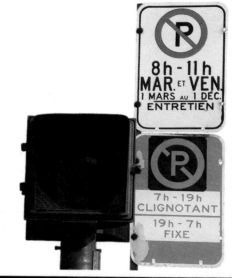

A quelle heure?
A Paris et à Montréal

VOCABULAIRE D'EN ROUTE D

Nombres

trente	quarante	
trente et un	cinquante	
trente-deux	soixante	
trente-trois	soixante-dix	
trente-quatre		
trente-cinq		
trente-six		
trente-sept		
trente-huit		
trente-neuf		

Expressions

quelle heure est-il?
il est une heure
il est ... heures
il est ... heures ...
il est ... heures et demie
il est ... heures et quart
il est ... heures moins ...
il est ... heures moins le quart
il est midi (et demi)
il est minuit (et demi)

EN ROUTE E
MOTS NOUVEAUX I

Tu aimes le baseball?

CONTEXTE VISUEL

le volleyball (le volley)

le tennis

le football (le foot)

le baseball

la gymnastique

le basketball (le basket)

le football américain

CONTEXTE COMMUNICATIF

1 PIERRE   **Tu aimes** le baseball?

      ANNIE   Oui, **j'aime beaucoup** le baseball.

tu aimes …?	*do you like …?*
j'aime	*I like*
beaucoup	*a lot*

2 LE PROF   Tu aimes le football?

      L'ÉLÈVE   Oui, **j'adore** le foot **et** le basket.

Variations:

■ le football → les sandwichs

   le foot → les sandwichs

   le basket → la pizza

j'adore	*I'm crazy about*
et	*and*

34   En Route E

le café   le thé   le citron pressé   l'orangeade *(f.)*   le lait

la pizza   les frites *(f.pl.)*   la glace

les hamburgers *(m.pl.)*   les hot-dogs *(m.pl.)*   les croque-monsieur *(m.pl.)*   les sandwichs *(m.pl.)*

3   L'ÉLÈVE   **Vous aimez** le volleyball?

     LE PROF   Oui, j'aime beaucoup le volleyball, **mais je n'aime pas** le tennis.

   ■ beaucoup → **un peu**

4   YANN   J'aime beaucoup la pizza. Et toi?

     ODILE   Oui, **j'aime bien** la pizza, mais **je déteste** les hot-dogs.

     YANN   Je déteste les hot-dogs et je déteste les frites **aussi.**

   ■ la pizza → l'orangeade
     les hot-dogs → le café
     les frites → le citron pressé

vous aimez …? *do you like …?*
mais *but*
je n'aime pas *I don't like*
un peu *a little*

j'aime bien *I'm fond of, I like*
je déteste *I hate*
aussi *too*

EXERCICES

A Oui ou non? Are your classmates sports fans? Ask a classmate if he or she likes these sports. Follow the model.

ÉLÈVE 1 *Tu aimes le baseball?*
ÉLÈVE 2 *Oui, j'aime le baseball.*
OU: *Non, je n'aime pas le baseball.*

1. 2. 3.

4. 5. 6.

B Les préférences. You and a friend are trying to decide what you want to eat and drink. Ask each other whether you like the items pictured. Answer according to your preferences.

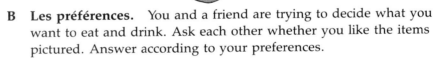

je déteste   je n'aime pas   j'aime un peu   j'aime bien   j'aime beaucoup   j'adore

ÉLÈVE 1 *Tu aimes la pizza?*
ÉLÈVE 2 *Oui, j'aime bien la pizza.*
OU: *Non, je déteste la pizza.*

1. 2. 3. 4.

5. 6. 7. 8.

STADE MUNICIPAL AIX-EN-PROVENCE **A 14H30**
FOOTBALL AMERICAIN
ARGONAUTES AIX-EN-PROVENCE
ENTRÉE
MATCH DE CHAMPIONNAT

ACTIVITÉ

Un sondage. *(A poll.)*   Your school is conducting a poll to determine whether or not to discontinue two school sports and two lunch items. What are the opinions of your class? First, write sentences giving your own preference for each item pictured, using *j'aime beaucoup, j'aime un peu,* or *je n'aime pas.*

Then, for each item, take turns asking these questions of the class.

> Qui aime beaucoup le baseball?
> Qui aime un peu le baseball?
> Qui n'aime pas le baseball?

The results can be summarized on a chart.

Sondage	+	±	−
le baseball			
la gymnastique			
les hot-dogs			
le café			

Deux gymnastes canadiens

MOTS NOUVEAUX II

Tu aimes travailler?

parler au téléphone

un téléphone

un film

une télé

manger

regarder la télé

regarder des films

travailler

une radio

écouter la radio

CONTEXTE
COMMUNICATIF

1 MARIE-NOËLLE Tu aimes lire?
JEAN-MARC Oui, j'aime bien lire.
MARIE-NOËLLE **Moi aussi.**

Variations:
■ lire → écouter des disques

moi aussi *me, too*

lire

chanter

un disque

dormir

danser

écouter des disques

étudier

2 DIDIER   Tu aimes danser?

JULIE   Non, je n'aime pas danser.

DIDIER   **Moi non plus.**

■ danser → étudier

moi non plus *neither do I*

Tu aimes étudier?

EXERCICES

A **D'accord!** *(OK!)* Today you agree with everybody. Respond to the people with *moi aussi* or *moi non plus*.

> FRANÇOIS *J'adore lire!*
> TOI *Moi aussi!*
>
> ANNICK *Je n'aime pas étudier.*
> TOI *Moi non plus!*

1. JACQUES: Je déteste travailler!
2. FERNANDE: J'aime un peu écouter des disques.
3. MARIE: Je n'aime pas manger les frites.
4. MARTIN: J'aime beaucoup dormir!
5. JEAN-LUC: Je n'aime pas parler au téléphone.
6. CAROLINE: J'aime danser!
7. MARIE-FRANCE: J'adore regarder la télé.

B **Oui ou non?** You've just made a new friend, and you want to know if he or she likes the activities pictured. With a partner, ask and answer according to the model.

> ÉLÈVE 1 *Tu aimes écouter la radio?*
> ÉLÈVE 2 *Oui, j'aime écouter la radio.*
> OU: *Non, je n'aime pas écouter la radio.*

1.

2.

3.

4.

5.

6.

7.

8.

ACTIVITÉ

Au café. You're standing with friends outside a café. Look at the sign in the window and create a dialogue, asking each other which foods you like. Present the dialogue to the class.

J'adore la glace!

DEMANDEZ

nos Spécialités

STEACK FRITES	37F
SAUCISSES FRITES	32F
FRITES	18F
VIANDE FROIDE	32F
HOT DOG	14F
	12F
PIZZA	31F
OMELETTES	
CROQUE MADAME	21F
CROQUE MONSIEUR	15F
SANDWICHS VARIÉS	12F
GRATINÉE	

VOCABULAIRE D'EN ROUTE E

Noms
le baseball
le basketball (le basket)
le café
le citron pressé
les croque-monsieur *(m.pl.)*
le disque
le film
le football (le foot)
le football américain
les frites *(f.pl.)*
la glace
la gymnastique
les hamburgers *(m.pl.)*
les hot-dogs *(m.pl.)*
le lait

l'orangeade *(f.)*
la pizza
la radio
les sandwichs *(m.pl.)*
la télé
le téléphone
le tennis
le thé
le volleyball (le volley)

Adverbes
aussi
beaucoup
un peu

Verbes
chanter
danser
dormir
écouter des disques
  / la radio
étudier
lire
manger
parler au téléphone
regarder des films
  / la télé
travailler

Conjonctions
et
mais

Expressions
j'adore …
j'aime …
j'aime bien …
je déteste …
je n'aime pas …
moi aussi
moi non plus
tu aimes … ?
vous aimez … ?

CHAPITRE 1

PRÉLUDE CULTUREL | LE MONDE FRANCOPHONE

If you look at a map of Europe, you may be surprised to realize that France is a relatively small country, smaller than Texas. Yet French is the only language other than English spoken on five continents. More than 90 million people speak French as their native tongue, and millions of others use it as a second language. These people make up what is known as *le monde francophone*—the French-speaking world.

There are some forty French-speaking countries in the world. They include France, of course, and its overseas departments: Martinique and Guadeloupe in the Caribbean, French Guiana in South America, St. Pierre and Miquelon off the eastern coast of Canada, and Réunion in the Indian Ocean. (Overseas departments are administrative divisions.) French is also spoken in the French territories, most of which are located in the South Pacific.

French is still spoken in many former French colonies: in the Caribbean nation of Haiti, for example, and in many countries of Western and Northern Africa. A large number of West African countries have retained French as the official language in schools, business, and governmental affairs.

In Western Europe, French-speaking countries have sought to maintain their separate cultural identities as well as their ties with France over the centuries. Such is the case in Belgium, a small country on the northern border of France where both French and Flemish are spoken, and in nearby Switzerland, where French is one of several official languages. You will also hear French spoken in tiny Monaco and Luxembourg.

The Canadian province of Quebec has the largest French-speaking population of North America. Nearly 80 percent of the Quebecois are native speakers of French. Quebec, in an effort to preserve its distinct culture and heritage, has passed laws to give French a privileged status.

In the United States, French is spoken in both the Northeast (in the New England states, primarily) and in Louisiana. The French heritage in both areas goes back hundreds of years. Louisiana became a bilingual state in 1968, and children are encouraged to learn French at a very early age.

By learning French, you can begin to experience the rich diversity of the French-speaking world and its people. And in fact, by learning French you will become part of the French-speaking world yourself!

MOTS NOUVEAUX I

On va à la piscine?

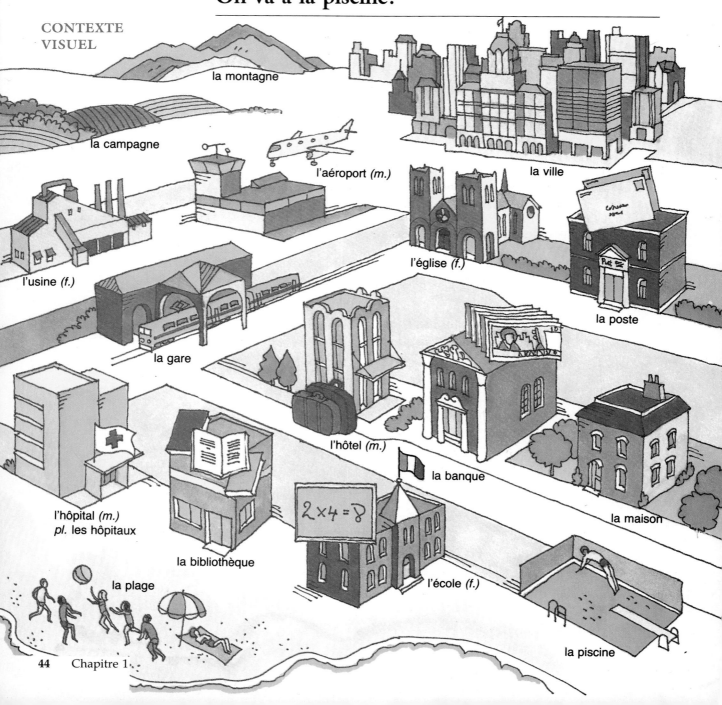

la montagne

la campagne

l'aéroport (m.)

la ville

l'usine (f.)

l'église (f.)

la poste

la gare

l'hôtel (m.)

la banque

l'hôpital (m.)
pl. les hôpitaux

la maison

la bibliothèque

la plage

l'école (f.)

la piscine

CONTEXTE COMMUNICATIF

1 PIERRE   Où **est-ce que tu vas?**

ANNIE   **Je vais** à la bibliothèque **avec** Jacques.

Variations:

■ à la bibliothèque → à la poste

2 Chez les Dupin.

Il est sept heures et demie. Monsieur Dupin **va** à la banque.
Madame Dupin va à l'usine. Anne et Cécile **vont** à l'école.

3 A l'école.

CATHERINE   Salut, tu vas à la plage?

YVES   Oui. Et toi?

CATHERINE   Moi aussi. **Alors, allons-y!**

4 COLETTE   **Vous allez en ville?**

ANNE ET CÉCILE   Oui, **nous allons** à la piscine.

■ en ville → à la gare
    à la piscine → à la campagne

■ en ville → à l'aéroport
    à la piscine → à la montagne

5 ARNAUD   **On va** à la maison?

JEAN-MARC   **D'accord.** Allons-y! **Vite!**

6 PASCALE   **Qui** va à la piscine? Richard et David?

GISÈLE   Non, **ils ne vont pas** en ville aujourd'hui.

PASCALE   Est-ce que Rose va à la piscine?

GISÈLE   Non, **elle** va chez Antoine.

■ Richard et David → Catherine et Marie
   ils → **elles**
    Rose → Marcel
    elle → **il**

---

est-ce que tu vas? *are you going?*
je vais *I'm going*
avec *with*

chez les Dupin *at the Dupins' (house)*
va *is going*
vont *are going*
à *(here) at*

alors *then*
allons-y! *let's go!*

vous allez? *are you going?*
en ville *to town*
nous allons *we're going*

on va? *are we going?*
d'accord *OK*
vite! *hurry!*
qui? *who?*
ils *they*
ne vont pas *aren't going*
elle *she*

elles *they*
il *he*

EXERCICES

A **Où est-ce qu'on va?** Where are we going this weekend? Answer according to the pictures.

On va à la campagne.

1.
2.
3.
4.
5.
6.
7.
8.
9.

B **Allons-y!** Choosing from the places in Exercice A, ask a classmate to go somewhere. Your classmate will accept or refuse.

ÉLÈVE 1 *On va à la poste?*
ÉLÈVE 2 *D'accord. Allons-y!*
OU: *Non, moi, je vais à l'école.*

Des élèves à Paris

APPLICATIONS

Chez les Lagarde

YVES	Est-ce qu'Anne-Marie et Sophie vont à la poste?
MME LAGARDE	Non, elles ne vont pas en ville aujourd'hui.
YVES	Et papa? Il ne va pas à la poste?
MME LAGARDE	Non, il va chez Oncle Antoine.
5 YVES	Et toi alors?
MME LAGARDE	Je ne vais pas à la poste, moi non plus.
YVES	Voici des[1] lettres …
MME LAGARDE	*(impatiente)* Mais va[2] à la poste toi-même,[3] Yves! Ce sont tes[4] lettres, non?

[1]**des** *some*   [2]**va!** *go!*   [3]**toi-même** *yourself*   [4]**tes** *your*

Questionnaire

1. Est-ce qu'Anne-Marie et Sophie vont en ville?
2. Est-ce que M. Lagarde va en ville?
3. Où est-ce qu'il va?
4. Est-ce que Mme Lagarde va à la poste?

Une poste à Paris

Situation

Working with a partner, create a dialogue based on *«Chez les Lagarde»*. Play the roles of family members. One of you has library books to return, but doesn't feel like doing it.

PRONONCIATION

When you pronounce French vowel sounds, keep your jaw, lips, and tongue muscles more tense than when speaking English. French vowels should sound sharper and more precise.

1 Listen to and repeat these words with the [a] sound, as in *la*.

papa   Annie   madame   l'affiche   voici

2 Listen to and repeat these words with the [i] sound, as in *midi*.

dix   avril   Michel   Brigitte   l'hiver

3 Listen to and repeat these words with the [u] sound, as in *vous*.

où   beaucoup   août   bonjour   écouter

Les accents. There are five written accent marks that occur with letters in French. They are important for spelling and can be important for pronunciation.

1 *La cédille* (¸) appears only under the letter *c*. When the letter *c* comes before *a*, *o*, or *u*, it has the [k] sound, as in "car." The cedilla changes that sound to [s], as in "see." Compare: *le cahier, ça, la corbeille, la leçon.*

2 *L'accent aigu* (´) is used over the letter *e*: *l'école, l'église.*

3 *L'accent grave* (`) is used over the letters *a*, *e*, and *u*: *voilà, l'élève, où.*

4 *L'accent circonflexe* (^) may be used over any vowel: *le théâtre, la fenêtre, la boîte, l'hôtel, août.*

5 *Le tréma* (¨) shows that two vowels next to each other are pronounced separately: *Noël, naïve.*

An accent mark can change the meaning of a word. You know the meaning of *où. Ou*, without the accent, means "or."

MOORÉA

TAHITI

(en haut) A Bora-Bora

(à droite) Au Sénégal

SÉNÉGAL

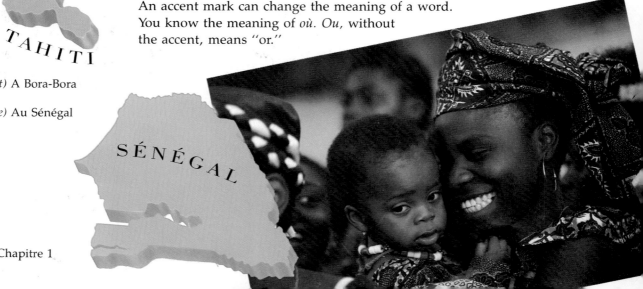

FRANCE

MAROC

(en haut) Dans un café à Paris

(en bas) Des élèves à Tanger, Maroc

MOTS NOUVEAUX II

Qu'est-ce qui est dans la boîte?

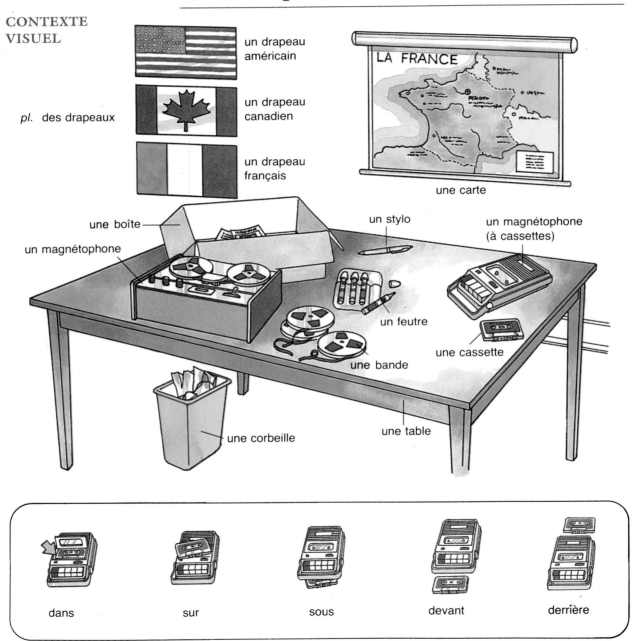

un drapeau
américain

pl. des drapeaux

un drapeau
canadien

un drapeau
français

une carte

une boîte

un magnétophone

un stylo

un magnétophone
(à cassettes)

un feutre

une cassette

une bande

une corbeille

une table

dans

sur

sous

devant

derrière

CONTEXTE
COMMUNICATIF

1 PIERRE   **Qu'est-ce qui est** sur la table?
     ANNIE   Une boîte.

    Variations:
    ■ une boîte → **des** bandes

2 ALICE   **Où sont les** bandes?
     PHILIPPE **Elles** sont sur la table.

    ■ les bandes → les feutres
      elles sont → **ils** sont

3 LE PROF Où sont **les devoirs?**
     DIDIER   **Là-bas,** sur le bureau, derrière la boîte.

    ■ sur → sous
      derrière la boîte → dans la corbeille

4 LÉON   Mais qu'est-ce qui est sous le livre de M. Moreau?
     CÉLINE   Des feutres **ou** des stylos, **n'est-ce pas?**
     LÉON   Ah oui, **ce sont** des feutres.

    ■ des feutres ou des stylos → un feutre ou un stylo
      ce sont des feutres → c'est un feutre

---

qu'est-ce qui est ...?
  what's ...?

des *some*

où sont ...? *where are ...?*
les *the*
elles *they*

ils *they*

les devoirs *(m. pl.)* *homework,*
  class assignments
là-bas *over there*

ou *or*
n'est-ce pas? *aren't they?*
ce sont *those are, these are*

EXERCICES

A Dans la salle de classe. Ask and answer questions about the location of these objects according to the pictures. Follow the model.

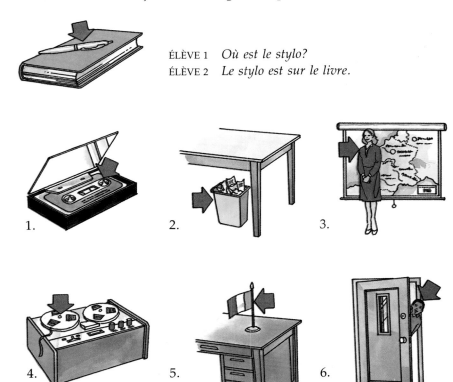

ÉLÈVE 1 *Où est le stylo?*
ÉLÈVE 2 *Le stylo est sur le livre.*

1.   2.   3.

4.   5.   6.

B Les catégories. Choose the word that does not fit in each group.

1. le feutre, la corbeille, la craie, le stylo
2. la bande, la cassette, le magnétophone, le drapeau
3. d'accord, sous, allons-y, vite
4. le tableau, le cahier, la feuille de papier, la carte
5. la table, la chaise, l'affiche, le bureau
6. l'affiche, la poste, la carte, le drapeau

ACTIVITÉ

Jeu de mémoire.   To play this memory game, form teams of four or five. One student points to and identifies an object in the classroom. Another student points to the object, repeats the identification, and then points to another object and identifies it. Each player repeats the earlier items and adds to them. No item can be used more than once.

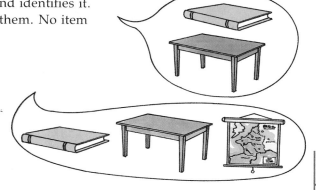

ÉLÈVE 1   *Voilà un livre.*

ÉLÈVE 2   *Voilà un livre. Voilà une table.*

ÉLÈVE 3   *Voilà un livre. Voilà une table.*
Voilà une carte.

When someone misidentifies an object, forgets the order, or repeats a word, the round ends. That person then starts the next round.

Trois drapeaux canadiens à Montréal

EXPLICATIONS I

Les pronoms

◆ OBJECTIVE:

TO USE SUBJECT
PRONOUNS IN
PLACE OF NOUNS

Pronouns take the place of nouns. Subject pronouns tell who is
performing an action. You already know some of them.

SINGULAR	PLURAL

1   Je ...   Nous ...

2   Tu ...   Vous ...   Vous ...

3   Il ...   Ils ...   Ils ...

     Elle ...   Elles ...

1   When you speak to one member of your family, one classmate, one
person with whom you are on a first-name basis, one child, or one
pet, use *tu: Tu aimes la glace, Marc?* Otherwise, use *vous* when you
speak to one person: *Vous aimez le thé, madame?* Also use *vous* when
you speak to more than one person: *Vous aimez la pizza, Brigitte et
Daniel?*

2 Note that *elles* is used when two or more females are the subject. *Ils* is used for a group of males. If a mixed group of males and females is the subject, use *ils: André et Marie? Ils vont à l'école.*

3 When you talk about things, you use *il, elle, ils,* and *elles,* just as with people. That's one reason it's important to know the gender of a noun.

> Où est le drapeau?   **Il** est devant la fenêtre.
> Et les bandes?   **Elles** sont sur la table.

4 When *je* comes before a verb beginning with a vowel sound, the *e* is dropped. When you write, replace the *e* with an apostrophe: *J'aime aller à l'école.* This is called elision.

EXERCICE

A   Les amis de Luc.   What subject pronouns would Luc use to speak to or about these people?

Le verbe *aller*

Aller is the infinitive of the French verb meaning "to go." The infinitive is the form of the verb given in the dictionary. There is a different written present-tense form for each of the six groups of pronouns that you have learned. These are called the conjugated forms. Here are the forms of *aller*.

INFINITIVE **aller**

		SINGULAR	PLURAL
PRESENT	1	je **vais**	nous ‿ **allons**
	2	tu **vas**	vous ‿ **allez**
	3	il elle } **va** on	ils elles } **vont**

IMPERATIVE **va!**   **allons!**   **allez!**

Une plage à Biarritz

1 When you speak, pronounce *vas* and *va* alike, even though they differ in spelling. The *s* of *vas* is silent.

Allons à la plage!

2 If you were giving an English equivalent of *je vais*, you could say either "I go" or "I'm going." French uses only one form to express both meanings.

3 In France you will often hear *on* used in conversation instead of *nous* to mean "we": *On va là-bas?* Although *on* usually refers to several people, it goes with the same verb form as *il* and *elle*.

On is also used when you don't know exactly which people or how many people are involved: *On aime les hot-dogs en France?* We express the same idea in English with "*People* don't like him" or "*They* say it isn't so."

4 The imperative form of verbs is used to give commands or to make suggestions: *Ecoutez!* ("Listen!"); *Allons à la plage!* ("Let's go to the beach!"). Note that there is no *s* on the *tu* form: *Va à la piscine!*

5 When you speak, you do not pronounce the *s* of *nous* and *vous* unless it comes before a vowel sound. Then pronounce the *s* like [z]: *nous allons*. This is called *liaison*.

Allons à
Lafayette.
*The
Capital of French
Louisiana*

Festivals Acadiens à Lafayette, Louisiane

EXERCICES

A Nous sommes samedi. Everyone has somewhere to go this
Saturday. Complete the sentences with the appropriate subject
pronouns.

> Aujourd'hui _____ vas à la gare.   *Aujourd'hui tu vas à la gare.*

1. Moi, _____ vais en ville avec Yves.
2. _____ allons à la poste à 9 heures.
3. Et toi, _____ vas à la campagne avec Cécile Dubois, n'est-ce pas?
4. Madame Dubois, _____ allez à la campagne?
5. Et Paul et Eve? _____ vont à la bibliothèque.
6. Anne? _____ va à l'hôpital.
7. Jean-Marc? _____ va à l'usine.
8. Et Mme Dupin et Sophie? _____ vont à la banque aujourd'hui.

B Qui va ...? Imagine that your friend knows where everyone is
going after school. Ask and answer according to the model.

ÉLÈVE 1 *Qui va à la plage?*
ÉLÈVE 2 *Tu vas à la plage.*

C **Choisissez!** *(Choose!)* Invite a classmate to choose a place to go today. Ask and answer according to the model.

> la plage / la piscine
>
> ÉLÈVE 1 *On va à la plagé ou à la piscine?*
> ÉLÈVE 2 *Allons à la plage!*
>   OU: *Allons à la piscine!*

1. la poste / la banque
2. l'école / la bibliothèque
3. la campagne / la montagne
4. l'aéroport / la gare
5. la maison / chez Michel
6. la campagne / en ville

D **A Paris.** Tell or invite people to go to the following places.

> la Tour Eiffel *(Invite a classmate to go with you.)*
>   *Allons à la Tour Eiffel.*

1. l'Arc de Triomphe *(Tell your parents to go there.)*
2. l'Hôtel de la Gare *(Tell your brother to go there.)*
3. la Banque de France *(Tell your uncle to go there.)*
4. la Maison de Victor Hugo *(Invite your teacher to go with you.)*
5. la Gare de Lyon *(Tell two classmates to go there.)*
6. l'Eglise Saint-Paul *(Invite your parents to go with you.)*
7. l'Ecole Militaire *(Tell your grandparents to go there.)*
8. la Piscine Deligny *(Tell a friend to go there.)*
9. la Bibliothèque Nationale *(Tell two teachers to go there.)*

La cathédrale de Notre-Dame de Paris

ACTIVITÉ

Où est-ce que tu vas? Choose a place to go from those pictured below. Your partner will try to guess where you are going.

> ÉLÈVE 1 *Tu vas à la poste?*
> ÉLÈVE 2 *Non, je ne vais pas à la poste.*
> OU: *Oui, je vais à la poste.*

Continue until your partner guesses the right place. Then switch roles.

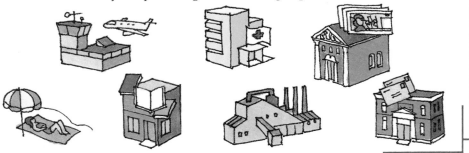

La poste à Miribel, près de Lyon

La négation

You have already learned some negative expressions.

Ça va?	Non, **ça ne va pas.**
Tu aimes le thé?	Non, **je n'aime pas** le thé.

Look at the following.

PRESENT	Je **ne** vais **pas** en ville.
	Nous **n'**allons **pas** en ville.

IMPERATIVE	**Ne** va **pas** en ville!
	N'allons **pas** en ville!
	N'allez **pas** en ville!

1 To make a French sentence negative, put *ne* in front of the verb and *pas* after it. *Ne* becomes *n'* before a word beginning with a vowel.

2 When a sentence contains a conjugated verb and an infinitive, put the *ne* and *pas* around the conjugated verb: *Je **n'aime pas** danser.*

3 When you want to tell someone *not* to do something, put *ne* in front of the command form and *pas* after it: ***Ne va pas** chez Paul!*

4 *Pas* can be used alone in short statements.

Ça va?	**Pas** mal.
Tu aimes le thé?	**Pas** beaucoup.
On va à la plage aujourd'hui?	**Pas** aujourd'hui.

OBJECTIVE:

TO DESCRIBE WHAT YOU DON'T LIKE OR WHAT DOESN'T HAPPEN

je ne vais pas

je n'aime pas

EXERCICES

A Qu'est-ce que c'est? Working with a partner, take turns asking and answering the questions according to the pictures. Follow the model.

C'est une boîte?

ÉLÈVE 1 *C'est une boîte?*

ÉLÈVE 2 *Non, ce n'est pas une boîte. C'est une carte.*

1. C'est un hôtel? 2. C'est un stylo? 3. C'est une radio?

4. C'est une usine? 5. C'est un calendrier? 6. C'est un drapeau américain?

B Quand? *(When?)* Imagine that you are trying to arrange next week's schedule with friends. But no one seems to be going to these places when you think they are. Your partner will choose a different time or day for each event. Ask and answer according to the model.

vous / la banque / mardi

ÉLÈVE 1 *Vous allez à la banque mardi?*

ÉLÈVE 2 *Non, pas mardi. Je vais à la banque samedi.*

1. tu / l'école / à 7 heures
2. nous / la bibliothèque / jeudi
3. tu / la campagne / vendredi
4. nous / la poste / à 11 heures
5. vous / l'aéroport / mardi
6. nous / la piscine / à midi

C Oui ou non?   Ask a classmate if he or she likes to do these things.
Follow the model.

aller à l'école   ÉLÈVE 1   *Tu aimes aller à l'école?*
                    ÉLÈVE 2   *Oui, j'aime aller à l'école.*
                    OU: *Non, je n'aime pas aller à l'école.*

1. travailler à la maison
2. parler au téléphone
3. danser à la plage
4. dormir à la bibliothèque
5. écouter la radio à la piscine
6. chanter à l'école

D Parlons de toi.
1. A quelle heure est-ce que tu vas à l'école?
2. Est-ce que tu vas souvent *(often)* à la bibliothèque? à la
   poste? à la banque?

Le lycée Janson de Sailly, Paris

APPLICATIONS

Où vont les amis de Michel?

Imagine the conversations between Michel and each of his friends as the friends suggest places to go.

FRANÇOISE *Michel, allons à la campagne.*
MICHEL *D'accord, allons-y!*
OU: *A la campagne? Je ne sais pas …*
OU: *Non, je vais à la maison.*

Michel M. Millet Claude Youcef Mme Fort

Jean-Pierre Claire Rose Thérèse Françoise

EXPLICATIONS II

Le pluriel des noms

When you listen to French, you usually can't tell from the pronunciation of the noun whether it is singular (a single person or thing) or plural (more than one person or thing): *table → tables*. Since both words sound the same, the article is your clue: *la table → les tables*.

Look at the plural forms of the articles and some nouns that you have learned. When you speak, pronounce the *s* of *des* and *les* before nouns beginning with a vowel sound.

◆ OBJECTIVE:

TO IDENTIFY MORE THAN ONE PERSON OR THING

		DEFINITE ARTICLES	INDEFINITE ARTICLES
PL.	M.	**les** livres	**des** livres
		les examens	**des** examens
		z	z
PL.	F.	**les** chaises	**des** chaises
		les affiches	**des** affiches
		z	z

1   When you write, you will usually add an *s* to make a noun plural: *la maison → les maisons*.

2   Some nouns form their plurals differently.
Singular nouns ending in *-eau* add *x*: *le bureau → les bureaux*
Those ending in *-al* change to *-aux*: *l'hôpital → les hôpitaux*
Those ending in *-s* do not change: *le mois → les mois*

3   French has many nouns made up of more than one word. You have already learned some of these compound nouns. Look at how their plurals are formed.

la salle de classe → les salles de classe
la feuille de papier → les feuilles de papier

4   When you are identifying things, use *ce sont* before plural nouns.

Ce sont des stylos.   **Ce sont** les cassettes de Marie.

A l'Hôtel de ville, Paris

EXERCICES

A   Qu'est-ce que c'est?   Identify the objects in the picture.

Ce sont des cartes.

C'est à qui? *(Whose is it?)* Now say that items 1–5 in Exercice A belong to Mme Dubois, and that items 6–8 belong to Guy.

Ce sont les cartes de Mme Dubois.

C Où sont …? Ask a classmate the locations of the objects in the picture in Exercice A. Follow the model.

ÉLÈVE 1 *Où sont les cartes?*
ÉLÈVE 2 *Elles sont derrière la table.*

ACTIVITÉ

Write down four or five plural objects that you see in your classroom. Then ask your partner to point out the objects with *voici* or *voilà*.

ÉLÈVE 1 *Où sont les affiches?*
ÉLÈVE 2 (touching them) *Voici les affiches.*
OU: (pointing to them) *Voilà les affiches.*

Les questions

You ask different kinds of questions every day. Read these examples aloud and notice how your voice goes up and down.

> Are you going to town?
> You're going to town, aren't you?
> Why are you going to town?

In the first question you expect a simple "yes" or "no" answer. In the second one, you think you already know the answer and only want agreement. In the third question, you want specific information. (These are the who-what-when-where-why questions in English.)

These same kinds of questions exist in French. You have already asked or answered some of them in class.

	QUESTION	EXPECTED RESPONSE
intonation	Vous allez en ville?	Oui. / Non.
est-ce que **(est-ce qu')**	**Est-ce que** vous allez en ville? **Est-ce qu'**Anne va en ville?	Oui. / Non.
n'est-ce pas	Vous allez en ville, **n'est-ce pas?** Vous n'allez pas en ville, **n'est-ce pas?**	*(agreement)* Oui. Non.
question words (**+ est-ce que**)	**Qui** va en ville? **Où est-ce qu'**ils vont?	*(information)* Paul et Annie. A la poste.

1 When you are speaking and want to ask a yes/no question, you can change a statement to a question by raising the pitch of your voice on the last syllable of the sentence: *Tu vas à l'école?*

2 Another way to ask a question is to put *est-ce que* in front of a statement: ***Est-ce que*** *tu vas à l'école?*

If the statement begins with a vowel sound, use *est-ce qu'*: ***Est-ce qu'****elle va à l'école?*

3 If you only want someone to agree with you, use *n'est-ce pas*.

> Tu vas à l'école, **n'est-ce pas?** (Oui, …)
> Paul ne va pas à l'école, **n'est-ce pas?** (Non, …)

4 When you want to know more than yes or no, specific question words can ask for the kinds of information that you need. *Qui* is the question word for "who?" *Où* is the question word to ask "where?" If people are mentioned by name, *où* is often used without *est-ce que: Où est-ce que tu vas? Où va Marie?*

(à gauche) Des élèves en classe, Paris
(à droite) A la piscine

EXERCICES

A C'est vrai? *(Is that so?)* Imagine that a classmate is making the following statements, but you are having trouble believing them. Turn the statements into questions using intonation.

> Nous sommes mercredi.   *Nous sommes mercredi?*

1. C'est le prof.
2. On ne va pas à l'école aujourd'hui.
3. Le prof et les élèves vont en ville.
4. Ils vont à la bibliothèque.
5. Il est 10h30.

B Est-ce que tu aimes ça? Working with a partner, ask and answer questions about your preferences. Use *est-ce que*. Follow the model.

> étudier ÉLÈVE 1 *Est-ce que tu aimes étudier?*
> ÉLÈVE 2 *Oui, j'aime étudier.*
> OU: *Non, je n'aime pas étudier.*

1. aller à la piscine
2. le football américain
3. le basket
4. aller à la bibliothèque
5. écouter des cassettes
6. aller en ville
7. étudier à la maison
8. danser

C N'est-ce pas? After asking the questions in Exercice B, you think you know everything about your friend now. Check to make sure you are right by asking questions using *n'est-ce pas*. Follow the model.

> étudier   *Tu aimes étudier, n'est-ce pas?*
> OU: *Tu n'aimes pas étudier, n'est-ce pas?*

D Où va ...? With a partner, ask and answer questions about where these people are going. Follow the model.

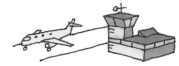

ÉLÈVE 1 *Où vont Anne et Eric?*
ÉLÈVE 2 *Ils vont à la plage.*

Anne et Eric /

1. Guy /

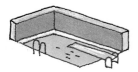

2. nous /

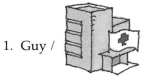

3. Mme Marchive /

4. Lise /

5. Michel et Simone /

6. tu /

E Qui va ...? Using the cues in Exercice D, now ask and answer
questions about who is going to the various places.

Anne et Eric /

ÉLÈVE 1 *Qui va à la plage?*
ÉLÈVE 2 *Anne et Eric vont à
la plage.*

F Au téléphone. You are listening to your sister's telephone
conversation. Try to guess the questions that her friend on the other
end of the line has asked.

A sept heures, je vais chez Jacqueline.
(Où est-ce que tu vas à sept heures?)

1. Ça va bien, merci.
2. Oui, je vais en ville samedi.
3. Oui, Sylvie va en ville aussi.
4. On va à la plage dimanche.
5. Oui, j'aime beaucoup manger à la plage.
6. Oui, j'aime bien les hot-dogs.
7. Non, je déteste l'orangeade.
8. Il est six heures.

G Parlons de toi.
1. Est-ce que tu vas en ville samedi?
2. Où est-ce que tu aimes aller? à la plage? à la campagne?
   à la montagne?

Un village près de Lyon

APPLICATIONS

RÉVISION

Put the English cues into French to form new sentences.

1. Voilà   *Mme Durand-Rochereau.*   *Elle va à l'hôpital.*
            (the students)   *(They're going to the airport.)*
            (Mr. Leblanc)   *(He's going to the country.)*

2. Et voici   *Marie-Louise.*   *Est-ce qu'elle va avec Monique?*
               (the teacher)   *(Is he going to town?)*
               (Alice et Lise) *(Are they going to Michèle's?)*

3. Non, *on ne va pas à la piscine.*
        (we're not going to the hotel)
        (I'm not going to the library)

4. *Les livres sont sur la table.*
   (The blackboards are behind the desk.)
   (The felt-tip pens are in the box.)

Une banque à Arles

SERVICE DE CONTRÔLE DES FONDS

BANQUE DE MONTRÉAL

BANQUE NATIONALE DE PARIS

UNE MAISON À VOUS? FONCEZ

Put the English captions into French and write a paragraph.

1. There are Xavier and Sara. They are going to the post office.

2. And here's Jacques. Is he going with Xavier and Sara?

3. No, he's not going to the post office.

4. Jacques is in front of the bank.

RÉDACTION

Now that you have written a short paragraph, choose one of the following assignments.

1. Write four *vrai/faux* (true/false) statements about the pictures.

2. Write a conversation for Sara and Jacques. They meet in town, and each asks where the other is going.

CONTRÔLE DE RÉVISION CHAPITRE 1

A Où est-ce qu'ils vont?
Write sentences telling where the following
people are going.

Denise va à l'école.

1. vous

2. nous

3. tu

4. Jean-Claude et Marie

5. je

6. elle

B Dans la salle de classe.
Give the location of these objects according to
the pictures. Follow the model.

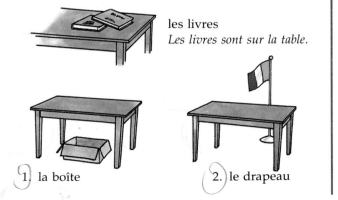

les livres
Les livres sont sur la table.

1. la boîte

2. le drapeau

3. les feutres

4. les feuilles de papier

5. l'élève

C Où sont ...?
Redo the questions and sentences in the plural.

Où est le bureau?
Où sont les bureaux?

1. Où est la maison?
2. Où est l'hôpital?
3. Où est le stylo?
4. Où est le drapeau?

5. Voici une boîte.
6. Voilà une corbeille.
7. Voilà un bureau.
8. Voici une carte.

D Oui ou non?
You want to know if the following people are
going to the places mentioned. Write questions,
using *est-ce que* for items 1–4 and *n'est-ce pas* for
items 5–7.

Pauline / en ville
Est-ce que Pauline va en ville?
Pauline va en ville, n'est-ce pas?

1. vous / à la gare
2. tu / à l'hôtel
3. ils / à la maison
4. on / à la campagne

5. Madame Duval /
   à la poste
6. le prof / à l'école
7. nous / à la piscine

E Mais non!
After asking the questions in Exercice D, you
discover that all the answers were negative.
Write those negative answers.

Pauline / en ville
Non, elle ne va pas en ville.

VOCABULAIRE DU CHAPITRE 1

Noms
l'aéroport (m.)
la bande
la banque
la bibliothèque
la boîte
la campagne
la carte
la cassette
la corbeille
les devoirs (m. pl.)
le drapeau français
   (américain / canadien),
   pl. les drapeaux
l'école (f.)
l'église (f.)
le feutre
la gare
l'hôpital (m.)
      pl. les hôpitaux
l'hôtel (m.)
le magnétophone
le magnétophone
   à cassettes
la maison
la montagne
la piscine
la plage
la poste
le stylo
la table
l'usine (f.)
la ville

Articles
des
les

Pronoms
elle
elles
il
ils
je
nous
on
tu
vous

Verbe
aller

Adverbes
alors
là-bas
ne ... pas
où

Prépositions
à (at, in)
avec
chez
dans
derrière
devant
sous
sur

Conjonction
ou

Expressions
allons-y!
ce sont
d'accord
en ville
vite!

Questions
est-ce que ...?
n'est-ce pas?
où est/où sont ...?
qu'est-ce qui est ...?
qui?

CHAPITRE 2

PRÉLUDE CULTUREL | LA FAMILLE

Fifteen years ago, Véronique was born in Algrange, a small village in northeastern France. Four hundred and sixty-three years earlier, her great-great … grandfather was born only ten kilometers from there. How does she know that? Her father, like many other French people, took the time to trace his family tree, and to visit the villages where his distant ancestors were born.

Even when people move far away from the regions where their roots are, they often make an effort to visit those places. Since, traditionally, families stayed in the same area for generation after generation, an emotional attachment to the region often goes along with a pride in the family history.

When we speak of our family, we usually mean only our closest relatives. Many French people, however, include their parents, grandparents, uncles, aunts, and distant cousins when they talk about their *famille*. In French-speaking African countries, family ties are even stronger than they are in France; all members of the same family may even live together, or at least in the same village—especially in rural areas.

The family unit composed of parents and children still tends to be very closely knit in France. Families spend much of their leisure time together. It is not unusual for teenagers to spend weekends with their parents, going to the country or visiting family. Of course, young people go out with their friends, too, but maybe less freely than here, since they cannot drive without their parents before the age of eighteen. Although French families tend to be private, they may show their affection for one another quite openly. You often will see families out for a walk, with members either holding hands or walking arm-in-arm. And children often kiss their parents good night until they are old enough to leave home.

French law recognizes the importance of the family structure. To help parents raise their children, the government provides a wide range of benefits, giving a bonus for each new birth and monthly cash allowances for each child of school age.

French society, like most modern societies, is changing rapidly. Divorce is more common than it was in the past, people move around more than they used to, and members of the same family may not be in close touch all the time. But it is still with great joy that people meet at family events such as weddings and baptisms. The family spirit (*l'esprit de famille*) is still present in France.

MOTS NOUVEAUX I

C'est ta famille là sur les photos?

Paul Perreau
mon grand-père

Lucie Perreau
ma grand-mère

mes grands-parents *(m.pl.)*

Simone Perreau
ma mère

Alain Perreau
mon père

Claire Leclerc
ma tante

Hervé Leclerc
mon oncle

mes parents *(m.pl.)*

Jeanne
ma sœur

Rémi
mon frère

Sophie
moi

Brigitte
ma cousine

Olivier
mon cousin

mes cousins

Les Perreau

Les Leclerc

ma famille

CONTEXTE COMMUNICATIF

1 Chez Sophie. Antoine, **un ami** de Sophie, aime **regarder les photos** de famille. Voici des photos de la famille Perreau.

ANTOINE	C'est **ta** famille **là sur les photos?**
SOPHIE	Oui, **c'est ça.** Voilà **papa** et **maman.**

Variations:
- là → **ici**

  papa et maman → mes parents

2

ANTOINE	Et **le monsieur** et **la dame à côté de tes** parents?
SOPHIE	C'est mon oncle Hervé et **sa femme.**

- à côté de → **à droite de**

  mon oncle Hervé et sa femme → ma tante Claire et **son mari**

3

ANTOINE	Qui est **la jeune fille** là?
SOPHIE	C'est **leur fille,** Brigitte.

- la jeune fille → **le garçon**

  leur fille, Brigitte → leur **fils,** Olivier

l'ami *(m.),* **l'amie** *(f.)* *friend*
regarder *(here) to look at*
la photo *photo*
ta *your*
là *there*
sur les photos *in the photographs*
c'est ça *that's right*
papa *Dad*
maman *Mom*
ici *here*
le monsieur, *pl.* **les messieurs** *gentleman*
la dame *lady*
à côté de *next to*
tes *your*
sa *his (her)*
la femme *wife*
à droite de *on the right of*
son *her (his)*
le mari *husband*
la jeune fille *girl*
leur *their*
la fille *daughter*
le garçon *boy*
le fils *son*

4 Madame Morin regarde des photos de famille chez Madame Leclerc.

MME MORIN   Qui **sont** les **enfants à gauche de** Sophie?
MME LECLERC   Mon **neveu** Rémi et ma **nièce** Jeanne.

5 Aujourd'hui Sophie est chez Antoine.

SOPHIE   Et sur ta photo là, c'est ta sœur?
ANTOINE   **Mais non!** C'est une amie.
SOPHIE   Ah, **mais oui! Tu es fils unique!**

■ chez Antoine → chez Julie
   ANTOINE → JULIE
   fils unique → **fille unique**

sont	*are*
l'enfant (*m.&f.*)	*child*
à gauche de	*on the left of*
le neveu, *pl.* **les neveux**	*nephew*
la nièce	*niece*
mais non	*of course not*
mais oui	*of course*
tu es	*you're*
le fils unique, la fille unique	*only child*

EXERCICES

A Qui est-ce? You are trying to figure out the relationships between the following people. Complete the sentences with the appropriate words. Follow the model.

François est le neveu et Françoise est *la nièce*.

1. André est le frère et Andrée est _____.
2. Noëlle est la tante et Noël est _____.
3. René est le grand-père et Renée est _____.
4. Paule est la cousine et Paul est _____.
5. Martin est le fils et Martine est _____.
6. Danièle est la mère et Daniel est _____.
7. Pascal est le père et Pascale est _____.
8. Huguette est la femme et Hugues est _____.

Une famille française à table

B **La famille de Sophie.** Looking at the photos of Sophie's family, decide how everyone is related.

1. Brigitte est *(la mère, la cousine, la fille)* de Rémi.
2. Simone est *(la grand-mère, la nièce, la tante)* d'Olivier.
3. Alain est *(le fils, le frère, l'oncle)* de Paul.
4. Rémi est *(le neveu, le cousin, le fils)* de Claire.
5. Paul est *(le père, l'oncle, le grand-père)* de Claire.
6. Claire est *(la cousine, la tante, la sœur)* d'Alain.
7. Hervé est *(le frère, l'oncle, le fils)* de Jeanne.
8. Lucie est *(la mère, la fille, la femme)* de Paul.
9. Rémi, Jeanne et Sophie sont *(les cousins, les frères, les enfants)* de Simone et d'Alain.

ACTIVITÉ

Voici ma famille. Using photographs or drawings, create a family tree for your family or for an imaginary one. If you choose an imaginary family, assign names and family relationships to the people, and don't forget to include yourself. With a partner, name the people in the picture as you point them out.

Là, c'est moi; à gauche, c'est John, mon frère, etc.

APPLICATIONS

Où est-ce que tu vas?

Il est quatre heures. Jean-Michel et Chantal sont devant la bibliothèque.

JEAN-MICHEL	Salut, ça va?
CHANTAL	Oui. Où est-ce que tu vas?
JEAN-MICHEL	Je ne sais pas. Chez Alain ou chez Renaud. Et toi?
5 CHANTAL	Moi, je vais à la piscine avec Charlotte.
JEAN-MICHEL	Charlotte, c'est une copine?
CHANTAL	Non, c'est ma sœur. Regarde, elle arrive.
JEAN-MICHEL	(très intéressé)¹ Ah … Alors … Eh bien … dans ce cas,² moi aussi, je vais à la piscine!

---

¹**intéressé, -e** *interested*   ²**dans ce cas** *in that case*

Questionnaire

1. Où sont Jean-Michel et Chantal?   2. Où va Chantal?   3. Qui est Charlotte?   4. Est-ce que Jean-Michel va chez un ami?

Situation

Working with a partner, create a dialogue based on «*Où est-ce que tu vas?*» Ask a friend to go with you to a place. When the friend hesitates, mention that you're going with a cousin. Your friend will decide whether or not to join you.

Un café à Paris

Des élèves à Paris

PRONONCIATION

When you speak English, you put strong stress on different syllables within words and sentences. When you speak French, you should pronounce all syllables with the same amount of stress and with a fairly even rhythm.

1 Listen, then repeat these words.

[a]	[i]	[u]
madame	timide	bonjour
l'affiche	le fils	beaucoup
la camarade	la bibliothèque	écouter

2 Listen to and say these statements aloud. Then change them to questions by raising the pitch of your voice on the last syllable.

C'est papa.	Ça va, Alice.	On va à la piscine.
Ça va bien.	Il est midi.	Louise va chez ma cousine.

3 Repeat these questions, then change them to statements.

C'est Sylvie?	Ça va, Louis?	Il est hypocrite?
C'est son ami?	Je suis timide?	Sa famille est riche?

MOTS NOUVEAUX II

Comment sont tes copains?

CONTEXTE VISUEL

le voisin

la voisine

timide

sincère

snob

égoïste

drôle

triste

hypocrite

E = mc²

2 + 2 = ?

sévère

riche

désagréable

pauvre

calé, -e

bête

CONTEXTE COMMUNICATIF

1 NATHALIE **Comment est ton ami** Paul?
VINCENT Il est **sympathique.**

Variations:

■ ton ami Paul → ton amie Paule
il est sympathique → elle est **super**

2 MME GARCIN Comment est **votre** voisine?
M. JAMOT Très **aimable.**
MME GARCIN Et **ses** enfants?
M. JAMOT **Adorables.**

■ comment est votre voisine → comment sont **vos** voisins
aimable → aimables
ses enfants → **leurs** enfants
adorables → **pas du tout polis**

3 Yann et Vincent sont devant la maison de Vincent.
YANN On va **chez toi,** Vincent?
VINCENT **Euh ...** ma sœur est là avec une amie.
YANN Nicole? Elle est **formidable!**
VINCENT Oui ... mais un peu snob.
YANN **Ne sois pas** bête!
VINCENT **Bon,** allons-y alors. **Pourquoi pas?**

■ formidable → **jolie**
un peu snob → un peu hypocrite

4 MME AMONT Tu es triste, Simon? **Pourquoi?**
SIMON **Parce que** mes **copains** ne sont pas sympa.
MME AMONT Tes copains? Mais non, **au contraire.** Ils sont aimables.

■ mes copains → mes **camarades de classe**

---

comment est ton ami? *what's your friend like?*
sympathique (sympa) *nice*

super *great*

votre *your*
aimable *nice*
ses *her (his)*
adorable *delightful, adorable*

vos *your*

leurs *their*
pas du tout *not at all*
poli, polie *polite*

chez toi *to your house*
euh ... *er ..., uh ...*
formidable *great, tremendous*

ne sois pas *don't be*
bon! *well, OK*
pourquoi pas? *why not?*
joli, jolie *pretty*

pourquoi? *why?*
parce que *because*
le copain, la copine *pal, friend*
au contraire *on the contrary*
le camarade, la camarade de classe *classmate*

EXERCICES

A Comment sont vos amis? You and a friend sometimes disagree about other people. Make comments about these people. Your partner will disagree, using the picture cues.

Bruno est pauvre.

ÉLÈVE 1 *Bruno est pauvre, n'est-ce pas?*
ÉLÈVE 2 *Non, il est riche.*

1. Charles est sincère.

2. Denis est snob.

3. Denise est sympa.

4. Rose est timide.

5. Cécile est drôle.

6. Gisèle est aimable.

B Parlons de toi.

1. Est-ce que tu aimes regarder les photos de famille?
2. Est-ce que tes camarades de classe sont sympa, ou est-ce qu'ils sont désagréables?
3. Chez toi, est-ce que les voisins sont aimables?

(*en haut*) Des copains à Paris
(*en bas*) C'est un père sympa?

EXPLICATIONS I

Les adjectifs comme *aimable* et *poli*

Adjectives are words that describe nouns. Like articles, they have different forms to agree with the words they describe: masculine or feminine, singular or plural.

SING.	M.	Le voisin est	**aimable**	et	**poli.**
	F.	La voisine est	**aimable**	et	**polie.**

PL.	M.	Les voisins sont	**aimables**	et	**polis.**
	F.	Les voisines sont	**aimables**	et	**polies.**

1 When you speak, all forms of the adjectives above sound alike.

2 An adjective whose masculine form ends in an unaccented *-e* has identical masculine and feminine forms: *Il est riche; elle est riche.*

   If the masculine form ends in an accented *-é* or another vowel, the feminine form adds an *e: Il est calé; elle est calée.*

3 When you write, add an *-s* to make these adjectives plural.

4 *Sympathique* adds an *-s* in the plural like other adjectives ending in *-e:*
Ils sont sympathiques. But the short word *sympa* has only one form. It
does not change in any way to agree with the noun. *Snob* and *super*
are other adjectives like *sympa.*

> Nicole est **sympa.**   Les garçons sont **sympa.**
> Elles sont très **snob.**   Les profs sont **super.**

5 Look at these sentences.

> Voilà un garçon **sympa.**   J'aime les copains **aimables.**
> C'est une dame **riche.**   Je déteste son mari **égoïste.**

Most French adjectives follow the noun. A few common ones come
before. *Joli* is one of these adjectives.

> J'adore les **jolis** enfants.   Voilà ma **jolie** nièce.

EXERCICES

A A mon avis ... *(In my opinion ...)* You've got an opinion about
everyone. State your opinions about these people. Follow the model.

> Monique / aimable   *Monique est aimable.*

1. Paul / égoïste
2. Pierre / sincère
3. les frères Dulac / poli
4. Yvette et Coralie / joli

5. Sara / hypocrite
6. Luc / drôle
7. Julie et Robert / désagréable
8. les enfants Latour / formidable

Now go back and write your answers.

B Et toi? You have one friend who always agrees with you. Ask that
friend's opinion of the people in Exercice A. He or she will answer
using *C'est un garçon (une fille) ...* or *Ce sont des garçons (des filles, des
enfants) ...* and the same adjectives you did. Follow the model.

> Monique / aimable   ÉLÈVE 1 *Comment est Monique?*
>   ÉLÈVE 2 *C'est une fille aimable.*

ACTIVITÉ

Qui est-ce que vous aimez regarder à la télé? List four of your favorite TV stars on a slip of paper. Think of a sentence to describe each person, using adjectives that you have learned.

Exchange lists with a partner. Ask your partner why a particular name is on his or her list and offer your own opinion of the person.

ÉLÈVE 1   *Pourquoi est-ce que tu aimes _____ ?*
ÉLÈVE 2   *Parce qu'il est formidable.*
ÉLÈVE 1   *Oui, il est formidable.*
    OU: *Mais non, il est hypocrite!*

PROVERBE
Tel père, tel fils.

Le verbe *être*

Look at the present tense of *être*, "to be."

INFINITIVE **être**

		SINGULAR	PLURAL
PRESENT	1	je **suis**	nous **sommes**
	2	tu **es**	vous **êtes**
	3	il ⎱ elle ⎰ **est** on	ils ⎱ **sont** elles ⎰

IMPERATIVE **sois! soyons! soyez!**

1 When you want to describe what people or things are like, or to tell where they are, you'll use *être*.

> Comment **est** ton amie?   Elle **est** adorable.
> Où **sont** les photos?   Elles **sont** sur la table.

2 To tell people how to act, use *sois, soyons,* and *soyez.*

> **Sois** poli!   Ne **soyez** pas timides!   **Soyons** aimables!

3 The final *t* of *est* and *sont* frequently is pronounced before a vowel sound. The final consonants of the other forms may also be pronounced in front of vowel sounds.

> Il est adorable.   Elles sont aimables.

◆ OBJECTIVES:
TO TELL WHAT PEOPLE AND THINGS ARE LIKE
TO TELL WHERE PEOPLE AND THINGS ARE
TO TELL PEOPLE HOW TO ACT

Ils sont comment?
(à gauche) En Ile-de-France
(à droite) A la campagne

EXERCICES

A La photo de la classe. Your class photo has just arrived. Ask questions to find out whether these people appear in the photo. Follow the model.

> vous   *Est-ce que vous êtes sur la photo?*

1. nous
2. Paul
3. tu
4. Marc et Annie
5. le professeur
6. je
7. les élèves
8. vous
9. les amies de Paul

B Où sont vos copains? Say that these people are at these places now. Follow the model.

> Elle va à la plage.   *Elle est à la plage.*

1. Ils vont en ville.
2. Vous allez à la poste.
3. Nous allons à la banque.
4. Je vais à l'église.
5. On va à l'aéroport.
6. Tu vas chez toi.
7. Elles vont à la bibliothèque.
8. Il va à la campagne.

C Où est ...? Ask and answer questions about the location of these objects according to the pictures. Follow the model.

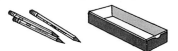

> ÉLÈVE 1 *Où sont les crayons?*
> ÉLÈVE 2 *Ils sont à gauche de la boîte.*

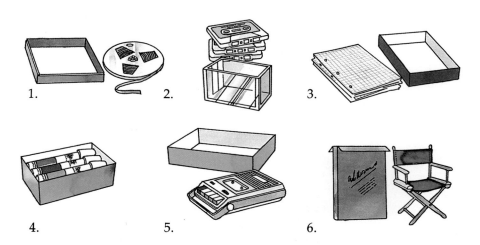

1.   2.   3.

4.   5.   6.

D Soyons sympa! You want everyone to be nice. Tell everyone how to behave in these situations. Follow the model.

> Toi et ton ami, vous êtes un peu snob. *Ne soyons pas snob!*
> Ton amie n'est pas très aimable. *Sois aimable!*

1. Toi et ton cousin, vous n'êtes pas polis.
2. Ton ami n'est pas sympa.
3. Ta sœur est un peu snob.
4. Tes amis et toi, vous êtes un peu égoïstes.
5. Ton frère est un peu timide.
6. Tes camarades de classe ne sont pas sincères.

E Comment est-ce que tu es? For each of these adjectives, rate yourself on a scale like the one below. Then describe yourself to a partner. Your partner can agree *(Oui!)* or disagree *(Mais non, au contraire!)*. Then switch roles.

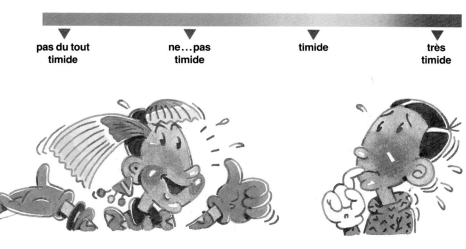

| pas du tout
timide | ne...pas
timide | timide | très
timide |

timide   *Je suis très timide.*
OU: *Je suis timide.*
   Je ne suis pas timide.
   Je ne suis pas du tout timide.

égoïste	sincère	drôle
poli, polie	snob	timide

F Parlons de toi.
1. Est-ce que les parents de tes copains sont sympa? Est-ce qu'ils sont drôles? sévères? Comment est-ce qu'ils sont?
2. Quand tu vas chez des amis, est-ce que tu es poli(e)?

APPLICATIONS

Vous êtes comment?

AVANT DE LIRE

Before you begin to read this *Lecture,* look at it and try to answer these questions:

1. This reading is set up like a multiple-choice test. What do you suppose the purpose of the test is? In what kind of reading materials do you find tests like this?

2. Skim through and see if you can find words that look like English words you know. What do you suppose *personnalité* means? How about *en général*? Can you find other words that are similar in French and English?

Timide, sympa, sincère? Répondez aux questions, et analysez votre personnalité!

1. Le samedi, j'aime:
   a. dormir.
   b. étudier.
   c. parler avec mes copains.

2. A la télé, j'adore regarder:
   a. les westerns.
   b. les sports.
   c. les films drôles.

3. A l'école, je préfère:
   a. lire dans la bibliothèque.
   b. les sciences.
   c. la gymnastique.

4. J'aime mes copains:
   a. un peu.
   b. beaucoup.
   c. J'adore mes copains!

5. Dans la classe, ma place est:
   a. derrière mes camarades, loin du[1] prof.
   b. devant le tableau.
   c. à côté d'un copain ou d'une copine.

6. En été j'aime aller:
   a. à la campagne.
   b. à la montagne.
   c. à la plage.

7. En général, mes amis sont:
   a. timides.
   b. sympa.
   c. super!

8. Avec mes parents, j'aime:
   a. regarder la télé.
   b. parler de[2] l'école.
   c. aller en ville.

9. Avec les parents de mes amis, je suis:
   a. timide.
   b. aimable.
   c. adorable.

10. Mon rêve:[3]
   a. être riche.
   b. être indispensable.
   c. être célèbre.[4]

Maintenant, comptez vos points: a = 1, b = 2, c = 3.

De 10 à 16 points: Vous êtes aimable et tranquille. Mais attention, ne soyez pas égoïste. La solitude, c'est bien, mais sans[5] amis, la vie[6] est triste.

---

[1]**loin du** far from the   [2]**de** about   [3]**le rêve** dream   [4]**célèbre** famous
[5]**sans** without   [6]**la vie** life

De 17 à 22 points: Sincère avec vos amis, aimable avec vos parents, vous aimez travailler et aller à l'école. Mais ne soyez pas trop sérieux! Amusez-vous[7] un peu!

De 23 à 30 points: Vous êtes drôle et adorable avec tout le monde.[8] C'est bien, mais où sont vos vrais[9] amis? Etre sympa, c'est important, mais soyez sincère aussi.

---

[7]**amusez-vous**   have fun   [8]**tout le monde**   everyone   [9]**vrai, -e**   true

Questionnaire

1. Selon *(according to)* l'examen, vous êtes comment? Est-ce que c'est vrai?
2. Comment est l'élève à côté de vous, selon l'examen? C'est vrai?

DOCUMENT

Look at this wedding announcement and see if you can answer these questions. (Don't worry if you don't understand all of the words on the invitation!)

Madame Jean Lesage
Le Docteur Gaston Barré
et Madame Gaston Barré
Monsieur Jean-Pierre Lesage
et Madame Jean-Pierre Lesage
sont heureux de vous faire part du mariage de
Mademoiselle Nicole Lesage, leur petite-fille
et fille avec Monsieur Christophe Bergeron
et vous prient d'assister ou de vous unir
d'intention à la messe de mariage qui sera célébrée
en l'église Notre-Dame du Val-d'Amour
de Graulhet (Tarn),
le Samedi 9 Septembre 1989, à 15 h. 30.
53, avenue Charles-de-Gaulle, 81300 Graulhet
48, rue Ronsard, 37100 Tours
"Le Colombier" route de Cabanès,
81300 Graulhet

1. C'est le mariage de qui?
2. Qui est le grand-père?
3. Qui sont les parents?
4. Quelle est la date du mariage?
5. A quelle heure *(at what time)* est la messe de mariage? Où?

EXPLICATIONS II

Les adjectifs possessifs: *mon, ton* et *son*

◆ OBJECTIVES:

**TO SHOW
OWNERSHIP**

**TO TELL HOW
PEOPLE ARE
RELATED**

Possessive adjectives show belonging. Like articles and other adjectives, possessive adjectives agree with the nouns they describe in gender (masculine and feminine) and in number (singular and plural). Here is how you say "my," "your," "his," "her," and "its."

		"my"	*"your"*	*"his / her / its"*
SING.	M.	**mon** cahier	**ton** cahier	**son** cahier
	F.	**ma** photo	**ta** photo	**sa** photo
		mon affiche	**ton** affiche	**son** affiche
		n̄	n̄	n̄
PL.	M.	**mes** cahiers	**tes** cahiers	**ses** cahiers
	F.	**mes** photos	**tes** photos	**ses** photos

1 The possessive adjective agrees with the gender and number of the thing possessed, and not with that of the owner: *C'est **la cassette** de Luc? Oui, c'est **sa cassette**.* Even though Luc is male, the word *cassette* is feminine, so you use the feminine *sa*.

2 Use *mon, ton,* and *son* before all masculine singular nouns and before feminine singular nouns beginning with a vowel or silent *h. Ma, ta,* and *sa* accompany feminine singular nouns beginning with a consonant.

3 *Mes, tes,* and *ses* are used before all plural nouns.

4 When you speak, pronounce the *n* of *mon, ton,* and *son* before nouns beginning with a vowel sound: *son hôtel.* The *s* of *mes, tes,* and *ses* is pronounced [z] before these nouns: *mes amis.*

EXERCICES

A Une lettre à Paul. *(A letter to Paul.)* Sara has just written a letter to her friend Paul. Can you supply the missing words? Use *ton, ta,* or *tes* in the first paragraph, and *mon, ma,* or *mes* in the second paragraph.

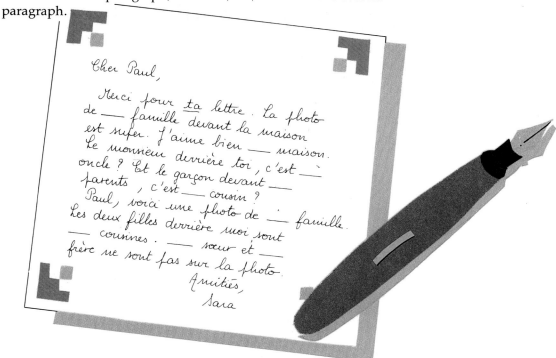

Cher Paul,

Merci pour <u>ta</u> lettre. La photo de ____ famille devant la maison est super. J'aime bien ____ maison. Le monsieur derrière toi, c'est ____ oncle? Et le garçon devant ____ parents, c'est ____ cousin? Paul, voici une photo de ____ famille. Les deux filles derrière moi sont ____ cousines. ____ sœur et ____ frère ne sont pas sur la photo.

Amitiés,

Sara

B C'est ton crayon? You have borrowed a lot of things that belong to a friend. Now you want to return them, but you aren't sure which things are yours and which are your friend's. Ask questions to find out. Your partner will say that the things do belong to him or her, and will ask about other items you borrowed. Follow the model.

ÉLÈVE 1 *C'est ton crayon?*
ÉLÈVE 2 *Oui, c'est mon crayon, mais où sont mes stylos?*

1.   2.   3.

4.   5.   6.

C La famille de Colette. Using the family tree, tell how these family members are related to Colette.

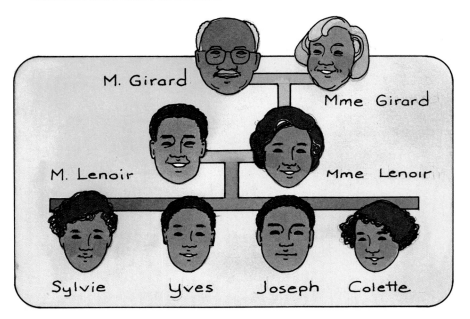

Qui sont Joseph et Yves?
Joseph et Yves sont ses frères.

1. Qui est Mme Lenoir? Et M. Lenoir?
2. Qui est M. Girard? Et Mme Girard?
3. Qui sont M. et Mme Girard?

4. Qui est Yves?
5. Qui est Sylvie?

ACTIVITÉ

Voici mon copain. From among your relatives, friends, or classmates, choose one male and one female person. Write three sentences about each individual.

Mon frère s'appelle David.
Il est très drôle. Il aime regarder la télé.

Read one of the descriptions to a classmate. He or she will listen and repeat the information back to you.

Ah, je comprends. Ton frère s'appelle David …

Les adjectifs possessifs:
notre, votre et *leur*

Here are the possessive adjectives that correspond to "our," "your," and "their."

◆ OBJECTIVES:

TO SHOW OWNERSHIP

TO TELL HOW PEOPLE ARE RELATED

		"our"	"your"	"their"
SING.	M.	**notre** drapeau	**votre** drapeau	**leur** drapeau
	F.	**notre** école	**votre** école	**leur** école
PL.	M.	**nos** drapeaux	**vos** drapeaux	**leurs** drapeaux
	F.	**nos** écoles	**vos** écoles	**leurs** écoles

1   Use *notre, votre,* and *leur* with all singular nouns, whether they are masculine or feminine. Use *nos, vos,* and *leurs* for all plural nouns.

2   When you speak, pronounce the *s* of *nos, vos,* and *leurs* as [z] before a vowel sound: *leurs̮ enfants.*

3   When you speak, do not pronounce the *e* of *notre* and *votre* before a vowel sound: *notrҿ oncle, votrҿ école.*

Une famille africaine
en France

EXERCICES

A Paf! *(Bam!)* You and your best friend ran into a teacher, and you all dropped everything you were carrying. You are sorting everything out. Say that everything on the left belongs to you and your friend, and that everything on the right belongs to the teacher.

Ce sont nos crayons.

C'est votre craie.

B Au café. Tell the waiter at the café to whom he should give each of these items. Follow the model.

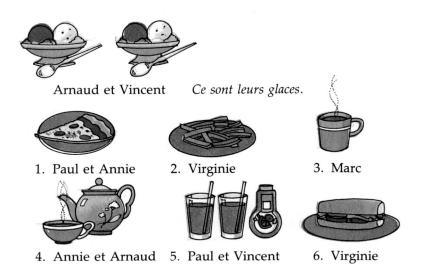

Arnaud et Vincent   *Ce sont leurs glaces.*

1. Paul et Annie   2. Virginie   3. Marc

4. Annie et Arnaud   5. Paul et Vincent   6. Virginie

C La famille Perreau. Here's the Perreau family again. For each of the items below, put yourself in the place of the person mentioned and complete the statements.

1. *If I were talking to Jeanne, I would say:*
   Paul Perreau est _ton_ grand-père. Claire est _____ tante.
   Brigitte et Olivier sont _____ cousins.
2. *If I were Claire Leclerc, I would say:*
   Brigitte et Olivier sont _____ enfants. Sophie est _____ nièce.
   Alain est _____ frère. Rémi est _____ neveu. Hervé est _____ mari.
3. *If I were talking to Hervé and Claire Leclerc, I would say:*
   Jeanne et Sophie sont _____ nièces. Rémi est _____ neveu.
   Olivier est _____ fils.
4. *If Paul and Lucie Perreau were talking, they would say:*
   Claire est _____ fille. Alain est _____ fils. Claire et Alain sont _____
   enfants.
5. *If I were talking about Sophie, I would say:*
   Hervé Leclerc est _____ oncle. Jeanne est _____ sœur. Simone
   Perreau est _____ mère. Brigitte et Olivier sont _____ cousins.
6. *If I were talking about Alain and Simone Perreau, I would say:*
   Jeanne, Rémi et Sophie sont _____ enfants. Olivier est _____
   neveu. Brigitte est _____ nièce.

D Parlons de toi.
1. Comment sont tes copains? Est-ce qu'ils sont calés ou est-ce qu'ils sont bêtes?
2. Où est-ce que tu vas avec tes copains? A la plage? A la piscine?

RÉVISION

Put the English cues into French to form new sentences.

1. Voici *l'oncle de Jean.*
   (Marie-France's grandmother)
   (Pauline's neighbors)

2. M. et Mme Lafont sont *mes cousins.* Yves est *mon frère.*
   (their grandparents)   *(their son)*
   (our friends)   *(our uncle)*

3. Martine, *ta cousine,* est *à droite de son mari.*
   (my sister)   *(to the left of my father)*
   (his daughter)   *(next to your* [fam.] *parents)*

4. *Notre professeur est formidable,* n'est-ce pas?
   (His sisters are funny)
   (Your [form.] *niece is shy)*

Deux pères avec leurs
enfants, en Bourgogne

Put the English captions into French and write a paragraph.

1. Here's Nadine's family.

2. Mr. and Mrs. Duclos are her parents. Denise is her sister.

3. André, her brother, is next to his sister.

4. Her family is nice, isn't it?

RÉDACTION

Now that you have written a short paragraph, choose one of the following assignments.

1. Imagine that you are M. or Mme Duclos. Write four commands to tell your family members how to behave during the sitting.
2. Imagine that you are André or Denise. You are enclosing the photo in a letter to a pen pal. Write five sentences describing the photo.

CONTRÔLE DE RÉVISION   CHAPITRE 2

A Comment est ...?
Write sentences telling what the following people are like.

Jeanne   *Jeanne est égoïste.*

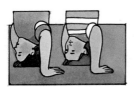

1. je

2. Adèle et Monique

3. nous

4. vous

5. Alain

6. tu

B   Devinettes. *(Riddles.)*
Answer the questions by identifying the family relationship.

> Qui est le fils de mon grand-père?
> *C'est ton père.*   OU   *C'est ton oncle.*

1. Qui est le frère de mon père?
2. Qui est la fille de ma tante?
3. Qui est la mère de ma mère?
4. Qui est le fils de mon père?
5. Qui est le frère de ma cousine?
6. Qui est la mère de ma cousine?
7. Qui est la sœur de mon frère?

C   Oui, mais ...
Write answers to the following questions, agreeing that the items belong to the people mentioned, but asking where their other possessions are.

> C'est ton stylo? (feutres)
> *Oui, c'est mon stylo, mais où sont mes feutres?*

1. Ce sont tes gommes? (crayon)
2. C'est la carte de M. Moreau? (affiche)
3. C'est leur magnétophone à cassettes? (cassettes)
4. Ce sont les livres d'Annie? (cahiers)
5. C'est ton examen? (feuille de papier)
6. Ce sont nos boîtes? (photo)
7. Ce sont vos bandes, mes enfants? (magnétophone)

VOCABULAIRE DU CHAPITRE 2

Noms
l'ami *(m.)*, l'amie *(f.)*
le/la camarade de classe *(m.&f.)*
le copain, la copine
le cousin, la cousine
la dame
l'enfant *(m.&f.)*
la famille
la femme
la fille
la fille unique
le fils, *pl.* les fils
le fils unique
le frère
le garçon
la grand-mère
le grand-père
les grands-parents
la jeune fille
maman
le mari
la mère
le monsieur, *pl.* les messieurs
le neveu, *pl.* les neveux
la nièce
l'oncle *(m.)*
papa
les parents *(m.pl.)*
le père
la photo
la sœur
la tante
le voisin, la voisine

Adjectifs possessifs
leur, leurs
mon, ma, mes
notre, nos
son, sa, ses
ton, ta, tes
votre, vos

Adjectifs
adorable
aimable
bête
calé, -e
désagréable
drôle
égoïste
formidable
hypocrite
joli, -e
pauvre
poli, -e
riche
sévère
sincère
snob
super
sympathique (sympa)
timide
triste

Verbes
être (sois, soyez, soyons)
regarder

Adverbes
à côté (de)
à droite (de)
à gauche (de)
ici
là
pas du tout

Conjonction
parce que

Expressions
au contraire
bon!
c'est ça
chez toi
euh …
mais non
mais oui
sur la photo

Questions
comment est … ?
pourquoi (pas)?

CHAPITRE 3

PRÉLUDE CULTUREL | LA MODE ET LES JEUNES

What do French teenagers wear to school? Today, few schools impose strict dress codes on their students. Public schools just advise students to use common sense and to not wear clothes that might offend others.

Most young people dress casually to attend classes. A typical outfit for both males and females consists of blue jeans, a sweatshirt or baggy sweater, and tennis shoes or boots. The sweatshirts often carry the names of American schools or American products. A short, zippered jacket called *un blouson* usually adds the final touch.

Since most teenagers must show a certain restraint in the clothing they wear to school, they often let their creativity run wild when they go out with friends. Trends and fads change just as rapidly in France as they do here, and styles vary from one peer group to another. For example, someone who likes hard rock may dress accordingly, and can be easily identified.

Like their American counterparts, French teenagers think music is very important. Girls and boys sport tee-shirts and buttons praising well-known bands—often in English. Some may even try to dress and look like their favorite rock stars. Teenage magazines feature articles on style and fashion, giving advice on achieving the "perfect look". By the way, French parents, just like your parents, often look at teen styles with a critical eye!

The French fashion industry takes its teenage consumers quite seriously. Many stores cater to young people. In larger cities, there are even shopping districts that specialize in clothes for teenagers. In the Quartier Latin, the university district of Paris, most stores—from record shops to fast food restaurants—are designed to attract a young crowd. Flea markets, where one always hopes to bargain for lower prices, are also popular shopping spots.

French teens, however, are not usually as free to spend money as they might wish. Unlike Americans, they rarely have part-time jobs, and must get their spending money from their parents, who often like to supervise how the money is spent. Teenagers may be able to save a few francs out of their weekly allowance to buy a record once in a while, but for major items like clothes, they depend on *maman* and *papa*.

MOTS NOUVEAUX I

J'ai besoin d'un jean.

CONTEXTE
VISUEL

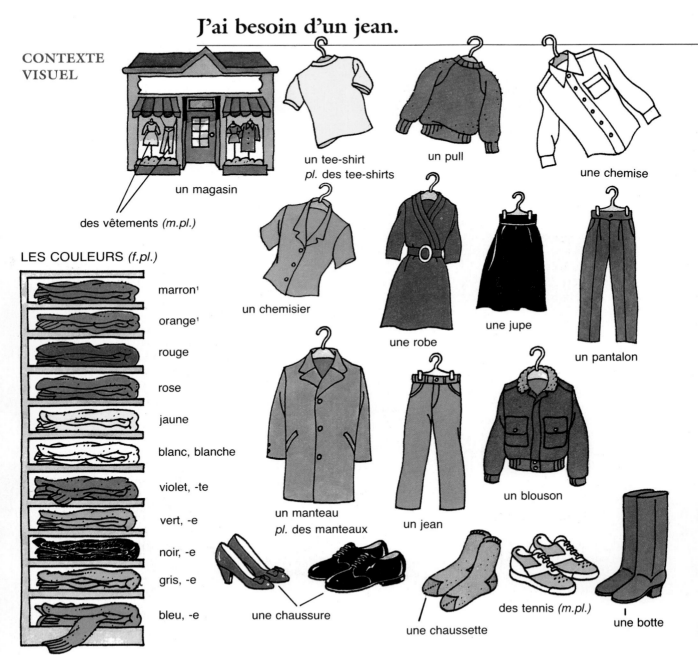

un magasin

des vêtements (m.pl.)

un tee-shirt
pl. des tee-shirts

un pull

une chemise

un chemisier

une robe

une jupe

un pantalon

un manteau
pl. des manteaux

un jean

un blouson

LES COULEURS (f.pl.)

marron[1]

orange[1]

rouge

rose

jaune

blanc, blanche

violet, -te

vert, -e

noir, -e

gris, -e

bleu, -e

une chaussure

une chaussette

des tennis (m.pl.)

une botte

[1]Like *snob* and *sympa, orange* and *marron* are invariable—that is, they do not change for agreement: *Ses vêtements sont marron et orange.*

300 F

le franc

1.000 mille

ça coûte cher!

100 cent

1.000.000 un million

ça ne coûte pas cher!

20 F

petit, -e   grand, -e

le vendeur

la vendeuse

étroit, -e   large

long, -ue   court, -e

moche

démodé, -e   à la mode

CONTEXTE
COMMUNICATIF

1 Devant le magasin.

PIERRE **J'ai besoin de** tee-shirts.

ANNIE Mais tu **es en** tee-shirt **maintenant. Combien de** tee-shirts est-ce que **tu as?**

PIERRE Huit … neuf. Mais ils sont moches.

Variations:

■ j'ai besoin de tee-shirts → j'ai besoin d'un jean
  tu es en tee-shirt → tu es en jean
  combien de tee-shirts → combien de jeans

avoir besoin de	*to need*
être en + clothing	*to be wearing*
maintenant	*now*
combien de …?	*how many …?*
tu as?	*do you have?*
avoir	*to have*

2 NADINE J'aime le pantalon violet, là. J'adore le violet![1]

MARIE Oui, il est très **bien.**[2]

■ il est très bien → il est très à la mode
■ il est très bien → mais il est **trop** long
■ il est très bien → mais il n'est pas un peu court?

bien (here) *nice*

trop *too*

3 Dans le magasin.

XAVIER Où sont les bottes, s'il vous plaît?

LA VENDEUSE **Désolée**, mais **je n'ai pas de** chaussures **pour hommes.**

■ XAVIER → MARLÈNE
  pour hommes → pour **femmes**

désolé, -e	*sorry*
je n'ai pas de	*I don't have any*
pour	*for*
l'homme (*m.*)	*man*
la femme (here)	*woman*

4 PASCAL **De quelles couleurs** sont les chaussettes?

LA VENDEUSE Blanches, violettes, grises, …

PASCAL **Vous avez** rouge?

LA VENDEUSE Oui, voilà.

■ les chaussettes → les pulls
  blanches, violettes, grises, … → blancs, violets, gris, …

de quelle couleur …?	*what color …?*
vous avez …?	*do you have …?*

---

[1]When a color is used as a noun, it is masculine.
[2]*Bien* is also an invariable adjective.

5

JEAN-PAUL	**Combien coûte** le pull?
LE VENDEUR	Trois cents francs.[3]
JEAN-PAUL	Il coûte cher. **C'est dommage.**
LE VENDEUR	Et les tee-shirts, vous aimez? Ils ne sont pas **chers,** cinquante francs.
JEAN-PAUL	**Chic,** ça va! J'ai cent francs.

■ combien coûte le pull? → **combien coûtent** les chemises?
  il coûte cher → elles coûtent cher

combien coûte …? *how much does … cost?*

c'est dommage *that's too bad*

cher, chère *expensive*
chic! *great!*

combien coûtent …? *how much do … cost?*

6

AURÉLIE	J'adore le magasin «Chez les jeunes».
NATHALIE	Et comment sont les vêtements?
AURÉLIE	**Chouettes.**

■ chouettes → très **chic**[4]

chouette *neat, terrific*

chic *elegant*

[3]The abbreviation for *franc* is a capital *F* that follows the number: *300F.*
[4]*Chic* is also invariable.

Un magasin de souvenirs à Paris

EXERCICES

A Revue de mode *(Fashion review).*   You are very fashion-conscious. Tell what these people are wearing today.

mes copains

Aujourd'hui mes copains sont en tee-shirt.

1. Marie-Hélène   2. nous   3. Pierre

4. tu   5. vous   6. tes amies

7. Paul et son frère   8. elles   9. Alain

MI-CHAUSSETTES HOMME LIGNE GOLFEUR
"MARC ANTHONY", fil d'écosse
pur coton, la paire _____ **26ᶠ**

TEE-SHIRT
LIGNE GOLFEUR
"NEW LOOK", pur coton_____ **120ᶠ**

B Quelles sont vos couleurs préférées *(favorite)?* Your birthday is
drawing near and your cousin is thinking of giving you a sweater.
Help her by telling her which colors you do and do not like.

J'adore le _bleu_ et le _____. J'aime un peu le _____ et le _____.
Mais je déteste le _____ et le _____.

Les chemises ne sont pas
chères!

C Parlons de toi.

1. Est-ce que tu aimes être en tee-shirt et en jean, ou est-ce que tu
   aimes les vêtements chic?
2. Est-ce que tu aimes les vêtements de tes amis?
3. Tu es en quels *(which)* vêtements aujourd'hui?

APPLICATIONS

On est à la mode!

Le matin[1] chez les Dufour. Les enfants, Patrick et Caroline, vont au lycée.[2]

MME DUFOUR	Caroline, tu vas au lycée comme ça?[3]
CAROLINE	Oui, pourquoi?
5 MME DUFOUR	Avec le pull de ton frère et <u>la</u> chemise de ton père?
PATRICK	Et un jean jaune. J'adore! Tu es super, ma petite sœur.
MME DUFOUR	Super!?? Mais non, c'est moche.
PATRICK	Oh ma pauvre[4] maman, ne sois pas démodée!
10	Regarde mes tennis jaunes et violets. Ils sont chouettes, non?

---

[1]**le matin**   *morning*   [2]**au lycée**   *to the high school*
[3]**comme ça?**   *like that?*   [4]**pauvre**   *poor*

Les tennis sont très à la mode—et confortables aussi!

Questionnaire

1. Où va Caroline?   2. Décrivez (describe) ses vêtements.   3. Est-ce que Patrick aime les vêtements de sa sœur?   4. De quelle couleur sont les chaussures de Patrick? 5. Est-ce que Mme Dufour est démodée?

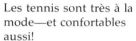

Situation

Working with two classmates, create a conversation taking place around a family breakfast table. Play the roles of a parent and two children discussing appropriate clothing for school.

Un magasin de vêtements à Carnac en Bretagne

PRONONCIATION

You know that in French consonant letters at the end of a word are usually not pronounced: *chez, ils, les manteaux.* However, some final consonants are pronounced.

1 Four consonants that are often pronounced when they come at the end of a word are *c, r, f,* and *l* (the consonants in the word "CaReFuL"). Pronounce these words.

avec   chic   cher   sœur   neuf   soif   avril   hôtel

2 When a word ends with the letter *e,* the consonant before the *e* is always pronounced. It is important to say the consonant clearly because it often means the difference between masculine and feminine forms: *étroit, étroite.* Pronounce an *s* followed by an *e* as [z]: *gris, grise.* Listen and repeat.

Louis est grand.　　　　　Louise est grande.
Denis est petit.　　　　　Denise est petite.
Son chemisier est gris.　　Sa chemise est grise.

MOTS NOUVEAUX II

Qu'est-ce que tu as?

avoir faim

avoir soif

avoir peur

avoir sommeil

avoir chaud

avoir froid

avoir raison

avoir tort

soixante-dix

l'anniversaire (m.)

quatre-vingts

quatre-vingt-dix

CONTEXTE COMMUNICATIF

1 GISÈLE **Qu'est-ce que tu as?**
CHARLES J'ai faim.

qu'est-ce que tu as? (here) *what's the matter with you?*

2 SYLVIE **Tu as quel âge?**
MARTIN J'**ai** quinze **ans.**
SYLVIE Quelle est la date de ton anniversaire?
MARTIN Le dix-neuf novembre.

tu as quel âge? *how old are you?*

avoir ... ans *to be ... years old*

Variations:

■ MARTIN ⟶ NATHALIE
le dix-neuf novembre ⟶ le premier décembre

3 SYLVIE Est-ce que tu as des frères?
MARTIN Oui, j'ai deux frères. Je n'ai pas de sœurs.
SYLVIE **Ils ont quel âge?**
MARTIN Dix-neuf et vingt et un ans.
SYLVIE Moi, je suis fille unique.

ils ont quel âge? *how old are they?*

■ SYLVIE ⟶ THIERRY
fille unique ⟶ fils unique

4 MME DURAND C'est ton frère? Il a quel âge?
ROBERT Il a quatre ans.
MME DURAND Ah, mais il est **grand.**

grand, -e (here) *tall*

petit, -e (here) *short*

■ grand ⟶ **petit**

5 MME GRANGER Mais qu'est-ce que vous avez, les enfants?
FRANÇOISE Nous avons faim et **il n'y a pas de** glace.
MME GRANGER Non, mais **il y a**[1] **toujours** des sandwichs.

il n'y a pas de *there isn't any*
il y a *there is / there are*
toujours *always*

■ des sandwichs ⟶ des croque-monsieur

[1]*Il y a* and *voilà* both mean "there is / there are" in English. Use *il y a* to mean that something exists or is present: *Il y a une chemise dans la boîte.* Point out specific things with *voilà*: *Voilà la chemise de Jean dans la boîte.*

6 SYLVIE Les chemises violettes sont chères!

ROBERT Mais non, tu as tort. Elles coûtent cent soixante-dix francs.

SYLVIE Non, elles coûtent *deux* cent soixante-dix francs.

ROBERT Ah, tu as raison. Elles coûtent cher.

Passe la bouteille! J'ai soif!

EXERCICES

A Qu'est-ce que tu as? Your friend is always complaining. Ask what the matter is, and your partner will tell you, based on the pictures. Follow the model.

ÉLÈVE 1   *Qu'est-ce que tu as maintenant?*
ÉLÈVE 2   *J'ai froid!*

1.   2.   3.

4.   5.   6.

B Les opposés *(Opposites).* Your friends Pascal and Pierre are complete opposites. Describe them. Follow the model.

Quand Pascal a soif, Pierre a *faim*.

1. Quand Pascal a chaud, Pierre a _____.
2. Quand Pascal a tort, Pierre a _____.
3. Pascal est grand, mais Pierre est _____.
4. Pascal est sincère, mais Pierre est _____.
5. Les vêtements de Pascal sont démodés, mais les vêtements de Pierre sont _____.
6. Pascal aime le noir, mais Pierre aime _____.
7. Quand Pascal est en bottes, Pierre est en _____.
8. Quand le pantalon de Pascal est trop long, le pantalon de Pierre est trop _____.
9. Quand la chemise de Pascal est bien, la chemise de Pierre est _____.

C Parlons de toi.

1. Tu as quel âge?
2. Quelle est la date de ton anniversaire?
3. Est-ce qu'il y a des cahiers sous ta chaise? Ils sont de quelles couleurs?
4. Est-ce que tu as froid maintenant, ou est-ce que tu as chaud?
5. Combien d'élèves est-ce qu'il y a dans la classe aujourd'hui?

A la terrasse d'un café à Avignon

ACTIVITÉ

Qui est-ce? On a slip of paper, write a description of yourself, including the clothing that you are wearing today. Put the slips into a box. When all the slips are collected, take turns drawing slips and reading the descriptions aloud. Members of the class will guess each person being described.

ÉTUDE DE MOTS

Le tee-shirt is an English word that the French language has borrowed. Languages frequently borrow words. The meaning often doesn't change, but the pronunciation and the spelling may. Here are some words that French and English have borrowed from each other.

From English to French:

OK   le film   le rock   le camping   le hot-dog

From French to English:

chef   camouflage   fiancé(e)   promenade   à la carte

Since you began studying French, you have probably noticed other French words that are similar to English words.

la banque   l'hôpital   la saison   décembre   le professeur

Words that look alike in French and English and have similar meanings are called "cognates." When you read new material in French, you should watch for cognates and try to guess their meanings. What do you think these words mean?

le dîner   le futur   le monstre   le parfum   la politique

Ton tee-shirt est chouette!

EXPLICATIONS I

Le verbe *avoir*

◆ OBJECTIVES:

TO TALK ABOUT
WHAT PEOPLE
HAVE AND DON'T
HAVE

TO TELL HOW
PEOPLE FEEL

TO TELL PEOPLE'S
AGES

Look at the present tense of the verb *avoir*, "to have."

INFINITIVE **avoir**

		SINGULAR		PLURAL	
PRESENT	1	j'	**ai**	nous	**avons**
	2	tu	**as**	vous	**avez**
	3	il elle on	**a**	ils elles	**ont**

1   When you want to describe what you *don't* have, add *n'... pas.*
Note that *de* ("any") is the negative form of *un, une,* and *des* ("a(n)"
or "some").

J'ai **un** stylo.	*I have **a** pen.*
Je **n'**ai **pas de** crayon.	*I **don't** have a pencil.*
J'ai **des** sœurs.	*I have **(some)** sisters.*
Je **n'**ai **pas de** frères.	*I **don't** have **(any)** brothers.*
Il a **des** tantes.	*He has **(some)** aunts.*
Il **n'**a **pas d'**oncles.	*He **doesn't** have **(any)** uncles.*

2   While *avoir* means "to have," it is also used in many common
expressions in which we would use a form of "to be" in English.

J'**ai** faim.	*I'**m** hungry.*
Elle n'**a** pas peur.	*She'**s** not afraid.*
Tu **as** raison.	*You'**re** right.*

3   When you speak, there is liaison with *on͜a* and with all the plural
forms: *nous͜avons, vous͜avez, elles͜ont.*

EXERCICES

A Au mariage. Your cousin Francine is getting married. The wedding party is dressing for the big event. Ask if they have certain items of clothing.

Paul / son pantalon noir   *Est-ce que Paul a son pantalon noir?*

1. vous / votre manteau
2. tu / tes chaussettes
3. elles / leurs chemisiers
4. Francine / sa robe blanche

5. tes sœurs / leurs chaussures
6. Gilles et Marc / leurs chemises
7. nous / nos robes
8. Francine / ses vêtements

B Qu'est-ce qu'on a? Now that everyone is dressed and at the church, they're complaining. Tell what everyone's problem is.

   *Les sœurs de Francine ont froid.*

les sœurs de Francine

1. Gilles et Marc   2. tu   3. vous

4. on   5. Paul

Scène d'école

C Au magasin.   You want to buy some gifts, so you walked into a clothing store in a small town. Unfortunately, it is poorly stocked. Every time you ask for an item, the clerk tells you that they don't have any. Follow the model.

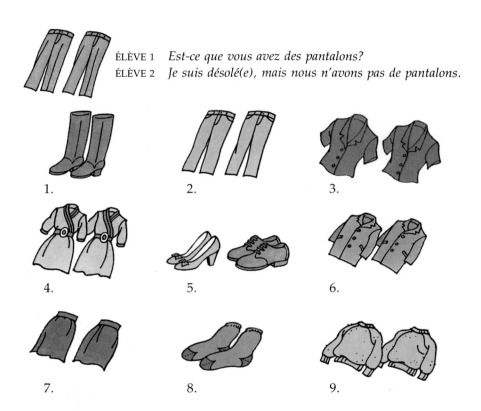

ÉLÈVE 1   *Est-ce que vous avez des pantalons?*
ÉLÈVE 2   *Je suis désolé(e), mais nous n'avons pas de pantalons.*

1.

2.

3.

4.

5.

6.

7.

8.

9.

Un magasin dans le Quartier latin à Paris

D La famille Malan.   All the members of the amazing Malan family share the same birthday. Tell how old they are today.

ÉLÈVE 1   *Quel âge a Bertrand Malan?*
ÉLÈVE 2   *Il a soixante-deux ans.*

Bertrand   Béatrice
Malan   Malan

Robert   Claire
Dubois   Malan-Dubois

Gauthier   Lucie
Malan   Malan

Marianne
Dubois

Didier   Sara   Michel
Malan   Malan   Malan

Now answer these questions according to the family tree.
1. Est-ce que Claire Malan-Dubois a des frères?
2. Gauthier et Lucie ont combien d'enfants?
3. Est-ce que Marianne a des frères? Est-ce qu'elle a des cousins? Elle a combien de cousins?
4. Sara a combien de frères? Est-ce qu'elle a des sœurs?
5. Les enfants Malan ont combien de tantes?

E Parlons de toi.
1. Tu as combien de sœurs? Elles ont quel âge?
2. Tu as des frères? Si *(if)* oui, quel âge est-ce qu'ils ont?
3. Est-ce que tu as des grands-parents? Si oui, ils ont quel âge?

Les nombres de 70 à 1.000.000

◆ **OBJECTIVE:**

TO COUNT BEYOND 70

Des skis dans un magasin à Grenoble

Look at how numbers higher than 70 are formed in French.

70	soixante-dix		88	quatre-vingt-huit
71	soixante et onze		89	quatre-vingt-neuf
72	soixante-douze		90	quatre-vingt-dix
73	soixante-treize		91	quatre-vingt-onze
74	soixante-quatorze		92	quatre-vingt-douze
75	soixante-quinze		93	quatre-vingt-treize
76	soixante-seize		94	quatre-vingt-quatorze
77	soixante-dix-sept		95	quatre-vingt-quinze
78	soixante-dix-huit		96	quatre-vingt-seize
79	soixante-dix-neuf		97	quatre-vingt-dix-sept
80	quatre-vingts		98	quatre-vingt-dix-huit
81	quatre-vingt-un		99	quatre-vingt-dix-neuf
82	quatre-vingt-deux		100	cent
83	quatre-vingt-trois		101	cent un
84	quatre-vingt-quatre		102	cent deux, *etc.*
85	quatre-vingt-cinq		200	deux cents
86	quatre-vingt-six		201	deux cent un
87	quatre-vingt-sept		202	deux cent deux, *etc.*

1.000	mille
2.000	deux mille
1.000.000	un million
2.000.000	deux millions

1. When you write out the number 80, remember to include the *s* at the end: *quatre-vingts*. There is no *s* on *vingt* for the numbers 81–99.

2. When you write out the numbers 200, 300, 400, etc., add an *s* only in the round numbers: *cent, deux cents, trois cents,* but *deux cent onze. Mille* doesn't change: *deux mille.*

3. *Million* adds an *s* in the plural: *un million, deux millions.*

4. Note that the French use a period where we use a comma: *2.110.*

EXERCICES

A Numéros de téléphone. You are looking for a particular brand of jeans, so you've looked in the phone book and made a list of stores that you think might carry that brand. Before you make your calls, read your list aloud one last time. (Phone numbers in France have eight digits in groups of two. Each two-digit group is read as a single number.) Follow the model.

> *Pour «Super Jeans», c'est le soixante-dix-sept, quatre-vingt-douze, soixante-dix-huit, quatre-vingt-neuf.*

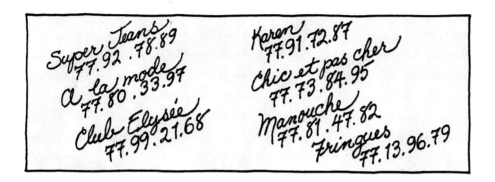

B Combien? Pretend that you and a friend are clerks in a store. You are taking inventory. Ask and answer questions according to the model.

ÉLÈVE 1 *Il y a combien de chemises?*
ÉLÈVE 2 *Il y a cent quatre-vingt-six chemises.*
ÉLÈVE 1 *Combien est-ce qu'elles coûtent?*
ÉLÈVE 2 *Elles coûtent deux cent vingt francs.*

186

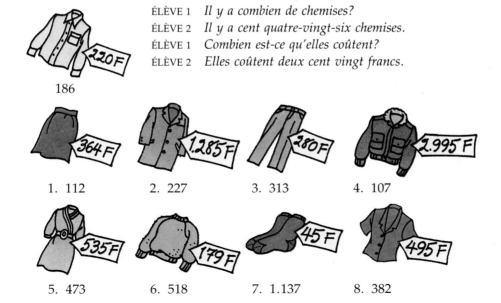

1. 112   2. 227   3. 313   4. 107

5. 473   6. 518   7. 1.137   8. 382

C Les grandes villes de France: des statistiques.   Use the
population and distance statistics for some French cities to practice
reading a few large numbers.

Il y a combien d'habitants à Paris?
Deux millions cent soixante-seize mille deux cent quarante-deux.
Il y a combien de kilomètres entre *(between)* Paris et Toulouse?
Cinq cent soixante-quatorze.

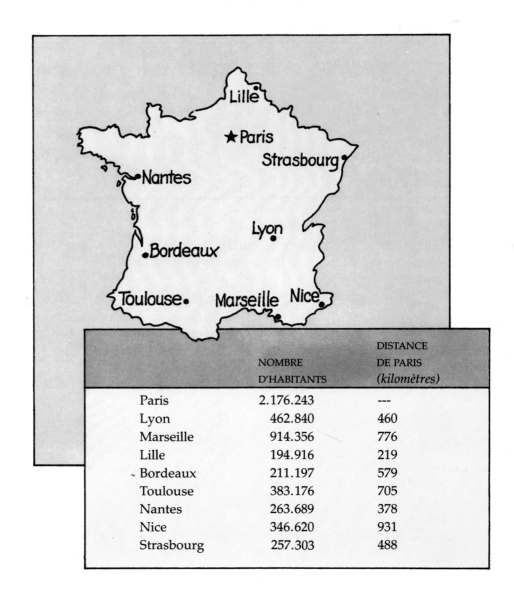

	NOMBRE D'HABITANTS	DISTANCE DE PARIS *(kilomètres)*
Paris	2.176.243	---
Lyon	462.840	460
Marseille	914.356	776
Lille	194.916	219
Bordeaux	211.197	579
Toulouse	383.176	705
Nantes	263.689	378
Nice	346.620	931
Strasbourg	257.303	488

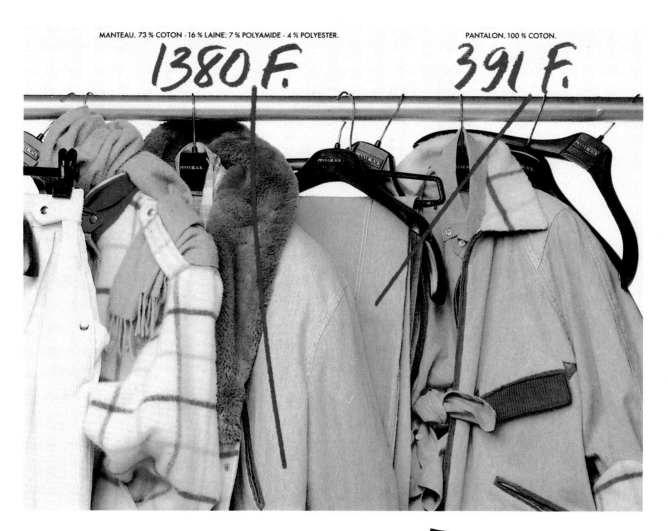

MANTEAU. 73 % COTON - 16 % LAINE; 7 % POLYAMIDE - 4 % POLYESTER.

1380 F.

PANTALON. 100 % COTON.

391 F.

ZUT!

ACTIVITÉ

Zut! This is a counting game. Everyone should stand up. One person chooses the *zut!* number (for example, 4). Taking turns around the room, begin counting from 1–100. The player who reaches a number containing the *zut!* number (4, 14, 24, *etc.*) or a multiple of it (4, 8, 12, 16 ...) says *zut!* instead of the number. If a player misses a number or a *zut!*, that person sits down. The last person left standing is the winner.

APPLICATIONS

Au magasin «Au vrai cow-boy»

Vous êtes dans un magasin western. Quels *(what)* vêtements est-ce qu'il y a dans le magasin? Ils coûtent combien?

Vous avez besoin de vêtements parce que vous allez à la campagne. Vous avez mille cinq cents francs. Choisissez *(choose)* vos vêtements.

EXPLICATIONS II

Les adjectifs comme *vert*

In Chapitre 2, you learned that French adjectives must agree with the nouns they describe. You studied adjectives that have the same spoken form for the masculine and feminine: *Il est aimable et poli; Elle est aimable et polie.* Most French adjectives, however, have slightly different spoken forms for masculine and feminine. Look at *vert.*

◆ OBJECTIVE:
TO DESCRIBE
PEOPLE AND
THINGS

| SING. | M. | Le pull est | **vert.** |
| | F. | La jupe est | **verte.** |

| PL. | M. | Les pulls sont | **verts.** |
| | F. | Les jupes sont | **vertes.** |

1 The masculine forms of adjectives like *vert* end in a silent consonant. The *e* in the feminine forms causes the consonant to be pronounced.

grand → gran**de**   court → cour**te**   gris → gri**se**

2 When you write, remember to add -*s* for the plural forms: *Les chemisiers sont verts; les chemises sont vertes.*

3 When you write, you'll make some special spelling changes for the feminine form of some adjectives: *cher, chère; violet, violette; long, longue; blanc, blanche.*

4 Like *joli,* the adjectives *petit* and *grand* usually come before the noun. When the noun begins with a vowel sound, you'll pronounce the liaison with a [t] sound.

C'est un petit‿homme.   C'est un grand‿homme.

EXERCICES

A De quelle couleur? Pretend you are standing in the hall with a friend who has trouble telling colors apart. Help your friend out by answering questions about the color of the clothes these people are wearing today. Follow the model.

ÉLÈVE 1   *De quelle couleur est la chemise de Paul?*
ÉLÈVE 2   *Elle est verte.*

Paul

1. Annie 2. Rémi 3. Joëlle 4. Eve

5. Paul 6. Yves 7. Marie 8. Mme Brel

B Oui ou non? Ask and answer questions. The adjectives here are given in the masculine singular form. Be sure you make any necessary changes! Follow the model.

ta sœur / (petit)   ÉLÈVE 1   *Ta sœur est petite?*
　　　　　　　　ÉLÈVE 2   *Oui, elle est petite.*
　　　　　　　　　　OU: *Non, elle n'est pas petite. (Elle est grande.)*

1. mon crayon / (court)
2. notre prof / (petit)
3. la carte / (bleu et vert)
4. notre salle de classe / (grand)
5. les robes à la mode / (long)
6. les chaises de notre classe / (étroit)

C Lèche-vitrines *(Window-shopping).* You and a friend are out window-shopping and have stopped in front of this store. Give your opinion of these items of clothing. Your friend will agree or disagree. Use any appropriate adjectives that you've learned.

> ÉLÈVE 1   *La robe jaune est bien, n'est-ce pas?*
> ÉLÈVE 2   *Oui, elle est jolie.*
> OU: *Mais non, elle est moche!*

ACTIVITÉ

Défilé de mode *(Fashion show).* While one of your classmates parades in front of the class, describe his or her clothing. Example:

> *Voici notre camarade de classe, Antoine. Aujourd'hui Antoine est en jean et en pull. Son jean est gris et son pull est jaune. Les couleurs sont jolies, n'est-ce pas? Les vêtements d'Antoine sont toujours à la mode.*

RÉVISION

Put the English cues into French to form new sentences.

1. *Les élèves vont à la salle de classe.*
   (I'm going to the country.)
   (The salespeople are going to town.)

2. C'est l'anniversaire de *notre sœur. Elle a seize ans.*
   (their uncle) *(He's 71 years old.)*
   (our grandparents) *(They're 80 years old.)*

3. *Les garçons sont dans le magasin. Ils ont besoin de jeans.*
   (We are in the store. Our brother needs a jacket.)
   (We are in front of the store. We need some boots.)

4. *Les robes sont jolies ici. Mais elles coûtent cher.*
   (The jeans are American) *(they're)*
   (The houses are small) *(they're)*

5. *Les profs ont tort. Les élèves ne sont pas désolés.*
   (I'm right. The saleswoman isn't polite.)
   (You're [fam.] wrong. The clothes aren't pretty.)

à partir de
390F
sympa le 3 pièces

Combien est-ce que ça coûte?

Put the English captions into French and write a paragraph.

1. Sophie and Arnaud are going to town.

2. Today is their father's birthday. He's forty years old.

3. Sophie and Arnaud are in front of a store. Their father needs a sweater.

4. The clothes are elegant here. But they're expensive.

5. They are wrong. The sweaters aren't expensive today.

RÉDACTION

Now that you have written a short paragraph, choose one of the following assignments.

1. Write talk balloons for the people pictured in each frame of the cartoon above.

2. Write a newspaper advertisement for the sweaters in picture 5.

A   Les vêtements de M. et de Mme Thuan.
Write sentences telling the colors of M. and Mme Thuan's clothing.

1. *Son chemisier est vert.*
2. *Ses chaussures sont noires.*

B   Combien coûtent les chemises?
Write sentences telling the prices of the different shirts. Write out the numbers.

La chemise rouge coûte cent quatre-vingt-dix-neuf francs.

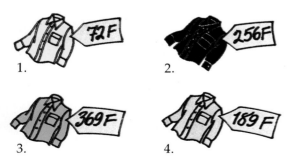

1.
2.
3.
4.

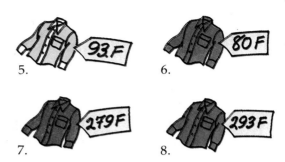

5.
6.
7.
8.

C   Quelle est la réponse?
Match each statement or question in column A with the best response in column B.

A	B
1. Où est mon sandwich?	a. Merci, j'ai froid.
2. Le prof est sévère?	b. Oui, il a soif.
3. Il est minuit?	c. Tu as faim?
4. Ton père a quel âge?	d. Non, vous avez tort.
5. Voici ton manteau!	e. Il a quarante-deux ans.
6. J'ai raison, n'est-ce pas?	f. Oui, les enfants ont sommeil.
7. L'enfant a besoin de lait?	g. Un peu, mais on n'a pas peur.

D   Les nombres.
Write the following numbers in numerals.

1. soixante-quatre
2. quatre-vingt-huit
3. quarante-neuf
4. quatre-vingt-seize
5. soixante-dix-sept
6. cinquante et un
7. cent vingt-deux
8. huit cent trente-trois
9. mille quatre cent six
10. quarante-deux mille neuf cent quarante-cinq

VOCABULAIRE DU CHAPITRE 3

Noms

l' anniversaire *(m.)*
le blouson
la botte
la chaussette
la chaussure
la chemise
le chemisier
la couleur
la femme *(woman)*
le franc
l' homme *(m.)*
le jean
la jupe
le magasin
le manteau, *pl.* les manteaux
le pantalon
le pull
la robe
le tee-shirt, *pl.* les tee-shirts
le tennis, *pl.* les tennis
le vendeur, la vendeuse
les vêtements *(m.pl.)*

Nombres

soixante-dix
quatre-vingts
quatre-vingt-dix
cent
mille
million

Adjectifs

bien
blanc, blanche
bleu, -e
cher, chère
chic
chouette
court, -e
démodé, -e
désolé, -e
étroit, -e
grand, -e
gris, -e
jaune
large
long, -ue
marron
moche
noir, -e
orange
petit, -e
rose
rouge
vert, -e
violet, -te

Verbes

avoir

Adverbes

maintenant
toujours
trop

Préposition

pour

Expressions

à la mode
avoir … ans
avoir besoin de
avoir chaud
avoir faim
avoir froid
avoir peur
avoir raison
avoir soif
avoir sommeil
avoir tort
ça coûte cher /
    ça ne coûte pas cher
c'est dommage
chic!
être en + *clothing*
il y a / il n'y a pas de

Questions

combien coûte (coûtent) …?
combien de …?
de quelle couleur …?
qu'est-ce que tu as?
tu as quel âge?

CHAPITRE 4

PRÉLUDE CULTUREL | LES LOISIRS DES JEUNES

Suppose that you had no school on Wednesday afternoons, but had classes on Saturday mornings, and you had more than two hours of homework every day. That would leave you with very little spare time, wouldn't it? Well, that's the way it is for French high school students.

Beside the fact that school takes up most of their time, French teenagers often do not have as much freedom as you do. French parents, on the whole, are so concerned with school results that they do not let their children come and go as they wish. French students rarely have part-time jobs, so they must depend on a weekly allowance. When they do go out, they don't usually take the family car. Instead, they walk, ride their mopeds or bikes, or use public transportation.

Although short on time and money, French teenagers do, of course, have leisure activities. They often enjoy going out *en bande* (in a mixed group of boys and girls), each person paying his or her own way. This doesn't mean that French teenagers never pair off. Young people often have a boyfriend *(un petit ami)* or a girlfriend *(une petite amie)* in the group.

Where do they go? In most cities, youth centers *(les Maisons des jeunes et de la culture)* provide facilities where young people can take advantage of all sorts of classes in drama, arts and crafts, and sports like fencing, judo, or soccer. They also show movies, put on plays, and organize weekend excursions. Students also enjoy going out to the movies, especially since most theaters offer student discounts. On the weekend, a group may decide early in the day to go somewhere special: to the beach, to a sports event, to a museum, or to a place of historical interest. Picnicking, camping, and hiking are also favorite pastimes.

French teenagers also spend a lot of time at home, and sometimes invite their friends over to do homework or review for a test. They like to watch television, listen to music, and read. There are a lot of magazines for teenagers in France. Many of them deal with music or movies, or feature entertaining fiction and comic strips. But guess what some of the most popular ones focus on? School!

MOTS NOUVEAUX I

Où est le musée?

CONTEXTE VISUEL

Jardin des Plantes — un parc

un stade

rue du Stade

LYCÉE VICTOR HUGO — un lycée

COLLÈGE ROUSSEAU — un collège

Café du Coin

Villebon

rue des Écoles

Café des Sports

un touriste / une touriste

un agent de police *(m. & f.)*

un cinéma

traverser

un café

demander (à)

un pont

arriver

une rue

une fleur

une feuille

un arbre

CONTEXTE COMMUNICATIF

1 Un touriste arrive à Villebon, traverse le pont et entre dans la ville **par** la rue du Pont.

LE TOURISTE	**Pardon,** madame. Est-ce que le musée Matisse est **loin d**'ici?
UNE DAME	Je ne sais pas, monsieur. Demandez à l'agent dans la rue là-bas.
LE TOURISTE	Merci, madame.
UNE DAME	**Je vous en prie.**

Variations:

■ loin d'ici → **près d**'ici

par *by (way of)*
pardon *excuse me*
loin de *far from*

je vous en prie *you're welcome*

près de *near (to)*

HÔTEL DE LA POSTE

un bureau
pl. des bureaux

un musée

un appartement

Place de la République

une place

Les Trois Frères

Chez Claude

Théâtre des Arts

rue Victor Hugo

706

un restaurant

rue du Pont

aller
tout
droit

un théâtre

tourner
à gauche

tourner
à droite

un coin

entrer (dans)

2 Devant le Café des Sports.

LE TOURISTE   Pardon, monsieur, le musée Matisse, s'il vous
plaît?

L'AGENT   Vous allez tout droit **jusqu'à** la rue des Ecoles.
Tournez à droite. Vous **continuez** jusqu'à la
place de la République. Traversez la place et le
musée est **à gauche.**

■ le musée Matisse → le théâtre des Arts
le musée → le théâtre
à gauche → **à droite**

jusqu'à   *up to*
continuer   *to continue*

à gauche   *on the left*

à droite   *on the right*

3 LA TOURISTE   Pardon, mademoiselle. Est-ce qu'il y a un cinéma près d'ici?

     MONIQUE   Oui, madame, là-bas, à côté **du** Café des Sports.

- à côté du Café des Sports → **en face du** collège
- à côté du Café des Sports → près **des** cafés
- à côté du Café des Sports → **entre** le café et le restaurant

du = de + le

en face de *opposite, across from*
des = de + les
entre *between*

4 Devant le collège[1] Rousseau à 4h.

     VINCENT   Où est-ce que tu vas **après les cours?**

     ROSE   Je vais **au** café.

- au café → **aux** magasins en ville
- je vais au café → je **rentre** chez moi
- je vais au café → je **reste** au collège

après *after*
les cours *(m.pl.)* *class*
au = à + le
aux = à + les
rentrer (à) *to go back (to)*
rester (à) *to stay (at)*

5 RÉMI   On va chez Suzanne **pour** écouter des disques?

     LILIANE   D'accord. Elle a des **bons**[2] disques.

- D'accord. Elle a des bons disques. → Non, elle a des **mauvais**[2] disques.

pour + *inf.* *in order to (do something)*
bon, bonne *good*

mauvais, -e *bad*

6 VIRGINIE   **Quelle est ton adresse?**

     LILIANE   Rue de la République, **au numéro 41.**

- rue de la République, au numéro 41 → **j'habite** au numéro 41, rue de la République

quelle est ton adresse *(f.)?* *what's your address?*
le numéro *number (of house, apartment)*
habiter *to live (in, at)*

7 Marlène, Eugène et Christophe **rentrent du** lycée.

     MARLÈNE   Où habite Joëlle?

     EUGÈNE   Je ne sais pas. Demande à Christophe … Christophe, **donne** l'adresse de Joëlle **à** Marlène, s'il te plaît.

rentrer (de) *to come back (from)*

donner (à) *to give (to)*

---

[1]In France, *une école* is for children up to age 10. *Un collège* is a middle school for students 11–14 years old. *Un lycée* is something like a high school.
[2]*Bon* and *mauvais* are two adjectives that usually go in front of the noun. Note that the feminine of *bon* is *bonne.*

EXERCICES

A A quelle heure? You've got a very busy schedule today. Tell where you are going and what time you will arrive. Answer according to the pictures.

 Je vais au lycée à huit heures.

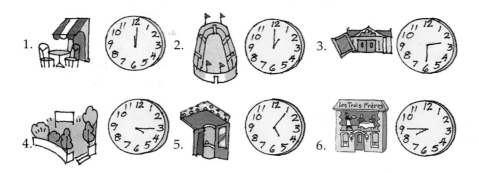

B Choisissez! Choose the most logical completions for these sentences.

1. Mon frère a treize ans. Il va *(au collège / au lycée)*.
2. Il n'y a pas d'arbres *(par / entre)* le cinéma et le café.
3. A 9h mon père *(arrive à / habite dans)* son bureau pour *(étudier / travailler)*.
4. *(Je vous en prie / Pardon)*, monsieur. Est-ce que la rue Victor Hugo est près d'ici?
5. Madame Latour ne rentre pas chez elle à midi parce que son bureau est trop *(loin / près)* de son appartement.
6. *(Tourne / Travaille)* à gauche pour *(entrer / rester)* dans le café.
7. Ne tournez pas à gauche! Ne tournez pas à droite! Allez *(après les cours / tout droit)*!
8. Marie-Noëlle va *(au cinéma / au théâtre)* pour regarder un film.
9. Jean-Luc *(continue / traverse)* le pont pour aller au parc.

C Parlons de toi.

1. Quelle est ton adresse?
2. Est-ce que tu habites près du lycée ou loin du lycée?
3. Où est-ce que tu vas après les cours? Au cinéma? au musée? au parc? Ou est-ce que tu rentres à la maison?

APPLICATIONS

A droite ou à gauche?

Monsieur Jones voyage beaucoup. Il trouve[1] toujours facilement[2] son chemin,[3] mais aujourd'hui c'est l'exception. Il demande son chemin à deux élèves.

M. JONES	Pardon, mais où est le musée des Sciences?
5 NATHALIE	Là, vous traversez la place et vous tournez à gauche.
VINCENT	Non, on tourne à droite pour aller au musée!
NATHALIE	(irritée) Mais non! A droite, on va au parc.
M. JONES	(pressé)[4] Bon, bon, ce n'est pas grave.[5]
NATHALIE	Demandez à l'agent au coin de la rue, monsieur.
10 M. JONES	D'accord, et merci.

---

[1]**trouver** *to find*   [2]**facilement** *easily*   [3]**le chemin** *way*   [4]**pressé, -e** *in a hurry*   [5]**ce n'est pas grave** *never mind, it doesn't matter*

Questionnaire

1. Est-ce que M. Jones habite ici?   2. Qu'est-ce que M. Jones demande aux élèves?   3. D'après (according to) Nathalie, où est le musée des Sciences?   4. D'après Vincent, où est le musée?   5. D'après Nathalie, où est le parc?   6. Où est l'agent de police?

On va où, maintenant?

Situation

Working with two classmates, create a dialogue with two students and a French tourist visiting your town. The three of you are standing in front of your school. The tourist asks directions to the post office, a hotel, a restaurant, or a bank.

Ils regardent un plan de Paris.

PRONONCIATION

You have learned that when a word ends in the letter *e*, the consonant before it is pronounced. You have also learned to pronounce the final consonants *c, r, f,* and *l.* Other final consonants may be pronounced when they are followed by words beginning with vowel sounds. This is called *liaison.*

1 Listen to and repeat the following groups of words, paying attention to the *liaison.*

[n]	un‿examen	un bon‿examen	son‿examen
[z]	des‿examens	des bons‿examens	ses‿examens

2 The adjectives *bon* and *mauvais* usually come before the noun. When the noun begins with a vowel sound, pronounce the final consonant of *bon* or *mauvais.* The masculine and feminine forms will sound the same.

C'est un bon‿ami.	C'est une bonne amie.
C'est un mauvais‿élève.	C'est une mauvaise élève.
C'est un petit‿hôtel.	C'est une petite maison.

3 When French numbers come before nouns, their pronunciation will depend on what you are counting. Note that the final consonants of *sept* and *neuf* are always pronounced. Listen and repeat.

un frère	un oncle ͯn	cinq feuilles	cinq arbres k
une gare	une église	six mois	six années z
deux théâtres	deux hôpitaux z	sept copains	sept amis t
trois cartes	trois affiches z	huit copines	huit amies t
quatre lycées *or* quatre lycées	quatre écoles	neuf maisons dix profs	neuf hôtels dix élèves z

Most of the numbers from 11 through 20 have only one pronunciation. Two exceptions are *dix-huit* and *vingt*.

dix-huit copains	dix-huit élèves t
vingt gares	vingt aéroports t

A Paris—le Palais du Luxembourg et ses jardins

MOTS NOUVEAUX II

Comment est-ce que tu vas en ville?

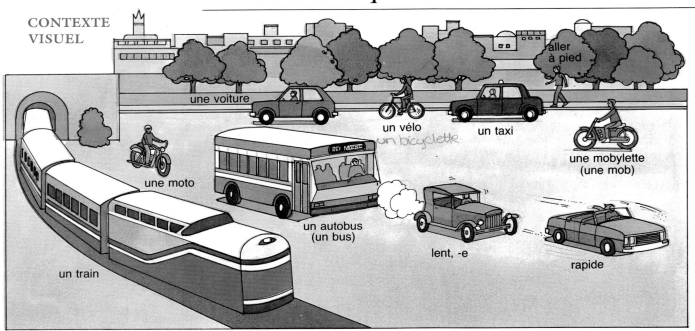

1 VIRGINIE **Comment est-ce que tu vas au** lycée? **En** vélo?

OLIVIER Non, en autobus, c'est **plus** rapide.

Variations:

■ en autobus → en mobylette
   c'est plus rapide → les vélos sont trop lents

2 Devant le cinéma.

JEANNE Comment est le film?

UNE JEUNE FILLE Très bon!

■ bon → intéressant
■ bon → ennuyeux

**comment est-ce que tu vas
   à ...?** *how do you get to ...?*
en + *vehicle* *by*
plus *more*

un concert

une pièce

une actrice

un acteur

une chanson   un film

une chanteuse   un chanteur

intéressant, -e

ennuyeux, ennuyeuse[1]

inconnu, -e

célèbre

heureux,   heureuse[1]

3 JEANNE   Les acteurs **jouent** bien **leurs rôles?**
       UNE JEUNE FILLE Oui, ils jouent très bien.

■ oui, ils jouent très bien → non, ils ne jouent pas bien
■ oui, ils jouent très bien → non, ils jouent mal

jouer un rôle *to play a role*

4 M. DUPONT **A quelle heure** est-ce que vous arrivez au
                  bureau?
       M. MOREL   A neuf heures.

■ M. MOREL → CLAUDINE
  vous arrivez → tu arrives
  au bureau → au lycée
  à neuf heures → à huit heures

à quelle heure? *at what time?*

[1]Adjectives whose masculine forms end in *-eux* have feminine forms that
end in *-euse(s)*.

5 Dans la rue.

UNE TOURISTE	Pardon, monsieur. **Est-ce que vous avez l'heure?**
M. LAFONT	Oui … il est trois heures dix, mademoiselle.
UNE TOURISTE	Merci, monsieur.
M. LAFONT	Je vous en prie.

est-ce que vous avez l'heure?
do you have the time?

6 Au téléphone.

DAVID	Qu'est-ce que tu as?
ANNICK	**Je m'ennuie!**
DAVID	Allons au cinéma!
ANNICK	D'accord!

■ je m'ennuie → j'ai faim
  au cinéma → au restaurant
  d'accord → non, merci, je **continue à** travailler

je m'ennuie! *I'm bored!*

continuer à + *inf.* *to continue to do something*

7

MARC	C'est ton vélo, Claire?
CLAIRE	Non, il **est à** mon frère.

■ ton vélo → ta voiture
  il est à mon frère → elle est à mes parents

être à *to belong to*

EXERCICES

A A pied? It's Wednesday afternoon, there's no school, and everyone has someplace to go. How will they get there? Ask a partner, who will answer according to the pictures.

tu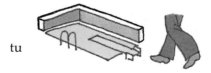

ÉLÈVE 1 *Comment est-ce que tu vas à la piscine?*
ÉLÈVE 2 *A pied.*

1. nous

2. ils

3. il

4. elle

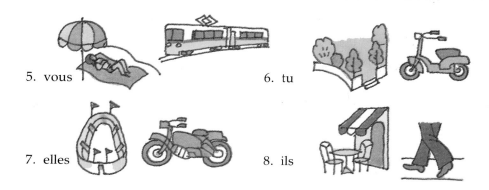

5. vous   6. tu

7. elles   8. ils

B   **Au contraire!**   Today you and your friend can't seem to agree on anything! Change each statement by replacing the italicized word with an antonym. Follow the model.

> Une Cadillac, c'est une *petite* voiture.
> *Mais non, une Cadillac, c'est une grande voiture.*

1. La Tour Eiffel est *inconnue.*
2. «Michèle» est une *mauvaise* chanson.
3. Anne est *triste* parce que c'est son anniversaire aujourd'hui.
4. L'actrice joue *bien* le rôle de Marianne.
5. Il y a un *mauvais* restaurant français près d'ici.
6. «Le Rouge et le noir», c'est un livre *ennuyeux.*
7. Le train Paris–Lyon est *lent.*
8. Annie et Hervé sont des *bons* chanteurs.
9. Henri Dupont, c'est un acteur *célèbre.*

C   **Parlons de toi.**
1. Comment est-ce que tu vas au lycée? Comment est-ce que tu vas en ville avec tes copains?
2. Est-ce que tu as un vélo? une moto? une voiture?
3. Est-ce que tu aimes les voitures lentes ou les voitures rapides?

Dans le Quartier Latin, Paris

ACTIVITÉ

Jeu de Villebon. Form groups of at least four students. Each group should have a box or a bag containing slips of paper, each with the name of a place on the map of Villebon (pp. 140–141). One player draws a slip, and then decides how to direct the others from the *collège* or the *lycée* to the place listed on the slip of paper. You can make the directions as complicated as you like. As the directions are given, the other players should trace the route with their fingers. They can use *Pardon?* and *Encore une fois, s'il te plaît* to have things repeated, if they aren't sure of something. When they reach the destination, they should each write down a sentence that tells where they are. Then compare your answers. The next person then draws a slip, and must give directions from the last destination.

La ville de Pierrefonds

ÉTUDE DE MOTS

Word families are groups of words that come from a common root word. If you know the meaning of one word, you should be able to recognize others from the same family. For example, you know the verb *travailler*. So when you see the sentence *Elle aime beaucoup son travail*, you can guess that the noun *travail* is related to the verb *travailler*. What does *travail* mean?

Look at this list of unfamiliar nouns and try to give the related verbs. Can you guess what the nouns might mean?

1. l'arrivée	3. les habitants	5. la demande	7. le parlement
2. le don	4. la danse	6. l'étude	8. l'entrée

EXPLICATIONS I

Les verbes en *-er*

Aller, être, and *avoir* are called irregular verbs because their present-tense forms do not follow a pattern. Regular verbs do follow a pattern. So if you know one verb in the group, you can conjugate any other verb of that group.

Most regular French verbs have an infinitive that ends in *-er. Regarder* ("to look at; to watch") belongs to this group. To find the written forms of any verb like *regarder,* drop the *-er* ending of the infinitive to get the stem. Then add these written endings: *-e, -es, -e, -ons, -ez,* and *-ent.*

◆ OBJECTIVE:
TO DESCRIBE
ACTIONS

INFINITIVE **regarder**

		SINGULAR		PLURAL
PRESENT	1	je regard**e**	nous regard**ons**
	2	tu regard**es**	vous regard**ez**
	3	il elle } regard**e** on	ils elles } regard**ent**

IMPERATIVE **regarde!** **regardons!** **regardez!**

Here are other *-er* verbs that you know:

adorer	continuer	écouter	manger	travailler
aimer	danser	entrer	parler	traverser
arriver	demander	étudier	rentrer	
chanter	détester	habiter	rester	
compter	donner	jouer	tourner	

1 When you speak, all the singular forms and the 3 plural form sound alike—they all sound like the stem. So your chances of saying the right form are pretty good. Remember not to pronounce the *-e, -es,* and *-ent* endings.

Regardez les belles fleurs!

2 Remember to drop the *e* in *je* before a vowel (*j'arrive*) or a silent *h* (*j'habite*). And remember that there is *liaison* when the verb starts with a vowel sound: *on̮habite, nous̮écoutons, vous̮aimez, ils̮adorent, elles̮entrent.*

3 When the infinitive ends in *-ger*, as with *manger,* add an *e* to the *nous* form to keep the soft *g* sound: *nous mangeons.*

4 When you write commands for the *-er* verbs, drop the *s* of the *tu* form just as you did with *tu vas: travaille! étudie!*

EXERCICES

A C'est l'anniversaire de ma sœur. You think you know everything your sister Marie is getting for her birthday, but you are checking to make sure that no two gifts are alike. Follow the model.

Vous donnez un pull à Marie?

vous

1. maman 2. vous 3. notre tante

4. nous 5. notre grand-père 6. nos parents

7. je 8. tu 9. Pierre et Annie

B Voici la famille de David.   Complete the sentences.

J'*(aimer)* beaucoup ma famille.   *J'aime beaucoup ma famille.*

1. Nous *(habiter)* dans une maison blanche.
2. Mes parents *(travailler)* à l'hôpital.
3. Ma sœur Pauline *(parler)* au téléphone avec ses amis.
4. Moi, j'*(adorer)* la pizza.
5. Mon frère n'*(aimer)* pas danser.
6. Mon père et ma sœur *(détester)* le basketball.
7. Vous *(aimer)* ma famille?

C Et ta famille?   Using Exercice B as a model, describe your family or some of your friends to a classmate. Then switch roles. When you have finished, meet with another pair of students. Each of you should tell two things about your partner.

D Les amis en ville.   Three groups of friends have gone three different places. Complete the sentences with the appropriate verbs to tell what they are doing.

1. **Au café.**   *(aimer, arriver, manger, rester)*
   Paul et Martine _____ au café à 7h. Martine _____ une glace mais pas Paul. Il n' _____ pas la glace. Ils _____ dans le café de 7h à 8h.

2. **Au cinéma.**   *(aimer, arriver, entrer, jouer)*
   Yves et moi, nous allons au cinéma. Moi, j' _____ dans le cinéma à 8h. Mais Yves _____ au cinéma à 8h15. Nous _____ beaucoup le film. Les acteurs _____ bien leurs rôles.

3. **Au magasin.**   *(adorer, détester, parler, regarder)*
   Vous _____ les vêtements dans le magasin avec vos amis. Vos amis _____ avec le vendeur. Vous _____ les vêtements chouettes ici, mais vous _____ leurs chaussures démodées.

On va au cinéma?

E   Parlons de toi.

1. Est-ce que tu habites dans une maison ou dans un appartement?
2. A quelle heure est-ce que tu arrives à l'école? A quelle heure est-ce que tu rentres à la maison? Jusqu'à quelle heure est-ce que tu étudies?
3. Est-ce que tu aimes danser ou chanter? Est-ce que tu aimes aller au théâtre ou au cinéma?
4. Tu restes chez toi le samedi pour travailler, ou est-ce que tu vas en ville avec des copains?

La place du Parvis devant Notre-Dame

Le pont Alexandre III à Paris

ACTIVITÉ

Une interview. Here's your chance to find out all about one of your classmates, and to tell all about yourself. You and a partner are going to interview each other. Prepare for your big interview by writing statements about yourself based on these cues. Be honest!

1. habiter loin du lycée ou près du lycée
   J'habite près du lycée.

2. arriver au lycée en bus, à pied, en vélo, en voiture
3. rester devant le lycée ou entrer dans le lycée
4. écouter le prof en classe ou parler avec des élèves
5. rentrer du lycée après les cours ou rester au lycée
6. étudier jusqu'à 20h ou parler au téléphone
7. aller chez des amis vendredi ou rester à la maison
8. écouter des disques samedi ou regarder la télé
9. étudier dimanche ou aller au cinéma

Now sit with a partner. Ask each other questions based on the cues, but don't take notes on your partner's answers. Then change roles.

1. *Est-ce que tu habites loin du lycée?* etc.

Finally, write at least three sentences about your partner based on what you remember.

Allons-y! En route!

APPLICATIONS

Chouette, c'est mercredi!

AVANT DE LIRE

Before you read, look for the answers to these questions.

1. Why do French students like Wednesdays?
2. What kind of list does this reading seem to be?
3. You know that many verbs end in -er. What do you suppose the verbs *visiter* and *inviter* mean?

Aujourd'hui, c'est mercredi. Chouette, pas d'école! Mais comment passer[1] un mercredi formidable avec les copains? On n'a pas toujours de bonnes idées. Alors, voici une liste de suggestions:

Le cinéma, le musée, la bibliothèque, seul,[2] c'est triste, mais avec les 5 copains, c'est bien intéressant. Regarder un film, lire un livre, visiter un musée avec ses amis, c'est sympa.

Bon, mais pas tous les mercredis![3] Pourquoi pas inviter les copains à écouter des disques, à danser, ou à jouer une pièce de théâtre? C'est très drôle!

10 Au printemps, on ne reste pas à la maison. On va au stade avec des copains pour un match de foot, ou au parc pour une promenade.[4] Traverser la ville à pied, en vélo ou en mob, avec un groupe d'amis, c'est super. Et il y a aussi la piscine. On aime toujours ça![5]

Après la piscine, le stade, le cinéma ou la promenade, on ne rentre 15 pas tout de suite[6] à la maison. D'abord,[7] on va au café près du lycée. Là, il y a toujours des copains. On mange un sandwich avec un café ou un citron pressé, et on parle.

Et ensuite?[8] Vite! On rentre et on étudie. Mais oui! Parce que demain,[9] c'est jeudi et on va au lycée.

---

[1]**passer** *to spend* [2]**seul** *alone* [3]**tous les mercredis** *every Wednesday*
[4]**promenade** *walk, outing* [5]**ça** *that* [6]**tout de suite** *right away*
[7]**d'abord** *first* [8]**ensuite** *then* [9]**demain** *tomorrow*

DECOUVREZ LE MOYEN AGE... AU MUSEE DE CLUNY

Questionnaire

1. Pourquoi est-ce que le mercredi est chouette? Est-ce qu'on a toujours des bonnes idées?
2. Le cinéma, le musée, la bibliothèque, avec des copains, c'est triste?
3. Où est-ce qu'on va au printemps quand on n'aime pas rester à la maison?
4. Comment est-ce que les copains traversent la ville?
5. Où est-ce qu'on va après la piscine?
6. Qu'est-ce qu'on fait (do) au café? Avec qui?
7. Pourquoi est-ce qu'on rentre à la maison?

Un groupe d'amis à la terrasse d'un café

Le Festival de Paris

EXPLICATIONS II

La préposition *à*

◆ OBJECTIVES:

TO TELL WHERE PEOPLE ARE GOING

TO TELL AT WHAT TIME THINGS HAPPEN

TO TELL TO WHOM PEOPLE SPEAK OR GIVE SOMETHING

TO TELL TO WHOM THINGS BELONG

You know that the preposition *à* can be the equivalent of "in," "at," "on," or "to" in English. Look at some of the different meanings of *à* in this paragraph.

> Nous arrivons *à* Paris *à* 8h. *A* la gare, je parle *au* téléphone avec Pierre Dufour. Nous allons *à* son appartement *à* pied. Nous continuons *à* parler jusqu'*à* minuit.

1 When *à* is followed by *le* or *les*, the words combine to form *au* or *aux*. There is no contraction when *à* is followed by *la* or *l'*.

SING.	à + le	= **au**	Je vais **au** bureau.
	à + l'	= **à l'**	**à l'**hôtel.
	à + la	= **à la**	**à la** plage.

PL.	à + les	= **aux**	**aux** concerts.
			aux écoles.

2 Many common expressions contain the word *à*: *à la mode, au revoir, à lundi, le magnétophone à cassettes.*

3 You can use a form of *être* + *à* to ask and tell to whom something belongs.

> C'**est à** Jean-Claude.   *It's Jean-Claude's.*
>
> Les livres **sont à Luc?**   *Are the books Luc's?*
> Non, ils **sont au prof.**   *No, they are the teacher's.*

4 Some verbs need the preposition *à* to link them to another verb that is in the infinitive. *Continuer* is one of these: *Elle continue à travailler.*

EXERCICES

A Invitations. You're trying to find someone to go with you to various places, but no one is accepting your invitation. Everyone has someplace to go. Ask and answer according to the pictures.

ÉLÈVE 1 *On va à la piscine?*
ÉLÈVE 2 *Non, je vais au musée.*

1.

2.

3.

4.

5.

6.

B A quelle heure? You're planning a day with your friends. At what time will these things be happening? Ask your partner, who will answer according to the clocks. Follow the model.

ÉLÈVE 1 *A quelle heure est-ce qu'on arrive au parc?*
ÉLÈVE 2 *A huit heures et quart.*

arriver au parc

1. aller au café

2. entrer dans le musée

3. manger les sandwichs

4. aller au cinéma

5. écouter des disques

6. étudier

C **C'est à toi?** You have a friend who constantly borrows things from other people, so you are never sure what belongs to him. Ask and answer according to the model.

le voisin

ÉLÈVE 1 *C'est ton vélo?*
ÉLÈVE 2 *Non, il est au voisin.*

1. Pierre

2. le prof

3. Jacqueline

4. mon frère

5. mon père

6. mon cousin

D **A qui est-ce que M. Robert parle?** Mr. Robert is a policeman who makes regular rounds. Describe where he is and to whom he speaks in the course of his day. Follow the model.

le collège / les élèves
Au collège M. Robert parle aux élèves.

1. le magasin / le vendeur
2. le théâtre / les actrices
3. le musée / les touristes
4. la poste / les dames

5. le lycée / le prof de français
6. le parc / les enfants
7. la banque / le monsieur
8. la maison / sa femme

ACTIVITÉ

Phrases fantastiques. Get together in groups of three or four and take turns making up sentences telling who you are and where you are going. Your pretend name and the place you are going must begin with the same letter. Your teacher will assign each group 10–12 letters to use.

Je m'appelle *Cyrille.* Je vais au *cinéma.*
Je m'appelle *Annie.* Je vais à l'*appartement.*

La préposition *de*

The preposition *de* can mean "from" or "of." *De* is also used to show to whom something belongs. Read the paragraph to review how *de* is used.

> Jean Perrin rentre *de* la ville à 6h30. Il regarde la porte *de* son appartement. Voilà le vélo *de* son frère, Paul, à côté *de* la porte. Paul arrive toujours chez son frère à 6h. Il reste dans l'appartement *de* 6h à 9h pour regarder la télé *de* son frère.

◆ OBJECTIVES:

TO TELL WHERE PEOPLE COME FROM

TO TELL WHAT PEOPLE OWN

1 When *de* is followed by *le* or *les*, the words combine to form *du* and *des*. There is no contraction when *de* is followed by *la* or *l'*.

SING.	de + le	= **du**	Je rentre **du** bureau.
	de + l'	= **de l'**	**de l'**hôtel.
	de + la	= **de la**	**de la** plage.

PL.	de + les	= **des**	**des** concerts.
	de + les	= **des**	**des** écoles.

2 The preposition *de* usually means "from" when referring to places or time.

3 *De* is also part of many common expressions like *une feuille de papier* and *à gauche de*.

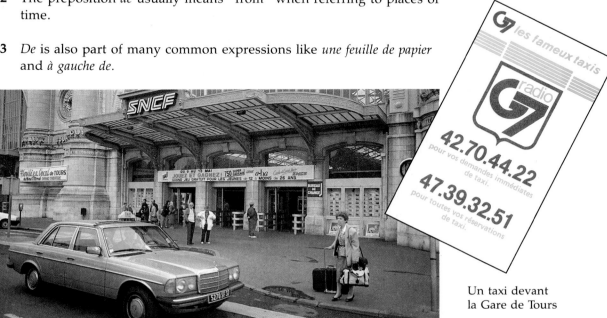

Un taxi devant
la Gare de Tours

EXERCICES

A D'où *(from where)* **est-ce qu'ils rentrent?** Everyone in your apartment building seems to be getting home at the same time today. Where is everyone coming from? Answer according to the pictures.

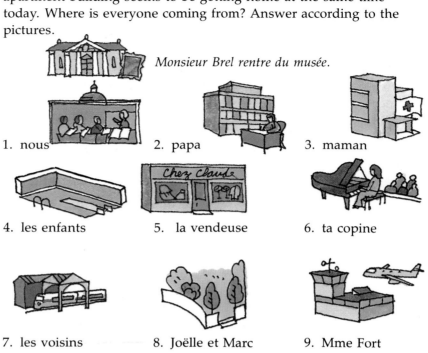

Monsieur Brel rentre du musée.

1. nous   2. papa   3. maman

4. les enfants   5. la vendeuse   6. ta copine

7. les voisins   8. Joëlle et Marc   9. Mme Fort

B C'est à qui? Imagine that you have just returned from vacation. You are showing your photos to a friend and are explaining what belongs to whom. Follow the model.

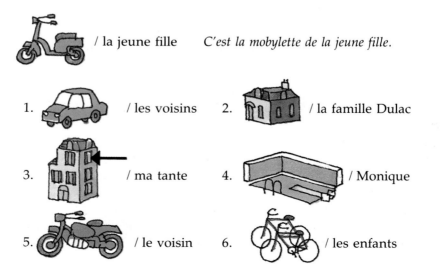

/ la jeune fille   *C'est la mobylette de la jeune fille.*

1.   / les voisins   2.   / la famille Dulac

3.   / ma tante   4.   / Monique

5.   / le voisin   6.   / les enfants

C Je m'ennuie! It's Saturday afternoon, and there's nothing to do but listen to your brother talk on the phone with one of his friends. Since he's in the next room, you can't quite make out every word. Can you supply the missing words? They are all forms of *à* or *de*.

Tes parents sont là? *(…)* Non, papa est _____ Montréal, et maman travaille _____ magasin. *(…)* Jean-Luc? Il est _____ plage avec les enfants _____ voisins. Janine est _____ café avec ses camarades _____ classe. *(…)* Oui, ils vont _____ concert avec leurs cousins. Ils rentrent _____ concert _____ minuit. _____ quelle heure est-ce que tu rentres? *(…)* _____ quelle heure est-ce que ton père arrive _____ l'aéroport? *(…)* Jean-Luc rentre _____ plage _____ 4h. *(…)* Il y a une voiture dans la rue. C'est la voiture _____ voisins? Oh, non, c'est le taxi _____ papa! Salut!

D Vous n'êtes pas d'ici. You have just arrived in town. Ask someone to help you find these places. Your partner will answer according to the map. Follow the model.

l'hôtel   ÉLÈVE 1   *Pardon, monsieur, mais où est l'hôtel?*
          ÉLÈVE 2   *L'hôtel? Il est à droite du college (en face du restaurant, à gauche des bureaux, entre … , etc.).*

1. théâtre	3. stade	5. parc	7. cinéma
2. restaurant	4. lycée	6. collège	8. magasin

E Parlons de toi.
1. Où est-ce que tu vas après les cours? Avec qui?
2. Qui habite en face de ta maison? à droite de ta maison? à gauche? Ils sont sympa, tes voisins?
3. Où est-ce que tu vas samedi? Avec ta famille, ou avec tes copains?
4. A quelle heure est-ce que tu rentres à la maison le samedi? Tes parents sont heureux quand tu arrives?

RÉVISION

Put the English cues into French to form new sentences.

1. *Nous aimons Mlle Leroux. C'est une bonne actrice.*
   (I'm listening to Mr. Rochard. He's a good teacher.)
   (You [fam.] adore the Martins. They're good neighbors.)

2. *A 8h vous entrez dans le lycée.*
   (At 6:30 the tourists return from the museums.)
   (At 7:50 we arrive at the movie theater.)

3. *J'adore manger des croque-monsieur au café.*
   (They love to give exams to the students.)
   (We love to listen to concerts in the park.)

Publicité pour le Festival de Paris

4. *Papa travaille à la bibliothèque. Il arrive au restaurant à 7h.*
   (My brothers study at the café. They arrive) (7:35)
   (I stay at home. I arrive) (7:45)

5. *Je suis triste parce qu'il y a un mauvais film au cinéma.*
   (We're [m.] happy) *(some good concerts on TV)*
   (Dad is happy) *(some good plays at the theater)*

6. *A 13h M. Blanc est à Rome, loin de sa famille.*
   (At 8:00 [P.M.]) *(at the restaurant opposite the train station)*
   (At 10:30 [P.M.]) *(at the hotel, next to the park)*

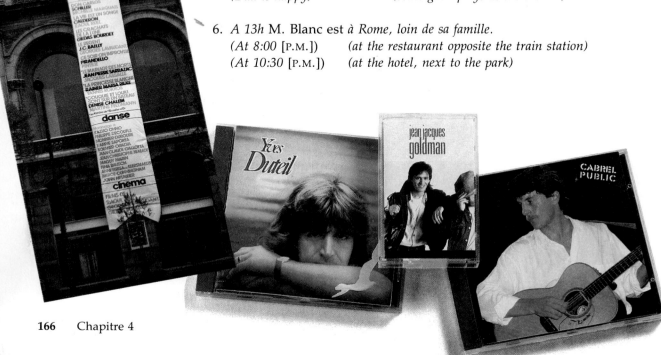

THÈME

Put the English captions into French and write a paragraph.

1. The children like M. Robert. He's a good policeman.

2. At 6:00 M. Robert returns from the city.

3. He loves to watch TV at home.

4. M. Robert's wife works at the museum. She arrives at 6:30.

5. She's happy because there's a good concert at the theater.

6. At 8:00 p.m. M. Robert is in the theater, far from his T.V.

RÉDACTION

Now that you have written a short paragraph, choose one of the following assignments.

1. List four things that you find either interesting or boring. Here is a sample list that you might prepare for things that you find sad: *C'est triste, les enfants pauvres, un arbre en hiver, les amis hypocrites et les chansons de …*

2. Write a thought balloon for M. Robert in picture 6.

CONTRÔLE DE RÉVISION CHAPITRE 4

A   Un lundi à Villebon.
Rewrite each sentence using the present-tense
form of the verb in parentheses.

Georges *(jouer)* le rôle de M. Brel.
Georges joue le rôle de M. Brel.

1. Les garçons *(écouter)* la radio.
2. Vous *(regarder)* la télé.
3. Tu *(travailler)* au café.
4. La mère *(donner)* un sandwich à son fils.
5. Je *(rester)* ici.
6. Les jeunes filles *(étudier)* chez Marie.
7. Nous *(demander)* l'adresse à notre prof.
8. Les touristes *(traverser)* la rue.
9. Tu *(continuer)* à parler.

B   Paul circule *(gets around)* en ville!
Write sentences based on the art. Tell how Paul
gets from one place to another.

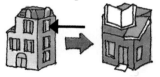

Il va de l'appartement à la bibliothèque en mobylette.

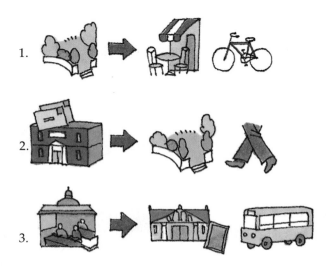

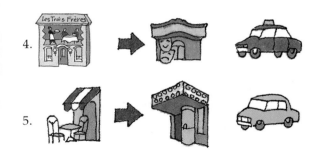

C   Où est-ce qu'ils vont?
Use the cues to write answers to this question.

Où est-ce qu'il va?   *(la gare / près de / le pont)*
Il va à la gare près du pont.

1. Et le taxi? *(l'aéroport / loin de / la ville)*
2. Et la touriste? *(l'hôtel / près de / le théâtre)*
3. Et les dames là-bas? *(la banque / à droite de / le cinéma)*
4. Et leurs amis? *(les bureaux / en face de / les magasins)*
5. Et ta mère? *(le magasin / à gauche de / le pont)*
6. Et l'agent? *(le parc / près de / le lycée)*

D   Comment sont les attractions en ville?
Answer the question by adding the correct form
of the adjective in parentheses. Do you
remember which two adjectives go before the
noun?

Comment est le théâtre des Arts? *(célèbre)*
C'est un théâtre célèbre.
Comment sont les trains? *(rapides)*
Ce sont des trains rapides.

1. Et la pièce? *(bon)*
2. Et les actrices? *(bon)*
3. Et l'acteur américain? *(mauvais)*
4. Et la pièce? *(intéressant)*
5. Et le restaurant à côté? *(inconnu)*
6. Et les films de Caroline Rey? *(ennuyeux)*
7. Et les autobus de la ville? *(lent)*
8. Et les taxis? *(rapide)*
9. Et la touriste là-bas? *(heureux)*

VOCABULAIRE DU CHAPITRE 4

Noms
l'acteur (*m.*), l'actrice (*f.*)
l'adresse (*f.*)
l'agent de police (*m. & f.*)
l'appartement (*m.*)
l'arbre (*m.*)
l'autobus, *pl.* les autobus (*m.*)
le bureau, *pl.* les bureaux (*office*)
le bus
le café
la chanson
le chanteur, la chanteuse
le cinéma
le coin
le collège
le concert
les cours (*m.pl.*)
la feuille
la fleur
le lycée
la mobylette (la mob)
la moto
le musée
le numéro
le parc
la pièce
la place
le pont
le restaurant
la rue
le stade
le taxi
le théâtre
le touriste, la touriste
le train
le vélo
la voiture

Adjectifs
bon, bonne
célèbre
ennuyeux, -euse
heureux, -euse
inconnu, -e
intéressant, -e
lent, -e
mauvais, -e
rapide

Verbes
arriver
continuer (à)
demander (à)
donner (à)
entrer (dans)
habiter (dans + *maison /
appartement;* à + *ville*)
rentrer (à, de)
rester
tourner
traverser

Adverbes
à droite
à gauche
plus + *adj.*

Prépositions
après
au, aux
de (d') (*from*)
des, du
en + *vehicles*
en face de
entre
jusqu'à
loin de
par
pour + *inf.*
près de

Questions
à quelle heure …?
comment est-ce qu'on va à …?
quelle est ton adresse?
vous avez l'heure?

Expressions
être à
je m'ennuie
je vous en prie
jouer un rôle
pardon
tout droit

CHAPITRE 5

PRÉLUDE CULTUREL │ LES QUATRE SAISONS

Every evening, just after the news, French television carries the weather forecast *(la météo)*. Millions of people are glued to their sets, waiting to see what the weather will be like in their own areas and in other regions of the country.

One reason the French are so interested in the weather is that they tend to love spending time outdoors. In summer, millions of swimmers, sunbathers, and windsurfers head toward the beaches along the Atlantic Ocean or the Mediterranean Sea. In winter, the first snowfall brings crowds of skiers to the slopes of the Alps in the east of France, or to the Pyrenees in the south.

Another reason is that France has always been an agricultural country. The weather in spring and summer determines how the grape harvest will be, and thus how good the wine will be. The fall grape harvest *(les vendanges)* is a time for all sorts of outdoor festivities. People who live in towns and in the country often plant vegetable and flower gardens, so the weather is important to them. In the fall, cool, damp weather provides opportunity for mushroom harvesting in the woods, a favorite activity of many people.

What is the climate like in France? Well, it depends on where you are. The northeast has snow in winter, rain in spring and fall, and a mild, sunny summer. To the west in Bretagne and Normandie, the weather is mild, though summer vacationers often end up seeing more showers than sun. To the southwest, the climate is quite mild. If winters are rainy there, the summers are usually dry and warm.

The whole southeast of France enjoys sunny weather and warm temperatures for almost twelve months of the year. The southernmost part, along the Mediterranean, is called *la Côte d'Azur* (the French Riviera, in English). It is famous for its weather, so its elegant resorts attract tourists of many nationalities. Just north of the Côte d'Azur is a region called Provence. Its bright light and beautiful scenery have made it a favorite with artists and vacationers for many years.

So you see, as far as the weather goes, *Il y en a pour tous les goûts!* (There's something for every taste!)

MOTS NOUVEAUX I

Quel temps fait-il?

CONTEXTE VISUEL

un nuage
le ciel
le soleil
le jour
une étoile
la nuit
la lune

la neige
Il neige.

la pluie
Il pleut.

le vent
Il fait du vent.

un short

un maillot de bain
pl. des maillots de bain

un imperméable (un imper)

un chapeau
pl. des chapeaux

la glace
Il gèle.
0°c

Il fait froid.
3°c

Il fait frais.
15°c

Il fait chaud.
30°c

Le ciel est couvert.

Il fait du soleil.

Il fait beau.

Il fait mauvais.

1 PASCAL **Quel temps fait-il?**
DELPHINE Il fait beau!

Variations:
■ il fait beau → il neige

quel temps fait-il? *what's the weather like?*

2 JEAN Tu n'as pas chaud aujourd'hui, toi?
CLAUDE **Si, il fait** trente **degrés!**

■ chaud → froid
  trente degrés → **moins** six degrés

si *yes (in response to a negative question)*
il fait ... degrés *it's ... degrees*
moins *minus*

3 MME MARTIN Tu **vas porter** un manteau aujourd'hui?
M. MARTIN Oui, il fait froid.
MME MARTIN Porte **le gris.**[1] Il est **plus** joli **que** le bleu.

■ un manteau → un imperméable
  il fait froid → il va **pleuvoir**
■ un manteau → un short
  froid → chaud

aller + *inf.* *to be going to (do something)*
porter *to wear*
le gris *the gray one*
plus ... que *more ... than*
pleuvoir *to rain*

4 MARTHE Il fait beau! Tu ne vas pas à la piscine avec **moi?**
SIMON Si! **Bonne idée!**

■ il fait beau → il fait du vent
  Si! Bonne idée! → Non, j'**aime mieux** rester ici.

moi *me*
bonne idée! *good idea!*

aimer mieux *to prefer*

---

[1]You can use a definite article + a color to point out a specific item: *Tu aimes la robe blanche? Oui, la blanche est plus jolie que la noire.*

5 MME LAGARDE	**Il faut** rentrer, les enfants.	**il faut** + *inf.* *you must; we must (do something)*
JOCELYNE	Oh non, **plus tard,** maman.	**plus tard** *later*
MME LAGARDE	Allons-y, il **commence à**[2] pleuvoir.	**commencer à** + *inf.* *to begin to do something*
JOCELYNE	**Zut!**	**zut!** *rats!*

- il commence à pleuvoir → il commence à **neiger**
- il commence à pleuvoir → il commence à **geler**

neiger *to snow*
geler *to freeze*

6 M. LAFONT	**Il ne faut pas** aller au parc aujourd'hui!	**il ne faut pas** + *inf.* *you mustn't, we mustn't (do something)*
DENIS	Pourquoi pas? Il ne fait pas très froid!	
M. LAFONT	**Mais si!** Il fait moins dix degrés. Je suis désolé, mais il fait trop froid.	**mais si!** *oh, yes, it is!*

- au parc → à la piscine

7 M. MICHARD	Mais **qu'est-ce que tu fais** ici, toi?	**qu'est-ce que tu fais?** *what are you doing?*
VINCENT	Moi? Je regarde les étoiles. Il commence à **faire nuit.**	**faire nuit** *to get dark*

- les étoiles → le ciel
  il commence à faire nuit → il commence à **faire jour**

faire jour *to get light*

[2]*Commencer* is an *-er* verb, but it changes spelling in the *nous* form: *Vous commencez à parler, mais nous commençons nos devoirs.* All verbs that end in *-cer* add a cedilla in the *nous* form to keep the [s] sound.

EXERCICES

A Quel temps fait-il? What's the weather like today? Describe the weather in each picture.

Il gèle.

1.   2.   3.

4.   5.   6.

B Les vêtements et le temps. What you wear often depends on the weather. Ask and answer questions about the weather in which you'd wear the following clothes.

ÉLÈVE 1 *Tu vas porter un manteau aujourd'hui?*
ÉLÈVE 2 *Oui, il fait froid.*
OU: *Oui, il gèle.*

1.

2.

3.

4.

5.

6.

C Il fait toujours du soleil. Imagine that a pen pal has asked about the weather in your hometown. Answer the questions based on the weather where you live.

1. Quel temps fait-il en hiver?
2. Est-ce qu'il neige beaucoup?
3. Est-ce qu'il fait très froid?
4. Quel temps fait-il en été?
5. Est-ce qu'il fait très chaud?
6. Est-ce qu'il pleut beaucoup?
7. Quel temps fait-il au printemps et en automne?
8. En quelle saison est-ce qu'il fait beau?

D Parlons de toi.
1. Quel temps fait-il aujourd'hui?
2. Est-ce qu'il commence à neiger? à pleuvoir? à geler? Alors, qu'est-ce que tu portes?
3. Est-ce que tu aimes mieux l'hiver ou l'été? Pourquoi?
4. Est-ce que tu aimes mieux porter un short ou un pantalon?
5. Tu portes un chapeau? Quand?

APPLICATIONS

Mercredi, temps gris.

Claudine entre dans la cuisine.[1] Son père prend son petit déjeuner.[2]

CLAUDINE	Bonjour, papa. Ça va?
M. VANEL	Oui. Et toi, ma grande?
CLAUDINE	Pas mal. Quel temps fait-il aujourd'hui?
5　M. VANEL	Il pleut et il fait très froid.
CLAUDINE	Oh non, c'est toujours comme ça![3] Lundi et mardi, je vais au lycée, il fait beau. Aujourd'hui, il n'y a pas de cours et il fait mauvais!
M. VANEL	Ne sois pas triste. C'est un temps parfait[4] pour faire[5]
10	tes devoirs.

[1]**la cuisine**　*kitchen*　　[2]**prendre le petit déjeuner**　*to have breakfast*
[3]**comme ça**　*that way, like that*　　[4]**parfait, -e** *perfect*　　[5]**faire**　*to do*

Questionnaire

1. Où sont Claudine et son père?　2. C'est l'après-midi?　3. Quel jour sommes-nous?　4. Est-ce qu'il faut aller au lycée aujourd'hui?
5. Pourquoi est-ce que Claudine est triste?　6. D'après *(according to)* M. Vanel, pourquoi est-ce que c'est un temps parfait?

Situation

Working with a classmate, create a dialogue between yourself and a French exchange student who's staying at your home for a few weeks. When you complain about bad weather today *(samedi)*, your guest suggests something to do.

La rue de Rivoli à Paris

PRONONCIATION

In spoken French, liaison can show the difference between the singular and plural forms of a verb.

When an -er verb begins with a vowel sound, there is liaison with the plural pronoun. The final [z] sound of the pronoun lets you know that the subject and verb are plural. Listen and repeat.

Elle écoute l'élève.	Elles écoutent l'élève.
Il aime mieux l'été.	Ils aiment mieux l'été.
Elle aime l'appartement.	Elles aiment l'appartement.
Il arrive à l'usine.	Ils arrivent à l'usine.
Il habite à l'hôtel.	Ils habitent à l'hôtel.

MOTS NOUVEAUX II

Qu'est-ce que tu aimes faire?

CONTEXTE VISUEL

une écharpe

un anorak

un gant

un ski

faire du ski

une chaussure de ski
pl. des chaussures de ski

CONTEXTE COMMUNICATIF

1 FRANÇOISE   Qu'est-ce que tu aimes **faire en hiver?**
   MATHIEU   J'aime faire du ski.

   Variations:
  ■ en hiver → **en été**
    faire du ski → faire du ski nautique

faire	*to do*
en hiver	*in the winter*
en été	*in the summer*

2 RENAUD   Tu aimes jouer au baseball?
   CORINNE   **Bof! Quand** il fait chaud, j'aime mieux
       faire du bateau.

  ■ bof! → **pas du tout!**

bof! *oh, I don't know ... it's all the same to me*
quand *when*
pas du tout! *not at all*

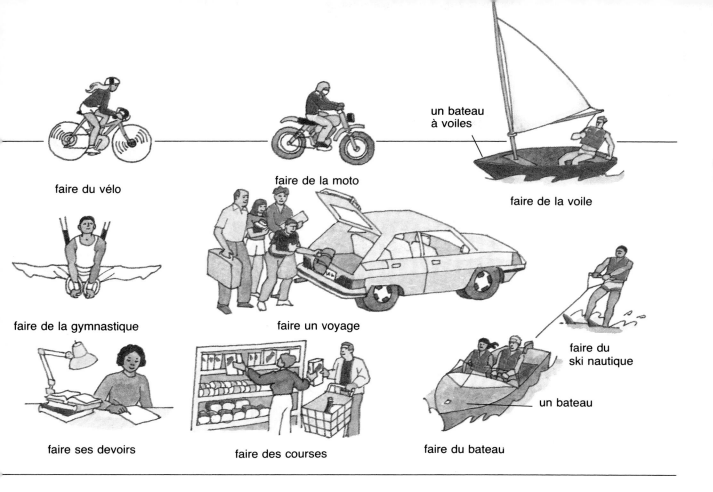

faire du vélo

faire de la moto

un bateau à voiles

faire de la voile

faire de la gymnastique

faire un voyage

faire du ski nautique

un bateau

faire ses devoirs

faire des courses

faire du bateau

3 ROLAND **En quelle saison** est-ce que tu **joues au** volley?
JULIE En été.

- tu joues au volley → tu joues au foot
  en été → **en automne**
- tu joues au volley → tu joues au **hockey**[1]
  en été → en hiver

4 JÉRÔME Et toi, tu fais **souvent** du ski nautique?
MURIELLE **Quelquefois,** en été.

- quelquefois → toujours
- quelquefois, en été → **jamais!**

en quelle saison? *in which season?*

jouer à + *sports to play (a sport)*

en automne *in autumn*
le hockey *hockey*

souvent *often*
quelquefois *sometimes*

jamais! *never*

[1]The h in *le hockey* is called an "aspirate h." When a word ending with a vowel appears before an aspirate h, there is no elision: *aller à l'hôpital,* but *jouer au hockey; un jour d'hiver,* but *un match de hockey.* In the glossary at the end of the book, words that begin with aspirate h are marked by an asterisk. The words *le hot-dog* and *le hamburger* begin with aspirate h.

5 MME DUPONT L'été **prochain,** nous allons à la campagne. Et vous?

M. LATOUR Nous allons à la campagne **au printemps.**

- l'été prochain → la semaine prochaine
- l'été prochain → le mois prochain
- l'été prochain → l'année prochaine

prochain, -e *next*

au printemps *in the spring*

6 MME DUPONT **Quand** est-ce que vous allez faire votre prochain voyage?

M. LATOUR **Bientôt.** Je vais **faire une visite à** des amis.

MME DUPONT Ça, c'est formidable. Vous, vous allez faire un voyage **pendant que** moi, je travaille!

- bientôt → **demain**
- bientôt → **dans** une semaine

quand? *when?*

bientôt *soon*
faire une visite (à) *to pay a visit (to)*
pendant que *while*
demain *tomorrow*
dans + *time* *in*

7 AURORE **A qui** est l'écharpe rouge?

GUY Elle est à Paul.

- à qui est l'écharpe rouge? → à qui sont les skis rouges?
  elle est à Paul → ils sont à toi

à qui? *whose? to whom?*

8 CHRISTINE Martin adore faire du ski, n'est-ce pas?

LÉON **Bien sûr.** Je vais souvent à la montagne avec **lui.**

- Martin → Martine
  avec lui → avec **elle**
- Martin adore → Martin et Luc adorent
  avec lui → avec **eux**
- Martin adore → Martine et Sophie adorent
  avec lui → avec **elles**
- je vais souvent → il va souvent
  avec lui → avec **nous**

bien sûr *of course; certainly*
lui *him*

elle *her*

eux *them*

elles *them*

nous *us*

Le Tour de France

EXERCICES

A Qu'est-ce qu'ils aiment faire? You'd like to plan a group activity, so you have asked some people what they enjoy doing. Using the pictures as cues, report your findings.

André *André aime faire de la voile.*

1. Julie et Annie 2. vous 3. nous

4. les enfants 5. mon père 6. tu

7. Madeleine 8. Paul 9. Et toi, qu'est-ce que tu aimes faire?

B En quelle saison? With a partner, discuss in which season or seasons you do the following activities. Take turns asking and answering.

jouer au volley ÉLÈVE 1 *En quelle saison est-ce que tu aimes jouer au volley?*
ÉLÈVE 2 *En été.*
OU: *Je n'aime pas jouer au volley.*

1. faire du ski
2. jouer au foot
3. faire du vélo
4. faire du ski nautique
5. jouer au hockey
6. faire de la voile
7. jouer au basket
8. faire de la gymnastique

C Au magasin de sports d'hiver. When you go shopping for ski clothes, you meet a salesperson who has terrible taste. With a partner, play the roles of customer and salesperson and discuss each item according to the model.

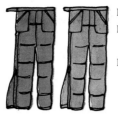

ÉLÈVE 1 *Vous avez des pantalons pour le ski?*
ÉLÈVE 2 *Bien sûr, monsieur (mademoiselle). Voici un joli pantalon bleu.*
ÉLÈVE 1 *J'aime mieux le rouge là-bas.*

Près de Chamonix

D Parlons de toi.
1. Qu'est-ce que tu aimes faire en été?
2. Qu'est-ce que tu aimes faire quand il pleut?
3. Est-ce que tu vas faire un voyage l'été prochain? Où?
4. Est-ce que tu aimes faire du ski? Qu'est-ce que tu portes quand tu fais du ski?

PRIX SPÉCIAL 17 F

SALON NEIGE ET MONTAGNE

CARTE DE RÉDUCTION
18 - 26 OCTOBRE 1986

ÉTUDE DE MOTS

A suffix may be added to the end of a word to form a word with a different meaning or function. For example, adding the suffix -*té* to the adjective *sincère* makes the noun *la sincérité* ("sincerity"). The noun names the quality described by the adjective. You have already learned the adjectives related to these nouns ending in -*té*. What are they? Can you guess what the nouns mean?

la sévérité   la pauvreté   la timidité   la rapidité

Many French words ending in -*té* are related to English words that end in "-ty": "poverty," "timidity." They are cognates. Can you guess what the following nouns mean?

la liberté	la nationalité	la générosité	l'activité *(f.)*
la difficulté	la facilité	la stupidité	la possibilité

Un match de hockey au Québec. Le hockey est le sport national du Canada.

EXPLICATIONS I

Le verbe *faire*

◆ OBJECTIVES:

TO TALK ABOUT WHAT PEOPLE ARE DOING

TO TALK ABOUT WEATHER CONDITIONS

After *être* and *avoir*, *faire* is the most common French verb. In English, *faire* usually means "to do" or "to make."

Qu'est-ce que tu **fais?**   Je **fais** mes devoirs.

INFINITIVE   **faire**

		SINGULAR	PLURAL
PRESENT	1	je **fais**	nous **faisons**
	2	tu **fais**	vous **faites**
	3	il elle on } **fait**	ils elles } **font**

IMPERATIVE   **fais!   faisons!   faites!**

1   When you speak, pronounce all three singular forms the same.

2   *Faire* is used in many idiomatic expressions. This means that you can't tell what the expressions mean by looking for exact English equivalents; for example: *Il fait beau* or *Il fait jour.*

EXERCICES

A   Qu'est-ce qu'on fait aujourd'hui?   You have taken notes on how some people you know are spending their free time and want to report your findings to a friend. Create full sentences according to the model.

   ma sœur / faire une jupe   *Ma sœur fait une jupe.*

1. mes grands-parents / faire un voyage en bateau
2. mon petit frère et ma petite sœur / faire leurs devoirs
3. mon frère et moi, nous / faire des croque-monsieur
4. ma mère / faire une robe
5. je / faire des sandwichs
6. tu / faire du bateau
7. ta famille et toi, vous / faire une visite

B **Qu'est-ce que tu fais?** You have interviewed your schoolmates about their favorite sports and the ideal weather in which to practice them. To create their answers, match the activity in each picture with an appropriate weather condition from among those pictured. Follow the model.

Edouard   *Quand il fait froid, Edouard fait du ski.*

1. nous

2. tu

3. Léon et Simon

4. vous

5. Louise

6. je

ACTIVITÉ

Un peu de mime. Get together in groups of three or four. You should each write three commands using expressions with *faire: Fais du vélo,* etc. Then take turns giving each other commands. When someone gives you a command, you must pantomime the appropriate action. Afterward, choose your best pantomimes to perform together for the class.

Les questions négatives et *si*

◆ **OBJECTIVES:**

**TO ASK AND
ANSWER
NEGATIVE
QUESTIONS**

**TO DISAGREE
WITH NEGATIVE
STATEMENTS**

You have learned to make negative sentences by putting *ne* and *pas* around the verb. Negative questions are formed in the same way.

Elles **ne** sont **pas** au café?   Elles **n'**ont **pas** faim?

So far you have asked questions by raising your voice and using the expressions *est-ce que* and *n'est-ce pas*. You answered these questions with *oui* or *non*. Look at the following.

QUESTION	RESPONSE
Vous n'allez pas en ville?	Non. (Je ne vais pas en ville.)
	Si! (Je vais en ville.)

1   There is another way to say yes in French. To disagree with a
negative question, use *si*.

PIERRE   Tu n'as pas de devoirs aujourd'hui?
ANNIE   **Si!** J'ai des devoirs!

2   You can also disagree with a negative statement by using *si*.

ANNIE   Henri ne fait pas de bateau.
PIERRE   **Si,** il fait du bateau.

3   In negative sentences, you have used *de* or *d'* instead of *des: Je n'ai
pas de frères*. Do the same thing with negative questions.

Tu ne portes pas **d'**écharpe aujourd'hui? Il fait froid!

Port Grimaud sur la
Méditerranée

EXERCICES

A Au magasin. The store you're in doesn't seem to have any of the things you need, so you must check with the salesperson. With a partner, play the roles of customer and salesperson.

> des skis
>
> ÉLÈVE 1 *Vous n'avez pas de skis?*
> ÉLÈVE 2 *Si, j'ai des skis.*
> OU: *Non, je suis désolé(e). Je n'ai pas de skis.*

1. un chemisier jaune
2. des gants noirs
3. des jupes courtes
4. un anorak bleu
5. des écharpes blanches
6. des chaussures de ski
7. un pantalon marron
8. des jeans pour homme

B Parlons du temps. The new student at school thinks she's an expert on the local weather. If you agree with her statements, answer *non*. If you disagree, answer *si*.

> Il ne gèle pas souvent ici.   *Si, il gèle souvent.*
> OU: *Non, il ne gèle pas souvent.*

1. Il ne pleut pas souvent ici.
2. Il ne neige pas beaucoup en hiver ici.
3. Il ne fait pas de vent maintenant.
4. Il ne fait pas de soleil aujourd'hui.
5. Il ne fait pas très chaud ici en été.
6. Il n'y a pas de nuages aujourd'hui.
7. Il ne fait pas froid maintenant.

C Questions personnelles. Working with a partner, use the cues to ask each other negative questions. Answer *si* or *non*.

> aller souvent au parc
>
> ÉLÈVE 1 *Tu ne vas pas souvent au parc?*
> ÉLÈVE 2 *Si, je vais souvent au parc.*
> OU: *Non, je ne vais pas souvent au parc.*

1. aimer la neige
2. faire tes devoirs
3. jouer au basket
4. faire de la voile
5. porter des bottes
6. aimer danser

Now write three sentences about your partner, based on what you learned.

APPLICATIONS

Alain Bontemps travaille!

Alain parle à la radio. Quel jour sommes-nous? Quel temps fait-il?
Quelle est la saison? Quelle heure est-il?

Alain Bontemps is getting ready to go off the day shift. He's leaving on
a weekend ski trip and he's telling his listeners about it. Create a script
for him. Here are some words that may be useful.

être heureux   parce que   aller, aimer, adorer
le temps est agréable, formidable   il fait …
aller en bus, en train   à la montagne
un hôtel célèbre, petit, grand   pour … jours
avoir vêtements, skis
au revoir!   rentrer

Quel temps fait-il aujourd'hui?

EXPLICATIONS II

Le futur proche

◆ OBJECTIVE:
TO TALK ABOUT THE FUTURE

In English we often say that we are "going to do something." Similarly, in French you can talk about the future by using a form of *aller* and the infinitive of another verb.

	ALLER + INFINITIVE			ALLER + INFINITIVE	
1	je **vais**			nous **allons**	
2	tu **vas**	écouter		vous **allez**	écouter
3	il, elle, on **va**			ils, elles **vont**	

Put *ne* and *pas* around the form of *aller* when you want to make your future sentences negative.

Vous allez travailler?   Non, nous **n'**allons **pas** travailler.
Il va faire du soleil?   Non, il **ne** va **pas** faire de soleil.

EXERCICES

A   Plus tard. None of the following people are doing what they said they would do. When your older brother asks you about them, use *aller* + infinitive to say that they are going to do the activities later.

> Tu fais du vélo?   *Non, mais je vais faire du vélo plus tard.*

1. Tu regardes la télé?
2. Raoul étudie?
3. Tes amis travaillent?
4. Vous jouez au tennis?
5. Vous faites de la gymnastique?
6. Tes copines écoutent des disques?
7. Vous faites vos devoirs?
8. Tu vas au parc?

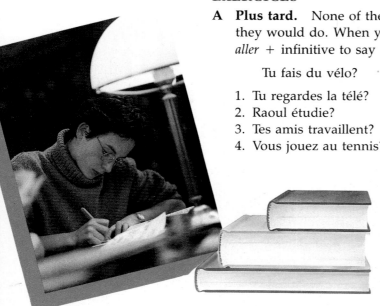

A la bibliothèque

B C'est probable.   You have a tendency to be a little bit too curious about other people's lives. When your partner makes a statement, try to find out more details by asking a question using *aller* + infinitive. Your partner will answer in the negative. Follow the model.

> Je vais sur le bateau.   ÉLÈVE 1   *Je vais sur le bateau.*
> ÉLÈVE 2   *Ah, tu vas faire du ski nautique?*
> ÉLÈVE 1   *Non, je ne vais pas faire de ski nautique.*

1. Mes sœurs vont au magasin.
2. Nous allons au cinéma.
3. Mon copain va à la montagne en hiver.
4. Je vais à la bibliothèque.
5. Francine va à la gare.

C Parlons de toi.
1. Où est-ce que tu vas aller après les cours?
2. Qu'est-ce que tu vas faire samedi?
3. Quand est-ce que ta famille va faire un voyage?
4. A quelle heure est-ce que tu vas faire tes devoirs aujourd'hui?

On fait du jogging au Jardin du Luxembourg.

ACTIVITÉ

L'été prochain. Each student writes his or her name on a half sheet of paper, folds it, and puts it in a box. Each student then draws a slip and writes two predictions on it for the person named. The predictions should tell what the person and his or her family and friends will do next summer. The slips are then returned to the box.

rester   aller (à)   danser   manger   porter   commencer

parler   être   faire

habiter   chanter

dormir   jouer

regarder

lire

Take turns being the class fortuneteller (*le diseur / la diseuse de bonne aventure*). Take a slip, choose one of the two predictions, and read it to the appropriate person. That person will accept or deny the prediction.

> *Oui, je vais aller à la plage.*
>
> OU: *Non, je ne vais pas aller à la plage l'été prochain.*

Le Grand Canal à Versailles

Les pronoms disjonctifs

In English we can emphasize different words in a sentence simply by putting stress on them when we speak: "*He's* going?!" In French you cannot emphasize whom you're talking about with your voice. Instead, you use disjunctive pronouns for emphasis.

You have already used the disjunctive pronouns *toi*, *vous*, and *moi* in expressions like *et toi?*, *et vous?*, *moi non plus!*, and *je ne sais pas, moi!* Here are the disjunctive pronouns with their subject pronouns.

◆ OBJECTIVES:

TO EMPHASIZE AND CLARIFY

TO TELL TO WHOM THINGS BELONG

	SINGULAR			PLURAL	
1	**moi**	*je*		**nous**	*nous*
2	**toi**	*tu*		**vous**	*vous*
3	**lui**	*il*		**eux**	*ils*
	elle	*elle*		**elles**	*elles*

1   To emphasize *who* is doing something, add a disjunctive pronoun at the end or at the beginning of the sentence.

    Ils font des sandwichs, **eux.**   *They're making sandwiches.*
    Tu aimes ça, **toi?**   *Do **you** like that?*
    Moi, je vais rester.   *I am going to stay.*

2   You can use disjunctive pronouns in short answers without verbs.

    NICOLAS Qui va faire ça?   *Who's going to do it?*
    LISE   Pas **moi! Lui!**   *Not **me!** **Him!***

3   Disjunctive pronouns can help to emphasize and identify people when the subject includes more than one person.

    Elle et lui, ils font du ski.   ***They** are skiing.*
    Toi et moi, nous faisons du vélo.   ***We're** riding bikes.*
    Claire et toi, vous étudiez?   *Are **you and Claire** studying?*

4   Use disjunctive pronouns after prepositions.

    Nous allons chez **nous.**   Ils sont devant **toi.**
    Je travaille avec **lui.**   Reste à côté de **moi.**

J'aime lire au parc. Et toi?

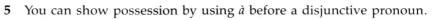

5 You can show possession by using *à* before a disjunctive pronoun.

A qui sont les gants marron?	*Whose brown gloves are these?*
Ils sont **à moi.**	*They're **mine.***
Ce chapeau, il est **à toi?**	*This hat, is it **yours?***
Non, il est **à lui.**	*No, it's **his.***

6 Use disjunctive pronouns in comparisons.

Anne est plus grande que **lui.**	*Anne is taller than **he.***
Il est plus impoli qu'**elle.**	*He's more impolite than **she.***

Note that the adjective agrees with the subject of the sentence.

EXERCICES

A **Où est-ce qu'ils travaillent?** Correct your friend's impressions about where people work. Use disjunctive pronouns in your answers.

Ton oncle André travaille à l'usine? (à la banque)

ÉLÈVE 1 *Ton oncle André travaille à l'usine?*
ÉLÈVE 2 *Non, lui, il travaille à la banque.*

1. Ton amie Sabine travaille au bureau? (à la poste)
2. Tes amis Jean et Marc travaillent à la piscine? (à la plage)
3. Ton frère et toi, vous travaillez à la gare? (à l'aéroport)
4. Tu travailles au théâtre? (au cinéma)
5. Tes sœurs travaillent au café? (au restaurant)
6. Ton cousin Paul travaille à la bibliothèque? (à l'hôpital)

B **Pas moi!** Your friend has wrong ideas. Set him or her straight.

Tu aimes l'hiver, n'est-ce pas? *Non, pas moi!*

1. Ton père aime le hockey, n'est-ce pas?
2. Hélène et Josette font de la voile, n'est-ce pas?
3. Ta mère et toi, vous faites des courses, n'est-ce pas?
4. Tu vas porter un imper demain, n'est-ce pas?
5. Claire est toujours en pantalon, n'est-ce pas?
6. Je reste ici, n'est-ce pas?
7. Tes grands-parents jouent au tennis, n'est-ce pas?

C Je suis plus sincère que toi! How would you describe yourself using the scale and each adjective? Exchange descriptions with a partner. Then tell how the two of you are alike or different. Take turns going first.

▼	▼	▼	▼
pas du tout égoïste	**ne ... pas égoïste**	**égoïste**	**très égoïste**

Adjectives: égoïste, drôle, snob, sympa

ÉLÈVE 1 *Moi, je ne suis pas du tout égoïste.*
ÉLÈVE 2 *Moi, je suis très égoïste. Alors, je suis plus égoïste que toi.*
OU: *Moi, je ne suis pas du tout égoïste. Toi et moi, nous ne sommes pas du tout égoïstes.*

ACTIVITÉ

Jeu: Qu'est-ce que tu vas faire samedi?
Working alone, on each of four 3 x 5 cards write an activity that can be done on Saturdays: *faire des courses, faire du vélo, aller au cinéma,* etc.

Combine your cards with those of a partner, shuffle your eight cards, place them face down, and draw the top card. Decide whether or not you're going to do that activity and tell your partner. Your partner will then decide whether or not to do the same thing. Take turns drawing cards.

STATEMENT	AGREE	DISAGREE
Je vais faire des courses. Et toi?	Moi aussi, je vais faire des courses.	Moi, je ne vais pas faire de courses.
Je ne vais pas faire de courses. Et toi?	Moi non plus, je ne vais pas faire de courses.	Moi si, je vais faire des courses.

Report the results of your game by writing one sentence telling what you are both going to do and one telling what neither of you is going to do.

TOI THÉÂTRE
MOI MALAKOFF
NOUS HEUREUX
SAISON 86-87

RÉVISION

Put the English cues into French to form sentences.

1. *En été*, Paul et Virginie vont *quelquefois à la plage.*
   (In the fall)   *(often)*   *(to the theater)*
   (In the spring)   *(always)*   *(to the park)*

2. *Sophie arrive à l'école à sept heures et demie.*
   (We arrive at the airport at noon.)
   (I arrive at the hospital at 6:30.)

3. *Il fait chaud et il pleut.*
   (It's windy and it's freezing.)
   (It's cloudy and it's snowing.)

4. *Nous sommes désolés* parce que demain *il va faire un voyage.*
   (She is happy)   *(we're going shopping)*
   (You [fam.] are sad)   *(you're not going water-skiing)*

5. Pendant que *tu parles au téléphone, moi, je reste devant la télé.*
             (Sylvie watches TV)   *(he plays with the children)*
             (we listen to records)   *(they work behind the house)*

6. Zut! *Tu n'as pas ton écharpe. Elle est chez toi.*
          (We don't have our gloves. They're at home.)
          (I don't have my bathing suit. It's at home.)

Quel mauvais temps!

Put the English captions into French and form a paragraph.

1. In the winter, M. and Mme Rouby often go to the mountains.

2. They arrive at the hotel at midnight.

3. It's cold and it's snowing.

4. They are happy because tomorrow they are going skiing.

5. While she's listening to the radio, he's next to the car.

Aujourd'hui il fait beau.

6. Rats! He doesn't have his skis. They're at home.

RÉDACTION

Now that you have written a short paragraph, choose one of the following assignments.

1. Write four sentences telling where you sometimes go during each of the four seasons.
2. Continue the radio message of picture 5 by writing a three-sentence weather report for skiers.

CONTRÔLE DE RÉVISION   CHAPITRE 5

A   Quand il fait beau, je fais du sport!
Write sentences describing the weather and the
activities that the people are doing.

Paul   *Quand il fait chaud, Paul fait du ski nautique.*

1. nous

2. Georges, Robert et Denise

3. Hélène

4. tu

5. vous

6. je

B   Ah, non?
You've heard that none of these things is going
to happen. Write questions to ask if that is so.

ils / aller au parc   *Ils ne vont pas aller au parc?*

1. tu / faire du ski	5. je / faire des courses
2. elle / regarder la télé	6. il / faire de la voile
3. nous / manger à 7h	7. elles / lire le livre
4. vous / faire vos devoirs	8. tu / jouer au basket

C   Mais si!
Now you know that everything you heard in
Ex. B was false. Make statements with *Mais si ...!*
to say that they will happen.

ils / aller au parc   *Mais si, ils vont aller au parc!*

D   Plus tard!
Answer the questions using *aller* + infinitive and
the French equivalent of the words in
parentheses.

　　Est-ce qu'il arrive maintenant? *(tomorrow)*
　　Non, il va arriver demain.

1. Est-ce que tes grands-parents commencent
   leur voyage aujourd'hui? *(next week)*
2. Est-ce que tu travailles à la maison
   maintenant? *(in an hour)*
3. Est-ce que vous faites vos devoirs? *(later)*
4. Est-ce que maman et papa vont au cinéma
   aujourd'hui? *(next Saturday)*
5. Est-ce que Laure étudie? *(soon)*

E   Oui, non ou si?
Write answers to the questions, using the
appropriate pronouns.

　　J'aime la neige. Et toi?
　　Oui, moi aussi, j'aime la neige.
OU:　*Non, pas moi.*

　　Je n'aime pas la neige. Et toi?
　　Non, moi non plus, je n'aime pas la neige.
OU:　*Moi, si, j'aime la neige.*

1. Ma mère aime aller au cinéma. Et ta mère?
2. Mes parents vont souvent au restaurant. Et
   tes parents?
3. Mon oncle n'aime pas le hockey. Et ton
   oncle?
4. Mon cousin et moi, nous faisons de la
   gymnastique. Et ton cousin et toi?
5. Mes amies ne jouent pas au basket. Et tes
   amies?
6. Je déteste porter un chapeau. Et toi?

VOCABULAIRE DU CHAPITRE 5

Noms

l' anorak *(m.)*
le bateau (à voiles)
le chapeau, *pl.* les chapeaux
la chaussure de ski
    pl. les chaussures de ski
le ciel
l' écharpe *(f.)*
l' étoile *(f.)*
le gant
la glace
le hockey
l' imperméable *(m.)* (l'imper)
le jour
la lune
le maillot de bain,
    pl. les maillots de bain
la neige
le nuage
la nuit
la pluie
le short
le ski
le soleil
le temps
le vent

Pronoms

moi, toi, lui, elle, nous, vous,
  eux, elles

Adjectif

prochain, -e

Verbes

aimer mieux
commencer (à)
faire
geler (il gèle)
jouer à + *sports*
neiger (il neige)
pleuvoir (il pleut)
porter

Adverbes

bientôt
demain
pas du tout
plus … que
plus tard
quelquefois
si (mais si!) *(after negative*
  questions or statements)
souvent

Conjonctions

pendant que
quand

Questions

à qui …?
en quelle saison?
quand?
quel temps fait-il?

Expressions

aller + *inf.*
au printemps
bien sûr
bof!
bonne idée!
dans + *time*
en automne (été, hiver)
faire du bateau, des courses,
  ses devoirs, de la gymnastique,
  de la moto, du ski, du vélo,
  une visite (à), de la voile,
  un voyage
il fait beau
il fait chaud
il fait … degrés (moins …
  degrés)
il fait du soleil
il fait du vent
il fait frais
il fait froid
il fait jour
il fait mauvais
il fait nuit
il (ne) faut (pas) + *inf.*
jamais!
le ciel est couvert
zut!

CHAPITRE 6

PRÉLUDE CULTUREL | LA TÉLÉVISION ET LA RADIO

What is television in France like? It's not exactly like what we are used to here. In France, the television industry is partly supervised by the government. Everyone who owns a televison set must pay a yearly tax *(la redevance)*, and some of the television channels are even owned and run by the government itself. The two government-owned channels are A2 *(Antenne 2)* and FR3. They have commercials only between programs. Channels TF1, La 5, and TV6 are privately owned, and interrupt programs with almost as many commercials as American television. The fourth channel, known as *Canal + (Canal Plus)*, is a pay station that shows primarily feature-length films and is the only commercial-free channel.

Programs vary greatly from one channel to another, and people can choose sports, news, documentaries, cultural and political talk shows, or films. Plays and operas are often filmed in theaters and then broadcast on television. On weekends and on Wednesday afternoons, there are special programs for young people. They deal mostly with music and usually feature popular bands. There are also a lot of game shows—some based on American shows—that attract large audiences. Many channels show American television programs dubbed in French. American serials, films, and cartoons are all popular in France. And when there's nothing good on TV, people can always rent a couple of films from their local video store.

French teenagers probably spend less time watching television than you do. Parents keep a careful eye on the programs their families watch, and television sets often have covers for the controls so that parents can lock the set when they don't want it turned on. Still, French teenagers love watching TV, and in the morning on the way to school, a favorite topic of conversation is the previous evening's programming. French people, young and old, almost always enjoy discussing their favorite shows as much as they do watching them.

French teenagers also love listening to the radio. Three main AM stations—one run by the government and two privately owned—offer a wide choice of programs every day. Young people, however, most often listen to FM stations that play British and American songs, along with French ones. One of the most popular stations is NRJ (pronounced like *énergie*, the French word for "energy"). Many radio stations broadcast *le top cinquante*, the week's most popular songs. Among the top hits are many songs in English. Even though they may not understand the lyrics, French teenagers love listening to imported tunes.

MOTS NOUVEAUX I

Qu'est-ce qu'il y a à la télé?

un documentaire

un feuilleton

une publicité
(une pub)

un western

un dessin animé
pl. des dessins animés

les informations *(f.pl.)*

fermer

un match
pl. des matchs

un jeu
pl. des jeux

un film policier
pl. des films policiers

allumer la télé

fermer la télé

CONTEXTE COMMUNICATIF

1 ALICE   Qu'est-ce que tu aimes faire **le soir?**[1]
      JULIEN   J'aime regarder des films à la télé.

Variations:
- le soir → le dimanche
  regarder des films à la télé → lire des romans policiers

2 A 6h **du matin** il n'y a pas d'**émissions** à la télé.
D'habitude le soir il y a un grand **choix** d'émissions. A
7h **du soir, avant** les informations, il y a des jeux et des
feuilletons.

le soir	*in the evening*
du matin	A.M. *(in the morning)*
l'émission *(f.)*	*TV or radio program*
d'habitude	*usually*
le choix	*choice*
du soir	*P.M. (in the evening)*
avant	*before*

[1]Use the definite article when you want to say that something happens
regularly in the morning, evening, etc., or on a particular day: *Je joue au foot
le vendredi après-midi.*

un journal
pl. des journaux

des cartes
(f.pl.)

un roman policier
pl. des romans policiers

un roman

des échecs (m.pl.)

jouer
aux cartes

une bande dessinée (B.D.)
pl. des bandes dessinées (B.D.)

des dames (f.pl.)

jouer aux échecs

jouer aux dames

---

3 Monsieur Lejeune **apporte** des journaux à la maison parce qu'il aime lire **le matin.** Madame Lejeune, elle, aime écouter des chansons à la radio.

M. LEJEUNE	Qu'est-ce que tu écoutes?
MME LEJEUNE	C'est une **nouvelle** chanson de Claude Michel.
M. LEJEUNE	Elle n'est pas mal, **cette** chanson.

■ une nouvelle chanson → une **vieille** chanson
elle n'est pas mal → elle est bête

4

M. GARCIN	**Qu'est-ce qu'il y a** à la télé **ce soir?**
MME GARCIN	Un documentaire ou un western.
M. GARCIN	Qu'est-ce qu'on **choisit?**

■ un documentaire → un jeu
un western → un match

---

apporter *to bring*
le matin *in the morning*

nouveau (nouvel),
  nouvelle *new*
ce (cet), cette *this, that*
vieux (vieil), vieille *old*

qu'est-ce qu'il y a ...? *what is there ...?*
ce soir *tonight*
choisir *to choose*

5 Yves **obéit à** ses parents. **Tous les soirs** il allume la télé **vers** 7h. Après son feuilleton **préféré,** il ferme la télé et **finit** ses devoirs.

■ Yves obéit à → Yves ne **désobéit** pas **à**
son feuilleton préféré → son émission préférée

obéir à	*to obey*
tous les soirs	*every evening*
vers	*toward, around*
préféré, -e	*favorite*
finir	*to finish*
désobéir à	*to disobey*

6 LAETITIA **Quelle est ton émission préférée?**
PIERRE Tous **les après-midi** je regarde «Les Goncourt».
LAETITIA Moi, je déteste les feuilletons.

■ tous les après-midi → à 4h **de l'après-midi**
«Les Goncourt» → «Au Stade»
les feuilletons → les émissions **sportives**

quelle est ton émission préférée?	*what's your favorite program?*
l'après-midi *(m.)*	*afternoon*
de l'après-midi	P.M. *(in the afternoon)*
sportif, -ive	*athletic*

EXERCICES

A J'adore … Je déteste …   People vary greatly in their TV-watching habits. Tell whether you love, like, or hate to watch each of the following.

J'adore regarder des matchs à la télé.
OU: *J'aime regarder des matchs à la télé.*
OU: *Je déteste regarder des matchs à la télé.*

1.    2.    3.

4.    5.    6.

7.   8.

B Qu'est-ce qu'on aime faire chez les Garcin? What do the Garcins
like to do? With a partner, ask and answer questions based on the
pictures.

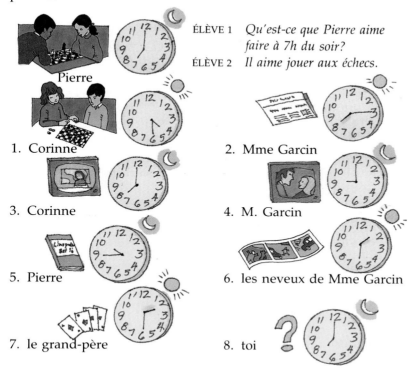

ÉLÈVE 1 *Qu'est-ce que Pierre aime
faire à 7h du soir?*
ÉLÈVE 2 *Il aime jouer aux échecs.*

Pierre

1. Corinne

2. Mme Garcin

3. Corinne

4. M. Garcin

5. Pierre

6. les neveux de Mme Garcin

7. le grand-père

8. toi

C Qu'est-ce que tu aimes faire le soir? Ask a classmate what he or
she likes to do in the evening. That person should answer by
mentioning two activities, and then ask someone else. Continue
until everyone in the class has asked and answered the question.

ÉLÈVE 1 *Christophe, qu'est-ce que tu aimes faire le soir?*
ÉLÈVE 2 *Moi, j'aime lire le journal et regarder des films policiers à la
télé. Et toi, Marie, qu'est-ce que tu aimes faire le soir?*
ÉLÈVE 3 *J'aime faire des devoirs et écouter des chansons à la radio. Et
toi, Julie, qu'est-ce que tu aimes faire le soir?*

D Parlons de toi.
1. D'habitude, à quelle heure est-ce que tu allumes la télé le soir?
2. Quelle est ton émission préférée?
3. Est-ce que tu regardes les informations? Si *(if)* oui, à quelle heure?
4. D'habitude, qui ferme la télé chez toi le soir? A quelle heure?
5. Tu aimes lire le journal? Quelle est ta B.D. préférée?

APPLICATIONS

Ce soir, on n'a pas le choix.

ALEXANDRE	Qu'est-ce qu'il y a à la télé ce soir?
M. GUYON	On a le choix entre un western, un documentaire et un match de foot.
ALEXANDRE	On regarde le foot, bien sûr.
5 CORALIE	*(irritée)* Le foot, toujours le foot! Moi, je choisis le western.
ALEXANDRE	*(en colère)*[1] Oh non, zut! Il y a un western tous les samedis.
MME GUYON	Moi, j'ai une très bonne idée. Pendant que je regarde le documentaire avec papa, vous allez passer la soirée[2] en haut![3]

[1]**en colère** *angry*   [2]**passer la soirée** *to spend the evening*
[3]**en haut** *upstairs*

Questionnaire

1. Qu'est-ce qu'Alexandre aime mieux regarder ce soir?
2. Pourquoi est-ce que Coralie n'est pas heureuse?   3. Alexandre est heureux, n'est-ce pas?   4. Qui a une bonne idée?   5. Qui va regarder la télé?   6. Qu'est-ce que Coralie et Alexandre vont faire?

Situation

Working with three other students, imagine that you are a family out camping and that bad weather is keeping you inside the tent. Begin your dialogue with *Qu'est-ce qu'on fait cet après-midi?* and choose cards, chess, checkers, or other activities.

Le président François Mitterrand parle à la télévision.

PRONONCIATION

Listen to and compare the sounds of the letter *o* in these three French words: *photo* [o], *prof* [ɔ], *bon* [ɔ̃].

1 Listen to and repeat these words, paying special attention to the *o* sounds.

[o]	le maillot	le bateau	le vélo	gros	au
[ɔ]	la porte	l'école	le téléphone	bonne	bof
[ɔ̃]	le pont	le crayon	le ballon	ils font	non

2 Listen to and repeat these sentences, paying special attention to the *o* sounds.

[o] C'est le vélo de Paul.   Nos bateaux tournent à gauche.

[ɔ] Votre prof fait du sport.   Notre école est bonne.

[ɔ̃] Son feuilleton est bon.   Continuons à chanter la chanson.

MOTS NOUVEAUX II

A quoi est-ce qu'on joue?

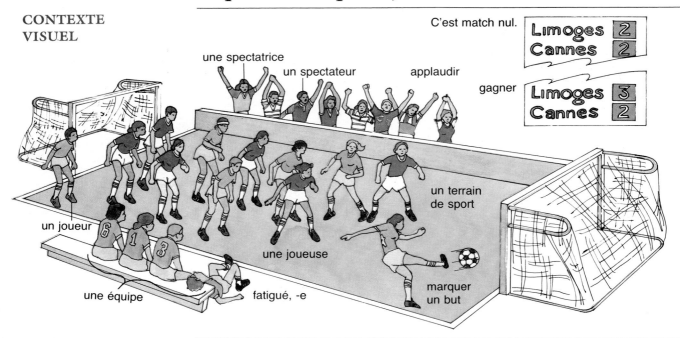

C'est match nul.

Limoges 2
Cannes 2

gagner

Limoges 3
Cannes 2

une spectatrice

un spectateur

applaudir

un terrain de sport

un joueur

une joueuse

marquer un but

une équipe

fatigué, -e

CONTEXTE COMMUNICATIF

1 CLAUDINE Tu **fais du sport?**

THOMAS Oui, je joue au football américain.

CLAUDINE Tu joues bien?

THOMAS Oui, pas mal.

Variations:

■ au football américain → au basketball
  oui, pas mal → non, pas très bien
■ au football américain → au tennis
  oui, pas mal → non, je joue mal

faire du sport *to play sports*

2 ARNAUD Et toi, tu fais du sport?

CHANTAL Oui, je **fais partie d'**une équipe de hockey.

■ de hockey → de volley

faire partie de *to belong to*

jeune

vieille

vieux (vieil)

un ballon

une balle

gros, grosse — maigre

3 CHRISTIAN **Quel beau** temps! **A quoi** est-ce qu'on joue?

LAURENT Au foot. Il y a un nouveau terrain de foot près d'ici.

CHRISTIAN Bonne idée! Apporte ton ballon!

■ quel beau temps → quel bel après-midi

4 EVELYNE Regarde ce joueur!

MARTINE **Quel** joueur?

EVELYNE Le garçon avec le ballon.

MARTINE **Ce** garçon**-là?** Ah, il va marquer un but!

■ ce joueur → cette joueuse
  quel joueur → quelle joueuse
  le garçon → la fille
  ce garçon-là → cette fille-là
  il → elle

quel (quelle) …! *what …!*
beau (bel), belle *beautiful, fine*
à quoi *what*

quel (quelle) …? *which …?*

**ce … -là (cet … -là), cette …
  -là** *that (one) there*

5 Laurent marque un but. Evelyne et Martine applaudissent.

EVELYNE   **Bravo**, Laurent! Tu es formidable!

Laurent **rougit**.

EVELYNE   Quel joueur formidable!
MARTINE   Oui, mais quel garçon timide!

bravo! *well done!*

rougir *to blush*

6 Après vingt **minutes**.

AURORE   C'est **toujours** l'équipe de Bernard qui gagne?
MARCEL   Mais oui. **Ces** joueurs-là jouent **mieux**.

- vingt minutes → **une heure**
- vingt minutes → **une demi-heure**
- vingt minutes → **un quart d'heure**

la minute *minute*

toujours (here) *still*
ces *(m. & f.pl.)* these, those
mieux *better*
l'heure *(f.)* hour
la demi-heure *half hour*
le quart d'heure *quarter hour*

7 CORINNE   **Avec qui** est-ce que tu joues au tennis cet après-midi?
GISÈLE   Avec Renaud. C'est un nouvel élève.

- cet après-midi → ce matin
  c'est un nouvel élève → c'est un vieil ami

avec qui? *with whom?*

8 JOSEPH   Je suis trop gros.
PASCAL   Eh bien, quand tu fais du sport, tu **maigris**.
JOSEPH   Non, moi, je suis trop **paresseux**.

- tu maigris → tu ne **grossis** pas
- je suis trop paresseux → je ne suis pas très **énergique**

maigrir *to lose weight*
paresseux, paresseuse *lazy*

grossir *to put on weight*
énergique *energetic*

La place des Vosges à Paris

EXERCICES

A Quelle est la réponse? For each question in column A, choose the most appropriate answer from column B.

A	B
1. Tu fais du sport?	a. Sur le nouveau terrain.
2. Pourquoi est-ce que les spectateurs applaudissent?	b. Au contraire, il est très ennuyeux.
3. On ne gagne pas?	c. Pour maigrir.
4. Tu fais partie d'une équipe?	d. Parce que notre équipe marque un but.
5. Pourquoi est-ce que tu fais du sport?	e. Non, je suis trop paresseux.
6. Où est-ce qu'on joue cet après-midi?	f. Oui, de foot.
7. Le match de football américain est intéressant?	g. Non, c'est toujours match nul.

B Au match. Imagine that you are the sportscaster for the big soccer match between Lille and Nantes. Read the paragraph as a sports announcer would. Choose the more appropriate word in each pair.

Nous sommes au *(parc / stade)* de Lille pour le grand match *(entre / par)* Lille et Nantes. Quel beau *(match / temps)*! Les *(copains / joueurs)* arrivent sur *(le stade / le terrain)* et les spectateurs *(applaudissent / maigrissent)*. Qui va *(compter / gagner)*? Les deux équipes sont *(formidables / moches)*. Bravo! Le match *(commence / finit)*.

C'est l'équipe en rouge qui a *(la balle / le ballon)* … Ils sont *(lents / rapides)* … Ils vont marquer … ils vont marquer … Oui, c'est un *(but / jeu)*! Formidable!! Nous allons avoir un match *(ennuyeux / intéressant)*!

C Parlons de toi.

1. Tu fais du sport? Quel sport? Tu joues bien?
2. Tu fais partie d'une équipe? Quelle équipe?
3. Quelle est ton équipe préférée de baseball? de football américain? de basketball? de hockey?
4. Tu vas aux matchs de ces équipes? Tu aimes regarder leurs matchs à la télé? Est-ce que ces matchs sont intéressants ou ennuyeux? Pourquoi?

Tu aimes bien le volleyball?

ACTIVITÉ

Un sondage: Le sport et nos camarades de classe.
Conduct a poll among five classmates to discover:

1. Combien d'élèves font du sport?
2. Combien d'élèves jouent pour une équipe de notre lycée?
3. Combien d'élèves jouent pour un club sportif?
4. Quel est leur sport préféré?
5. Quel(le) est leur joueur (joueuse) préféré(e)?

Before you begin, write out questions to ask your classmates: *Est-ce que tu fais du sport?*, *Quel est ton sport préféré?*, etc. Poll your five classmates, then write a summary of your findings: *Quatre élèves font du sport,* etc.

ÉTUDE DE MOTS

In this chapter you will learn some verbs like *finir* that belong to the *-ir* group of regular French verbs. Many verbs in this group come from adjectives. For example, you know that *rouge* means "red." *Rougir* means "to turn red" or "to blush." *Maigre* means "skinny," so *maigrir* means "to become skinny."

Look at each adjective at the left. Can you tell what the corresponding verb means?

jaune	Ce journal va *jaunir* dans un an.
blanc / blanche	La neige va *blanchir* la montagne.
grand / grande	Cet enfant va *grandir* plus vite que son frère.
vieux / vieille	Mes grands-parents vont *vieillir* dans leur petite maison.
vert / verte	Les montagnes vont *verdir* avant le premier mai.
noir / noire	Ces fruits vont *noircir* après deux semaines.

EXPLICATIONS I

Les verbes comme *finir*

◆ **OBJECTIVE:**
TO DESCRIBE
ACTIONS

The second largest group of regular French verbs has infinitives ending in *-ir*. *Finir* is one verb from this group. Here is the pattern for *finir* in the present tense.

INFINITIVE **finir**

			SINGULAR		PLURAL	
PRESENT	1	je	fin**is**		nous	fin**issons**
	2	tu	fin**is**		vous	fin**issez**
	3	il / elle / on	fin**it**		ils / elles	fin**issent**

IMPERATIVE   **finis!   finissons!   finissez!**

To find the forms of any verb like *finir,* drop the *-ir* ending of the infinitive to get the stem, *fin-*. Then add the endings *-is, -is, -it, -issons, -issez, -issent*.

Here are verbs you know that are like *finir*.

applaudir   désobéir (à)   maigrir   rougir
choisir   grossir   obéir (à)

1   Sometimes we use a preposition in English where the French do not, and the French may use a preposition where we do not. When a French verb is followed by a preposition, learn the preposition along with the verb.

Je regarde mes parents.   *I'm looking **at** my parents.*
J'obéis **à** mes parents.   *I obey my parents.*

2   Look at the following.

Qui est-ce que tu regardes?   Je regarde mes parents.
A qui est-ce que tu obéis?   J'obéis à mes parents.

When you use a verb like *obéir* in a question, put *à* in the question, too.

EXERCICES

A L'anniversaire de Nadine. Each year, Nadine receives the same birthday gifts. Working with a partner, take turns asking and answering questions about the gifts people always choose.

sa cousine Blanche

ÉLÈVE 1   *Qu'est-ce que sa cousine Blanche choisit?*
ÉLÈVE 2   *Elle choisit toujours une écharpe.*

1. vous   2. son ami Yann   3. tu

4. sa grand-mère   5. ses petits frères   6. je

7. nous   8. ses parents

B Au café. You are people-watching at your favorite café. Using the verb *finir*, tell what the following people are doing.

> le monsieur, vous / roman   *Le monsieur finit son roman.*
>   *Vous finissez votre roman aussi.*

1. les joueurs, nous / hot-dog   4. Lucie, nous / devoirs
2. moi, Philippe / thé   5. toi, vous / pizza
3. les garçons, les dames / journal   6. maman, son amie / café

C Un peu de logique. Choose the verb that most logically completes each sentence. Remember to use the correct form.

applaudir	désobéir	grossir	obéir
choisir	finir	maigrir	rougir

> Quand un concert commence à 10h, il *finit* après minuit.

1. Quand je n'ai pas raison, je _____.
2. Quand il y a deux émissions intéressantes à 9h, on _____.
3. Quand les spectateurs aiment une pièce, ils _____.
4. L'élève _____ au prof quand elle ne fait pas ses devoirs.
5. Nous _____ parce que nous ne mangeons pas après 6h du soir.
6. Quand tu manges trop, tu _____.
7. «_____ vos devoirs, mes petits!» Mais Nicole et Marc n'_____ pas à leur papa. Ils regardent les jeux à la télé.

Trois adjectifs irréguliers:
beau, nouveau, vieux

◆ **OBJECTIVE:**
TO DESCRIBE PEOPLE AND THINGS

Beau, nouveau, and *vieux* are adjectives that usually come before the noun. They have very different masculine and feminine forms.

		beau	nouveau	vieux
SING.	M.	un **beau** matin	un **nouveau** copain	un **vieux** manteau
		un **bel** après-midi	un **nouvel** ami	un **vieil** anorak
	F.	une **belle** nuit	une **nouvelle** copine	une **vieille** écharpe
PL.	M.	des **beaux** matins	des **nouveaux** amis	des **vieux** manteaux
	F.	des **belles** étoiles	des **nouvelles** chaussures	des **vieilles** chemises

1 There are special masculine singular forms for *beau, nouveau,* and *vieux* when they come before a vowel sound. When you speak, pronounce them like the feminine forms.

Quel **bel** acteur! Quelle **belle** actrice!
C'est mon **nouvel** ami. C'est ma **nouvelle** amie.
Il a un **vieil** anorak. Il a une **vieille** écharpe.

2 When you write, add an *x* to *beau* and *nouveau* to make them plural. Because *vieux* already ends in *-x,* it doesn't change. There is liaison with the forms that end in *-s* or *-x* when they come before a vowel sound: *des belles_étoiles, des nouveaux_amis, des vieux_anoraks,* etc.

EXERCICES

A Comment sont les vêtements de Denis et de Denise?
Complete the dialogues using the correct form of *beau* in the first blank, *nouveau* in the second, and *vieux* in the third.

1. PAUL   Il est _____ , ton imperméable, Denis. Il est _____ ?
   DENIS   Au contraire, il est _____.
2. PAULE   Elle est _____ , ta robe, Denise. Elle est _____ ?
   DENISE   Au contraire, elle est _____.
3. PAUL   Elles sont _____ , tes chaussures, Denis. Elles sont _____ ?
   DENIS   Au contraire, elles sont _____.
4. PAULE   Ils sont _____ , tes gants, Denise. Ils sont _____ ?
   DENISE   Au contraire, ils sont _____.

B Précisions.   Alban is a stickler for detail. Whenever someone says something, he makes the statement more precise. With a partner, take turns playing the role of Alban. Pay special attention to the forms and positions of the adjectives.

Elle porte une robe. *(violet / beau)*   ÉLÈVE 1 *Elle porte une robe.*
ÉLÈVE 2 *Elle porte une belle robe violette.*

1. Elle regarde la moto. *(beau, bleu)*
2. Nous applaudissons l'acteur. *(sympathique, vieux)*
3. Il porte un imperméable. *(gris, nouveau)*
4. Nous jouons avec un ballon. *(beau, jaune)*
5. Elle porte une écharpe. *(vert, vieux)*
6. Je choisis une émission à la télé. *(intéressant, nouveau)*

C On est d'accord? *(Do we agree?)*   Use the adjectives to describe each subject. Your partner will agree or disagree.

jeune / vieux   énergique / paresseux   grand / petit
nouveau / vieux   intéressant / ennuyeux
beau / moche   bon / mauvais

ma maison   ÉLÈVE 1 *Ma maison est trop petite.*
ÉLÈVE 2 *Oui, c'est une petite maison.*
OU: *Mais non, c'est une grande maison.*

1. mon vélo (ma moto)
2. mes tee-shirts
3. mes chaussures
4. mon imperméable
5. notre équipe de football américain
6. nos profs
7. notre ville
8. nos camarades de classe

D Parlons de toi.

1. Est-ce qu'il y a des nouvelles émissions à la télé maintenant?
   Tu aimes ces émissions? Les acteurs sont beaux?
   Les actrices sont belles?
2. Qu'est-ce que tu vas choisir à la télé ce soir?
3. Tu aimes mieux les vieux vêtements ou les nouveaux vêtements?
   les vieilles maisons ou les nouvelles maisons?
   les vieilles chansons ou les nouvelles chansons?
4. Qui est-ce que tu applaudis au stade? aux concerts?
   au théâtre ou au cinéma?
5. A qui est-ce que tu obéis toujours?
   A qui est-ce que tu désobéis?

APPLICATIONS

Découvrez la B.D. française

En France, on aime beaucoup les bandes dessinées—
«les B.D.». Voici des personnages très célèbres.

Cet homme s'appelle Astérix. Il habite
en Gaule[1] en 50 avant Jésus-Christ. Il
n'aime pas les Romains parce qu'ils
occupent la Gaule. Mais dans son village
il n'y a pas de Romains. Astérix et ses amis
sont très forts.[2] Leur druide[3] prépare une potion
magique. Elle donne une force[4] formidable et
les Romains ont très peur! Mais dans son village,
on aime rire[5] et manger!

Lucky Luke est un cow-boy célèbre en France. Il a un grand ami—
son cheval,[6] Jolly Jumper. Lucky Luke habite en Amérique mais il parle
français. Il n'est pas shérif mais il aime la justice. Ses ennemis sont les
Dalton, des horribles bandits. Ils sont quatre frères hypocrites,
paresseux et dangereux. Ils détestent travailler, mais ils aiment être
riches. Heureusement,[7] Lucky Luke est plus intelligent et plus rapide
avec son revolver. Il gagne toujours!

AVANT DE LIRE

Before you read, look for
the answers to these
questions.
1. What subject is this
   reading about?
2. What are the names of
   the three main
   characters?
3. What do you think
   50 avant Jésus-Christ
   means?

---

[1]**la Gaule**   *ancient name for France*
[2]**fort -e**   *strong*
[3]**le druide**   *Celtic priest*
[4]**la force**   *strength*
[5]**rire**   *laugh*
[6]**le cheval**   *horse*
[7]**heureusement**   *fortunately*

Voici Tintin et son vieux copain, son petit chien[8] blanc, Milou. Tintin est reporter et détective. Avec le Capitaine Haddock, son ami, il fait beaucoup de voyages. Dans une aventure célèbre, il va même[9] sur la lune. Ses aventures sont toujours extraordinaires mais elles finissent bien. Tintin est le meilleur[10] détective. Quand il est là, les gangsters vont toujours en prison.

---

[8]**le chien** *dog*   [9]**même** *even*   [10]**le meilleur** *the best*

Questionnaire

1. Astérix habite
   a. en Amérique.
   b. en Gaule.
   c. sur la lune.

2. Il n'y a pas de Romains dans le village d'Astérix
   a. parce qu'Astérix et ses amis ont une potion magique.
   b. parce qu'ils occupent la Gaule.
   c. parce qu'ils aiment rire et manger.

3. Lucky Luke est
   a. un détective qui parle français.
   b. un shérif hypocrite et paresseux.
   c. un cow-boy qui aime la justice.

4. Les Dalton sont
   a. les amis de Lucky Luke.
   b. des horribles bandits.
   c. des détectives en Gaule.

5. Le grand ami de Lucky Luke s'appelle
   a. le Capitaine Haddock.
   b. Monsieur Dalton.
   c. Jolly Jumper.

6. Tintin est
   a. détective.
   b. gangster.
   c. cow-boy.

7. Tintin a un ami qui s'appelle
   a. Astérix.
   b. le Capitaine Haddock.
   c. Jolly Jumper.

EXPLICATIONS II

Les adjectifs démonstratifs: *ce, cet, cette, ces*

The demonstrative adjectives point out people and things. *Ce, cet,* and *cette* mean "this" or "that"; *ces* means "these" or "those." Like articles and other adjectives, they agree with the nouns they describe.

◆ **OBJECTIVE:**

TO POINT THINGS OUT

	SINGULAR	PLURAL
M.	**ce** musée	**ces** musées
	cet hôtel	**ces** hôtels
F.	**cette** place	**ces** places
	cette école	**ces** écoles

1 Like *bel* and *nouvel,* the form *cet* is used before masculine, singular nouns beginning with a vowel sound. When you speak, pronounce *cet* and *cette* alike.

2 There is only one plural form: *ces.* There is liaison with *ces* in front of a vowel sound.

3 The French often add *-là* to a noun when it is used with a demonstrative adjective.

> **Ce garçon-là** est très sympa.   ***That boy** is very nice.*
> Regarde **ces enfants-là!**   *Look at **those children!***

When you contrast two things, you can add *-ci* or *-là* to help distinguish between them.

> Tu aimes mieux **ce pantalon-ci**   *Do you prefer **these pants*** ou **ce pantalon-là?**   *or **those pants?***

Documentaire sur Martin Luther King à la télévision canadienne

EXERCICES

A A la plage. What's happening at the beach? Answer your little cousin's questions according to the pictures. Use *ce, cet, cette,* and *ces* in your responses.

Qui est drôle?
Ce garçon-là est drôle.

1. Qu'est-ce que tu regardes?

2. Qu'est-ce qui est lent?

3. Qui va gagner?

4. Qu'est-ce qui est rapide?

5. Qu'est-ce qu'on va manger?

6. Qui est-ce que tu applaudis?

7. Qu'est-ce qui est grand?

8. Qu'est-ce que nous allons porter?

Un jeu d'échecs à Lugano, Suisse

B Comment est …? Comment sont …? Point out the person or object in each picture and ask your partner for a description.

gros / petit	nouveau / vieux	énergique / paresseux	sportif
grand / petit	jeune / vieux	intéressant / ennuyeux	fatigué
gros / maigre	court / long	lent / rapide	

ÉLÈVE 1 *Comment est ce roman?*
ÉLÈVE 2 *Il est court.*

1.

2.

3.

4.

5.

6.

7.

8.

9.

FM / Radio 7 / Electric FM / Radio Nostalgie / 95.2 / CVS / Skyrock / RFM / NRJ / Hit FM / Radio Tour Eiffel / RTL / Europe 1

91.3 92 94.2 95.2 95.5 96.1 96.9 99.8 100.6 101.4 104.3 104.7 MHZ

L'adjectif interrogatif *quel*

◆ OBJECTIVES:
TO ASK FOR
SPECIFIC
INFORMATION
TO MAKE
EXCLAMATIONS

You have already used forms of *quel* in many expressions: *Quel jour sommes-nous? Quelle heure est-il? Quel* means "which?" or "what?" Like other adjectives, *quel* agrees with the noun. Use it when you want someone to give you more specific information or to be more precise.

	SINGULAR	PLURAL
M.	**quel** musée?	**quels** musées?
F.	**quelle** place?	**quelles** places?

1   There is liaison between the plural forms and vowel sounds:
quels_hôtels? quelles_écoles?

2   You can also use *quel* to express strong feelings of indignation, surprise, admiration, or dislike.

Quel temps!   *What weather!*
Quelle belle ville!   *What a beautiful city!*
Quels vêtements moches!   *What ugly clothes!*

EXERCICES

A Devant la télé. You are watching television with a friend who isn't paying attention. Every time you make a comment, your friend asks you a question with *quel*. Follow the model.

Ce film policier est ennuyeux.   ÉLÈVE 1   *Ce film policier est ennuyeux, n'est-ce pas?*
    ÉLÈVE 2   *Quel film?*

1. Cette émission est très intéressante.
2. Cette publicité est trop longue.
3. Cet homme est sportif.
4. Ces dessins animés sont ennuyeux.
5. Cette chanteuse est bonne.
6. Ces westerns sont vieux.
7. Ces chansons sont nouvelles.
8. Ce documentaire est court.
9. Ces acteurs sont beaux.

Publicité pour la télévision par câble à Montréal

B Quelle est la question? What questions would lead to these answers? For each answer, use a form of *quel* to ask an appropriate question.

Il arrive jeudi. *Quel jour est-ce qu'il arrive?*

1. Il a dix-huit ans.
2. C'est le 17 octobre.
3. Il fait froid.
4. Nous sommes mardi.
5. Il est midi.

6. J'aime beaucoup l'hiver.
7. Elle habite au 38, rue de la République.
8. Ils arrivent à 8h.

C Parlons de toi. Complete each question with the correct form of *quel*. Then answer the questions you've created.

1. _____ est ton émission préférée le vendredi soir? le lundi soir?
2. _____ est ton jour préféré de la semaine? Pourquoi?
3. _____ est ton feuilleton (ou jeu) préféré à la télé?
4. _____ sports est-ce que tu aimes regarder à la télé?
5. _____ bandes dessinées est-ce que tu aimes lire le dimanche?
6. _____ est ta saison préférée? Pourquoi?
7. Avec _____ professeur est-ce que tu parles souvent?
8. Avec _____ amis est-ce que tu fais tes devoirs?

Yannick Noah, champion français de tennis

ACTIVITÉ

Jeu de personnalités. Bring to class pictures of six celebrities from the same field—either athletes, TV or film stars, or musicians. Hold up two of your pictures and ask your partner's preference based on a key characteristic. For example:

joueur / joueuse: Qui joue mieux, ce joueur-ci ou ce joueur-là?
Qui est plus énergique (égoïste, riche, *etc.*), ...?

acteur / actrice: Qui joue mieux, cet acteur-ci ou cette actrice-là?
Qui est plus beau (célèbre, aimable, *etc.*), ...?

chanteur / chanteuse: Qui chante mieux, ...?
Qui est plus beau, ...?

Discard the picture your partner didn't choose, hold up another, and once again ask your partner's preference. Continue in this way until only the picture of your partner's favorite celebrity remains. Then switch roles.

RÉVISION

Put the English cues into French to form new sentences.

1. *Ce matin,* Mathieu va au cinéma pour regarder *un dessin animé.*
   (Tonight)   *(a detective movie)*
   (This afternoon)   *(a documentary)*

2. *Tu portes ton nouvel anorak et ton nouveau jean.*
   (We're wearing our old socks and our old shoes.)
   (I'm wearing my old sweater and my new skirt.)

3. *Les touristes sont fatiguées* aujourd'hui.
   (The singer [f.] is tired)
   (The cartoon is interesting)

4. *Nous choisissons nos feuilletons préférés.*
   (Paul is finishing his favorite comic strip.)
   (You're [fam.] disobeying your favorite teacher.)

5. *Les élèves finissent* quand *leur prof demande leurs examens.*
   (We blush)   *(our parents look at our clothes)*
   (You [pl.] obey)   *(your mother turns off the TV)*

6. *Il pleut! Quel mauvais temps!*
   (She's sad! What disagreeable neighbors!)
   (I'm tired! What a long street!)

Un match de football français

Put the English captions into French and write a paragraph.

1. This afternoon Gisèle and Didier are going to the stadium to watch the soccer game.

2. Didier is wearing a new shirt and new pants.

3. The spectators are energetic today.

4. They are applauding their favorite team.

5. Gisèle and Didier applaud when a player scores a goal.

6. We're winning! What a super game!

Now that you have written a short paragraph, choose one of the following assignments.

1. Describe your favorite school sports team or player in four sentences.
2. Write five exclamations with *Quel …!*

CONTRÔLE DE RÉVISION   CHAPITRE 6

A   Qu'est-ce qu'il y a à la télé ce soir?
Write sentences telling what each family member chooses.

maman   *Maman choisit un documentaire.*

1. tu

2. vous

3. nous

4. mon petit frère

5. mes parents

6. je

B   Complétez.
Rewrite the sentences using the correct present-tense form of the verb in parentheses.

1. Je *(choisir)* l'équipe de Lyon.
2. Les élèves n'*(obéir)* pas à leur professeur.
3. Nous *(finir)* nos frites.
4. Mon père est triste parce qu'il *(grossir)*.
5. Est-ce que tu *(rougir)* quelquefois?
6. Vous n'*(applaudir)* pas le chanteur?
7. Je ne *(désobéir)* pas en classe.

C   Comment est …?
Write descriptions of the objects using the appropriate forms of the adjectives given.

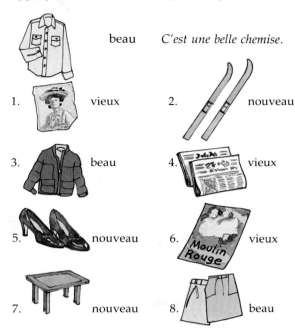

beau   *C'est une belle chemise.*

1.   vieux   2.   nouveau

3.   beau   4.   vieux

5.   nouveau   6.   vieux

7.   nouveau   8.   beau

D   Au stade.
Complete the sentences using the appropriate demonstrative adjective: *ce, cet, cette,* or *ces.*

1. _____ stade est célèbre.
2. _____ match va être intéressant.
3. _____ spectatrices-là sont drôles.
4. _____ joueuse a tort.
5. _____ joueur-là n'a pas le ballon.
6. _____ joueurs vont marquer un but.
7. _____ équipe joue mieux.
8. _____ homme-là applaudit beaucoup.

E   Pardon?
Imagine that you don't know which person or thing is being referred to in the sentences in Ex. D. Write questions asking for more specific information. Follow the model.

   1. *Quel stade?*   etc.

VOCABULAIRE DU CHAPITRE 6

Noms

l' après-midi *(m.)*
la balle
le ballon
la bande dessinée
  (la B.D., les B.D.)
le but
les cartes *(f.pl.)*
le choix
les dames *(f.pl.)*
la demi-heure
le dessin animé
le documentaire
les échecs *(m.pl.)*
l' émission *(f.)*
l' équipe *(f.)*
le feuilleton
le film policier
l' heure *(f.) (hour)*
les informations *(f.pl.)*
le jeu, *pl.* les jeux
le joueur, la joueuse
le journal, *pl.* les journaux
le match
le match nul
le matin (du matin)
la minute
la publicité (la pub)
le quart d'heure
le roman (policier)
le soir (du soir)
le spectateur, la spectatrice
le terrain de sport
le western

Adjectifs

beau (bel), belle; beaux, belles
énergique
fatigué, -e
gros, grosse
jeune
maigre
nouveau (nouvel), nouvelle;
  nouveaux, nouvelles
paresseux, -euse
préféré, -e
sportif, -ive
vieux (vieil), vieille;
  vieux, vieilles

Adjectifs démonstratifs

ce (cet), cette; ces
ce … -ci; ce … -là

Adjectifs interrogatifs

quel, quelle; quels, quelles

Verbes

applaudir
apporter
choisir
désobéir (à)
fermer
finir
gagner
grossir
jouer à + *games*
maigrir
obéir (à)
rougir

Adverbes

d'habitude
mieux
toujours *(still)*

Prépositions

après
avant
vers

Questions

à quoi?
avec qui …?
avec quoi …?
qu'est-ce qu'il y a (à la télé)?

Expressions

allumer la télé
bravo!
faire du sport
faire partie de
fermer la télé
marquer un but
quel …!
tous les (jours, matins, etc.)

CHAPITRE 7

PRÉLUDE CULTUREL | LE QUÉBEC

Would it surprise you to know that the second largest French-speaking city in the world is not in France—and in fact, is not even in Europe? The city that holds that rank is Montréal, in the Canadian province of Québec. Why are there so many French-speaking people there?

Forty-two years before the English colonists landed at Plymouth Rock, the French explorer Jacques Cartier was making his way through what was to become Canada. In 1608, Samuel de Champlain founded the city of Québec. After many years of struggle with the English, the French government finally gave up its claim to Canada. Across the years of struggle, many speakers of French emigrated to the northeastern United States, while some went to join other francophones in Louisiana. Many, however, chose to stay in Canada, primarily in the province of Québec.

In modern Québec, French is still spoken every day by the descendants of those who stayed. In an effort to preserve their culture and heritage, the Québécois (residents of Québec) have passed laws requiring the use of the French language in business, education, government, and even advertising.

The French spoken in Québec is fairly easily understood by other speakers of French. It differs from the French spoken in France in much the same way that American English differs from British English. The accent is different, and some of the words are different, but the heart of the language is the same.

One difference in Québécois French is the number of words to describe winter and winter sports. Québec is rather far north, so winters are quite long, with snow on the ground up to six months out of the year in some parts of the province. Winter means skiing, hockey, snowmobiling, snowshoeing, dogsledding, and ice fishing on one of the thousands of lakes. There is even a ski slope right in the middle of Montréal.

One of the biggest events of the winter is *le Carnaval* in Québec City. As you walk down the streets, you may run into dinosaurs, astronauts, politicians, or giant telephones—all carved out of ice and snow. *Le Bonhomme Carnaval*, a talking snowman, keeps an eye on the festivities. And what language does *le Bonhomme Carnaval* speak? *Le français*, of course!

MOTS NOUVEAUX I

Où se trouve la France?

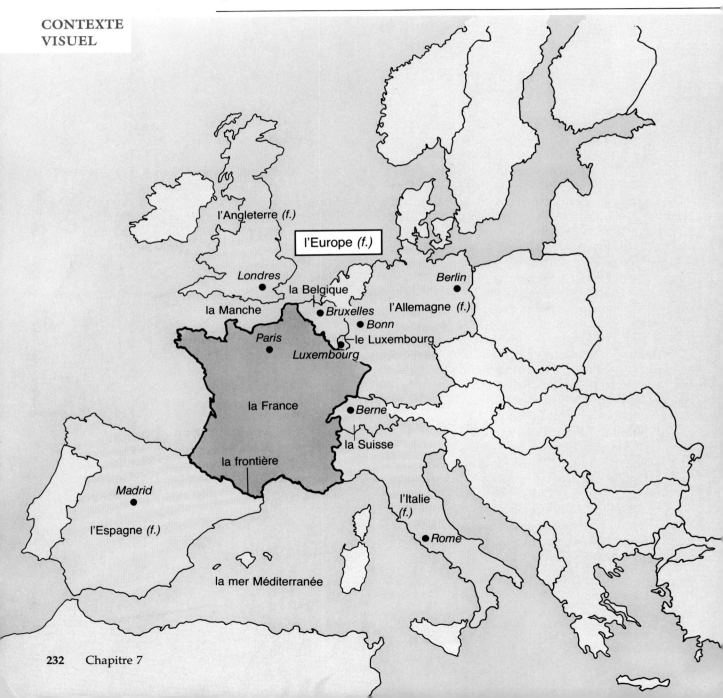

l'Angleterre *(f.)*

l'Europe *(f.)*

Londres

la Belgique

Berlin

la Manche

Bruxelles

l'Allemagne *(f.)*

Bonn

Paris

le Luxembourg

Luxembourg

la France

Berne

la Suisse

la frontière

Madrid

l'Italie
(f.)

l'Espagne *(f.)*

Rome

la mer Méditerranée

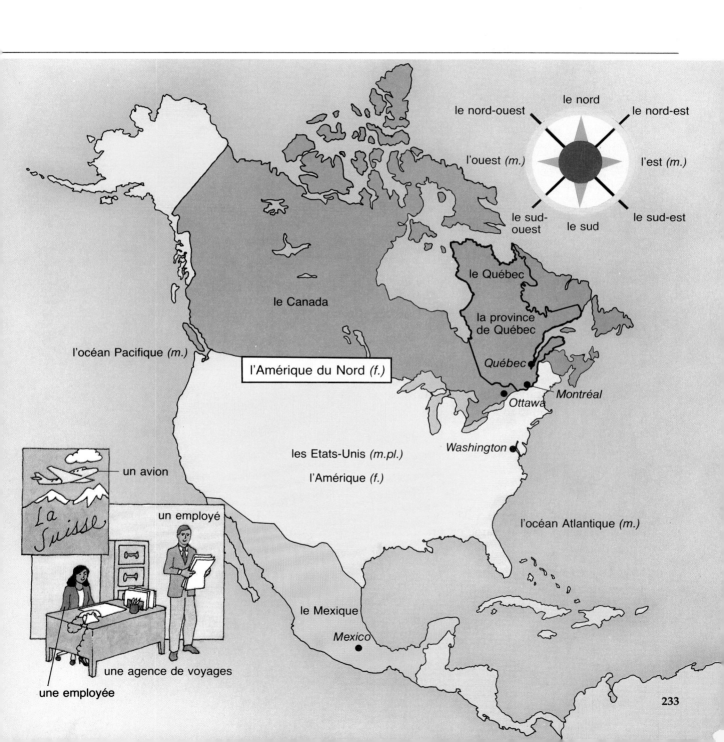

le nord-ouest
le nord
le nord-est
l'ouest (m.)
l'est (m.)
le sud-ouest
le sud
le sud-est

le Québec

la province de Québec

le Canada

l'océan Pacifique (m.)

l'Amérique du Nord (f.)

Québec

Ottawa

Montréal

les Etats-Unis (m.pl.)

l'Amérique (f.)

Washington

l'océan Atlantique (m.)

un avion

un employé

La Suisse

une agence de voyages

une employée

le Mexique

Mexico

CONTEXTE
COMMUNICATIF

1 Au lycée, le prof et les élèves regardent une carte de l'Europe.

LE PROF	Guy, où **se trouve** la Suisse?
GUY	A l'est de la France.

Variations:
- la Suisse → l'Italie
  à l'est → au sud-est
- la Suisse → l'Angleterre
  à l'est → au nord

se trouve *is located*

2

LE PROF	Comment est-ce qu'on va **d'**Angleterre **en** France?
SANDRINE	Pour aller d'Angleterre en France, il faut traverser la Manche.

- d'Angleterre en France → **du** Canada **aux** Etats-Unis
  la Manche → la frontière
- d'Angleterre en France → **des** Etats-Unis **au** Mexique
  la Manche → la frontière

de (d') ... en *from ... to*

du ... aux *from ... to*

des ... au *from ... to*

3

JEAN-MICHEL	Quel **pays** se trouve au nord des Etats-Unis?
SABINE	Le Canada.

- au nord → au sud
  le Canada → le Mexique

le pays *country*

4 Tous les étés John **passe** ses **vacances** en Europe. Cette année il va passer une semaine en France. De là, il **part pour** l'est de l'Europe.

- tous les étés → tous **les ans**
  ses vacances → les vacances d'été
- tous les étés → tous les hivers
  ses vacances → les vacances de **Noël**

passer + *time* *to spend*
les vacances *(f.pl.)* *vacation*
partir (pour) *to leave (for)*

l'an *(m.)* *year*

Noël *(m.)* *Christmas*

5 Mme Rey va partir **à l'étranger** cet été. Elle va dans une agence de voyages pour demander **des renseignements** à l'employé.

■ à l'étranger → **en vacances**

à l'étranger	*abroad*
les renseignements (*m.pl.*)	*information*
en vacances	*on vacation*

6 Dans l'agence de voyages.

L'EMPLOYÉ Quand est-ce que vous partez?
MME REY **Pendant** la **dernière** semaine de juin.
L'EMPLOYÉ Et **pour combien de temps?**
MME REY Trois semaines.

■ la dernière → la **première**
  trois semaines → un mois

pendant	*during*
dernier, -ière	*last*
pour combien de temps?	*for how long?*
premier, -ière	*first*

7 L'EMPLOYÉ Vous aimez mieux aller en train ou en avion?
MME REY Je ne sais pas. **Peut-être** en avion. C'est plus rapide.
L'EMPLOYÉ Oui, et on mange bien dans l'avion. On **sert** des bons **repas.**

peut-être	*maybe*
servir	*to serve*
le repas	*meal*

Mme Rey **sort de** l'agence. Elle est heureuse.

sortir (de)	*to go out (from)*

Une route au Québec

EXERCICES

A Quel pays? You and a friend are studying for a geography test. Take turns asking and answering questions about the locations of countries. Base your answers on the map.

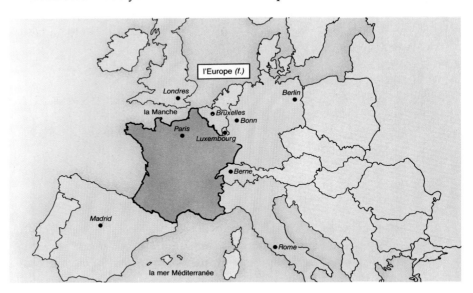

nord / France   ÉLÈVE 1 *Quel pays se trouve au nord de la France?*
                     ÉLÈVE 2 *L'Angleterre.*

1. nord-est / Espagne
2. ouest / Allemagne
3. sud-est / Suisse
4. nord-ouest / Belgique
5. ouest / Suisse
6. sud-ouest / France
7. nord-est / France
8. sud / Belgique

B Où se trouve …? You and your friend are continuing to study for your geography test. This time, take turns asking and answering questions about directions. Use the map in Exercice A.

Angleterre / France   ÉLÈVE 1 *Où se trouve l'Angleterre?*
                        ÉLÈVE 2 *Au nord de la France.*

1. France / Espagne
2. Italie / Suisse
3. Manche / France
4. mer Méditerranée / Espagne
5. France / Luxembourg
6. Allemagne / France
7. Angleterre / Belgique
8. Luxembourg / Allemagne

C Choisissez! Choose the word or phrase that best completes each sentence.

1. La France est plus *(grande / petite)* que le Luxembourg.
2. *(Le Québec / La Suisse)* est un pays.
3. La Manche se trouve entre la France et *(l'Allemagne / l'Angleterre)*.
4. Il y a trois pays en Amérique du Nord: le Canada, les Etats-Unis et *(l'Amérique / le Mexique)*.
5. John habite en Amérique. Il passe toujours ses vacances à l'étranger. Cette année il va *(aux Etats-Unis / en Suisse)*.
6. J'adore faire du ski. Alors je passe les vacances *(d'été / de Noël)* en France.
7. Décembre est *(le dernier / le premier)* mois de l'année.
8. Pour aller d'Italie en France, il faut traverser *(une frontière / un pays)*.

D Parlons de toi.

1. Tu vas en vacances tous les ans? d'habitude? quelquefois? En quelle saison? Et pour combien de temps?
2. Quand tu fais un voyage, est-ce que tu aimes mieux aller en train, en avion ou en voiture? Pourquoi?

On part en vacances!

APPLICATIONS

Des vacances américaines

ISABELLE	Qu'est-ce que tu fais pour les vacances de février?
DOMINIQUE	Je pars pour les Etats-Unis.
ISABELLE	C'est un pays super. Je passe tous les étés en Amérique chez des amis.
5 DOMINIQUE	Ils sont sympa en Amérique?
ISABELLE	Très!
DOMINIQUE	Et on mange bien là-bas?
ISABELLE	Euh … Ce n'est pas comme[1] ici. A midi, on mange des sandwichs, et le soir, des hamburgers ou de la pizza. Et avec les repas, on boit[2] du Coca ou du lait.
DOMINIQUE	Du lait ou du Coca avec les repas?!? Je vais grossir pendant mes vacances, c'est certain!

---

[1]**comme** *like*   [2]**boire** *to drink*

Questionnaire

1. Quand est-ce que Dominique va aux Etats-Unis?   2. Est-ce qu'Isabelle va souvent aux Etats-Unis?   3. Comment sont les Américains?   4. Est-ce qu'Isabelle boit du Coca chez elle avec les repas?   5. Est-ce qu'Isabelle exagère *(exaggerate)* un peu?   6. Est-ce que Dominique est heureux? Pourquoi?

Déjeuner à la terrasse d'un café

Situation

Pretend that you and a friend are discussing a vacation in France. Base your conversation on the *Dialogue,* making these changes:

américaines → françaises	en Amérique → en France
février → printemps	des sandwichs → beaucoup
les Etats-Unis → la France	et le soir → mais le soir
	des hamburgers ou de la pizza → seulement *(only)* un peu
	du Coca ou du lait → de l'eau minérale *(mineral water)*
	grossir → maigrir

PRONONCIATION

Listen to and compare the vowel sounds in these French words:
l'été [e], *sept* [ɛ], and *vingt* [ɛ̃].

A Practice the sounds in words.

[e]	aller	chez	le café	le cahier	regarder
[ɛ]	j'aime	quel	ferme	le sud-est	étrangère
[ɛ̃]	cinq	le voisin	demain	imperméable	sympa

B Practice the sounds in sentences.

[e]	Je vais regarder le vélo de Roger.	Didier va étudier chez René.
[ɛ]	J'aime ma première mobylette.	Vous êtes à l'hôtel.
[ɛ̃]	Julien arrive en train ce matin.	Alain a faim le matin.

C Say these pairs of words. Pronounce the [n] sound of the first word clearly to contrast the feminine and masculine forms.

[n] / [ɛ̃]	américaine / américain	canadienne / canadien
	Julienne / Julien	prochaine / prochain

MOTS NOUVEAUX II

Tu parles français?

l'espagnol *(m.)*

mexicain, -e

espagnol, -e

le flamand

belge

l'italien *(m.)*

italien, -ienne

l'allemand *(m.)*

allemand, -e

le français

français, -e

suisse

luxembourgeois, -e

québécois, -e

l'anglais *(m.)*

anglais, -e

américain, -e

canadien, -ienne

CONTEXTE COMMUNICATIF

1 JOHN   Tu parles français?[1]

ANNIE   Oui, je suis française.

2 Il y a beaucoup d'**étrangers** à l'aéroport de Paris.

PIERRE   **Tu es de quelle nationalité?**

MARIA   Je suis italienne.

Variations:

■ italienne → espagnole

l'étranger (*m.*), **l'étrangère** (*f.*) *foreigner*

tu es de quelle nationalité? *what nationality are you?*

3 SOPHIE   **Tu es d'ici?**

JACQUES   Non, je suis **étranger.**

SOPHIE   Tu es **d'où?**

JACQUES   De Belgique.

■ tu es d'où? → où est-ce que tu habites?

de Belgique → en Belgique

tu es d'ici? *are you from around here?*

étranger, -ère *foreign*

d'où? *from where?*

4 CARINE   Quelle **langue** est-ce qu'on parle en Belgique?

JEAN   On parle deux langues—français et flamand.

■ en Belgique → au Canada

français et flamand → anglais et français

la langue *language*

5 VALÉRIE Quelles langues est-ce que tu étudies au lycée?

SIMON   J'étudie l'anglais et l'italien.

VALÉRIE L'anglais, c'est une langue **vraiment difficile?**

SIMON   Oui, pour un Français, l'anglais est plus difficile que l'italien.

■ l'anglais est plus difficile que l'italien → l'italien est plus **facile** que l'anglais

vraiment *really, truly*

difficile *difficult, hard*

facile *easy*

---

[1]After the verb *parler,* there is usually not a definite article before the name of a language. Compare: *J'étudie l'allemand; Elle parle français.*

6 GABRIELLE Tu parles anglais?

    GUILLAUME Oui, mais je **fais des fautes.**

            faire une faute *to make a mistake*

7 SARA   Tu parles français **sans accent!**

    MARY   Oui, ma mère est française.

    SARA   Moi, je parle anglais avec un accent français.

            sans accent (*m.*) *without an accent*

  ■ français → espagnol

    ma mère est française → mon père est mexicain

8 Pour avoir un bon accent français, il faut passer des vacances en France. **Si**[2] les Français parlent trop **vite,** il faut demander: «Parlez plus **lentement,** s'il vous plaît!»

            si (here) *if*
            vite *fast, quickly*
            lentement *slowly*

---

[2]When *si* means ''if,'' it becomes *s'* in front of *il* or *ils: S'il chante bien, applaudissons!* When *si* means ''yes,'' it doesn't change: *Il ne chante pas bien? Si, il chante très bien.*

EXERCICES

A **Ils sont de quelle nationalité?** You are responsible for introducing the people at the International Club's party. Tell everyone's nationality.

      André habite au Canada.   *André est canadien.*

    1. Elena habite en Espagne.
    2. Fritz et Heidi habitent en Allemagne.
    3. Chauncy et ses cousins habitent en Angleterre.
    4. Rosa et sa sœur habitent au Mexique.
    5. Mary Ann habite aux Etats-Unis.
    6. Paul et ses parents habitent en Suisse.
    7. Luigi habite en Italie.
    8. Antoine habite en Belgique.
    9. Monique et Pascale habitent en France.

B **Quelle langue est-ce qu'ils parlent?** One of the guests has arrived late at the party in Exercice A, and is curious about the languages people are speaking. Using the information in Exercice A, ask and answer according to the model.

      André habite au Québec. ÉLÈVE 1 *André parle quelle langue?*
                          ÉLÈVE 2 *Il parle français (et anglais).*

C Choisissez! Choose the word or phrase that best completes each sentence.

1. Vous avez faim? On va *(donner des renseignements / servir un repas)* bientôt.
2. Si tu as besoin de maigrir, il faut manger *(lentement / vite)*.
3. Tu es d'ici? Non, je suis *(difficile / étrangère)*.
4. La touriste parle à l'agent de police. Elle a besoin de *(renseignements / vacances)*.
5. Le Luxembourg est *(une langue / un pays)*.
6. Tu vas sortir avec nous ce soir? Euh … je ne sais pas. *(Peut-être. / Vraiment.)*
7. Tu es de quelle nationalité? *(Je rentre d'Italie. / Je suis italienne.)*

D Parlons de toi.

1. Tu es de quelle nationalité? Et tes parents?
2. Quelle langue est-ce que tu étudies? Est-ce que c'est vraiment difficile? Est-ce que tu fais des fautes?
3. Il y a des restaurants étrangers dans ta ville? De quels pays?

DOCUMENT

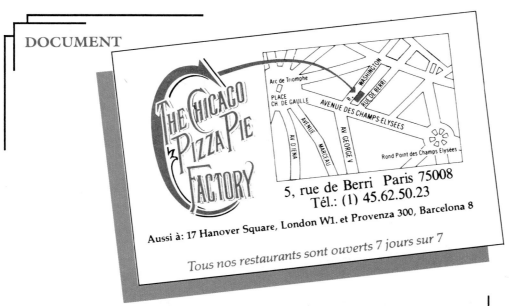

1. Vous êtes à l'Arc de Triomphe. Vous avez faim. Comment est-ce que vous allez à le restaurant? Quelle est son adresse?
2. C'est un restaurant français?
3. Nous sommes dimanche. Est-ce qu'il est possible de manger dans ce restaurant aujourd'hui?
4. Dans quels pays est-ce qu'il faut aller pour manger dans ces restaurants?

ÉTUDE DE MOTS

In French, an adjective of nationality may be made into a noun of nationality by capitalizing the first letter and adding the appropriate article.

J'ai des amis **américains.**	*I have some **American** friends.*
Les Américains sont sympa?	*Are **Americans** nice?*
J'ai un voisin **anglais.**	*I have an **English** neighbor.*
L'Anglais est ton voisin?	*Is the **Englishman** your neighbor?*

Can you change the words in italics to make the adjectives of nationality into nouns?

Ma sœur aime un *homme italien.*
Voilà deux belles *femmes anglaises.*
Les *joueurs belges* gagnent le match.
Je parle aux *garçons suisses.*
Ces *messieurs québécois* parlent anglais et français.

La Place Jacques-Cartier dans le Vieux Montréal

TourPass
QUÉBEC – ONTARIO

Faites connaissance
Au Québec, on découvre ...en autobus
TourPass: la meilleure façon de visiter le Québec et l'Ontario à votre rythme et à bon compte.

EXPLICATIONS I

Les verbes comme *dormir*

Another group of regular verbs follows the pattern of *dormir*.

◆ **OBJECTIVE:**
**TO DESCRIBE
ACTIONS**

INFINITIVE   **dormir**

		SINGULAR	PLURAL
PRESENT	1	je **dors**	nous **dormons**
	2	tu **dors**	vous **dormez**
	3	il	ils
		elle } **dort**	elles } **dorment**
		on	

IMPERATIVE   **dors!   dormons!   dormez!**

The other verbs you know that follow this pattern are *partir (de, pour)*, *servir*, and *sortir (de)*.

1   For the plural forms, drop the *-ir* of the infinitive and add the plural endings *-ons*, *-ez*, and *-ent* to the stem *(dorm-)*.

2   For the singular forms, drop the last consonant of the plural stem *(dorm- → dor-)*, and add the endings *-s*, *-s*, and *-t*. Pronounce these forms alike.

3   When a place is mentioned, you must use a preposition with *partir* and *sortir*.

> Je **pars de** la ville ce soir.   Je **pars** ce soir.
> Il **sort du** théâtre maintenant.   Il **sort** maintenant.
> Elle **part pour** l'Allemagne.   Elle **part** demain.

EXERCICES

A Où et quand? Everyone is leaving to go someplace today, but at different times. Ask questions to find out when they are leaving. Answer according to the clocks.

ÉLÈVE 1   *A quelle heure est-ce qu'Henri part pour le lycée?*

Henri / lycée   ÉLÈVE 2   *Il part à sept heures et demie.*

1. tu / bibliothèque

2. tes grands-parents / aéroport

3. Pierre / banque

4. vous / cinéma

5. tu / Montréal

6. nous / stade

7. vos parents / magasin

8. l'actrice / théâtre

J'aime mieux aller en train.

B Une conclusion. What logically follows the actions in the pictures? Use the verbs from the list, but be careful! Some are like *dormir,* and others are like *finir.*

maigrir	dormir	grossir	servir
applaudir	choisir	rougir	partir

tu   *Tu maigris.*

1. je

2. ils

3. nous

4. elle

5. vous

6. elles

7. je

C Parlons de toi.

1. Tu dors jusqu'à quelle heure les jours d'école? Et pendant le week-end?

2. A quelle heure est-ce que tu sors de la maison pour aller au lycée? A quelle heure est-ce que tu sors de la maison le samedi? Où est-ce que tu vas d'habitude?

3. Est-ce que tes copains et toi, vous sortez le soir pendant la semaine? Et pendant le week-end? Où est-ce que vous allez?

Les villes et les pays

You have used *à* to talk about going to or being in a city: *Je vais à Paris; J'habite à Chicago.* Now look at the following.

	VILLES	PAYS	
		F.	M.
Je vais:	à Paris.	**en** France.	**au** Canada.
J'habite:	à Chicago.	**en** Amérique.	**aux** Etats-Unis.
Je rentre:	**de** Paris.	**de** France	**du** Canada.
		d'Amérique.	**des** Etats-Unis.

1 To talk about going to or being in a country with a feminine name,[1] use *en.* If the name of the country is masculine, use *au* or *aux.*

2 To talk about coming back from a country with a feminine name, use *de* or *d'* without an article. If the name is masculine, use *du* or *des.*

[1]Most country names are feminine. All those that end in *-e* are feminine, except *le Mexique* and *le Zaïre.*

EXERCICES

A Un beau voyage. This October the Duponts will be traveling in Europe and North America. Make a list of where they can be reached on each date.

le 1ᵉʳ / l'Espagne   *Le premier octobre ils vont en Espagne.*

1. le 5 / l'Italie
2. le 11 / la Suisse
3. le 13 / l'Allemagne
4. le 15 / la Belgique
5. le 17 / l'Angleterre
6. le 20 / le Canada
7. le 26 / les Etats-Unis
8. le 28 / le Mexique

ICI,
ON PARLE FRANÇAIS
(FAITES VOTRE DEMANDE
EN FRANÇAIS).

CONSEIL POUR LE DÉVELOPPEMENT
CODOFIL
JAMES DOMENGEAUX
Chairman
DU FRANÇAIS EN LOUISIANE

B Destinations.   Everyone seems to be planning a trip. With a
partner, discuss where each person is going.

> Hélène / Paris / Italie   ÉLÈVE 1   *Hélène va à Paris?*
> ÉLÈVE 2   *Oui, et de Paris, elle va en Italie.*

1. Lise et Gisèle / Suisse / Rome
2. Gustave / Luxembourg / Belgique
3. Roland et Richard / Etats-Unis / Canada
4. tes parents / Washington D.C. / Montréal
5. Claire / Angleterre / Espagne
6. Diane / Mexique / Madrid
7. Gilbert / Allemagne / Berne
8. Cyrille et Serge / Italie / France

ACTIVITÉ

Les touristes.   Choose a country (other than France) where you would
like to vacation, scramble the letters (for example, *la Belgique* →
aubleiqgel), and write the scrambled name on a slip of paper. Put all the
slips in a box.

Next, draw a slip from the box and decode the
destination. Once you know what your
destination is, try to find all the students who
are going to the same place. For example, if
you have *la Belgique,* ask individual
classmates, *"Est-ce que tu vas en Belgique?"*

Students going to the same country should
stay together. When all groups are assembled,
each should report on how many people are
going to its destination.

Which country is the most popular tourist
spot in your class?

Une rue à Bruges en Belgique

APPLICATIONS

A l'agence de voyages

Quels sont les pays représentés *(shown)* sur les affiches? Quels sont les pays d'Europe? Quels sont les pays d'Amérique du Nord? Quelles langues est-ce qu'on parle dans ces pays?

With a partner, play the roles of Jean-Pierre and the travel agent. In order to decide which bicycle trip to join, Jean-Pierre asks questions about the countries. Here are some cues for his questions.

Quel temps …? Comment sont les routes *(roads)*, la campagne, les restaurants, les hôtels, *etc.?* Comment sont les Italiens, *etc.?* Comment sont les camarades: Jeunes? De quelles nationalités? Quelle langue …? Combien coûte …?

EXPLICATIONS II

Les adverbes interrogatifs

You know how to form *oui* / *non* questions in French by using intonation, *est-ce que,* and *n'est-ce pas.* But a conversation doesn't last very long with *oui* / *non* questions. To ask for more specific information, you can use words like those in the chart. They are called interrogatives.

◆ OBJECTIVES:
TO ASK FOR SPECIFIC INFORMATION

TO ASK SOMEONE TO REPEAT INFORMATION

Où	est-ce que vous habitez?
D'où	est-ce que tu arrives?
Pourquoi	est-ce que Paul applaudit?
Comment	est-ce que Marie chante?
Quand	est-ce que tu sors?
Combien de	frères est-ce qu'elle a?

1 In spoken French, you will often hear the interrogative adverbs in questions without *est-ce que.*

Où vous habitez?
Tu arrives **d'où?**
Pourquoi Paul applaudit?

Marie chante **comment?**
Tu sors **quand?**
Elle a **combien de** frères?

Note that the word order may vary. Until you're comfortable with the language, it's best to include *est-ce que.*

2 **Combien de** becomes **combien d'** in front of a vowel sound: *Combien d'amis est-ce que tu as?*

La plage à Biarritz dans le sud-ouest de la France

EXERCICES

A Au téléphone.   You and a friend are talking on the phone, but the connection is bad. What questions would you ask to get him to repeat the information that you can't make out? Follow the model.

> Charles et moi, nous allons à *(crcrrcrc)* demain.
> *Où est-ce que vous allez?*

1. Nous partons à *(crcrrcrc)* du soir.
2. Nous allons à l'aéroport en *(crcrrcrc)* ou en bus.
3. Nous partons de *(crcrrcrc)*.
4. Mon frère reste à New York parce qu'il *(crcrrcrc)*.
5. J'ai *(crcrrcrc)* cousins et deux cousines.
6. Ils habitent à *(crcrrcrc)*, près de la gare du Nord.

B Encore une fois?   The telephone connection is a little better now, but you're having trouble concentrating on what your friend is saying. Ask questions about the parts of the statements that are in italics. Follow the model.

> Mes cousins habitent *près de la gare du Nord.*
> ÉLÈVE 1 *Où est-ce qu'ils habitent?*
> ÉLÈVE 2 *Près de la gare du Nord.*

1. Ils sont *de Nice,* mais ils habitent maintenant à Paris.
2. Ils adorent Paris *parce que c'est une grande ville intéressante.*
3. Ma cousine Odile est *sympa et très calée.*
4. Elle a *deux* frères, Denis et Luc.
5. Lundi matin, nous allons *au lycée* avec nos cousins.
6. *Après les cours,* nous allons à un match de foot.
7. Denis joue *bien* au foot, mais Odile et Luc aiment mieux le tennis.
8. Moi, j'aime mieux jouer aux dames *parce que c'est plus facile.*

Un boulevard parisien

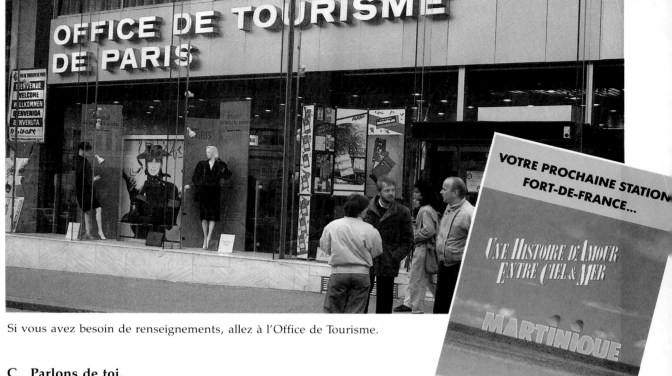

Si vous avez besoin de renseignements, allez à l'Office de Tourisme.

C Parlons de toi.

1. Où est-ce que tu aimes aller avec tes amis? Pourquoi?
2. Combien de disques est-ce que tu as? Quand est-ce que tu écoutes tes disques? Où est-ce que tu aimes écouter des disques, chez toi ou chez un(e) ami(e)?
3. Chaque (each) semaine, combien d'heures est-ce que tu passes au lycée? avec tes amis? Et tu dors pendant combien de temps?

ACTIVITÉ

Jeu: C'est une bonne question. On a slip of paper, write a sentence that would answer a question beginning with *où*. On a second slip of paper, write a sentence that would answer a question beginning with *d'où*. Using four more pieces of paper, follow the same procedure for the question words *pourquoi, comment, quand,* and *combien*. Put the six slips in a box with those of your classmates.

Form teams. Each team sends a member to the board. Your teacher draws a slip and reads the sentence. The first person to write an appropriate question word on the board wins a team point. Continue until everyone has had at least one turn at the board.

APPLICATIONS

RÉVISION

Put the English cues into French to form new sentences.

1. Lise est *maigre* mais *son père est gros.*
      (French) (her neighbors are English)
      (energetic) (her brothers are lazy)

2. *Ce soir vous sortez avec les voisins.*
   (This week they [f.] are sleeping at their grandparents'.)
   (This afternoon we're leaving on vacation.)

3. Il va passer *un mois en France* chez des amis.
       (a year in Spain)
       (two weeks in Quebec)

4. *Je n'étudie pas l'allemand. J'étudie l'espagnol.*
   (She doesn't like French. She likes Italian.)
   (We don't speak Flemish. We speak German.)

5. C'est pourquoi *tu apportes les livres à la bibliothèque.*
       (she's watching the game on TV)
       (they're serving the meal at home)

THÈME

Put the English captions into French and write a paragraph.

1. Paul is American, but his parents are Swiss.

2. This summer he's going abroad.

3. He's going to spend two months in Switzerland at his grandparents'.

4. They don't speak English. They speak French.

5. That's why Paul is studying French in school.

RÉDACTION

Now that you have written a short paragraph, choose one of the following assignments.

1. Read the first caption of the *Thème* as "Raoul is French, but his mother is Mexican." Rewrite the *Thème*, making all necessary changes.

2. Write five questions based on the original *Thème*.

3. The bus has just dropped Paul off at his grandparents'. Write a dialogue for picture 4.

CONTRÔLE DE RÉVISION   CHAPITRE 7

A   Quelle est leur nationalité?
Write sentences telling the nationality of the following students.

> André habite en France.
> *André est français.*

1. Rosa habite au Mexique.
2. Michel habite en Belgique.
3. Maria habite en Italie.
4. Hans et Helga habitent en Allemagne.
5. Bernard habite en Suisse
6. Jean-Pierre habite au Canada.
7. Sharon habite aux Etats-Unis.
8. Peter et John habitent en Angleterre.

B   A quelle heure?
Write complete sentences using the correct forms of the verbs. Use words instead of numbers to tell the time.

> je / arriver / à / le stade / vers 7h55
> *J'arrive au stade vers huit heures moins cinq.*

1. Joseph / partir / à 11h30
2. nous / finir nos examens / vers 9h45
3. je / partir pour / le théâtre / à 8h40
4. vous / sortir / de / la bibliothèque / avant 5h50
5. elles / dormir / à / le cinéma / à 4h35
6. tu / servir / les sandwichs / à 1h15

C   Une interview.
Write the questions that you would ask to get the following answers. Use the subject *vous* and the verb in parentheses.

> A Paris. *(habiter)*
> *Où est-ce que vous habitez?*

1. Parce que c'est intéressant. *(étudier le français)*
2. De la gare. *(arriver)*
3. Ce soir. *(sortir)*
4. Pas très bien. *(danser)*
5. En Suisse. *(aller)*

6. Deux. *(avoir de sœurs)*
7. D'Angleterre. *(rentrer après les vacances)*

D   Un peu de géographie.

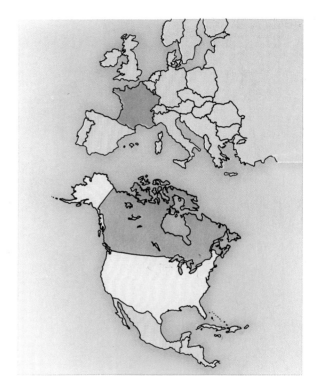

Write accurate sentences by adding the appropriate expressions of location.

1. La France se trouve _____ de l'Espagne.
2. Les Etats-Unis se trouvent _____ de l'océan Atlantique.
3. L'Italie se trouve _____ de la France.
4. Le Mexique se trouve _____ des Etats-Unis.
5. Le Québec se trouve _____ des Etats-Unis.
6. L'Angleterre se trouve _____ de la Belgique.
7. Le Luxembourg se trouve _____ de l'Allemagne.

VOCABULAIRE DU CHAPITRE 7

Noms

l' accent (m.)
l' agence (f.) de voyages
l' Allemagne (f.)
l' allemand (m.)
l' Amérique (f.) (du Nord)
l' an (m.)
l' anglais (m.)
l' Angleterre (f.)
l' avion (m.)
la Belgique
le Canada
l' employé (m.), l'employée (f.)
l' Espagne (f.)
l' espagnol (m.)
l' est (m.)
les Etats-Unis (m.pl.)
l' étranger (m.), l'étrangère (f.)
l' Europe (f.)
le flamand
le français
la France
la frontière
l' Italie (f.)
l' italien (m.)
la langue
le Luxembourg
la Manche
la mer Méditerranée
le Mexique
   Noël (m.)
le nord
le nord-est
le nord-ouest
l' océan Atlantique
   (Pacifique) (m.)
l' ouest (m.)
le pays
le Québec (la province de …)
les renseignements (m.pl.)

le repas
le sud
le sud-est
le sud-ouest
la Suisse
les vacances (f.pl.)

Adjectifs

allemand, -e
américain, -e
anglais, -e
belge
canadien, -ienne
dernier, -ière
difficile
espagnol, -e
étranger, -ère
facile
français, -e
italien, -ienne
luxembourgeois, -e
mexicain, -e
premier, -ière
québécois, -e
suisse

Verbes

partir (de) (pour)
passer + *time*
servir
sortir (de)

Adverbes

d'où
lentement
peut-être
vite
vraiment

Prépositions

au (aux) + *masculine countries*
de (d') + *feminine countries*
du (des) + *masculine countries*
en + *feminine countries*
pendant

Conjonction

si (*if*)

Questions

d'où …?
où se trouve …?
pour combien de temps?
tu es de quelle nationalité?
tu es d'ici?

Expressions

en vacances
faire une faute
partir à l'étranger
partir en vacances
sans accent
tous les ans (tous les étés)

CHAPITRE 8

PRÉLUDE CULTUREL | LES CAFÉS

Even the tiniest village in France has at least one café. It may be just one plain room with a few tables and chairs, and a long counter behind which the owner stands, taking orders and serving drinks to the local patrons. Or it may be a large place with many tables and many waiters.

However simple a café may be, there will probably always be people there. They might be standing at the counter sharing the latest village gossip or playing cards at one of the tables. People don't go to a café just because they're thirsty. The café is a meeting place, a good place to sit and talk.

When there is more than one café in a town, the same people tend to go back to the same café. They meet the same people, order the same drink, and arrive and leave at the same time each day. It's part of their routine.

When friends plan to meet somewhere, usually the first place that comes to mind is the corner café. In winter, a café is a nice place to get out of the cold and still be out with friends. In good weather, customers can sit at tables set up outside on the sidewalk and watch the world go by. Before or after a movie or a shopping trip, a café is a handy place to stop and rest.

Nowadays, many cafés have pinball machines and a couple of video games. It is not unusual for friends to go to a café to have something to drink and then try their skill at one of these games.

In all but the busiest cafés, you may stay as long as you like once you've bought something. Many customers actually order a cup of coffee, the drink from which the place draws its name; but cafés offer more than coffee. In addition to many kinds of hot and cold drinks, most serve food—usually simple things like sandwiches and omelettes. Some, especially those in the business districts of large cities, even serve complete meals at lunchtime. In all but the smallest places a waiter or waitress brings your food and drinks and the tip is included in your bill. Prices may vary depending on where you are in the café. If you drink standing up at the counter, it is cheaper than if you sit at a table. And you may be charged extra for sitting outside (à la terrasse).

There are many famous cafés in France. Two particularly well-known ones are in Paris—the Deux Magots and the Café de Flore. (A magot is an Oriental porcelain figurine.) Many important artists and writers have spent afternoons at these two cafés over the years, having discussions and even working. Cafés are not only part of daily life in France, but also part of the country's history.

MOTS NOUVEAUX I

On va au café?

une serveuse

la terrasse d'un café

occupé, -e

un garçon
un serveur

libre

une pièce

l'argent (m.)

l'addition (f.)

un billet

laisser un pourboire

avare

généreux
généreuse

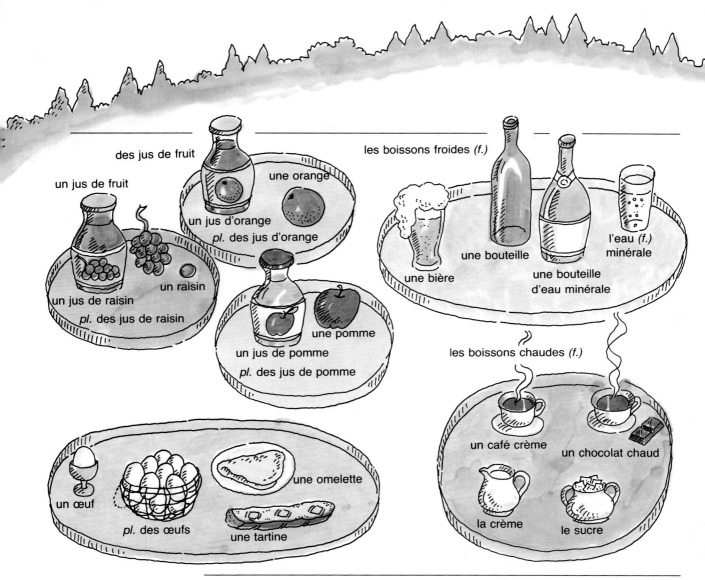

des jus de fruit

un jus de fruit

un jus de raisin
pl. des jus de raisin

un raisin

une orange

un jus d'orange
pl. des jus d'orange

un jus de pomme
pl. des jus de pomme

une pomme

les boissons froides *(f.)*

une bière

une bouteille

une bouteille
d'eau minérale

l'eau *(f.)*
minérale

les boissons chaudes *(f.)*

un café crème

un chocolat chaud

la crème

le sucre

un œuf

pl. des œufs

une tartine

une omelette

CONTEXTE
COMMUNICATIF

1   Susie est américaine. Elle passe un mois **agréable** chez ses
    cousins. Sa cousine Claire arrive à la maison avec des amis.

    CLAIRE   Tu es **libre?** On va au café **prendre quelque
             chose?**
    SUSIE   Oui, allons-y! J'ai soif.

    Variations:
    ■ Oui, allons-y! J'ai soif. → Désolée, je suis **occupée** …

agréable   *pleasant*

libre   (here) *free; not busy*
prendre (+ food or drink)   *to
    have*
quelque chose   *something*

occupé, -e   (here) *busy*

2 Au Café des Sports, à la terrasse.

CLAIRE	Qu'est-ce qu'on prend?
SUSIE	Je ne sais pas. Qu'est-ce qu'on sert?
CLAIRE	**Du** café, **de la** glace, **de l'**eau minérale, des sandwichs …
SUSIE	Ah, je **comprends**.

du, de la, de l'   *some*

comprendre   *to understand*

3 Le garçon arrive.

LE GARÇON	Mesdemoiselles?
SUSIE	Claire, qu'est-ce que tu vas **commander?**
CLAIRE	Un café, s'il vous plaît.
SUSIE	Moi, je vais prendre **la même chose**.

■ un café → un jus de raisin
la même chose → de la glace

commander   *to order*

même   *same*
la chose   *thing*

4

CLAIRE	Tu **prends** du sucre avec ton café?
SUSIE	Oui, et de la crème aussi. Oh …!
CLAIRE	**Qu'est-ce qu'il y a?**
SUSIE	Mon café n'est pas **assez** chaud.
CLAIRE	Il faut demander un **autre**[1] café. Monsieur …!

■ café → thé

prendre   (here) *to take*

qu'est-ce qu'il y a?   *what's the matter?*
assez + adj.   *enough*
autre   *other*

5 Maryse et Christiane prennent des jus de fruit au Café de la Poste.

MARYSE	On prend un autre jus de pomme?
CHRISTIANE	Non, on ne va pas rester ici **tout l'après-midi**.

■ tout l'après-midi → toute **la matinée**
■ tout l'après-midi → toute **la journée**
■ tout l'après-midi → toute **la soirée**
■ tout l'après-midi → toute la nuit
■ tout l'après-midi → **longtemps**

tout, -e, *pl.* **tous, toutes**   *all, every*
tout l'après-midi   *the entire afternoon*
la matinée   *morning*
la journée   *day*
la soirée   *evening*
longtemps   *(for) a long time*

---

[1]*Autre* is an adjective that usually comes before a noun.

6	MARYSE	Monsieur, l'addition, s'il vous plaît.	
	LE GARÇON	**Tout de suite,** mademoiselle. Voilà.	
	MARYSE	**Ça fait combien?**	
	LE GARÇON	Ça fait 12 francs 50.	
	MARYSE	**Le service est compris?**[2]	
	LE GARÇON	Bien sûr.	

tout de suite   *right away*
ça fait combien?   *that comes to how much?*
le service est compris   *the tip is included*

7	MARYSE	Tu as de l'argent? J'ai **seulement** un billet de cent francs.	
	CHRISTIANE	Oui, voilà.	
		(Maryse donne l'argent au garçon.)	
	LE GARÇON	Et voici votre **monnaie,** mademoiselle.	

seulement   *only*

■ un billet de 100 F → une pièce de 50 **centimes**

la monnaie   *change*
le centime   *centime (100 centimes = 1 franc)*

[2]Service in cafés and restaurants is either included in the price or added as a percentage of the bill (usually 15%). If it's included, you may still want to leave any small remaining change as an extra tip for good service. If it isn't included, one leaves a tip of 10–15%.

On prend le café.

EXERCICES

A Au café. Vous passez l'après-midi au café avec des copains. Conversez selon le modèle.

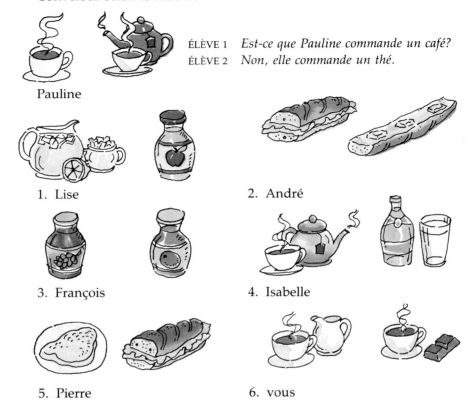

ÉLÈVE 1 *Est-ce que Pauline commande un café?*
ÉLÈVE 2 *Non, elle commande un thé.*

Pauline

1. Lise

2. André

3. François

4. Isabelle

5. Pierre

6. vous

7. Et toi, qu'est-ce que tu commandes?

Le service est compris.

B A midi. Il est midi, et Jeanne et Guy ont faim. Complétez le paragraphe avec les mots de la liste.

addition	jus de pomme	généreux	omelette
eau minérale	frites	libre	occupées
sandwich	terrasse	service	pourboire

Jeanne et Guy entrent dans un petit café. Toutes les tables dans le café sont ＿＿＿ , mais il y a une table ＿＿＿ à la ＿＿＿ . Guy commande une bouteille d' ＿＿＿ et un ＿＿＿ . Jeanne prend un ＿＿＿ et une ＿＿＿ . Ils laissent un bon ＿＿＿ parce que le ＿＿＿ n'est pas compris. Ils sont ＿＿＿ , non?

C Parlons de toi.

1. Est-ce que tu aimes mieux le jus de pomme, le jus d'orange, ou le jus de raisin?
2. Tu prends quelquefois du café? Est-ce que tu aimes mieux le café, le thé, ou le chocolat chaud? En quelle saison?
3. Quand tu vas au restaurant, est-ce que tu laisses toujours un pourboire? Tu es généreux (généreuse) ou avare?

ACTIVITÉ

Garçon! Divide into groups of four or five. Choose one person to play the waiter. The others will be the customers. The ''waiter'' must take everyone's order without writing anything down, then go away and count to 30—*en français, bien sûr!* When the ''waiter'' returns, he or she must recite each person's order accurately. The ''waiter'' receives a *pourboire* of one point for every item on the group's order that is repeated correctly. Continue until everyone has had a turn as ''waiter.'' Who got the biggest *pourboire?*

APPLICATIONS

Moi non plus!

Aurore et Christian vont au Café du Parc.

LE GARÇON Et voici l'addition.
AURORE *(Au garçon.)* Euh … Ah oui, merci, monsieur.
 (A Christian.) Vingt-six francs! C'est cher!
5 CHRISTIAN Oui, euh … Dis donc,[1] tu n'as pas treize francs pour moi?
AURORE Treize francs? Mais pourquoi, tu n'as pas d'argent?
CHRISTIAN Eh non!
AURORE Ça alors![2]
CHRISTIAN Ne sois pas fâchée.[3]
10 AURORE Fâchée non, mais fauchée,[4] si! Moi non plus, je n'ai
 pas d'argent!

---

[1]**dis donc** *say* [2]**ça alors** *well, really!* [3]**fâché, -e** *angry* [4]**fauché, -e** *broke*

Questionnaire

1. Où sont Aurore et Christian?   2. Est-ce qu'ils arrivent ou est-ce qu'ils vont bientôt partir?   3. Pourquoi est-ce que Christian demande treize francs à Aurore?   4. Est-ce qu'Aurore est fâchée?   5. Est-ce qu'Aurore et Christian vont laisser un pourboire? Pourquoi?

Situation

Working with a classmate, create a short dialogue between two friends who don't have enough money to pay their bill in the very expensive restaurant they've gone to.

PRONONCIATION

Listen to and compare the vowel sounds in these French words: *deux* [ø], and *neuf* [œ].

1   Practice these vowel sounds in words.

[ø]   bl<u>eu</u>   mi<u>eux</u>   le nev<u>eu</u>   il pl<u>eut</u>   les <u>œu</u>fs

[œ]   l<u>eu</u>r   j<u>eu</u>ne   la s<u>œu</u>r   le jou<u>eu</u>r   l'h<u>eu</u>re

[ø] / [œ]   <u>eu</u>x / h<u>eu</u>re   p<u>eu</u> / p<u>eu</u>r   j<u>eu</u> / j<u>eu</u>ne   les <u>œu</u>fs / l'<u>œu</u>f

2   Now practice the sounds in these sentences

[ø]   Ces mess<u>ieu</u>rs sont v<u>ieu</u>x.   La vend<u>eu</u>se a d<u>eu</u>x robes bl<u>eu</u>es.
     Math<u>ieu</u> est génér<u>eu</u>x.   <u>Eu</u>x, ils ont des nev<u>eu</u>x paress<u>eu</u>x.

[œ]   Quelle h<u>eu</u>re est-il?   Les spectat<u>eu</u>rs ont p<u>eu</u>r.
     L<u>eu</u>r s<u>œu</u>r est j<u>eu</u>ne.   De quelle coul<u>eu</u>r est l'<u>œu</u>f?

MOTS NOUVEAUX II

Qu'est-ce que tu as fait hier?

CONTEXTE
VISUEL

le petit déjeuner
prendre le petit déjeuner

le déjeuner
déjeuner

le goûter
prendre le goûter

le dîner
dîner

CONTEXTE
COMMUNICATIF

1   RENAUD   A quelle heure est-ce que tu prends le petit
déjeuner?

      VALÉRIE   A huit heures.

Variations:

■ prends le petit déjeuner → déjeunes
à huit heures → à midi et quart

2 A 7h30 du matin, Mme Durand **prépare** le petit déjeuner.

MME DURAND	Qu'est-ce que tu prends ce matin?
JEAN	Un café.
MME DURAND	Seulement un café? Tu ne vas pas manger quelque chose?
JEAN	Non, je n'**ai** pas **le temps de** manger.

préparer *to prepare*

avoir le temps de + inf. *to have time to (do something)*

3 Après l'école, les enfants prennent **d'abord** le goûter, **ensuite** ils **apprennent** leurs **leçons**. **Une fois par** semaine, les Lenoir dînent au restaurant. Les enfants sont **contents** parce qu'ils aiment sortir.

d'abord *first*
ensuite *afterward*
apprendre *to learn*
la leçon *lesson*
une fois par ... *once (one time) a ...*
content, -e *pleased*
déjà *already*
ensemble *together*

4 Après les cours, Serge va au café pour parler aux copains.

SERGE	Salut, tu es **déjà** là?
LISETTE	Oui, on prend quelque chose **ensemble**?
SERGE	D'accord.

■ déjà → **enfin**

enfin *finally*

5 Le matin, chez les Lafont.

ARNAUD	**J'ai laissé** mes livres au lycée **hier** ...
DIANE	Ce n'est pas drôle.
ARNAUD	Alors, **je n'ai pas fait** mes devoirs pour aujourd'hui.
DIANE	Tu **n'as** vraiment **pas de chance**!

j'ai laissé *I left (behind)*
hier *yesterday*
je n'ai pas fait *I didn't do*

ne pas avoir de chance *to be unlucky*

6

THOMAS	Mes parents **ont donné** une moto à mon frère la **semaine dernière**.[1]
ROSE	Vos parents sont **si** généreux. Vous **avez de la chance**.

ont donné *gave*
la semaine dernière *last week*
si (here) *so*
avoir de la chance *to be lucky*

■ la semaine dernière → le mois dernier
■ la semaine dernière → l'année dernière
■ la semaine dernière → dimanche dernier

7

JOSEPH	**Qu'est-ce que tu as fait** hier?
LYDIE	Hier après-midi, j'ai fait mes devoirs avec Claire. Ensuite **nous avons dîné** chez elle.
JOSEPH	Moi, **j'ai étudié pendant** une heure et ensuite **j'ai regardé** la télé **jusqu'à** onze heures.

qu'est-ce que tu as fait? *what did you do?*

nous avons dîné *we had dinner*
j'ai étudié *I studied*
pendant (here) *for*
j'ai regardé *I watched*
jusqu'à (here) *until*

[1]Use *dernier* before a noun to describe the last thing remaining: *Voici la dernière tartine.* Use *dernier* after the noun to mean "most recent": *Samedi dernier j'ai étudié longtemps.*

EXERCICES

A Au café. Choisissez le mot qui convient.

1. Le matin, M. Latour prend *(ensemble / seulement)* une tartine et un chocolat chaud.
2. J'ai faim. Il est *(déjà / pendant)* une heure et demie!
3. Après quinze minutes, le garçon arrive *(enfin / tout de suite)*.
4. Mon oncle ne laisse pas de pourboire. Il est *(avare / généreux)*.
5. Mme de la Rochefort laisse vingt francs sur la table. La serveuse a *(de la chance / le temps)* aujourd'hui.
6. Est-ce que ton chocolat est *(assez / déjà)* chaud?
7. Cet après-midi Marc et Laetitia ont le temps de rester au café *(ensuite / longtemps)*.
8. Il est 4h30 de l'après-midi. Les enfants prennent des tartines. Ils aiment beaucoup leur *(goûter / dîner)*.
9. Il est 11h30 du matin. Daniel et Caroline prennent une omelette au Café de la Poste. Ils *(dînent / déjeunent)* souvent dans ce café.

Petit déjeuner français typique

B   Et ensuite?   Qu'est-ce qu'on fait d'abord, et qu'est-ce qu'on fait ensuite? Pour chaque *(each)* paire d'actions, faites des phrases logiques avec *d'abord* et *ensuite*. Suivez le modèle.

> regarder l'émission / choisir une émission
> *D'abord on choisit une émission. Ensuite on regarde l'émission.*

1. commander un café / servir le café
2. laisser un pourboire / demander l'addition
3. donner l'argent au serveur / demander la monnaie
4. partir pour l'école / prendre le petit déjeuner
5. arriver à l'aéroport / prendre un taxi
6. préparer un repas / manger le repas
7. partir en voyage / aller dans une agence de voyages

C   Parlons de toi.
1. Qu'est-ce que tu prends d'habitude comme *(as)* boisson au petit déjeuner? au déjeuner? et au diner?
2. Est-ce que tu apportes ton déjeuner au lycée? Qui prépare ton déjeuner? Avec qui est-ce que tu déjeunes?
3. Qui prépare le dîner chez toi, d'habitude?
4. A quelle heure est-ce que tu prends le petit déjeuner? A quelle heure est-ce que tu déjeunes? A quelle heure est-ce que tu dînes?

ÉTUDE DE MOTS

One good way to learn vocabulary is to group words into categories such as words from the same family *(les mots associés),* words that have the same general meaning *(les synonymes),* and words that are opposite in meaning *(les antonymes).*

Try to substitute a synonym and an antonym for *heureux* in this sentence.

> Paul est *heureux* parce que ses amis arrivent bientôt.

Can you supply an antonym for each of the following words?

Adjectifs: pauvre, généreux, grand, jeune, beau, dernier, paresseux, facile, intéressant, long, large, chaud

Verbes: aimer, fermer la télé, obéir, arriver, commencer, grossir, entrer

Prépositions: à droite de, près de, devant

EXPLICATIONS I

Les verbes comme *prendre*

◆ OBJECTIVES:

TO TELL WHAT
PEOPLE EAT

TO TELL HOW
PEOPLE TRAVEL

TO GIVE
DIRECTIONS

TO TELL WHAT
PEOPLE LEARN
AND UNDERSTAND

The verb *prendre* is often used with food, transportation, and in giving directions. Its basic meaning is "to take," or with food, "to have."

Ils **prennent** leur petit déjeuner.
Nous allons **prendre** l'avion à Montréal.
Prenez la première rue à gauche.

INFINITIVE **prendre**

PRESENT		SINGULAR		PLURAL	
	1	je	prends	nous	pren**ons**
	2	tu	prends	vous	pren**ez**
	3	il elle on	prend	ils elles	prenn**ent**

IMPERATIVE **prends!** **prenons!** **prenez!**

Other verbs ending in *-prendre* follow the same pattern. You know two of them: *apprendre* ("to learn") and *comprendre* ("to understand").

1 To say that someone is learning how to do something, use *apprendre à* + an infinitive.

J'**apprends à parler** français.   *I'm learning how to speak* French.

2 Pronounce the singular forms of *prendre*-type verbs alike. They should rhyme with *dans: je prends.* The *d* and *s* are not pronounced.

In the 3 plural form, the *nn* is pronounced. Contrast: *il prend, ils prennent.*

Pronounce the *nous* and *vous* forms with the same vowel sound as in the word *deux: nous prenons, vous prenez.*

EXERCICES

A En ville. Complétez les phrases.

Je _prends_ un taxi pour aller au cinéma.

1. Au magasin tu regardes tous les vêtements, mais tu ne _____ pas de chemise. Tu _____ un jean.
2. Mes copains _____ des photos dans le parc.
3. Maman travaille au bureau; elle _____ ses vacances en juillet.
4. Pour aller au Café des Sports, il faut _____ la rue du Pont jusqu'à la rue du Stade.
5. Est-ce que vous _____ du sucre dans votre chocolat chaud?
6. Le garçon _____ vite son pourboire sur la table.
7. Nous _____ l'autobus pour rentrer.

B A la colonie de vacances _(summer camp)._ On apprend beaucoup dans une colonie de vacances. Qu'est-ce que ces gens _(people)_ apprennent à faire?

vous

Vous apprenez à jouer aux dames.

1. les frères Maçon

2. toi

3. vous

4. moi

5. nous

6. Nicole

7. Marie-France

8. toi et moi

C A l'agence de voyages. Les employés de l'agence de voyages parlent des gens *(people)* qui vont partir en voyage. Conversez selon le modèle.

M. Moreau / Espagne

EMPLOYÉ(E) 1 Monsieur Moreau va en Espagne.
EMPLOYÉ(E) 2 Ah? Il comprend l'espagnol?
EMPLOYÉ(E) 1 Non, mais il apprend l'espagnol.

1. M. et Mme Dulac / Angleterre
2. moi, je / Italie
3. Annie / Mexique
4. Louis / Allemagne
5. Luc et moi, nous / Etats-Unis
6. Mademoiselle Smith / Québec

D Parlons de toi.
1. Qu'est-ce que tu apprends à faire dans ce cours?
2. Quelles langues est-ce que tes copains comprennent? Et toi, quelles langues est-ce que tu comprends?
3. Est-ce que tu prends des vacances avec tes parents? Quand est-ce que vous prenez vos vacances? Où?
4. Est-ce que tu apprends à faire du ski? à faire de la gymnastique? à jouer à un sport? Et tes copains, qu'est-ce qu'ils apprennent à faire?

PROVERBE
On apprend à tout âge.

Le passé composé des verbes en -er

When you want to talk about an action that has been completed, use the passé composé. This tense has two English equivalents.

J'**ai étudié** la leçon.   *I **studied** the lesson.*
                              *I'**ve studied** the lesson.*

INFINITIVE   **regarder**

		SINGULAR	PLURAL
PASSÉ COMPOSÉ	1	j' **ai** ⎫	nous **avons** ⎫
	2	tu **as** ⎬ regardé	vous **avez** ⎬ regardé
	3	il, elle, on **a** ⎭	ils, elles **ont** ⎭

1   To form the passé composé of most verbs, use the present tense of *avoir* and the past participle of the verb. To form the past participle of an -er verb, replace the -er of the infinitive with *é: regarder → regardé.*

2   When you want to make a verb in the passé composé negative, put *ne* and *pas* around the form of *avoir.*

> Je **n'ai pas laissé** de pourboire.
> Tu **n'as pas compté** la monnaie.

3   Most adverbs of time and frequency come at the beginning or end of a sentence or phrase.

> Notre équipe a gagné le match **hier.**
> **D'abord** il a préparé un goûter. **Ensuite** il a regardé la télévision.

Some common adverbs like *bien, beaucoup, déjà, vite, souvent, peut-être, toujours,* and *enfin* may come directly before the past participle.

Nous avons **bien** mangé.	Il n'a pas **beaucoup** travaillé.
Je n'ai pas **toujours** aimé cet acteur.	On a **déjà** regardé ce film.
Tu as **souvent** parlé de lui.	J'ai **vite** fermé la télé.
Elle a **peut-être** étudié.	Il a **enfin** commandé.

EXERCICES

A Le grand déjeuner. Tout le monde *(everyone)* a déjeuné chez Jean hier. Qu'est-ce qu'ils ont préparé? Conversez selon le modèle.

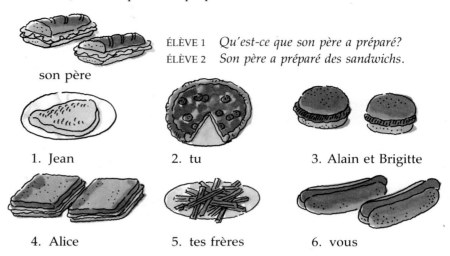

ÉLÈVE 1 *Qu'est-ce que son père a préparé?*
ÉLÈVE 2 *Son père a préparé des sandwichs.*

son père

1. Jean
2. tu
3. Alain et Brigitte
4. Alice
5. tes frères
6. vous

B Ce n'est pas vrai! *(It's not true!)* Qu'est-ce que vos copains ont fait hier? Quand vous répondez, votre camarade dit *(says)* toujours le contraire. Conversez selon le modèle.

Bruno *(dîner)* avec Sara.   ÉLÈVE 1 *Bruno a dîné avec Sara.*
ÉLÈVE 2 *Mais non, Bruno n'a pas dîné avec Sara.*

1. Danielle *(téléphoner)* à Jacqueline hier après-midi.
2. Vous *(déjeuner)* au café à midi.
3. L'équipe de Christophe *(gagner)* le match de foot.
4. Robert et son grand-père *(jouer)* aux cartes hier soir.
5. Toi, tu *(travailler)* à la bibliothèque de 14h à 20h.
6. Nadège *(étudier)* l'espagnol après le dîner.
7. Marie et Lise *(regarder)* la télé hier soir.

C Parlons de toi.
1. A quelle heure est-ce que tu as dîné hier soir? Qu'est-ce que tu as mangé? Qui a préparé le dîner?
2. Est-ce que tu as travaillé après le dîner? Où? Pendant combien de temps est-ce que tu as étudié?
3. Qu'est-ce que vous avez regardé à la télé, toi et ta famille?
4. Est-ce que tu as téléphoné à un(e) ami(e) hier soir? De qui ou de quoi est-ce que vous avez parlé?

Deux amis à la terrasse d'un café

ACTIVITÉ

Un sondage.   Divide into groups of four. Write the cues below on separate slips of paper and put them into a box for your group.

dîner au restaurant	préparer un déjeuner
porter un jean au lycée (collège)	regarder la télé
étudier à la bibliothèque	chanter avec des camarades
étudier chez un copain (une copine)	jouer au basket

Take turns drawing slips and asking who did what last week: *Qui a dîné au restaurant la semaine dernière?* Each group member must answer: *Moi, j'ai dîné au restaurant lundi.* OR *Moi, je n'ai pas dîné au restaurant la semaine dernière.* Find out how many people did each particular thing and keep a group tally: *Trois élèves ont dîné au restaurant.* Then get together with the whole class and make a class tally. What things were done by the largest number of people?

APPLICATIONS

Bien commander au café

AVANT DE LIRE

Avant de lire la *Lecture* cherchez les réponses à ces questions.

1. De quoi est-ce qu'on parle dans la *Lecture*?
2. De quelles deux saisons est-ce qu'on parle?
3. Quelles sont les quatre catégories de boissons, selon la *Lecture*?

En France, on va souvent au café. Il ne faut pas toujours demander la même chose au garçon. Mais quelle boisson est-ce qu'il faut prendre? Eh bien, apprenez à commander!

5 Vous êtes fatigué ou triste? Voici les boissons toniques: les jus de fruit—jus de pomme, orange, tomate ou raisin. Avec leurs vitamines, ces boissons sont bonnes pour vous. N'oubliez[1] pas les jus de fruits exotiques. Avec un jus de mangue[2] ou de fruit de la passion, vous partez en voyage, très loin. C'est super et délicieux.

Vous allez au café avec des copains pour parler et rire[3] ensemble.
10 Choisissez des boissons sympa. Elles sont drôles, et elles ont des belles couleurs. Il y a d'abord le diabolo menthe[4] ou, si vous aimez mieux, le lait fraise.[5] Verte et rose, ces deux boissons sont formidables. Avec vos copains, c'est le choix parfait.[6]

Quand il fait froid, demandez les boissons d'hiver: chocolat chaud,
15 tisane[7] ou bouillon. Il gèle dans la rue, mais vous, vous êtes là, confortable au café, avec une boisson bien chaude. Après, vous êtes plus énergique et vous n'avez pas peur du froid.

---

[1]**oublier** *to forget*   [2]**la mangue** *mango*   [3]**rire** *to laugh*   [4]**le diabolo menthe** *soda with mint syrup*   [5]**le lait fraise** *milk with strawberry syrup*   [6]**parfait, -e** *perfect*   [7]**la tisane** *herb tea*

L'addition, s'il vous plaît.

En vacances, quand on a très chaud, voici une solution: les boissons d'été. L'orange pressée, le citron pressé, ou pourquoi pas un grand
20 verre[8] d'eau avec des glaçons?[9] C'est si bon en été!

Alors maintenant au café, pas de problème—vous avez le choix. Il gèle, il pleut, il fait du soleil, vous êtes seul[10] ou avec des copains: Il y a une boisson pour toute occasion!

---

[8]**un verre** *a glass*   [9]**les glaçons** *ice cubes*   [10]**seul, -e** *alone*

Questionnaire
1. Si vous êtes fatigué(e), quelle sorte de boisson est-ce qu'il faut choisir?
2. Quels sont deux jus de fruits exotiques?
3. Qu'est-ce qu'il faut commander quand vous êtes au café avec des copains? Pourquoi?
4. De quelle couleur est le diabolo menthe? Et le lait fraise?
5. Quand est-ce qu'on demande des boissons d'hiver? Quelles sont trois de ces boissons?
6. Qu'est-ce qu'il faut commander quand on a chaud?
7. Pour vous, quelles boissons dans la *Lecture* sont intéressantes? Quel temps fait-il aujourd'hui? Alors, quelle boisson est-ce qu'il faut choisir?

EXPLICATIONS II

Le partitif

1 You know that in French you must use a definite article (*le, la,* or *les*) in front of a noun when you want to refer to specific things or to a general category of things.

> J'ai aimé **les œufs,** Maman. *I liked **the eggs**, Mom. (specific)*
> J'aime **les œufs.** *I like **eggs**. (in general)*

2 You also know that you use the indefinite article *un* or *une* to refer to a single thing, and *des* to talk about an uncertain number of things. Remember that even though we can leave out the word "some" in English, you cannot omit *des* in French.

> J'ai commandé **un œuf.** *I ordered **an egg**.*
> J'ai commandé **des œufs.** *I ordered **(some) eggs**.*

3 To talk about "some" or "any" of a singular noun, you need to use a partitive article: *du, de la,* or *de l'.*

M.	Je prends	**du** lait.
F.	Tu prends	**de la** glace?
BEFORE A VOWEL SOUND	Je prends	**de l'**eau.

4 You know that after a negative, the indefinite articles *un, une,* and *des* become *de (d'): Tu as **des** bottes? Non, je **n'**ai **pas de** bottes.* The same is true of the partitive articles.

> Tu prends **du** sucre? Non, je **ne** prends **pas de** sucre.
> Il y a **de l'**eau minérale? Non, il **n'**y a **pas d'**eau minérale.

EXERCICES

A Au café. La classe de M. Brel est au café. Le garçon a apporté les boissons. Il faut maintenant deviner *(guess)* qui a commandé ces boissons. Conversez selon le modèle.

ÉLÈVE 1 *Qui a commandé du lait?*
ÉLÈVE 2 *Yvette. Elle aime le lait.*

Yvette

1. M. Brel

2. moi

3. Monique

4. toi

5. vous

6. nous

B Tu as le choix. Votre camarade passe la journée chez vous. Il a toujours faim et soif, mais il aime seulement certaines choses. Donnez-lui *(him)* le choix. Conversez selon le modèle.

lait / thé

ÉLÈVE 1 *J'apporte du lait ou du thé?*
ÉLÈVE 2 *Du lait, s'il te plaît. Je n'aime pas le thé.*
OU: *Du thé, s'il te plaît. Je n'aime pas le lait.*

1. jus d'orange / jus de raisin
2. eau minérale / lait
3. café / thé
4. jus de pomme / orangeade
5. sandwichs / œufs
6. frites / pizza
7. glace / café
8. chocolat chaud / eau

C **Le bureau de M. Leclerc.** M. Leclerc, c'est un bon prof, mais son bureau n'est pas très organisé *(organized)*. Répondez aux questions d'après l'image. Employez *(use)* des phrases complètes.

1. Sur le bureau de M. Leclerc, est-ce qu'il y a des cartes? Est-ce qu'il y a des examens? des sandwichs? des pommes? des stylos?
2. Est-ce qu'il y a de l'argent devant les cartes? Est-ce qu'il y a de la craie sur le bureau? de l'eau?
3. Sur le bureau est-ce qu'il y a du jus de raisin? du jus de pomme? du café? du lait? du papier?

D Parlons de toi.

1. Quand tu as des copains chez toi, qu'est-ce que tu aimes servir comme *(in the way of)* boissons?
2. Est-ce que tu sors avec tes copains? Qu'est-ce que vous aimez manger?
3. Est-ce que tu aimes le sport? Quels sports est-ce que tu fais?

ACTIVITÉ

Préférences.   Divide into groups of three or four. Take turns telling which of these foods and drinks you like and when or how often you have them.

ÉLÈVE 1   *J'aime la pizza. Je mange de la pizza trois ou quatre fois par semaine.*

ÉLÈVE 2   *Moi aussi, j'adore la pizza. Je prends souvent de la pizza au déjeuner ou au dîner.*

ÉLÈVE 3   *Pas moi. Je déteste la pizza. Je ne mange pas de pizza.*

RÉVISION

Formez des phrases en français d'après les modèles.

1. *Le mois dernier mon père a dîné à Paris avec son frère.*
   (Last Monday Annie sang in school with her friends.)
   (Last night I studied at the library with my sister.)

2. *Nous avons apporté un cahier et des feutres.*
   (He ate a sandwich and some ice cream.)
   (I ordered a slice of bread and butter and some tea.)

3. D'habitude *tu ne prends pas de café.*
   (we don't take any cream)
   (they [m.] don't have hot chocolate)

4. Mais *les garçons sont très polis* dans ce restaurant.
   (the dinners are very expensive)
   (the pizza is very famous)

5. *Je n'ai pas apporté d'argent. Mes copains sont généreux.*
   (We didn't win any games. The players [f. pl.] are lazy.)
   (They didn't order any fruit juice. The waitress is busy.)

Au Jardin des Tuileries

THÈME

Trouvez les expressions françaises qui correspondent à l'anglais et rédigez un paragraphe.

1. Yesterday Yves had lunch at a sidewalk café with his mother.

2. He ordered an omelette and some apple juice.

3. Usually he doesn't have eggs.

4. But the eggs are very good in this café.

5. He didn't leave a tip. The tip is included.

RÉDACTION

Maintenant, choisissez un de ces sujets.

1. Write a dialogue for Yves and the waiter in picture 2.

2. Write a short paragraph describing the last time you went out to lunch. When, where, and with whom did you have lunch? What did you order? Did you leave a tip?

CONTRÔLE DE RÉVISION   CHAPITRE 8

A   Comment sont les élèves?
Write sentences telling how members of the French class are doing in listening practice.

>   Marie / ne … pas bien
>   *Marie ne comprend pas bien le français.*

1. je / très bien
2. tu / ne … pas du tout
3. Charles / ne … pas bien
4. nous / assez bien
5. Annie / bien
6. Paul et Eve / très bien
7. vous / ne … pas très bien
8. Claire et Julie / bien

B   Choisissez!
Choose the answer that best completes each sentence.

>   Arnaud ne va pas au parc parce qu'il est _____.
>   a. avare   b. libre   c. occupé
>   *Arnaud ne va pas au parc parce qu'il est occupé.*

1. Tu portes _____ manteau tous les jours.
   a. l'autre   b. le même   c. tout le

2. Ça fait combien? _____
   a. L'addition.   b. 13 F 50.   c. Un billet.

3. Nous avons d'abord commandé des boissons et _____ des frites.
   a. ensuite   b. déjà   c. ensemble

4. Deux jeunes filles sont à la terrasse d'un café. Alors, leur table est _____.
   a. occupée   b. libre   c. contente

5. Ce chocolat est froid. Il faut demander _____ chocolat chaud.
   a. le même   b. son   c. un autre

C   Vive la différence!
Write sentences stating that some people are having the café items, but others don't like them. Match the sentence numbers to the numbers under the pictures.

>   Paul prend _____, mais moi, je …
>   *Paul prend du café, mais moi, je n'aime pas le cafe.*

1. Tu prends _____ , mais lui, il …
2. Vous prenez _____ , mais Sara …
3. Je commande _____ , mais mes amis …
4. Monique commande _____ , mais Philippe …
5. Nous mangeons _____ , mais toi, tu …

D   Au café.
Write sentences in the passé composé.

>   la dame / commander / une bière
>   *La dame a commandé une bière.*

1. tu / manger / une omelette
2. nous / passer / deux heures au café
3. moi, je / parler / avec mes amis
4. on / chanter / pendant quinze minutes
5. Lise et Elodie / jouer aux dames
6. vous / ne pas laisser / de pourboire
7. on / ne pas étudier / pour l'examen de français

VOCABULAIRE DU CHAPITRE 8

Noms
l' addition (f.) *check*
l' argent (m.) *bill*
la bière *beer*
le billet *bill (money)*
la boisson *drink*
la bouteille *bottle*
le café crème *caffe + creme*
le centime *change*
le chocolat chaud
la chose *thing*
la crème *creme*
le déjeuner *lunch*
le dîner *dinner*
l' eau minérale (f.) *water*
le garçon *waiter*
le goûter *snack*
la journée *whole day*
le jus de fruit *fruit juice*
le jus d'orange
le jus de pomme
le jus de raisin
la leçon *lesson*
la matinée *morning*
la monnaie *change*
l' œuf (m.) *egg*
l' omelette (f.) *omelette*
l' orange (f.) *orange*
le petit déjeuner *small breakfast*
la pièce *coin*
la pomme *apple*
le pourboire
le raisin *grape*
le serveur *waiter*
la serveuse *waitress*
la soirée *evening*
le sucre *sugar*
la tartine *piece of bread and butter*
le temps *(time)*
la terrasse (d'un café) *s. dewalk cafe*

Articles
de l'
de la
du

Adjectifs
agréable
autre
avare
chaud, -e
content, -e
froid, -e
généreux, -euse
libre
même
occupé, -e
tout, -e,
  pl. tous, toutes

Verbes
apprendre (à)
commander
comprendre
déjeuner
dîner
laisser
prendre
préparer

Adverbes
assez + *adj.*
d'abord
déjà
enfin
ensemble
ensuite
hier (matin,
  après-midi, soir)
longtemps
seulement
si *(so)*
tout de suite

Prépositions
jusqu'à *(until)*
pendant *(for)*

Questions
ça fait combien?
qu'est-ce qu'il y a? *(what's the matter?)*

Expressions
avoir de la chance (ne pas avoir de chance)
avoir le temps de + *inf.*
  (ne pas avoir le temps
  de + *inf.*)
ça fait … (francs)
le mois dernier, la semaine dernière, *etc.*
prendre le petit déjeuner (le goûter)
quelque chose
le service est compris
une fois par …

CHAPITRE 9

PRÉLUDE CULTUREL | LES COURSES

When you and your family go shopping for food, you probably get in the car and drive to the nearest supermarket, where you buy everything you need. Supermarkets *(les supermarchés)* are very common in France, too, and are similar to the ones you are used to. Some of them are so large that they are called "hypermarkets" *(les hypermarchés)*. *Hypermarchés* sell not only food, but also clothes, household appliances, books, toys, and furniture, all at discount prices.

In spite of the popularity of supermarkets, many people in France still prefer to shop at small specialty stores, at least for fresh food items. In the small shops, customers generally receive personal attention and service. Shoppers who visit the same stores each day get to know the owners, and often enjoy chatting with them.

Very few French people could enjoy a meal without a fresh loaf of bread, so a stop at the bakery *(la boulangerie)* is a daily must. Many people rush to the bakery—or send their children—as early as 7:00 A.M. to get fresh croissants for breakfast, as well as the day's supply of bread.

You might have a hard time imagining a shop that sells nothing but cheese and other dairy products. But in a country where each region produces several varieties of cheese, dairy shops *(les crémeries)* do a brisk business. Choosing appropriate cheeses for a meal is no easy matter, so the shopkeepers are usually ready to offer lots of advice. They may even give you samples to help you decide.

For fresh meat, people usually go to a butcher shop *(la boucherie)*. The butchers also consider it part of their job to advise customers on which cut of meat is best for a particular recipe. For prepared meats, meat spreads, and other deli items, you can go to *une charcuterie*. *Charcuteries* may also sell fruit salads and vegetable salads that are ready to serve.

Once or twice a week, outdoor markets *(les marchés)* are set up on the town square, or along the parkway in the middle of a large boulevard. Crowds of shoppers stroll from stall to stall, where local shopkeepers and farmers display their products. You can find wonderful fruit, vegetables, fish, and meat at the *marché*, along with beautiful flowers, and even clothing.

All of these places offer the French the opportunity to buy good, fresh food, as well as to see and talk with people they know.

MOTS NOUVEAUX I

Va chez le boulanger!

CONTEXTE VISUEL

une boulangerie

un boulanger
une boulangère
du pain
une baguette
un croissant

une pâtisserie

un pâtissier
une pâtissière
une pâtisserie
une tarte (aux pommes)

un gâteau
pl. des gâteaux

une crémerie

un crémier
une crémière
du beurre
du yaourt

du fromage

une poissonnerie

un poissonnier
une poissonnière
un poisson

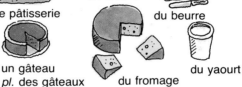

CONTEXTE COMMUNICATIF

1 Monsieur Pérec est boulanger.[1] Sa boulangerie est près de l'église.

   Variations:

   ■ boulanger → pâtissier
   sa boulangerie → sa pâtisserie

2 Chez le crémier.

MONIQUE	Bonjour, monsieur. **Un morceau** de ce fromage, s'il vous plaît.
LE CRÉMIER	Voilà, et ensuite?
MONIQUE	De la crème, et **quelques** yaourts.
LE CRÉMIER	Désolé, mais je **n'ai plus de** yaourt.

   ■ quelques yaourts → **une douzaine d'**œufs
   je n'ai plus de yaourts → je n'ai plus d'œufs

le morceau, *pl.* **les morceaux** *piece, bit*

quelques *a few*
ne ... plus de *no more (of)*

la douzaine (de) *dozen (of)*

---

[1]When *être* links a name or subject pronoun with a noun naming an occupation, you don't use a definite article: *Mon père est pâtissier. Vous êtes professeur?*

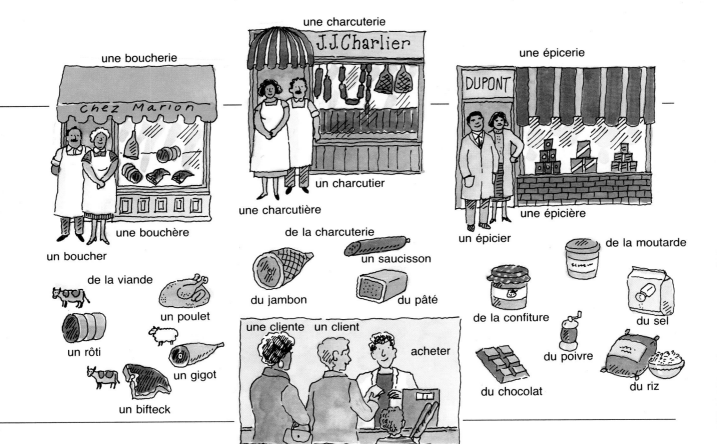

une boucherie

Chez Marion

un boucher
une bouchère

de la viande
un poulet
un rôti
un gigot
un bifteck

une charcuterie

J.J.Charlier

un charcutier
une charcutière

de la charcuterie
un saucisson
du jambon
du pâté

une cliente   un client
acheter

une épicerie

DUPONT

un épicier
une épicière

de la moutarde
de la confiture
du sel
du poivre
du chocolat
du riz

3   Chez la charcutière.

LA CHARCUTIÈRE   Combien de **tranches** de jambon est-ce que vous prenez?

M. BREL   Mmm … quatre, et **un peu de** pâté aussi.

■ jambon → rosbif
quatre → une douzaine

la tranche   *slice*

un peu (de)   *a little bit (of)*

4   A la boucherie.

LA BOUCHÈRE   **Vous désirez,** jeune homme?
JEAN-LUC   Deux biftecks, s'il vous plaît.
LA BOUCHÈRE   Et avec **ça?**
JEAN-LUC   **C'est tout.**

■ deux biftecks → **un rôti de porc**
■ deux biftecks → **un rôti de veau**
■ deux biftecks → **un rosbif**

vous désirez?   *may I help you?*

ça   *that*
c'est tout   *that's all*

le rôti de porc   *pork roast*
le rôti de veau   *veal roast*
le rosbif   *roast beef*

5 GISÈLE Tu achètes le poisson au **supermarché?**

FRANÇOIS Non, **je préfère** aller chez le poissonnier.

■ tu achètes le poisson → **tu préfères** le pain
chez le poissonnier → chez la boulangère

6 Chez l'épicier.

L'ÉPICIER **De quoi** est-ce que vous avez besoin aujourd'hui, monsieur?

M. CARRIER Euh … j'ai besoin de riz, de poivre et d'un **litre** de lait.

■ de riz et de poivre → de sel et de confiture
un litre de lait → une bouteille d'eau minérale

7 L'ÉPICIÈRE Et pour madame?

MME VANIER **Un kilo** de sucre et deux bouteilles de jus d'orange, s'il vous plaît.

le supermarché *supermarket*
je préfère *I prefer*

tu préfères *you prefer*

de quoi? *what?*

le litre *liter*

le kilo(gramme) *kilo(gram)*

EXERCICES

A **Les courses.** Vous et votre camarade, vous préparez un grand repas. De quoi est-ce que vous avez besoin? Où est-ce qu'il faut aller pour acheter ces choses?

ÉLÈVE 1 *J'ai besoin de poivre.*
ÉLÈVE 2 *Alors, il faut aller à l'épicerie.*

1.   2.   3.

4.  5.  6.

7.  8.  9.

B Les catégories. Choisissez le mot qui ne convient pas.

1. le fromage, le lait, le poulet, le yaourt
2. la boucherie, la cliente, l'épicier, la pâtissière
3. un gâteau, du pâté, des pâtisseries, une tarte
4. la douzaine, le morceau, le rôti, la tranche
5. la charcuterie, le poisson, le pâté, le saucisson
6. la boucherie, la boulangerie, la crémière, l'épicerie

C Combien de fois? Est-ce que vous mangez souvent de ces choses?
Avec un(e) camarade, conversez selon le modèle. Employez *(use)* les
expressions de la liste dans vos réponses.

| … fois par jour | … fois par mois |
| … fois par semaine | … tous les jours |

ÉLÈVE 1 *Tu manges souvent du jambon?*
ÉLÈVE 2 *D'habitude, je mange du jambon une fois par*
         semaine.
OU: *D'habitude, je ne mange pas de jambon.*

1.   2.   3.

4.   5.   6.

7.   8.   9.

D Parlons de toi.

1. Est-ce qu'il y a des petits magasins près de chez toi?
   Lesquels *(which ones)?* Est-ce que tu préfères aller au
   supermarché ou aux petits magasins? Pourquoi?
2. Pour le petit déjeuner, est-ce que tu préfères le pain ou les
   croissants? avec du beurre? et de la confiture?
3. Est-ce que tu préfères le poisson, le poulet ou la viande
   rouge? A quel repas?
4. Le week-end, est-ce que ta famille prépare un grand dîner
   d'habitude? Qu'est-ce qu'on sert? un rôti? du bifteck? un poulet?

APPLICATIONS

Une omelette sans[1] œufs!

Madame Lavoisier prépare le dîner de la famille tous les soirs. Mais aujourd'hui, c'est son anniversaire. Ses fils vont faire la cuisine.[2]

LIONEL	Bon, on fait une omelette?
RAYMOND	D'accord, maman adore ça et ce n'est pas difficile.
5 LIONEL	Les œufs sont où?
RAYMOND	Là, regarde. Attends, je vais sortir la boîte.
LIONEL	*(impatient)* Non, c'est moi!
RAYMOND	Mais non, oh attention![3]
LIONEL	*(désolé)* Oh, zut, ils sont cassés.[4]
10 RAYMOND	Qu'est-ce qu'on va faire?
LIONEL	Aller au supermarché, acheter des œufs?

Monsieur Lavoisier entre dans la cuisine.[5]

M. LAVOISIER	Mais non, ne soyez pas tristes. On va aller au restaurant.

[1]**sans** *without*　　[2]**faire la cuisine** *to cook*　　[3]**attention!** *watch out!*
[4]**cassé, -e** *broken*　　[5]**la cuisine** *kitchen*

Questionnaire

1. Pourquoi est-ce que Lionel et Raymond vont préparer le dîner ce soir?　2. Qu'est-ce que leur maman adore?
3. De quoi est-ce qu'on a besoin pour faire une omelette?
4. Qui va sortir les œufs?　5. Pourquoi est-ce qu'il faut acheter des œufs?　6. Où est-ce que Mme Lavoisier va dîner ce soir?

Situation

With a classmate, play the roles of Lionel and Raymond. Lionel suggests things to cook for their mother's birthday, but Raymond doesn't like any of the suggestions. Use expressions such as *trop difficile (cher); il n'y a pas de beurre (de jambon); je n'aime pas ça;* etc.

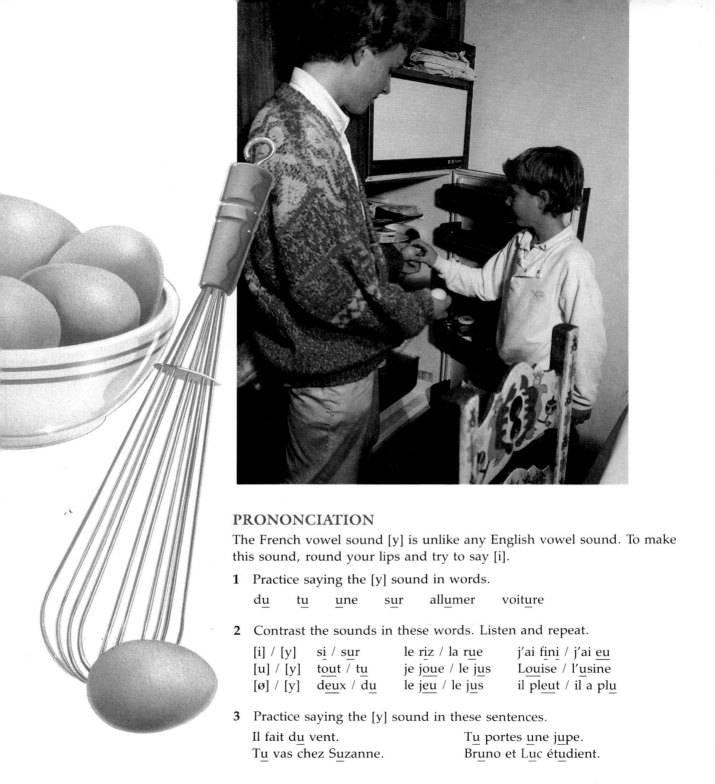

PRONONCIATION

The French vowel sound [y] is unlike any English vowel sound. To make this sound, round your lips and try to say [i].

1 Practice saying the [y] sound in words.

du   tu   une   sur   allumer   voiture

2 Contrast the sounds in these words. Listen and repeat.

[i] / [y]	si / sur	le riz / la rue	j'ai fini / j'ai eu
[u] / [y]	tout / tu	je joue / le jus	Louise / l'usine
[ø] / [y]	deux / du	le jeu / le jus	il pleut / il a plu

3 Practice saying the [y] sound in these sentences.

Il fait du vent.   Tu portes une jupe.
Tu vas chez Suzanne.   Bruno et Luc étudient.

MOTS NOUVEAUX II

Allons au marché!

CONTEXTE
VISUEL

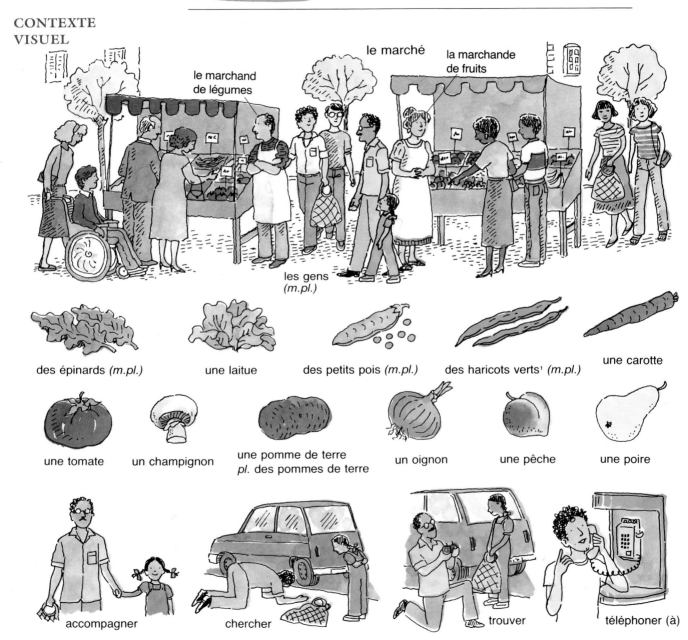

le marchand
de légumes

le marché

la marchande
de fruits

les gens
(m.pl.)

des épinards (m.pl.)

une laitue

des petits pois (m.pl.)

des haricots verts[1] (m.pl.)

une carotte

une tomate

un champignon

une pomme de terre
pl. des pommes de terre

un oignon

une pêche

une poire

accompagner

chercher

trouver

téléphoner (à)

[1]The h in des haricots verts is an aspirate h.

CONTEXTE COMMUNICATIF

1 AURORE   Il n'y a pas **assez de légumes** pour le dîner.

ADAM   Allons au marché acheter des épinards.

Variations:

- de légumes → de **fruits**
  des épinards → des poires

2 Rémi Arnoux accompagne son père au marché. On trouve **beaucoup de** choses là-bas: des légumes, des fruits, de la viande, des fleurs .... C'est samedi. Il y a **trop de** gens au marché.

- trop de gens → beaucoup de **monde**
- trop de gens → trop de monde
- trop de gens → **peu de** gens

3 Madame Gramont fait ses courses **chaque** jour.

MME GRAMONT   Bonjour, monsieur. Comment sont vos pommes aujourd'hui?

LE MARCHAND   **Excellentes,** madame.

- comment sont vos pommes → comment est votre laitue
  excellentes → très **fraîche**
- comment sont vos pommes → comment est votre poisson
  excellentes → très frais

4 MME CARRIER   Deux kilos de haricots verts, s'il vous plaît.

LE MARCHAND   Voilà. Vous prenez aussi des poires? Elles sont très belles.

MME CARRIER   Bonne idée. Je vais faire une tarte.

- des poires → des pêches
  bonne idée → non, merci
  je vais faire une tarte → j'ai **servi** des pêches hier

assez de *enough*	
le légume *vegetable*	
le fruit *fruit*	
beaucoup de *a lot of*	
trop de *too many*	
le monde *people*	
peu de *few*	
chaque *each, every*	
excellent, -e *excellent*	
frais, fraîche *fresh*	
servi *(past participle of* servir*)*	

5 M. ROLAND   Et les champignons, c'est combien?

LA MARCHANDE   Douze francs cinquante **le** kilo, monsieur.

le, la + measure   *per; a*

■ champignons → œufs

12F50[2] le kilo → 9F la douzaine

6 Madame Gramont a **fini** ses courses.

fini   *(past participle of* finir)

MME GRAMONT   Ça fait combien, madame?

LA MARCHANDE   Ça fait … soixante francs, madame.

MME GRAMONT   Voilà cent francs.

LA MARCHANDE   Soixante, soixante-dix, quatre-vingts, quatre-vingt-dix, cent francs. Merci, madame.

MME GRAMONT   Au revoir, madame, et merci.

7 Chez les Durand.

MME DURAND   Robert, tu accompagnes ton frère au supermarché, s'il te plaît?

ROBERT   Désolé, maman, je n'ai pas le temps aujourd'hui. Je n'ai pas **appris** ma leçon d'anglais.

appris   *(past participle of* apprendre)

MME DURAND   Mais tu as bien **eu** le temps cet après-midi de jouer au foot avec tes copains, n'est-ce pas?

eu   *(past participle of* avoir)

■ de jouer au foot avec → de téléphoner à

---

[2]When a price includes *centimes,* you may see it written two different ways: *12F50* or *12,50F.* It is always said as *douze francs cinquante,* however.

Un marché en plein air à Paris

POUR VOTRE SANTÉ MANGEZ DES FRUITS

EXERCICES

A Robert va au marché.   Robert va faire une soupe de légumes.
D'après vous *(according to you)*, est-ce qu'il va acheter ces choses?

Robert va acheter des tomates.

Robert ne va pas acheter de pommes.

 1.

 2.

 3.

 4.

 5.

 6.

 7.

 8.

9.

B Ça coûte combien?   Imaginez que vous faites des courses avec
un(e) camarade. Conversez selon le modèle.

carottes / 2 kilos / 6,20F   ÉLÈVE 1   *Nous prenons combien de carottes?*
                              ÉLÈVE 2   *Deux kilos. Ça coûte combien?*
                              ÉLÈVE 1   *Six francs vingt le kilo.*

1. pêches / 1 kilo / 12F
2. œufs / 1 douzaine / 9F50
3. lait / 2 litres / 5F50
4. pommes de terre / 3 kilos / 4F60
5. haricots verts / 1 kilo / 14F25
6. jambon / 8 tranches / 2F75
7. jus d'orange / 4 bouteilles / 8F50
8. poires / 2 kilos / 8F80

C Parlons de toi.

1. Tu vas souvent faire des courses au supermarché? Quand? Tu vas seul(e) *(alone)* ou tu accompagnes tes parents? Qu'est-ce que tu achètes?
2. Tu aimes les légumes? Quels légumes est-ce que tu préfères? Quels légumes est-ce que tu détestes?
3. Tu aimes les fruits? Quels fruits est-ce que tu préfères? Quels fruits est-ce que tu détestes?
4. Est-ce qu'il y a un marché dans ta ville? Où? En quelle saison? Quel jour de la semaine? Tu achètes des choses à ce marché?

ACTIVITÉ

Devinez! *(Guess!)*   Ask a partner about his or her preferences in four of the following categories. But before you ask each question, write down the answer that you *think* your partner will give. Every correct guess earns a point. Switch roles. Who has more points?

les bandes dessinées	les sports	les fruits
les émissions de télé	les boissons	les repas
les chanteurs (les chanteuses)	la viande	
les acteurs (les actrices)	les légumes	

ÉLÈVE 1   *Quel repas est-ce que tu préfères?*
(Guess: *le dîner*)
ÉLÈVE 2   *Je préfère le petit déjeuner.*
Points: 0

Une boulangerie-pâtisserie dans le Marais

ÉTUDE DE MOTS

In this chapter you have learned the names of some places of business
and the names of the people who work there. You probably noticed that
these names are similar: *le boulanger, la boulangerie*.

Did you notice that many of the place names end in the suffix *-erie?* We
use a similar suffix in English: the baker, the bak*ery;* the grocer, the
groc*ery* store.

Sometimes the word for a place of business is related to a product: *la
crème, la crémerie*. A name ending in *-erie* may also refer to the place
where a product is prepared or manufactured. Can you name the
products of these industries?

la chocolaterie	la fromagerie	la sucrerie
la fruiterie	la confiturerie	la laiterie

EXPLICATIONS I

Le verbe *acheter*

◆ **OBJECTIVE:**

TO TELL ABOUT BUYING THINGS

Acheter is like a regular *-er* verb except that a grave accent is added in the singular forms and in the 3 plural form. These forms all have the same vowel sound as in *sept.*

INFINITIVE	acheter				
			SINGULAR		PLURAL

PRESENT	**1**	j'	ach**è**te	nous	achet**ons**
	2	tu	ach**è**tes	vous	achet**ez**
	3	il elle ⎬ ach**è**te on		ils elles ⎬ ach**è**tent	

IMPERATIVE   ach**è**te!   achet**ons**!   achet**ez**!

PASSÉ COMPOSÉ   j'**ai** achet**é**

EXERCICES

A Les achats (*Purchases*).   Vous et votre camarade, vous observez beaucoup les autres gens. Qu'est-ce qu'ils ont acheté hier? Qu'est-ce qu'ils achètent aujourd'hui? Conversez selon le modèle.

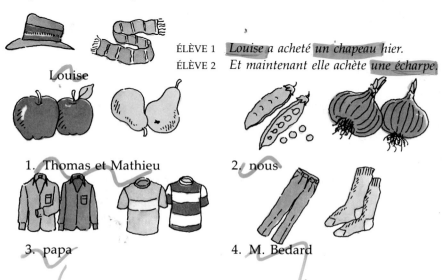

ÉLÈVE 1 *Louise a acheté un chapeau hier.*
ÉLÈVE 2 *Et maintenant elle achète une écharpe.*

Louise

1. Thomas et Mathieu   2. nous

3. papa   4. M. Bedard

5. tu   6. vous

7. mes sœurs   8. je

B **Quand?** Quelle est la dernière fois que vous avez acheté ces choses? Répondez en employant des expressions comme *hier, samedi dernier, le mois dernier, l'année dernière, en avril,* etc.

un disque   ÉLÈVE 1   *Quelle est la dernière fois que tu as acheté un disque?*

         ÉLÈVE 2   *J'ai acheté un disque (hier après-midi).*

1. un nouveau chemisier ou une nouvelle chemise
2. un nouveau pantalon ou jean
3. un nouveau pull
4. un hamburger et des frites
5. des fruits ou des légumes
6. de la glace
7. un nouveau disque ou une nouvelle cassette
8. un roman ou un autre livre

ACTIVITÉ

Un gros sandwich. Imagine that the entire class is going to build a huge submarine sandwich. What ingredients would you need? Taking turns around the room, plan your sandwich one ingredient at a time, with each student repeating all the previous ingredients and then adding a new one.

ÉLÈVE 1   *Pour faire mon sandwich, j'achète du pain.*
ÉLÈVE 2   *Pour faire mon sandwich, j'achète du pain et du beurre.*

One student should act as secretary and record each ingredient as it is mentioned. If anyone forgets an ingredient or names the same ingredient twice, the class will have to start planning the sandwich again from the beginning.

Le passé composé d'autres verbes

◆ OBJECTIVE:

TO TALK ABOUT
ACTIONS IN THE
PAST

You have learned to form the passé composé of *-er* verbs by using the present tense of *avoir* and the past participle. You can put any verb into the passé composé if you know its past participle.

1 To find the past participle of a verb whose infinitive ends in *-ir*, replace the *ir* of the infinitive with *i: obéir → obéi; servir → servi.*

INFINITIVE	PAST PARTICIPLE	PASSÉ COMPOSÉ
finir	**fini**	j'**ai fini**
dormir	**dormi**	tu **as dormi**

2 Irregular verbs tend to have irregular past participles.

INFINITIVE	PAST PARTICIPLE	PASSÉ COMPOSÉ
avoir	**eu**	elle **a eu**
être	**été**	nous **avons été**
faire	**fait**	vous **avez fait**
prendre[1]	**pris**	ils **ont pris**
pleuvoir	**plu**	il **a plu**

EXERCICES

A L'anniversaire de ma grand-mère. Hier, votre grand-mère a fêté (*celebrated*) son anniversaire. Racontez (*tell about*) la journée. Employez le passé composé. Complétez les phrases.

1. Ma grand-mère (*avoir*) 68 ans hier.
2. Les enfants (*dormir*) jusqu'à 8h du matin.
3. Papa et moi, nous (*servir*) le petit déjeuner.
4. Nous (*faire*) des tartines avec du beurre et de la confiture.
5. Maman (*téléphoner*) au boucher pour commander un rôti.
6. Maman (*faire*) un rôti de veau pour le dîner d'anniversaire.
7. Ma petite sœur (*désobéir*) à maman. Elle (*ne pas manger*) ses petits pois. Elle (*avoir*) tort.
8. Tout le monde (*applaudir*) quand j'ai apporté le gâteau.
9. Il (*faire*) beau toute la journée.

---

[1] The past participle of *apprendre* is *appris,* and the past participle of *comprendre* is *compris:* j'**ai appris**, tu **as compris**.

B Pourquoi? Votre petit cousin Rodolphe demande toujours «pourquoi». Répondez à ses questions en employant le passé composé.

> Pourquoi est-ce que les joueurs applaudissent? *(marquer un but)*
> *Parce qu'ils ont marqué un but.*

1. Pourquoi est-ce que Roland rougit? *(faire une faute)*
2. Pourquoi est-ce que tu n'es pas fatigué(e)? *(dormir jusqu'à 10h)*
3. Pourquoi est-ce que mes sœurs sont contentes? *(finir leurs devoirs)*
4. Pourquoi est-ce que mon frère et moi, nous restons à la maison? *(désobéir à papa)*
5. Pourquoi est-ce que vous achetez des nouveaux vêtements? *(grossir)*
6. Pourquoi est-ce que les élèves ne sont pas contents? *(ne pas comprendre la leçon)*
7. Pourquoi est-ce qu'on a faim? *(ne pas servir le dîner)*
8. Pourquoi est-ce que je regarde ce match ennuyeux? *(ne pas avoir le choix)*

C Parlons de toi.

1. Tu as fait des devoirs hier soir? A quelle heure est-ce que tu as fini? Et après, qu'est-ce que tu as fait?
2. Tu as bien dormi hier soir? Jusqu'à quelle heure est-ce que tu as dormi ce matin? A quelle heure est-ce que tu as été à l'école ce matin?
3. Qui a préparé le dîner chez toi hier soir? Qui a servi le dîner? Qu'est-ce qu'on a servi?
4. Est-ce qu'il a plu cette semaine? Est-ce qu'il a neigé? Quel jour? Quel temps est-ce qu'il a fait hier?

Pour faire des sandwichs, il faut acheter du pain!

APPLICATIONS

Au marché

Quels fruits et quels légumes est-ce qu'on trouve au marché aujourd'hui? Est-ce qu'ils sont frais? Combien coûtent ces fruits et ces légumes?

Now create a dialogue between a merchant and a customer. The two greet each other. The customer asks how various kinds of produce are today (*Ces pommes-là, elles sont bonnes?*). The merchant answers and asks what kinds and amounts of fruits and vegetables the customer would like to buy. Finally, the customer asks how much everything costs, gives the merchant a 100F bill, and receives change.

Le marché à Abidjan, la capitale de la Côte d'Ivoire

EXPLICATIONS II

Des expressions de quantité

◆ **OBJECTIVE:**

TO DESCRIBE HOW MUCH OR HOW MANY

To tell how much of something there is or how many of something there are, you can use general expressions of quantity—*beaucoup de, assez de, trop de, peu de*—or you can give more specific measurements—*un kilo de, deux litres de, une tranche de,* etc.

1 After expressions of quantity or units of measure, remember to use *de (d')* before a noun.

Il y a **trop de** gens au supermarché aujourd'hui.	*There are **too many** people at the supermarket today.*
J'ai besoin d'**un kilo de** pommes.	*I need **a kilo of** apples.*
Achète **une douzaine d'**œufs.	*Buy **a dozen** eggs.*

2 You can ask questions about quantity with *combien de.*

Combien de tomates est-ce que tu vas acheter?	*How many tomatoes are you going to buy?*
Combien de lait est-ce que vous prenez?	*How much milk are you taking?*

3 You have used *ne ... pas* and *de* to show that there is not any of something: *Je n'ai pas d'argent.* Similarly, *ne ... plus* and *de* can be used to indicate "no more" or "not any more."

Je **n'**ai **plus d'**argent.	*I have **no more** money.*
Il **n'**y a **plus de** croissants.	*There aren't **any more** croissants.*

Combien coûtent les pommes de terre?

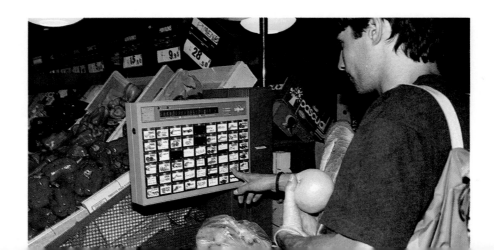

EXERCICES

A **On organise une boum!** *(We're planning a party!)* Vous regardez dans le frigo *(refrigerator)*. De quoi est-ce que vous avez besoin pour votre boum? Répondez selon le modèle.

> du jus de pomme / beaucoup
> *On a beaucoup de jus de pomme.*

1. du café / un peu
2. du jambon / assez
3. du pain / beaucoup
4. de la laitue / ne … pas trop

5. du fromage / assez
6. du saucisson / un peu
7. des pommes / beaucoup
8. des pâtisseries / trop

B **On fait des courses.** Vous allez faire les courses pour avoir toutes les provisions nécessaires. Jouez les rôles du (de la) marchand(e) et du (de la) client(e).

litre

ÉLÈVE 1 *Combien de litres de jus de pomme est-ce que vous désirez?*
ÉLÈVE 2 *Deux (cinq, six,* etc.*) litres, s'il vous plaît.*

1. tranche

2. bouteille

3. *(un nombre)*

4. *(un nombre)*

5. morceau

6. kilo

7. litre

8. douzaine

C **Après la boum.** La boum est finie. Il faut nettoyer *(clean up)*. Est-ce qu'il y a beaucoup de restes *(leftovers)*?

> du jus de pomme / ne ... plus   *Il n'y a plus de jus de pomme.*

1. de l'eau minérale / un peu
2. du jambon / ne ... plus
3. du pain / quelques morceaux
4. de la laitue / beaucoup
5. du fromage / peu
6. du saucisson / ne ... plus
7. de l'orangeade / trop
8. des pâtisseries / une douzaine

D **Parlons de toi.**
1. Combien de devoirs est-ce que tu as pour ton cours de français? Et pour tes autres cours? Est-ce que tu préfères avoir plus de devoirs ou moins de devoirs? Pourquoi?
2. Combien de ces choses est-ce que tu manges chaque semaine: des fruits, des légumes, de la viande, du poisson, du poulet, des œufs, de la pizza, des hamburgers, des hot-dogs, du chocolat, des pâtisseries? A ton avis *(in your opinion)*, est-ce que tu manges bien?

viande extra   le KG
49,90 F
...ux-filet   26,80 F
...ourguignon   49,50 F
...rôti de veau noix   31,80 F
rôti de porc sans os   15,00 F
rognon de bœuf   19,90 F
poulet fermier   19,90 F
canette

pour congélateur
affaire exceptionnelle   le KG
24,00 F
cuisse de bœuf (40 à 50kg)   28,00 F
agneau (18 à 20kg)   29,00 F
1/2 agneau (9 à 10kg)   18,50 F
avant de bœuf (50 à 60kg)

du 6 au 11 février 1987
C'EST SUPER, C'EST MOINS CHER!

LES BOUCHERIES CHARQUET:

LA BONNE VIANDE A BON MARCHE.

ACTIVITÉ

Une soirée agréable. Working in groups of three or four, plan a party for your French class. Choose your refreshments from the items below. Then make a shopping list that specifies the quantity you will need of each item and the total cost. Be careful! You cannot spend more than 1000 francs.

la pizza	13F		le gâteau	60F
(pour 2 personnes)			(pour 12 personnes)	
les hot-dogs	48F / kilo		la tarte aux pommes	25F
le jambon	90F / kilo		(pour 8 personnes)	
le pâté	36F / kilo		la glace	28F / kilo
le fromage	55F / kilo		les pêches	12F / kilo
une baguette	3,50F		les poires	8,80F / kilo
un croissant	2,50F		les oranges	9,75F / kilo
les frites	20F / kilo		les pommes	12,50F / kilo
une laitue	2,95F		le lait	6F / litre
les tomates	11,25F / kilo			

APPLICATIONS

RÉVISION

Formez des phrases en français d'après les modèles.

1. *Madame Granger est charcutière.*
   (Miss Arnaud is a pastry cook.)
   (My cousins are grocers.)

2. *Chaque semaine elle achète ses légumes au marché.*
   (Every evening we find our friends at the café.)
   (Every afternoon he accompanies his mother to the dairy store.)

3. Hier, *j'ai fini mon roman* et *vous avez fait du vélo.*
   (I slept)   (you [fam.] did your homework)
   (we learned a song)   (he made a cake)

4. *Nous achetons quelquefois de la confiture.*
   (They often buy meat.)
   (You [fam.] sometimes buy bread.)

5. Mais *le pain n'est pas toujours bon à la boulangerie.*
   (the eggs aren't always fresh at the dairy store)
   (the meat isn't always fresh at the butcher shop)

6. Alors *nous avons acheté quatre tranches de jambon.*
   (you [pl.] bought two liters of milk)
   (they bought three kilos of peaches)

BOULANGERIE - PATISSERIE

G. HOULBERT

95, AVENUE DU MARECHAL-FOCH
78300 POISSY
TEL. 39.65.09.74

Bonjour, madame. Une
baguette, s'il vous plaît.

THÈME

Trouvez les expressions françaises qui correspondent à l'anglais et rédigez un paragraphe.

1. Mr. and Mrs. Perec are bakers.

2. Every day, Mrs. Perec accompanies her husband to the bakery.

3. Yesterday, Mr. Perec made bread, and Mrs. Perec went shopping.

4. She often buys fish.

5. But the fish isn't always fresh at the fish market.

6. So she bought a kilo of steak.

RÉDACTION

Maintenant, choisissez un de ces sujets.

1. Create an imaginary shopping list for Mrs. Perec.
2. Imagine and write out the conversation between Mr. and Mrs. Perec before she goes grocery shopping.
3. Imagine and write out the conversations between Mrs. Perec and the fish merchant, and between Mrs. Perec and the butcher.

A   Les provisions.
Write sentences telling where M. Gramont bought the following items.

Monsieur Gramont a acheté du pâté à la charcuterie.

1.

2.

3.

4.

5.

6.

7.

8.

B   Pauvre Pauline!
Yesterday was very unpleasant for Pauline. Describe her day by putting the verbs into the passé composé.

1. Elle *(ne pas dormir)* bien.
2. Sa mère *(ne pas faire)* son petit déjeuner.
3. Ses amis *(ne pas prendre)* l'autobus avec elle.
4. Elle *(ne pas avoir)* le temps de finir son examen de français.
5. Le professeur d'anglais *(ne pas comprendre)* Pauline en classe.
6. Elle *(ne pas trouver)* ses amis au café après les cours.
7. Elle *(ne pas finir)* ses devoirs.

C   Le chocolat, ce n'est pas bon!
Complete the paragraph about Paul with the words and expressions below. Each will be used once. Be logical.

une douzaine	quelques	combien
un peu	peu	trop
n'y a plus		

D'habitude Paul obéit à sa mère. Alors, il mange très _____ de chocolat. La semaine dernière au marché, il a acheté _____ de poires et de pêches. Il a mangé _____ fruits chaque jour.

Maintenant il _____ de fruit. Et Paul a faim. Il va au marché acheter des oranges. Mais, à côté du marchand de fruits, il y a un marchand de chocolat. Hmmm ... Paul va acheter seulement _____ de chocolat. Pourquoi pas? C'est bon, non?

_____ de morceaux de chocolat est-ce que Paul a mangés? Un ... deux ... cinq ... neuf!! Pauvre Paul! Ça va mal. Il a mangé _____ de chocolat!

VOCABULAIRE DU CHAPITRE 9

Noms

le baguette
le beurre
le bifteck
le boucher, la bouchère
la boucherie
le boulanger, la boulangère
la boulangerie
la carotte
le champignon
la charcuterie (*pork products; deli*)
le charcutier, la charcutière
le chocolat
le client, la cliente
la confiture
la crémerie
le crémier, la crémière
le croissant
la douzaine
   l'épicerie (*f.*)
   l'épicier (*m.*), l'épicière (*f.*)
les épinards (*m.pl.*)
le fromage
le fruit
le gâteau, *pl.* les gâteaux
les gens (*m.pl.*)
le gigot
les *haricots verts (*m.pl.*)
le jambon
le kilo(gramme)
la laitue
le légume
le litre

le marchand, la marchande
le marché
le monde
le morceau
la moutarde
l' oignon (*m.*)
le pain
le pâté
la pâtisserie (*pastry shop; pastry*)
le pâtissier, la pâtissière
la pêche
les petits pois (*m.pl.*)
la poire
le poisson
la poissonnerie
le poissonnier, la poissonnière
le poivre
la pomme de terre,
   pl. les pommes de terre
le poulet
le riz
le rosbif
le rôti (de porc / de veau)
le saucisson
le sel
le supermarché
la tarte (aux pommes)
la tomate
la tranche
la viande
le yaourt

Pronom

ça

Adjectifs

chaque
excellent, -e
frais, fraîche
quelques

Verbes

accompagner
acheter
chercher
préférer: je préfère,
   tu préfères
téléphoner (à)
trouver

Questions

de quoi (est-ce que vous
   avez besoin)?
vous désirez?

Expressions

assez de
beaucoup de
beaucoup de monde
c'est tout
ne … plus
peu de
trop de
un peu de

CHAPITRE 10

PRÉLUDE CULTUREL | LES BOUMS

French teenagers enjoy getting together and having parties just as you probably do. The word for a teen-age party even sounds like fun: *une boum.*

Une boum is usually very informal. With parents' permission, teenagers will invite as many friends as can fit in the living room. It's an opportunity for classmates to meet outside of school, have fun, and forget about the pressures of hard work and exams. French teens might get together to celebrate the end of the school term or a friend's birthday. They may also decide to give a party at Mardi Gras where they all try to outdo each other with fantastic costumes.

Even when invited to a close friend's home, guests always bring a little something for the host or hostess. It is considered very impolite in France to arrive at someone's home empty-handed. For a birthday party, several guests might put their money together to buy a record, a book, a scarf, or some article of clothing. When the guest of honor blows out the candles on the birthday cake, everyone sings the famous birthday tune, but with the French lyrics *Joyeux anniversaire* instead of "Happy birthday to you."

Parents are often present at their children's parties. French families tend to do a lot together, so it only seems right to them that parents be there. They don't put a damper on the fun, though, and when the kids start dancing, the parents may be among the first to join in. Young people keep up with the current styles of dancing. But they still enjoy doing the rock 'n' roll steps from the fifties. Many French teenagers also play musical instruments, and at parties they may perform for their friends, who sing along.

French teenagers also love to talk, so when they are tired of dancing, they sit and chat. Their topics of conversation are not so different from those at your parties—school and music are two great favorites.

Parties are often held in the afternoon so as not to upset neighbors with loud music at night, especially in apartment buildings. And don't forget that French high school students have so much homework to do every day that even when they do have a party, they may have to go home fairly early to get their work done for the next day.

MOTS NOUVEAUX I

Qu'est-ce qu'on va offrir?

CONTEXTE VISUEL

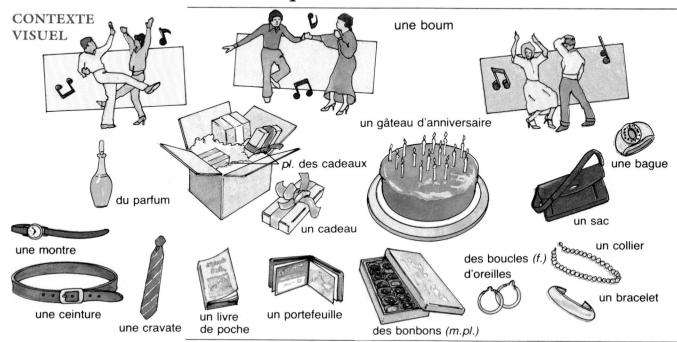

une boum

pl. des cadeaux

du parfum

un gâteau d'anniversaire

une bague

un cadeau

un sac

une montre

un collier

des boucles (*f.*) d'oreilles

un bracelet

une ceinture

une cravate

un livre de poche

un portefeuille

des bonbons (*m.pl.*)

CONTEXTE COMMUNICATIF

1 C'est l'anniversaire de Jean-Claude. Ses sœurs cherchent un cadeau.

JULIE	Qu'est-ce que tu vas offrir à Jean-Claude?
SABINE	Un portefeuille, je **pense.**

penser *to think*

Variations:

■ Jean-Claude → Charlotte
un portefeuille → un sac

2
SABINE	Qu'est-ce que tu offres **comme** cadeau?
JULIE	Je ne sais pas. Je suis **fauchée.**
SABINE	Allons **donc** dans cette **boutique.** Ils **vendent** des cadeaux pas chers.

comme *as a; for a*
fauché, -e *broke*
donc *then*
la boutique *shop*
vendre *to sell*
l'argent de poche (*m.*)
    spending money, allowance

■ je suis fauchée → je n'ai pas beaucoup d'**argent de poche**

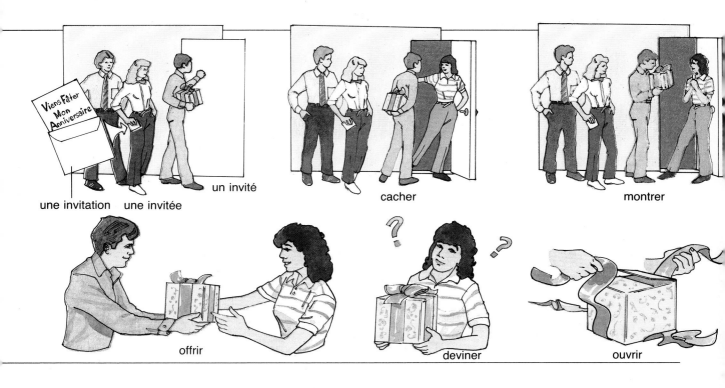

une invitation   une invitée   un invité   cacher   montrer

offrir   deviner   ouvrir

3   Dans la boutique.

LA VENDEUSE	J'ai des cravates, des ceintures, **par exemple** …
SABINE	Regarde cette ceinture-ci. Elle est chouette, non?
JULIE	C'est **parfait!** Je **la** prends.

■ des cravates, des ceintures → des bracelets, des colliers
cette ceinture-ci → ce collier-ci
elle est chouette → il est chouette
je la prends → je **le** prends

■ des cravates, des ceintures → des fleurs, des bonbons
cette ceinture-ci → ces bonbons-là
elle est chouette → ils sont bons
je la prends → je **les** prends

par exemple   *for example*

parfait, -e   *perfect*
la   *it*

le   *it*

les *(m.&f.)*   *them*

4 A la maison, Jean-Claude n'aime pas **attendre pour** avoir ses cadeaux.

SABINE   On donne nos cadeaux à Jean-Claude maintenant?

JULIE   Ah non! On va les cacher!

■ nos cadeaux → mon cadeau
les cacher → le cacher

attendre pour + inf.   *to wait in order to (do something)*

5 Corinne **a organisé** une boum pour son anniversaire. Elle **attend** les derniers invités. **Les voilà!** Elle les **remercie pour** leurs cadeaux.

■ les derniers invités → la dernière invitée
les voilà → la voilà
les remercie → la remercie
leurs cadeaux → son cadeau

organiser   *to organize*
attendre   *to wait for*
les voilà   *here (there) they are*
remercier (pour)   *to thank (for)*

6 Gérard donne un cadeau à Corinne.

GÉRARD   **Tiens,** voilà ton cadeau.

CORINNE   Qu'est-ce que c'est?

GÉRARD   Devine!

CORINNE   *(Elle l'ouvre.)* Une montre noire et jaune! C'est très **amusant!** Merci!

GÉRARD   **De rien.**

■ une montre noire et jaune → des boucles d'oreilles orange
très amusant → super
de rien → **je t'en prie**

tiens   (here) *here you go, take this*

amusant, -e   *amusing; funny*
de rien   *don't mention it*

je t'en prie (je vous en prie)   *you're welcome*

7 Et maintenant, voici le gâteau.

LES INVITÉS   **Bon anniversaire!**

LUC   Qui a fait le gâteau?

RICHARD   C'est moi.

LUC   **Félicitations!** Il est formidable!

bon anniversaire!   *happy birthday!*

félicitations!   *congratulations!*

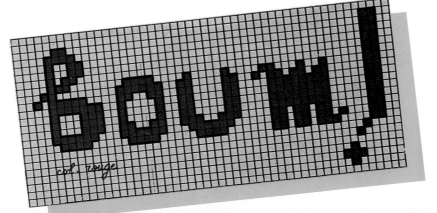

EXERCICES

A Qu'est-ce qu'on va offrir à Marie? C'est l'anniversaire de
Marie. Qu'est-ce qu'on va offrir comme cadeau? Conversez
selon le modèle.

Pierre

ÉLÈVE 1 *Qu'est-ce que Pierre va offrir à Marie?*
ÉLÈVE 2 *Une ceinture, je pense.*

1. ses deux sœurs

2. toi

3. Louise

4. son frère

5. sa tante Delphine

6. ses parents

7. nous

8. vous

9. Chantal

Qu'est-ce qu'ils achètent?

B Conversations. Choisissez la bonne réponse.

1. Qu'est-ce que tu vas offrir comme cadeau?
2. Tu vas au cinéma avec nous?
3. Où est-ce que tu as acheté cette cravate?
4. Quel beau cadeau! Merci!
5. On a gagné le match!
6. J'ai 17 ans aujourd'hui.
7. Où sont les bonbons?
8. Qu'est-ce qu'on attend?

a. Dans la boutique près du parc.
b. Les voilà!
c. Bon anniversaire!
d. Le gâteau d'anniversaire, bien sûr.
e. Non. Je suis fauché(e).
f. Je t'en prie.
g. Félicitations!
h. De l'argent, je pense.

C Parlons de toi.

1. Tu aimes offrir des cadeaux? Quelles sortes de *(what kinds of)* cadeaux est-ce que tu aimes offrir? A qui est-ce que tu aimes offrir des cadeaux?
2. Tu aimes recevoir *(to receive)* des cadeaux? Quelles sortes de cadeaux est-ce que tu aimes recevoir?
3. Est-ce que tu aimes organiser des boums? Combien d'invités est-ce que tu as, d'habitude? Qu'est-ce que vous faites à une boum?
4. Quand est-ce que tu as acheté ton dernier livre de poche? C'est quelle sorte de livre?
5. Quels parfums ou quelles eaux de cologne *(colognes)* est-ce que tu préfères?
6. Tu aimes les bonbons? Quels sont tes bonbons préférés?
7. Tu portes toujours une montre? Tu portes toujours un portefeuille ou un sac?

Choix de parfums aux Galeries Lafayette

A Rennes

APPLICATIONS

Un cadeau très original

Les sœurs de Marie-Claire ont organisé une boum pour son anniversaire. Ses invités sont là. Elle va ouvrir ses cadeaux.

ARNAUD	Voici ton cadeau.
MARIE-CLAIRE	Merci. Qu'est-ce qu'il y a dans la boîte?
5 ARNAUD	Ouvre vite!
MARIE-CLAIRE	*(Elle l'ouvre.)* De l'eau de toilette Bouquet! Ma préférée! Tu es adorable.
VINCENT	Bon … euh … Voici mon cadeau.
MARIE-CLAIRE	Merci, mais qu'est-ce que tu as?
10 VINCENT	Bien, mon cadeau n'est pas très original.
MARIE-CLAIRE	Mais si, mais si. Voyons …[1] *(Elle l'ouvre.)* Ah, du Bouquet! C'est bien. Je l'adore!
SYLVIE	Tu aimes vraiment ça?
MARIE-CLAIRE	Oui, pourquoi?
15 SYLVIE	Eh bien, ouvre vite ce cadeau-ci!
MARIE-CLAIRE	Ah, j'ai déjà deviné! C'est du Bouquet!

---

[1] **voyons …**   *let's see …*

Mon Parfum est un chef d'Oeuvre

PARFUMS
Marc de la Morandière
Paris

Questionnaire

1. Qu'est-ce que les sœurs de Marie-Claire ont organisé? Pourquoi?
2. Qu'est-ce qu'Arnaud offre comme cadeau? D'après Marie-Claire, comment est Arnaud?   3. Qu'est-ce que Vincent offre comme cadeau? Est-ce que Marie-Claire est heureuse?   4. Est-ce que Marie-Claire a deviné le cadeau de Sylvie? C'est quoi?

Situation

With several classmates, create a dialogue about gift giving and saying thank you at a birthday party. Use pantomime or real props.

On fait la fête.

Marie-Claire,
pour ton anniversaire...

PRONONCIATION

The sound of the French *r* doesn't have an equivalent in English.
Compare the *r* in English and the *r* in French: "ga**r**age" / *garage*.

1   Listen to and repeat the [r] sound in the middle of words.

arriver   pardon   parfait   merci   argent

2   Pronounce the [r] sound more softly at the end of words.

par   soir   ceinture   attendre   vendre

3   Practice saying the [r] sound at the beginning of words.

riz   rôti   rien   Rémi   raisin

4   Practice saying the [r] sound in sentences.

Robert regarde le roman.   Le professeur regarde leurs devoirs.
Marie rentre du bureau.   Il sort? Alors, je pars pour l'aéroport.

MOTS NOUVEAUX II

Tu cherches un disque?

CONTEXTE
VISUEL

les paroles *(f.pl.)*

Je t'aime...

une radio-cassette
pl. des radio-cassettes

un tourne-disque

un baladeur

un piano

une guitare

jouer de
la guitare

jouer
du piano

un groupe

le jazz

le rock

la musique classique

perdre

CONTEXTE
COMMUNICATIF

1 GILLES   Tu as acheté un baladeur?

    VIVIANE   Oui, pour écouter le rock, c'est super.

Variations:

■ un baladeur → un tourne-disque

2 JACQUES   Tu aimes **la musique?**

    MIREILLE   Oui, j'aime le rock.

    JACQUES   Tu **joues d'un instrument?**

    MIREILLE   Oui, du piano.

■ tu joues d'un instrument? → **de quel instrument** est-ce
que tu joues?
   oui, du piano → de la guitare

la musique *music*

jouer de + music, musical
instrument *to play*
l'instrument (*m.*) *instrument*
de quel instrument ...? *what
instrument ...?*

3 Devant le magasin de disques.

    ALEXANDRE   **Tiens,** c'est Coralie. Qu'est-ce que tu fais ici?

    CORALIE   Devine, je sors du magasin de disques! Ils
vendent le **dernier** Jacqueline Lacombe.

    ALEXANDRE   Ah oui, on **entend** ces chansons à la radio. Elles
sont chouettes.

■ elles sont chouettes → les paroles sont chouettes

tiens! (here) *well! say!*

dernier, -ière (here) *latest*
entendre *to hear*

4 JEANNE   J'adore les groupes français, **surtout** «Pluie».

    ALBAN   Tu as des disques de groupes anglais?

    JEANNE   Oui, **plusieurs.**

■ anglais → étrangers
   plusieurs → j'ai plusieurs disques américains

surtout *especially*

plusieurs *several*

5 Pierre organise une boum avec sa sœur. Il faut **penser à inviter tout le monde.**

PIERRE	On invite Henri?
LOUISE	D'accord, je vais l'inviter.
PIERRE	Et Antoine?
LOUISE	Ah non, **surtout pas!** Il est trop désagréable!

- il faut penser à inviter → il ne faut pas **oublier d'**inviter
tout le monde → beaucoup de monde

penser à   *to think of*
inviter   *to invite*
tout le monde   *everybody*

surtout pas   *absolutely not*

oublier de + inf.   *to forget (to do something)*

6

DELPHINE	Tu vas chez Pierre samedi? Il y a une boum.
SARA	**Je pense que non.** Je n'ai pas d'invitation.

- je pense que non → **je pense que oui**
je n'ai pas d'invitation → il faut **répondre à** son invitation

penser que non   *to think not*

penser que oui   *to think so*
répondre (à)   *to reply (to); to answer*

7 Louise n'a pas de disques de rock. **D'après** ses parents, cette musique est trop **bruyante.** Pour la boum, son frère **a emprunté** plusieurs disques à Rémi.

CLAUDE	La musique est super, Louise!
LOUISE	Merci. Rémi a **prêté** les disques à mon frère. Il ne faut pas oublier de les **rendre à** Rémi demain.

d'après   *according to*
bruyant, -e   *noisy*
emprunter (à)   *to borrow (from)*

prêter (à)   *to lend (to)*
rendre (à)   *to return (to)*

Un magasin de disques à Paris

EXERCICES

A Au magasin de musique.   Qu'est-ce qu'on va acheter? Répondez d'après les images.

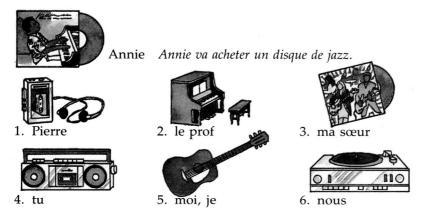

Annie   *Annie va acheter un disque de jazz.*

1. Pierre

2. le prof

3. ma sœur

4. tu

5. moi, je

6. nous

B On organise une boum!   Choisissez la réponse la plus logique.

1. Je suis fauché. Je vais *(emprunter / prêter)* de l'argent à mon père.
2. Jean ne va pas à la boum parce qu'il n'a pas d'*(anniversaire / invitation)*.
3. Sara *(oublie / pense)* que le cadeau est chouette.
4. Le prof est désagréable parce que les élèves sont *(bruyants / formidables)* cet après-midi.
5. C'est à toi, ce disque de rock? *(Mais oui! / Surtout pas!)* Je le déteste!
6. Tu as invité beaucoup de monde? Oui, *(peu d'amis / plusieurs amis)*.
7. Serge va *(acheter / vendre)* une guitare au magasin de disques.

C Parlons de toi.

1. Est-ce que tu aimes le rock? le jazz? la musique classique? Tu as des disques de rock? de jazz? de musique classique? Combien de disques est-ce que tu as?
2. Tu aimes les groupes américains? anglais? français? Quels groupes? Tu as les derniers disques de ces groupes?
3. Tu prêtes des disques à tes camarades? Pour combien de temps? Ils oublient de les rendre?
4. Tu empruntes des disques à tes camarades? Pour combien de temps? Tu oublies de les rendre?
5. D'après toi, est-ce que le rock est quelquefois trop bruyant? Quels groupes très bruyants est-ce que tu aimes?
6. Tu as un baladeur? un tourne-disque? une radio-cassette? Lequel *(which one)* est-ce que tu préfères pour écouter la musique?

ACTIVITÉ

Les chaînes. Play this association game with two or three other students. One person starts by saying a noun or a verb: *inviter*, for example. Another person must say a word that is connected in some way to the first word. For example:

   l'invité / la boum / les cadeaux / etc.

See how many words you can link together logically in a chain. When no one can think of another word, someone else should begin a new chain. Here are some words you might use to begin chains.

ouvrir	attendre	la musique
jouer de	acheter	le charcutier
jouer à	l'anniversaire	la bibliothèque

PROVERBE

Qui va à la chasse perd sa place.

ÉTUDE DE MOTS

In this chapter, you learned two nouns ending in *-tion: félicitations* and *invitation*. These nouns are related to *-er* verbs: *féliciter* ("to congratulate") and *inviter* ("to invite"). Many other nouns ending in *-tion* are related to *-er* verbs, as well. When you know a noun that ends in *-tion*, you usually can find its related verb by dropping the *-tion* and the vowel before it, then adding *-er*.

Look at these nouns and give the related verbs.

   préparation   répétition   continuation   organisation   habitation

Can you find verbs related to these nouns? What do the nouns and verbs mean?

occupation	imagination	anticipation	opération	libération
décoration	fascination	interrogation	formation	autorisation

All nouns ending in *-tion* are feminine. If they seem familiar to you, it's because most of them are like words in English. Just think how many French nouns and verbs you know now!

EXPLICATIONS I

Les verbes en *-re*

The last group of regular verbs are verbs with infinitives ending in *-re*. To form the present tense of these verbs, drop the *-re* ending of the infinitive to get the stem *(vendre → vend-)*. Then add the appropriate endings.

◆ OBJECTIVE:
TO DESCRIBE
ACTIONS

INFINITIVE **vendre**

		SINGULAR	PLURAL
PRESENT	**1**	je vend**s**	nous vend**ons**
	2	tu vend**s**	vous vend**ez**
	3	il elle } vend on	ils elles } vend**ent**

IMPERATIVE **vends!** **vendons!** **vendez!**

PASSÉ COMPOSÉ **j'ai vendu**

Au Centre Pompidou

Other *-re* verbs you know that follow this pattern are:

attendre   entendre   perdre   rendre   répondre

1 Don't pronounce the *d* in the singular forms.

2 To form the past participle of an *-re* verb, add *-u* to the stem: *attendu, entendu, perdu, rendu,* and *répondu.*

3 Remember that *attendre* means "to wait for": *Elle attend l'autobus.* If you're waiting to do something, however, use *attendre* + *pour* + infinitive: *J'attends pour manger.* You can make commands in the same way: ***Attendons pour prendre** quelque chose ensemble!*

EXERCICES

A Le marché d'occasion. *(The second-hand sale.)* Pour gagner *(earn)* de l'argent, les membres du Cercle français *(French club)* organisent un marché d'occasion. Qu'est-ce que les membres vendent?

Georges   *Georges vend des vieux disques.*

1. vous

2. le professeur de français

3. Lucie et Joëlle

4. tu

5. Lise et Raymond

6. nous

7. je

8. Jean-Paul

9. Patrice

B Ah oui, c'est ça! Votre amie Yolande oublie toujours ce que vous lui dites *(what you tell her)*. Corrigez ses fautes *(correct her mistakes)* en employant les mots entre parenthèses.

> Vous avez dîné au Café de la Gare. *(attendre nos amis)*
> *Mais non. Nous avons attendu nos amis au Café de la Gare.*

1. Ton équipe a gagné le match. *(perdre)*
2. Tu as oublié mon invitation. *(répondre à)*
3. Tu as donné tes vieux livres de poche à Frédéric. *(vendre)*
4. Chantal et Yvette ont emprunté des disques à Céline. *(rendre)*
5. Le professeur a rencontré les élèves devant la bibliothèque. *(attendre)*
6. Tu as joué de la musique classique dans la rue. *(entendre)*
7. J'ai compris toutes les paroles de la chanson. *(ne pas entendre)*

C Parlons de toi.

1. D'habitude est-ce que tu réponds en anglais ou en français dans la classe de français? Qu'est-ce que ton professeur répond quand tu parles en anglais dans cette classe?
2. Combien de fois est-ce que tu as répondu au téléphone hier soir? D'habitude, qui répond au téléphone chez toi?
3. Est-ce que tu as entendu une chanson de ton groupe préféré (ton chanteur préféré / ta chanteuse préférée) hier à la radio? Quelle chanson?
4. A quels professeurs est-ce que tu rends des devoirs plusieurs fois par semaine?
5. Est-ce que tu as perdu quelque chose cette semaine? Quoi?
6. Est-ce que tu aimes attendre? Quand tu attends tes amis, combien de temps est-ce que tu attends, d'habitude?

DOCUMENT

1. Qu'est-ce qu'on vend dans ce magasin?
2. Quels genres *(kinds)* de musique est-ce qu'on trouve ici? Est-ce que vous trouvez votre musique préférée?
3. Vous allez au magasin en autobus. Quel autobus est-ce qu'il faut prendre?
4. Est-ce qu'il est possible d'acheter des disques dans ce magasin tous les jours? Pourquoi?
5. A quelle heure est-ce qu'on ouvre le magasin? A quelle heure est-ce qu'on ferme?

ROCK'N'ROLL - ROCKABILLY - COUNTRY - WESTERN SWING - JUMP - MERSEY BEAT - JIVE - RHYTHM AND BLUES - DOO WOOP - INSTRUMENTAL

DISQUES SANNINO

123, RUE OBERKAMPF 75011 PARIS

(1) 43 57 49 46

BUS : 96

METRO : PARMENTIER - MENILMONTANT - SAINT-MAUR

OUVERT DU MARDI AU SAMEDI DE 12 H A 19 H 30 SANS INTERRUPTION

JIVE - RHYTHM AND BLUES - DOO WOOP - INSTRUMENTAL - PSYCHEDELIC - VARIETES - TWIST - PSYCHOBILLY - COLLECTOR'S - BLUES - REVIVAL

Les verbes *offrir* et *ouvrir*

◆ OBJECTIVES:

TO DESCRIBE
GIVING GIFTS

TO TELL ABOUT
OPENING
SOMETHING

The infinitives of *offrir* ("to offer") and *ouvrir* ("to open") end in *-ir*, but they are conjugated like *-er* verbs in the present tense. Note the irregular past participles, though.

INFINITIVE			**offrir**	**ouvrir**
PRESENT SING.	1	j'	offre	j' ouvre
	2	tu	offres	tu ouvres
	3	il elle on	offre	il elle on } ouvre
PL.	1	nous	offrons	nous ouvrons
	2	vous	offrez	vous ouvrez
	3	ils elles	offrent	ils elles } ouvrent

IMPERATIVE **offre! offrons! offrez!   ouvre! ouvrons! ouvrez!**

PASSÉ COMPOSÉ **j'ai offert   j'ai ouvert**

1 When you talk about giving gifts, use *offrir* as the equivalent of "to give": *Je vais **offrir** un portefeuille à Luc; Ma mère **a offert** un cadeau à mon père.*

2 You can also use *offrir* to describe something that you offer to do for someone: *J'**offre à** maman **de** préparer le petit déjeuner.*

EXERCICES

A Choisissez! Complétez les phrases avec *offrir* ou *ouvrir.*

1. Madame Latour _____ son magasin à 9h du matin.
2. Nous _____ la fenêtre quand il fait chaud.
3. Les enfants _____ une soirée au théâtre à leurs parents.
4. J' _____ du thé aux Dupont.
5. Vous _____ une montre à Elise?
6. J'entends quelqu'un. _____ la porte, s'il te plaît.
7. Tu _____ cette cravate amusante à ton grand-père?
8. Ils _____ la boulangerie pendant le mois d'août.

B Tout le monde participe à la boum! Qu'est-ce que chaque personne a offert de faire?

> Robert / téléphoner à quelques amis
> *Robert a offert de téléphoner à quelques amis.*

1. vous / emprunter un tourne-disque
2. maman / faire un gâteau
3. nous / apporter des boissons
4. Rose / chercher des disques
5. je / acheter des bonbons
6. tu / jouer de la guitare

ACTIVITÉ

Le cadeau parfait. Sit with two other students. Use your imagination to choose gifts for the people listed. Then report to the class what gifts you decided on.

> un frère égoïste   *Nous offrons des photos de famille à un frère égoïste.*

vos parents
une tante très riche
un prof sévère
un petit frère ou une petite sœur

un(e) ami(e) très à la mode
votre chanteur préféré
votre actrice préférée
le Président des Etats-Unis

Ça coûte cher?

APPLICATIONS

Choisir son style

AVANT DE LIRE

Avant de lire l'article, cherchez les réponses à ces questions.

1. Selon l'article, quels sont les trois styles?

2. Le mot *garde-robe* est l'équivalent de ''wardrobe'' en anglais. Quel est un autre mot français pour la même chose?

3. Si on parle de vêtements, qu'est-ce que c'est qu'*un jogging?*

Quel est votre style? Il faut choisir!

Vous aimez la nature, le sport, les animaux et la campagne? Alors, pour vous, c'est le style «décontracté».[1]

Si, au contraire, vous préférez la lecture, le cinéma et la musique
5 classique, vous êtes dans le groupe des «classiques».

Enfin, vous adorez la musique moderne, vous avez toujours votre baladeur avec vous, vous dansez dans la rue? C'est évident, vous êtes dans la catégorie «rock».

Bon, maintenant, vous avez choisi votre style. Comment et où acheter
10 votre garde-robe?[2]

Si vous êtes un(e) «décontracté(e)», pas de problème! Le rayon[3] des vêtements de sport des grands magasins est pour vous. A vous les tennis, les joggings et les couleurs vives.[4]

Les «classiques», eux, achètent toujours les vêtements les plus chers: les
15 tweeds importés d'Angleterre, les cravates et les écharpes en soie,[5] les grandes griffes[6] parisiennes. Plus c'est cher, plus c'est chic!

Et les vêtements «rock»? On les trouve aux puces,[7] bien sûr. Ce sont les blousons de cuir[8] d'occasion,[9] les vrais jeans américains, les tee-shirts marrants.[10]

20 «Décontracté», «classique» ou «rock»: pas possible de décider? Alors, changez—aujourd'hui «rock», demain «classique». Pourquoi pas un style pour chaque humeur?[11]

---

[1]**décontracté, -e** *relaxed*   [2]**le garde-robe** *wardrobe*   [3]**le rayon** *department*
[4]**vif, vive** *bright*   [5]**la soie** *silk*   [6]**la griffe** *designer label*   [7]**les puces** *flea market*   [8]**le cuir** *leather*   [9]**d'occasion** *used*   [10]**marrant, -e** *funny*
[11]**l'humeur** *mood*

Questionnaire

1. Si vous aimez la nature et le sport, vous êtes de quel style?
2. Les «classiques», qu'est-ce qu'ils aiment?
3. Comment sont les gens du style «rock»?
4. Si vous êtes «décontracté(e)», qu'est-ce qu'il faut porter?
5. Qui achète les vêtements chers comme les tweeds importés et les écharpes en soie?
6. Décrivez *(describe)* les vêtements «rock».
7. Et vous, vous êtes de quel style? Vous changez de style souvent?

Rock ou classique?

EXPLICATIONS II

Les pronoms compléments d'objet direct:
le, la, l', les

◆ **OBJECTIVE:**

TO REFER TO SOMEONE OR SOMETHING ALREADY MENTIONED

A direct object is the noun that receives the action of the verb: *Est-ce que tu prends **le collier?*** A direct object noun is often replaced with a direct object pronoun: *Oui, je **le** prends.*

The French equivalents of the direct object pronouns "him," "her," and "it" are *le* or *la,* depending on the gender of the noun that is being replaced. The equivalent of "them" is *les.* Note that in the present tense, a direct object pronoun is placed right before the verb of which it is the object.

SING.	M.	**Le sac jaune,**	tu	**le**	prends?
		Le sac jaune,	tu	**l'**	aimes?
	F.	**La vendeuse,**	tu	**la**	cherches?
		La vendeuse,	tu	**l'**	attends?

| PL. | M. | **Les tennis,** | tu | **les** | aimes? |
| | F. | **Les chaussures,** | tu | **les** | aimes? |

Reprinted by permission of UFS, INC.

1 Before a vowel sound, *le* and *la* become *l'*. There is liaison with *les*.

2 A direct object pronoun replaces the entire object of the verb, not just the noun.

> Jean-Marc vend **sa vieille voiture bleue et grise.**
> Il **la** vend à son cousin.

3 In a negative sentence, the direct object pronoun comes between *ne* and the verb.

> Elle attend **sa sœur?**
> Non, elle **ne l'**attend **pas.**

4 With *aller* + infinitive, the direct object pronoun goes directly before the infinitive.

> Elle va écouter **ces disques?**
> Elle **va les écouter** cet après-midi.
> Elle ne **va** pas **les écouter** demain.

5 To emphasize what you are talking about, you may use both a noun and a direct object pronoun in the same sentence.

> **Ce feuilleton,** je **le** regarde toujours.
> **Les** annonces, je **les** déteste!

EXERCICES

A **Paul, le parfait.**   Votre ami Paul, c'est un garçon parfait. Il est sympa, généreux et travailleur *(hard-working)*. Conversez selon le modèle.

> prêter son baladeur   ÉLÈVE 1   *Est-ce que Paul prête son baladeur?*
> ÉLÈVE 2   *Oui, il le prête.*

1. prendre le petit déjeuner
2. fermer la télé
3. faire ses devoirs
4. préparer le déjeuner
5. prêter sa radio-cassette
6. regarder les informations
7. attendre ses amis
8. organiser la boum
9. rendre ton livre de poche
10. parler bien anglais

B **Paul, le désagréable.**   Hier soir, Paul n'a pas bien dormi. Donc, ce matin il n'est pas du tout sympa, généreux ou travailleur. Refaites l'Exercice A au négatif. Conversez selon le modèle.

> prêter son baladeur   ÉLÈVE 1   *Est-ce que Paul prête son baladeur?*
> ÉLÈVE 2   *Surtout pas! Il ne le prête pas!*

C Est-ce que vous êtes aimable? Est-ce que vous allez choisir d'être sympa? Avec un(e) camarade, conversez selon le modèle. Changez de rôle après le numéro 4.

> finir tes devoirs avant le dîner
>
> > ÉLÈVE 1 *Tu vas finir tes devoirs avant le dîner?*
> > ÉLÈVE 2 *Oui, je vais les finir avant le dîner.*
> >   OU: *Non, je ne vais pas les finir avant le dîner.*

1. rendre ce livre à la bibliothèque
2. attendre tes amis après les cours
3. apprendre ta leçon de français
4. inviter tes camarades de classe à une boum
5. préparer le dîner pour ta famille
6. écouter le professeur de français
7. prêter ta nouvelle cassette à un(e) ami(e)
8. fermer la télé à 7h ce soir

D Quel désordre! Pauvre Renée! Elle a perdu toutes les choses dont *(that)* elle a besoin. Aidez *(help)* Renée à trouver ses possessions.

sur la table ÉLÈVE 1 *Où est mon argent?*
ÉLÈVE 2 *Ton argent? Le voilà, sur la table.*

1. derrière la chaise

2. dans tes chaussures de ski

3. sous la table

4. à côté de tes skis

5. sous ton écharpe

6. sur le piano

E Parlons de toi.

1. Tes devoirs, tu les fais toujours? A l'école ou chez toi? A quelle heure est-ce que tu les fais, d'habitude? Tu regardes la télé pendant que tu les fais?

2. La musique classique, tu l'aimes? Pourquoi? Ou est-ce que tu préfères le rock ou le jazz?

3. Tes disques et tes cassettes, tu les prêtes souvent à tes copains? Est-ce que tes copains les perdent quelquefois?

4. Lesquels *(which)* de tes amis organisent les boums pour le groupe, d'habitude? Il y a toujours des boissons et des sandwichs? Qui les prépare? Il y a toujours des bons disques? Qui les apporte?

5. Pense au cadeau parfait. C'est quoi? A qui est-ce que tu vas l'offrir? Pourquoi?

ACTIVITÉ

Quelle est la question?   Working with a partner, make up questions that could be answered by the sentences below. How many can you write to fit each answer? The partnership with the most questions for each answer will read them to the class.

Oui, je l'écoute.
Est-ce que tu écoutes ton disque?
Tu écoutes le professeur?
La radio, tu l'écoutes?

Elle a combien de bracelets?

1. Oui, nous l'attendons.
2. Non, je ne les aime pas.
3. Oui, nous la vendons.
4. Non, je ne le comprends pas.

RÉVISION

Formez des phrases en français d'après les modèles.

1. Tiens! *Le quatorze, c'est le concert de «Pluie».*
   (Pascale's party is the 30th)
   (René's game is the 5th)

2. *Papa a vendu la voiture* tout de suite.
   (They [f.] returned the books)
   (You [fam.] answered the telephone)

3. Maintenant *il faut écouter un disque.*
   (he has to buy a portable stereo)
   (we have to sing the words)

4. *Est-ce que les enfants aiment le rock? Je pense que oui.*
   (Does Mom like jazz? I don't think so.)
   (Do they like the song? I don't think so.)

5. J'ai trouvé *ce collier. Est-ce que tu vas le prendre?*
   (those earrings)   (Is she going to sell them?)
   (that belt)   (Is he going to wear it?)

6. Elle va *prêter son bracelet à Marie la semaine prochaine.*
   (to borrow the scarf from Annie next Sunday)
   (to lend her bicycle to Robert next month)

Des musiciens au Centre
Pompidou

THÈME

Trouvez les expressions françaises qui correspondent à l'anglais et rédigez un paragraphe.

1. Say! It's Claudine's birthday on the 22nd.

2. I answered the invitation immediately.

3. Now I have to look for a gift.

4. Does Claudine like music? I think so.

5. I found this record. Is she going to like it?

6. I'm going to give the record to Claudine next Saturday.

RÉDACTION

Maintenant choisissez un de ces sujets.

1. Imagine that you were at Claudine's party. Describe her presents and tell who gave them to her.

2. Write a dialogue for picture 5.

CONTRÔLE DE RÉVISION   CHAPITRE 10

A   Les cadeaux d'anniversaire.
Write sentences telling what each person gives Grandma as a gift. Use *offrir*.

maman   *Maman offre du parfum à grand-maman.*

1. les cousines

2. André et moi

3. tu

4. Pierrot

5. grand-père

6. papa

B   Et quoi d'autre?   *(And what else?)*
Using a verb from the list and the words in parentheses, write a sentence that logically follows the numbered sentence.

attendre	perdre	répondre
entendre	rendre	vendre

Je travaille dans un bureau. (au téléphone)
Je réponds au téléphone.

1. Je suis à la gare. (le train)
2. Les joueurs sont tristes. (toujours)
3. Je commence à danser. (de la musique)
4. Il ne parle pas français. (en anglais)
5. Elle finit ses devoirs. (ses devoirs au prof)
6. Nous travaillons dans un magasin. (des écharpes)

C   Vous êtes impossible!
Write sentences saying that you like the items, but that you aren't taking them.

Ce collier?   *Je l'aime, mais je ne le prends pas.*

1. Ces chaussures?
2. Cette ceinture?
3. Cet anorak?
4. Cette écharpe?
5. Ce manteau?
6. Ces bracelets?
7. Cette chemise et cette cravate?
8. Cet imperméable et ce chapeau?

D   L'anniversaire de Paule.
Write answers to the questions using the cues in parentheses and the appropriate object pronoun.

Tu vas oublier l'anniversaire de Paule? (non)
Non, je ne vais pas l'oublier.

1. Tu vas organiser la boum? (oui)
2. Tu vas inviter Christine et Joël? (non)
3. Tu vas faire le gâteau d'anniversaire? (oui)
4. Tu vas emprunter mon tourne-disque? (non)
5. Tu vas cacher les cadeaux? (oui)
6. Tu vas servir la glace et le gâteau avant minuit? (non)

VOCABULAIRE DU CHAPITRE 10

Noms

l' argent de poche *(m.)*
la bague
le baladeur
les bonbons *(m.pl.)*
les boucles *(f.)* d'oreille
la boum
la boutique
le bracelet
le cadeau, *pl.* les cadeaux
la ceinture
le collier
la cravate
le gâteau d'anniversaire
le groupe
la guitare
l' instrument *(m.)*
l' invitation *(f.)*
l' invité *(m.)*, l'invitée *(f.)*
le jazz
le livre de poche
la montre
la musique (classique)
le parfum
la parole
le piano
le portefeuille
la radio-cassette,
    pl. les radio-cassettes
le rock
le sac
le tourne-disque

Pronoms

le, la, l', les
plusieurs

Adjectifs

amusant, -e
bruyant, -e
dernier, -ère *(latest)*
fauché, -e
parfait, -e
plusieurs

Verbes

attendre (pour)
cacher
deviner
emprunter (à)
entendre
inviter
jouer (de) + *musical instrument*
montrer
offrir (à)
organiser
oublier (de)
ouvrir
penser (à)
perdre
prêter
remercier (pour)
rendre
répondre (à)
vendre

Adverbes

comme
surtout (pas!)

Prépositions

d'après

Conjonction

donc

Expressions

bon anniversaire!
de rien
félicitations!
je pense que oui (non)
je t'en prie
les voilà
par exemple
tiens!
tout le monde

Questions

de quel instrument est-ce que
    tu joues?

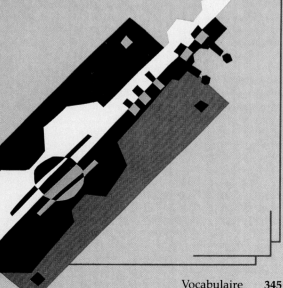

CHAPITRE 11

PRÉLUDE CULTUREL | L'ENSEIGNEMENT EN FRANCE

How would you like to be fourteen and in third grade? That's the way it is in France—not because they start school late, but because the French system of numbering the grades is the opposite of ours. An American student in ninth grade would be in *troisième* (third) in France, attending a *collège*. The *collège* includes the four grades that follow elementary school.

Imagine for a moment that you are in *troisième* in a *collège*. Your day starts at 7:55 when you take your seat for your first class at 8:00. You have four fifty-minute classes in the morning with a ten-minute break at 9:55. Lunch lasts for two hours. (Many students go home to eat or spend the time preparing for afternoon classes.) Courses start again at 2:00, with the day ending about 5:00. Although there are regular classes on Saturday mornings, most *collèges* close for a mid-week break on Wednesdays, when students can catch up on homework, play sports, or attend club activities.

Collégiens in *sixième, cinquième,* and *quatrième* all study basically the same subjects: French, math, science, history and geography, foreign languages, civics, music, art, shop classes, and physical education. In *sixième*, you must choose your first foreign language—usually English—and in *quatrième* you add yet another

language to your schedule. If you really like to study, there are three options available: Latin, Greek, or two extra hours of foreign language study each week.

Troisième is a very tough year. You are expected at this point to have learned how to organize your own time, take good notes in class, and write convincing papers. But more importantly, you must have made up your mind about your plans for the future. All through the *collège,* at the end of each trimester, a committee of teachers has met with your parents to discuss your work and to map out a course of study. At the end of *troisième,* the teachers will decide how your education will continue. You must take an exam that covers French, math, history, and geography. If you do well, and if your grades have been good, you can go on to the *lycée.* Only those students who successfully complete the *lycée* can go on to the university. If you do not do well, you enter an LEP *(lycée d'enseignement professionnel)* or a trade school where you spend two years learning a work skill or a trade.

French students must make decisions at a very early age that will affect their entire lives. There is intense competition in French schools for good grades, and students tend to work very hard—but they do still find time for fun.

MOTS NOUVEAUX I

Tu vas en perm?

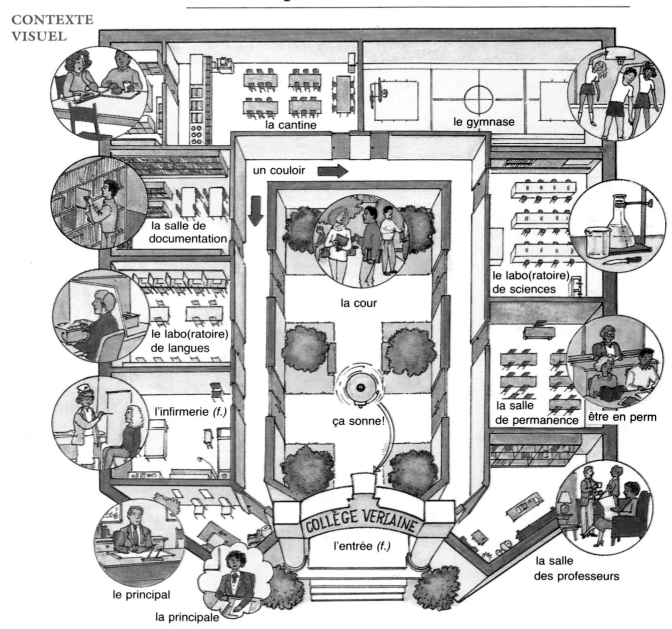

la cantine

le gymnase

un couloir

la salle de documentation

la cour

le labo(ratoire) de sciences

le labo(ratoire) de langues

l'infirmerie *(f.)*

ça sonne!

la salle de permanence

être en perm

COLLÈGE VERLAINE

l'entrée *(f.)*

le principal

la principale

la salle des professeurs

1 THIERRY   Ça sonne. Où est-ce que tu vas maintenant?

       AURÉLIE   A la cantine.

Variations:

■ à la cantine → au labo de langues

■ à la cantine → **en cours d'**anglais

    en cours d'(anglais) *to (English) class*

2 Dans le couloir.

       BRIGITTE   La salle des profs est près d'ici, n'est-ce pas?

       LAURENCE   Oui, tu vas tout droit jusqu'à la salle de permanence. La salle des profs est à côté. Mais pourquoi tu **y** vas?

       BRIGITTE   Ma prof de français a oublié un livre dans son **casier.**

    y *there*

■ mais pourquoi tu y vas? → **dis-moi** pourquoi tu y vas

    le casier *locker*
    dis-moi *tell me*

3 DANIEL   Je n'aime pas aller à la cantine. On y mange mal.

       FABIEN   C'est **vrai.** Il faut le **dire** au principal.

    vrai, -e *true*
    dire (à) *to say (to)*

■ à la cantine → au gymnase

  on y mange mal → il y fait froid

  il faut le dire → il faut dire **la vérité**

    la vérité *truth*

4 Madame Latour **enseigne** l'anglais. **Quelqu'un lui pose une question,** et elle **y** répond.

       UN ÉLÈVE   Où est-ce que vous avez appris l'anglais?

       MME LATOUR   A l'école et en Angleterre.

    enseigner *to teach*
    quelqu'un *someone*
    lui *(to) her / him*
    poser une question *to ask a question*
    y *(here) to it*

■ Madame Latour → Monsieur Barre

  l'anglais → l'allemand

  elle → il

  en Angleterre → en Allemagne

5 YOLANDE   Ça sonne.

     HERVÉ   Chouette! C'est **la récréation!**

la récréation (la récré)   *break; relaxation time*

6 **Les lycéens** français étudient deux langues étrangères. Il faut apprendre à lire, à **écrire** et à **prononcer**[1] beaucoup de **mots.**

MME LATOUR   Pour **faire des progrès** en anglais, il faut **assister au** cours tous les jours.

- assister au cours tous les jours → **apprendre** tous les mots **par cœur**
- assister au cours tous les jours → **correspondre avec** des amis anglais
- assister au cours tous les jours → bien lire les devoirs pour **corriger**[2] les fautes

le lycéen, la lycéenne   *high school student*

écrire   *to write*

prononcer   *to pronounce*

le mot   *word*

faire des progrès   *to make progress; to improve*

assister à   *to attend*

apprendre par cœur   *to memorize*

correspondre (avec)   *to correspond (with)*

corriger   *to correct*

[1]*Prononcer is a verb like* commencer. *Use* ç *in the* nous *form:* Nous prononçons les mots.
[2]*Corriger is a verb like* manger. *Add an* e *to the* nous *form:* Nous corrigeons nos devoirs.

EXERCICES

A   **Choisissez!**   Choisissez la réponse la plus logique.

1. Le prof dit à Sylvie d'aller *(écrire / enseigner)* sur le tableau.
2. Je m'ennuie dans ce cours! J'attends *(la récréation / la vérité)*.
3. Paul n'a pas cours. Il est *(en cours d'anglais / en perm)*.
4. Laurence cherche un journal allemand. Elle va à la salle de *(documentation / permanence)*.

Des lycéens pendant la récréation

5. Martine est une nouvelle élève au Collège Verlaine. Elle va avec ses parents *(au bureau du principal / à la salle des professeurs)*.
6. Si tu aimes les langues étrangères, il faut *(apprendre par cœur / correspondre avec)* des copains à l'étranger.
7. Au Lycée Montaigne on mange bien *(à la cantine / au gymnase)*.

B **La journée de Paul.** Vous cherchez votre ami Paul. Demandez à un(e) camarade où vous pouvez *(can)* trouver Paul pendant la journée. Conversez selon le modèle.

ÉLÈVE 1 *Où est Paul a huit heures moins cinq?*
ÉLÈVE 2 *Je pense qu'il est à l'entrée.*

1.
2.
3.
4.
5.
6.

C **Parlons de toi.**
1. Est-ce que tu préfères manger à la cantine ou est-ce que tu aimes mieux manger chez toi? Pourquoi? Est-ce que tu peux *(can)* rentrer chez toi pour le déjeuner, ou est-ce qu'il faut rester au lycée?
2. Est-ce que tu vas quelquefois chez le (la) principal(e)? Tu as peur quand tu y vas? Pourquoi? Le (la) principal(e) est sympa ou sévère?
3. En classe, quand tu ne comprends pas quelque chose, qu'est-ce qu'il faut faire? Est-ce que tu aimes poser des questions, ou est-ce que tu aimes mieux écouter les questions des autres? Est-ce que tu aimes répondre en classe aux questions du professeur?

APPLICATIONS

Une bonne idée

Dans le couloir du lycée.

LAURENCE	Salut, ça va?
GABRIEL	Euh … Non, pas vraiment.
LAURENCE	Mais qu'est-ce que tu as?
5 GABRIEL	Je vais au bureau de la principale.
LAURENCE	Oh là là, mais pourquoi?
GABRIEL	Je n'ai pas assisté aux cours la semaine dernière.
LAURENCE	Pendant *toute* la semaine!?
GABRIEL	Eh oui!
10 LAURENCE	Qu'est-ce que tu as fait alors?
GABRIEL	J'ai regardé tous les matchs de Roland Garros[1] à la télé.
LAURENCE	Tu as de la chance, toi!
GABRIEL	Oui, mais qu'est-ce que je vais dire à la principale?
15 LAURENCE	Eh bien, demande-lui[2] si elle aime le tennis!

[1]**Roland Garros** *famous tennis tournament*   [2]**demande-lui!** *ask her*

Questionnaire

1. Où sont Laurence et Gabriel?   2. Pourquoi est-ce que Gabriel répond que ça ne va pas?   3. Est-ce que Gabriel a assisté aux cours la semaine dernière?   4. Pourquoi est-ce qu'il n'a pas assisté aux cours?   5. A quoi est-ce qu'on joue à Roland Garros?   6. Qu'est-ce que Laurence dit à Gabriel de demander à la principale? C'est une bonne idée?

Situation

Working with a partner, create a dialogue based on «*Une bonne idée*». You have just received a note telling you to report to the principal's office. When a friend asks you why, you reply (choose one):

   a. You did not attend French class last Thursday and Friday.
   b. You did not bring your books to school all last week.

When the friend asks why not, you answer that you didn't do your homework, you lost all your books, you didn't study for a test, etc.

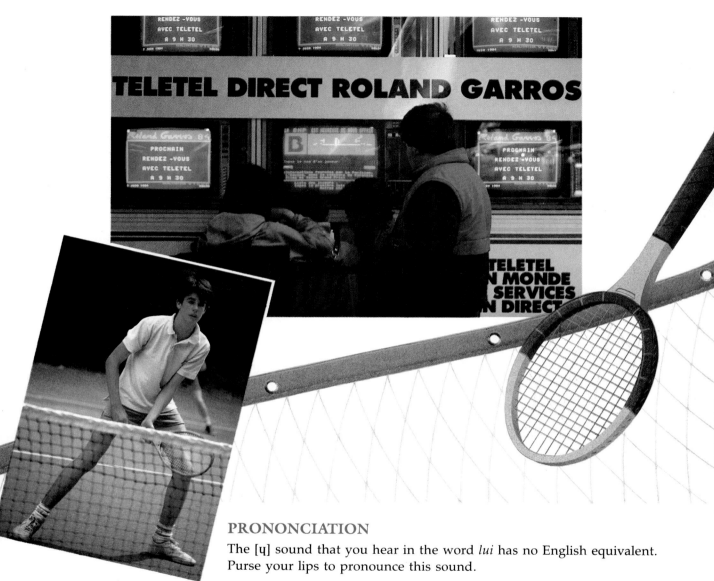

Le tennis est très populaire
en France.

PRONONCIATION

The [ɥ] sound that you hear in the word *lui* has no English equivalent.
Purse your lips to pronounce this sound.

1 Practice the [ɥ] sound in words.

lui   minuit   je suis   tout de suite   aujourd'hui

2 Contrast the sounds in these words.

[y/ɥ]   lu / lui   plu / pluie   jupe / juillet   le sud / la Suisse

3 Practice the [ɥ] sound in sentences.

Tu es suisse. Et lui?   Il n'y a pas de pluie en juillet.
Je suis chic aujourd'hui.   Ensuite il prend huit feuilles.

MOTS NOUVEAUX II

Quelle est ta matière préférée?

les mathématiques *(f.pl.)*
(les maths)

les sciences *(f.pl.)*

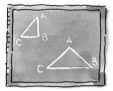

la géométrie

2x + 3 = 7
2X = 4
X = ?

— un problème

l'algèbre *(f.)*

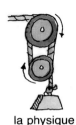

la biologie

la chimie

la physique

l'éducation physique
(et sportive) (l'E.P.S.) *(f.)*

la géographie

La Louisiane 1803

l'histoire *(f.)*

le dessin

CONTEXTE
COMMUNICATIF

1	ANNIE	Quelle est ta **matière** préférée?
	RAOUL	L'histoire.

Variations:
■ l'histoire → la géographie

la matière *(school) subject*

2	MARC	Qu'est-ce que tu fais cette année?
	CORALIE	Je **fais du** français, **de l'**anglais, **des** maths …

faire de + *school subjects* *to take*

3	ODILE	Tu as **un** bon **emploi du temps?**
	JACQUES	Oui, je n'ai pas cours le samedi.[1]

■ le samedi → d'une heure à trois heures le vendredi

l'emploi du temps *(m.)*
schedule

[1]Many French students have classes on Wednesday and Saturday mornings.

une carte postale

un magazine

une phrase

une histoire

une lettre

une enveloppe

un timbre

un poème

un chapitre

un exercice

4 THIERRY **Dis donc,** tu as **une interro** aujourd'hui?

DELPHINE Oui.

THIERRY Dans quelle matière?

DELPHINE En maths.

■ en maths → en physique

dis donc! *say!*
l'interro(gation) *(f.)* *quiz*

5 La géométrie est une matière **importante,** mais Luc est **nul en** maths. Renée **explique** un problème à Luc. Elle lui explique pourquoi ses **réponses** sont **fausses.**

■ sont fausses → ne sont pas **correctes**
■ Luc est nul → Luc et Jeanne sont nuls
  à Luc → à Luc et à Jeanne
  lui → **leur**
  ses réponses sont fausses → leurs réponses sont **incorrectes**

important, -e *important*
nul, -le en *no good in*
expliquer (à) *to explain (to)*
la réponse *answer*
faux, fausse *wrong, false*
correct, -e *correct*
leur *to them*
incorrect, -e *incorrect*

Mots Nouveaux II **355**

6
GUSTAVE Tu as eu quelle **note** à l'examen de géométrie?
LYDIE Dix-sept.[1]
GUSTAVE Félicitations! Tu es **intelligente,** toi!
LYDIE **On dit que** je suis **forte en** maths.

■ dix-sept → huit
Félicitations! Tu es intelligente, toi! → Tu n'as pas eu de chance!
je suis forte en maths → je suis nulle en maths

7 En Amérique. John est un élève **sérieux.** Pour faire des progrès en français, il va souvent au labo de langues.
JOHN **Comment dit-on** *story* en français?
MARY En français, c'est «l'histoire».

8
MARY Ce mot «vérité»: **Qu'est-ce que ça veut dire?**
JOHN Ça veut dire *truth* en anglais.

9 Dans la salle de documentation.
SOPHIE Qu'est-ce que tu fais?
MICHEL Je lis un chapitre d'histoire, et toi?
SOPHIE J'écris une lettre à mon **correspondant.** Tu as une enveloppe?
MICHEL Désolé. Thierry, prête une enveloppe à Sophie, s'il te plaît.

■ un chapitre d'histoire → un chapitre de biologie
une lettre → une carte postale
une enveloppe → un timbre

[1]The French grading system is based on a scale from 1–20. An average grade would be about 10; a failing grade would fall around 7.

Une leçon de physique au labo

---

la note *grade*

intelligent, -e *intelligent*
on dit que *they say that, people say that*
fort, -e en *good in*

sérieux, -euse *serious, conscientious*

comment dit-on …? *how do you say …?*

qu'est-ce que ça veut dire? *what does that mean?*

le correspondant, la correspondante *pen pal*

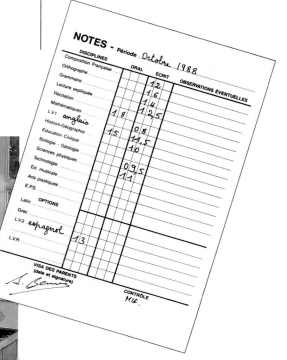

EXERCICES

A Nul ou fort? Vous cherchez quelqu'un pour vous aider *(to help you)* avec vos devoirs. Suggérez *(suggest)* ces personnes à un(e) camarade, qui va dire que les personnes sont nulles en ces matières. Conversez selon le modèle.

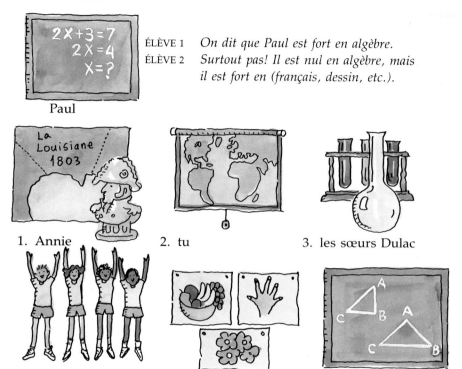

ÉLÈVE 1 *On dit que Paul est fort en algèbre.*
ÉLÈVE 2 *Surtout pas! Il est nul en algèbre, mais il est fort en (français, dessin, etc.).*

Paul

1. Annie   2. tu   3. les sœurs Dulac

4. vous   5. Charles   6. ton frère et toi

B Monsieur le dictionnaire. Votre correspondant français passe l'été chez vous. Il parle très bien anglais. Demandez-lui *(ask him)* la signification *(meaning)* de ces mots français (numéros 1–6). Ensuite, demandez-lui comment dire ces mots anglais en français (numéros 7–12). Conversez selon les modèles.

matière ÉLÈVE 1 *Ce mot «matière»—qu'est-ce que ça veut dire?*
         ÉLÈVE 2 *Ça veut dire «subject» en anglais.*

drawing ÉLÈVE 1 *Comment dit-on «drawing» en français?*
         ÉLÈVE 2 *On dit «dessin».*

1. faux	4. note	7. *to teach*	10. *pen pal*
2. couloir	5. récréation	8. *quiz*	11. *stamp*
3. lycéen	6. assister (à)	9. *to write*	12. *to make progress*

C **Mon emploi du temps.** Décrivez *(describe)* votre emploi du temps d'après un de ces modèles.

> A _____ h je vais en cours de (d') _____, etc.
>
> OU: De _____ h à _____ h je suis en cours de (d') _____, etc.

D **Parlons de toi.**
1. Qu'est-ce que tu fais cette année? Quelle est ta matière préférée? Est-ce que tu as un bon emploi du temps?
2. Qu'est-ce que tu vas faire l'année prochaine? Quand est-ce que tu vas choisir tes cours? Quels profs est-ce que tu vas avoir l'année prochaine, tu penses?
3. Tu as une interro aujourd'hui? demain? cette semaine? Pour quel(s) cours? Tu as beaucoup étudié?

Le prof explique un problème.

ACTIVIT[E]

L'ordinate[ur] ( ). Your school's new computer still has a fe[w bugs. It gave] [so]me amazing schedules for next year's classe[s.]

To play th[is game, cut strips] of paper. On e[ach strip write a] [F]rench name for a s[ubject. On six other] pieces, write times—~~and these~~ and these can be strange times! Finally, on six more strips, write the names of various places in the school.

Place all the strips with courses written on them in one paper bag. Place all the ones with times in another bag, and all the places in a third bag. Everyone in the class should then draw six courses, six times, and six places to determine the schedules for next year.

Write out your new schedule, then sit with a partner and describe your *emploi du temps.*

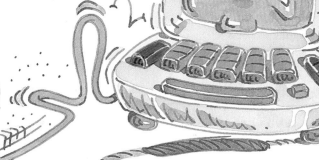

ÉTUDE DE MOTS

As you learn more words and expressions, you will find that you know more than one way to say certain things. By substituting synonyms and synonymous expressions, you can make what you say more interesting or more precise.

Can you find a synonym from the list for each of the words in italics?

drôle	calé	au magasin	a donné
incorrect	hypocrite	quelques	aimes mieux
contente	accompagner	écrire à	

1. Nous avons invité *plusieurs* camarades de classe à la boum.
2. C'est un homme *faux*. Je préfère les gens sincères.
3. Qui va *aller avec* Jean au labo de sciences?
4. Regarde le joueur à côté de Paul! Quel garçon *amusant!*
5. Tu *préfères* aller *à la boutique* maintenant ou plus tard?
6. Napoléon n'a pas vendu la Louisiane en 1800. C'est *faux.*
7. Je suis *heureuse* parce que cet été je vais *correspondre avec* Paul. Il va passer ses vacances à l'étranger.
8. Jean-Michel est plus *intelligent* que lui.
9. Qui *a offert* ce livre de poèmes à Jacqueline?

EXPLICATIONS I

Le verbe *dire*

OBJECTIVES:

TO DESCRIBE WHAT YOU SAY

TO REPORT WHAT OTHERS SAY

TO TELL OTHERS WHAT TO SAY

Look at the present tense of the verb *dire* ("to say").

INFINITIVE **dire**

			SINGULAR		PLURAL
PRESENT	1	je	**dis**	nous	**disons**
	2	tu	**dis**	vous	**dites**
	3	il } elle } **dit** on }		ils } elles } **disent**	

IMPERATIVE **dis! disons! dites!**

PASSÉ COMPOSÉ **j'ai dit**

1 When you want to tell what someone is saying or has said, use *que* after the form of *dire*. In English, we can drop the word "that," but *que* cannot be left out.

> Elle **dit que** son ami est là.   *She **says (that)** her friend's there.*
> Il **a dit qu'**il y a une interro.   *He **said (that)** there's a quiz.*

2 You can use the imperative of *dire* to tell other people what to say. Use *à* + person(s) to say who should be told something and *de* + infinitive to say what they should do.

> Anne, **dis à ta sœur de rester** dans la cour.   *Anne, **tell your sister to stay** in the courtyard.*

A l'entrée d'un lycée technique, près de Paris

EXERCICES

A Des films du pique-nique *(picnic).* Vous et un copain, vous regardez des vieux films de sa famille. Ses parents ont fait ces films, et il n'y a pas de son *(sound)*. Posez des questions pour savoir *(to know)* ce que *(what)* les gens disent. Conversez selon le modèle.

> ton frère / il a sommeil ÉLÈVE 1 *Qu'est-ce que ton frère dit?*
> ÉLÈVE 2 *Il dit qu'il a sommeil.*

1. toi / j'ai faim
2. tes grands-parents / il fait froid
3. ta mère / il va pleuvoir
4. tes parents / les sandwichs sont bons
5. vous / nous allons jouer au volley
6. ton cousin / il n'y a plus d'orangeade
7. ta tante et ton oncle / les fleurs sont belles
8. ta grand-mère / elle part

B Qu'est-ce qu'on dit quand ...? Choisissez une réponse de la liste. Employez une forme de *dire* dans votre réponse.

je t'en prie	c'est formidable	répétez, s'il vous plaît
félicitations	je suis désolé(e)	salut, tout le monde
quel ...!	bonjour	il faut mieux travailler
bravo!	c'est très bien	tu n'as pas de chance
c'est dommage	bon anniversaire	tu as de la chance

1. Qu'est-ce que votre professeur dit quand:
   a. vous n'avez pas fini vos devoirs?
   b. vos réponses en classe sont correctes?
2. Qu'est-ce que vous dites quand:
   a. vous entrez dans la salle de classe?
   b. un copain dit «merci» pour un cadeau?
   c. vos copains portent des nouveaux vêtements?
   d. vous ne comprenez pas la question de votre professeur?
3. Qu'est-ce que vos parents disent quand:
   a. vous avez des bonnes notes? des mauvaises notes?
   b. c'est votre anniversaire?

PROVERBE

Qui ne dit mot consent.

Les verbes *écrire* et *lire*

◆ **OBJECTIVE:**

TO DESCRIBE WHAT YOU READ AND WRITE

The verbs *écrire* ("to write") and *lire* ("to read") are similar to *dire* in the present tense. Note that the past participle of *lire* is different: *J'ai **lu** la lettre.*

INFINITIVES	**écrire**			**lire**		
1	j' **écris**	nous **écrivons**		je **lis**	nous **lisons**	
2	tu **écris**	vous **écrivez**		tu **lis**	vous **lisez**	
3	il elle on } **écrit**	ils elles } **écrivent**		il elle on } **lit**	ils elles } **lisent**	

IMPERATIVE **écris! écrivons! écrivez!** **lis! lisons! lisez!**

PASSÉ COMPOSÉ **j'ai écrit** **j'ai lu**

1 When you want to tell to whom you are writing, use *à* + a person after the form of *écrire*. We can leave out the word "to" in English, but you cannot leave out *à* in French.

Elle a écrit **à** sa mère.   *She wrote **(to)** her mother.*

Combien de cartes postales écrit-elle?

EXERCICES

A A la salle de documentation. Tout le monde est à la salle de documentation cet après-midi pour écrire ou pour lire quelque chose. Qu'est-ce qu'ils font? Pour les numéros 1–6, dites qu'ils écrivent. Pour les numéros 7–12, dites qu'ils lisent.

Fabienne *Fabienne écrit une histoire.*

1. je
2. ils
3. tu
4. Eve
5. vous
6. nous

Fernande *Fernande lit une histoire.*

7. je
8. tu
9. nous
10. vous
11. des lycéens
12. Martine

B Parlons de toi.
1. Est-ce que tu aimes lire? Qu'est-ce que tu lis? Des romans? Des poèmes? Qui a écrit ton roman préféré? ton poème préféré?
2. Quel journal est-ce que tes parents lisent? Et toi, tu lis le journal tous les jours, ou seulement quelquefois? Est-ce que tu préfères lire le journal ou regarder les informations à la télé? Pourquoi?
3. Quels magazines est-ce que tu lis? Tu les lis tous les mois, ou seulement quelquefois? Ils coûtent combien? Tu les achètes dans un magasin, ou est-ce que tu as un abonnement *(subscription)?*
4. Est-ce que tu écris des lettres? A qui est-ce que tu les écris? Est-ce que tu as un(e) correspondant(e)? Tu écris souvent à ton(ta) correspondant(e)?

APPLICATIONS

Tu as un bon emploi du temps?

D'après son emploi du temps, qu'est-ce qu'Alain fait cette année?

C'est le premier jour dans ce lycée pour Alain. Il demande des renseignements (*information*) à Julie. Imaginez leur conversation. Voici quelques questions:

ALAIN Où est …? Est-ce que le prof est …? A quelle heure est …?

JULIE Qu'est-ce que tu fais? Est-ce que tu aimes …? Quelle est ta matière préférée? Quelle langue est-ce que tu fais?

Dans la salle de documentation

Au restaurant universitaire,
à Paris

87 IDENTITE SCOLAIRE 88

Nom   : *DELION*
Prénom : *Geofray*
Né(e) le: *6/10/70* à *Alençon*
✉ *Quessal en Plescop*
56890 ST AVE ☎ *97.60.77.24*
est élève de : *1ère 3 S*
Saint-François Xavier
3, rue Thiers Vannes
☎ 97.47.12.80.

EXT INT 1/2 P

EXPLICATIONS II
Les pronoms compléments d'objet indirect: *lui, leur*

◆ **OBJECTIVES:**

TO DESCRIBE DOING THINGS FOR OTHERS

TO DESCRIBE GIVING THINGS TO OTHERS

An indirect object tells *to whom* or *for whom* an action is performed. When a person is the indirect object of a verb, you use the preposition *à* after the verb to show that the action is being done to that person: *Elle écrit à Paul.* To avoid repeating the noun, you can replace *à* + person by an indirect object pronoun. Here is how you say "to him," "to her," and "to them."

SING.	M.	Tu écris **à Paul?**	Oui, je **lui** écris.
	F.	**à Jeanne?**	Oui, je **lui** écris.
PL.	M.	Tu écris **à Jeanne et à Paul?**	Oui, je **leur** écris.
	F.	**à Jeanne et à Eve?**	Oui, je **leur** écris.

1 An indirect object pronoun replaces the entire object of the verb, not just the noun.

> L'agent dit quelque chose **à la jeune touriste allemande en pantalon vert.** Il **lui** parle lentement.

2 Indirect object pronouns are placed in the same position as direct object pronouns. In present tense sentences, they go directly before the verb of which they are the object.

> Je **leur** explique le problème.
> Je ne **leur** donne pas la réponse.

In sentences with *aller* + infinitive, indirect object pronouns go directly in front of the infinitive.

> Je vais **lui** téléphoner demain.
> Je ne vais pas **lui** téléphoner ce soir.

In the passé composé, they come before the form of *avoir.*

> Elle **lui** a donné une feuille de papier.
> Elle ne **lui** a pas donné de cahier.

EXERCICES

A Les remerciements *(Thank-yous).* Vous avez fêté *(celebrated)* votre anniversaire la semaine dernière, et maintenant votre père dit qu'il faut écrire des lettres de remerciements pour les cadeaux. Pour toutes les personnes, dites que vous leur écrivez maintenant.

> Tu écris à tes grands-parents?
> *Je leur écris maintenant, papa.*

1. Et à ta tante Lucie?
2. Et aux voisins?
3. Et à Jean-Claude?
4. Et à Sylvie?
5. Et à tes cousines?
6. Et à tes copains?

B Le chouchou du prof *(Teacher's pet).* Il y a toujours des élèves qui font tout ce que *(everything)* le prof leur demande. Avec un(e) camarade, jouez les rôles du prof et d'un élève. Conversez selon le modèle.

> donner ton cahier à Robert
> ÉLÈVE 1 *Tu donnes ton cahier à Robert, s'il te plaît?*
> ÉLÈVE 2 *Oui, monsieur (madame). Je vais lui donner mon cahier.*

1. expliquer le problème à Marc
2. lire ce poème à tes camarades
3. montrer cette photo à tes voisins
4. donner une feuille de papier à Francine
5. prêter ton stylo à Colette
6. rendre ce livre au principal

C C'est déjà fait! Maintenant, le prof demande si vous avez fait les choses qu'il vous a demandé de faire dans l'Exercice B. Vous répondez que vous les avez déjà faites. Conversez selon le modèle.

> donner ton cahier à Robert
> ÉLÈVE 1 *Tu lui as donné ton cahier?*
> ÉLÈVE 2 *Bien sûr, monsieur (madame),*
>   *je lui ai donné mon cahier!*

D Choisir un cadeau. Vous pensez déjà aux cadeaux de Noël—les cadeaux que vous allez *offrir,* bien sûr! Votre petit frère a cherché des idées dans des magazines, et les voici. Dites-lui quel cadeau vous n'allez pas offrir et quel cadeau vous allez offrir à chaque personne.

papa　　Mais dis donc! On ne va pas lui offrir une voiture! On lui offre un pull, d'accord?

1. à grand-maman

2. à nos grands-parents

3. à tante Cécile

4. à oncle Gauthier

5. à nos cousins

6. à maman et à papa

E Dans la salle de permanence. Répondez aux questions avec des phrases complètes. Employez un pronom d'objet direct *(le, la, les)* ou un pronom d'objet indirect *(lui, leur).*

1. Est-ce que tu apportes tes livres à la salle de permanence?
2. Est-ce que tu parles à tes copains dans la salle de permanence?
3. Est-ce que le professeur corrige les devoirs de ses élèves pendant ce temps?
4. Est-ce que le prof explique quelques problèmes aux élèves?
5. Est-ce que tu étudies tes leçons pendant ce temps?
6. Est-ce que tu prêtes des choses à ton voisin?

Le pronom *y*

1 You have learned that *à* + a person can be replaced by *lui* or *leur*. In the same way, *à* + a place or thing can be replaced by the pronoun *y*.

Vous allez **au lycée?**	Oui, nous **y** allons.
Tu réponds **aux invitations?**	Oui, j'**y** réponds.
Elles jouent **au basket?**	Oui, elles **y** jouent.

There is elision (*j'y, n'y*) and liaison (*on y, nous y, vous y, ils y, elles y*) with *y*.

◆ **OBJECTIVE:**
TO REFER TO PLACES AND THINGS ALREADY MENTIONED

2 The pronoun *y* can also replace expressions of location introduced by words such as *en, chez, dans, devant, derrière, sur*, etc.

Il va **en ville?**	Oui, il **y** va ce soir.
Quand est-ce que le prof entre **dans la salle de classe?**	Il **y** entre à 8h.
Tu vas **chez le boucher?**	Oui, j'**y** vais.

3 Like the other object pronouns, *y* goes directly in front of the verb of which it is the object. In sentences with *aller* + infinitive, *y* goes directly before the infinitive. In the passé composé, *y* goes before the form of *avoir*.

Tout le monde lit!

Elle va **y** assister avec moi.
Elle ne va pas **y** assister avec lui.
Ils **y** ont répondu très vite.
Nous n'**y** avons pas répondu hier.

EXERCICES

A Quand? Il y a un temps pour tout *(everything)*. Quand est-ce qu'on va à ces endroits *(places)*? Choisissez la réponse la plus logique, et répondez d'après le modèle.

> à la piscine (en hiver / en été)
> *A la piscine? On y va en été. On n'y va pas en hiver!*

1. au parc (l'après-midi / après minuit)
2. au café (quand on a sommeil / quand on a soif)
3. à la boulangerie (quand on a besoin de lait / quand on a besoin de pain)
4. chez un ami (quand il y a une boum / quand on n'a pas d'invitation)
5. en ville (quand on va faire du ski / quand on va faire des courses)
6. au lycée (le lundi / le dimanche)
7. aux concerts (quand on aime la musique / quand on aime les films)
8. en cours (à 8h du soir / quand ça sonne)

B La semaine en revue *(in review).* Avec un(e) camarade, posez des questions pour trouver ce que *(what)* vous avez fait cette semaine. Conversez selon le modèle.

> jouer aux échecs ÉLÈVE 1 *Est-ce que tu as joué aux échecs cette semaine?*
> ÉLÈVE 2 *Oui, j'y ai joué.*
> OU: *Non, je n'y ai pas joué.*

1. assister à tes cours
2. jouer au volley
3. parler dans le couloir
4. déjeuner à la cantine
5. accompagner un ami au parc
6. répondre aux questions du prof

C Et la semaine prochaine? Avec un(e) camarade, posez des questions pour trouver ce que vous allez faire la semaine prochaine. Employez les activités de l'Exercice B. Conversez selon le modèle.

> jouer aux échecs ÉLÈVE 1 *Est-ce que tu vas jouer aux échecs la semaine prochaine?*
> ÉLÈVE 2 *Oui, je vais y jouer.*
> OU: *Non, je ne vais pas y jouer.*

D Parlons de toi.

1. Tu téléphones souvent à tes amis? Combien de fois par semaine? Quand est-ce que tu leur téléphones? Pourquoi est-ce que tu leur téléphones, d'habitude?

2. Est-ce que tu parles aux professeurs quand il n'y a pas cours? Qu'est-ce que tu leur dis? Qu'est-ce que tu leur demandes?

3. Tu as un petit frère ou une petite sœur? Tu lui offres des petits cadeaux quelquefois? Qu'est-ce que tu lui offres?

4. Est-ce que tu réponds tout de suite aux lettres? aux invitations? au téléphone quand il sonne?

5. Combien de fois est-ce que tu vas au concert dans une année? Pourquoi est-ce que tu y vas? Tu y vas avec un groupe, d'habitude, ou seulement avec un, deux ou trois amis? Comment est-ce que vous y allez? A quelle heure est-ce que vous y arrivez?

6. Quand tu sors avec un(e) ami(e), est-ce que tu vas d'abord chez l'ami(e)? Tu y entres pour parler avec ses parents? Tu aimes leur parler, ou est-ce que tu préfères ne pas leur parler?

ACTIVITÉ

Un peu de mime.   Write the names of two places on slips of paper (*le labo de chimie, la boulangerie, le théâtre*, etc.) and put them in a box. Each student draws two slips from the box, and the class divides into groups of four or five students.

Group members take turns pantomiming actions that go on in the places indicated. Other team members will try to guess the locations.

ÉLÈVE 1   *Ah, tu es dans le labo de chimie.*
ÉLÈVE 2   *Oui, j'y suis.*
OU: *Non, je n'y suis pas.*

Each team should choose one of their pantomimes to perform together for the rest of the class.

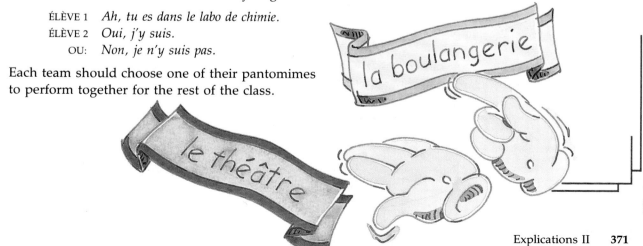

RÉVISION

Formez des phrases en français d'après les modèles.

1. Il est *14h15. Les enfants sont dans la salle de classe.*
   (3:00 P.M.) *(My parents are in the principal's office.)*
   (noon) *(The high school students are in the cafeteria.)*

2. *Vous avez écrit vos devoirs d'anglais.*
   (The teacher read our French exercises.)
   (We wrote our chemistry problems.)

3. Maintenant *tu écris des cartes postales à tes copains.*
   (they're [m.] writing) *(to their neighbors)*
   (we're writing) *(to our principal [f.])*

4. *Elle lui dit qu'elle va aller chez lui en août.*
   (I'm telling her that I'm going to go to her house)
   (They're [m.] telling them [f.] that they're going to go to their house)

5. *Paul va y passer un an.*
   (Anne is going to spend a week there.)
   (I'm going to wait there fifteen minutes.)

Les lycéens écoutent le professeur.

THÈME

Trouvez les expressions françaises qui correspondent à l'anglais et rédigez un paragraphe.

1. It's 1:30 P.M. John is in study hall.

2. He wrote his geometry problems.

3. Now he's writing a letter to his pen pal.

4. He's telling him that he's going to go to his house in July.

5. John is going to stay there ten days.

RÉDACTION

Maintenant choisissez un de ces sujets.

1. John complains to you that he's no good in foreign languages. What advice do you give him so that he can improve? Write a conversation between you and John.

2. Imagine that you have a pen pal who has asked you to describe your school and the classes that you are taking this year. You send him or her a photograph of your school and you decide to write the information on the back of the photo. Write that paragraph.

A   A l'école.
Write sentences telling where the following activities are likely to occur.

> Les enfants sont en récré.
> *Ils sont dans la cour.*

1. J'écoute et je prononce des mots français.
2. Nous faisons de l'E.P.S.
3. Le prof explique un problème de physique.
4. Je prends un sandwich et un jus d'orange.
5. M. Leblanc prend du café après les cours.
6. Marie cherche un magazine.

B   Comment sont les élèves?
Write sentences telling what kind of students Annie's classmates are, according to their grades in the subjects pictured.

Annie, 14   *Annie est forte en espagnol.*

1. Didier, 7

2. vous (*f.*), 15

3. toi (*m.*), 14

4. Paul et Eve, 5

5. Colette et moi, 16

6. Ludovic, 6

C   En perm. Qu'est-ce qu'on fait?
Write sentences telling what the people read or write for homework. Choose *lire* or *écrire*.

> Monique __*lit*__ un poème de Jacques Prévert.

1. Ils _____ les problèmes de maths avec un stylo.
2. Nous _____ un chapitre d'histoire.
3. André _____ les réponses dans son cahier.
4. Vous _____ un magazine italien.
5. Tu _____ une lettre de ta correspondante.
6. André _____ des réponses à l'Exercice A.

D   Des bonnes notes.
Are good grades important? Write sentences telling how people answer this question.

> Annie: oui   *Annie dit «oui».*

1. nos parents: oui
2. nous: non
3. la prof de maths: oui
4. moi: non
5. toi: non
6. vous: oui

E   Les cadeaux.
Write answers to the questions, telling what you gave to the people as gifts. Use *lui* or *leur*.

> Qu'est-ce que tu as offert à ta sœur?
> (une montre)
> *Je lui ai offert une montre.*

1. Et à Denise? (une écharpe)
2. Et à Grégoire? (un portefeuille)
3. Et à tes grands-parents? (des gants)
4. Et à Roger et à Charles? (des ceintures)
5. Et à ta mère? (un chemisier)

F   Les activités du soir.
Rewrite the paragraph, replacing the expressions in italics with *y*.

D'habitude le soir à 6h, je suis à la bibliothèque. Je fais mes devoirs *à la bibliothèque* et je parle avec mes amis *à la bibliothèque*. A 8h nous allons au café. Nous prenons des boissons *au café*. Nous restons *au café* jusqu'à 9h.

Noms

l' algèbre *(f.)*
la biologie
la cantine
la carte postale
le casier
le chapitre
la chimie
le correspondant, la
    correspondante
le couloir
la cour
le dessin
l' éducation physique (et
    sportive) (l'E.P.S.) *(f.)*
l' emploi du temps *(m.)*
l' entrée *(f.)*
l' enveloppe *(f.)*
l' exercice *(m.)*
la géographie
la géométrie
le gymnase
l' histoire *(f.) (history; story)*
l' infirmerie *(f.)*
l' interro(gation) *(f.)*
le labo(ratoire) de sciences (de
    langues)
la lettre
le lycéen, la lycéenne
le magazine
les mathématiques (les maths)
    (f.pl.)
la matière
le mot

la note
la phrase
la physique
le poème
le principal, la principale
le problème
la récréation (la récré)
la réponse
la salle de documentation
la salle de permanence
la salle des professeurs
les sciences *(f.pl.)*
le timbre
la vérité

Pronoms

leur
lui
quelqu'un
y

Adjectifs

correct, -e
faux, fausse
important, -e
incorrect, -e
intelligent, -e
sérieux, -euse
vrai, -e

Verbes

assister (à)
correspondre (avec)
corriger
dire
écrire
enseigner
expliquer (à)
lire

Expressions

aller en cours de
apprendre par cœur
ça sonne!
dis donc!
dis-moi!
être en perm
faire de + *school subject*
faire des progrès
fort, -e en
nul, -le en
on dit que
poser une question

Questions

comment dit-on …?
qu'est-ce que ça veut dire?

gym au cœur de paris

PRÉLUDE CULTUREL | LA SANTÉ DES FRANÇAIS

The French, like many of us, have an increasing interest in a healthy lifestyle, including a growing concern about physical fitness and good eating habits.

The French have always enjoyed a variety of sports. Now they practice their favorite sports not only for recreation but also to stay healthy. Almost every town has a public swimming pool, and many have municipal tennis courts as well. Local organizations set up clubs to encourage people to practice their sport of choice. Soccer, judo, and cycling are among the most popular.

In Paris, where cars greatly outnumber pedestrians, you will see many people in warm-up suits jogging or walking briskly. They thread their way through traffic in the streets, rush past pedestrians on crowded sidewalks, and enjoy the open space in the city's parks. Many streets have special bicycle lanes reserved for people who want to pedal their way around rather than drive in clogged traffic. It takes a lot of courage to face Parisian motorists on a bicycle!

Health clubs have also sprouted. They offer facilities for aerobics, jazz dancing, yoga, body building, and other forms of exercise. Television channels broadcast exercise classes so that people can train in their own homes. Health magazines offering advice on how to achieve the ultimate healthy look are also popular. The French realize that to look good, you have to look healthy, and staying fit has become fashionable.

The French do not stay healthy just by exercising. Great French chefs, aware of the health craze in their country, have created *la nouvelle cuisine* (new-style cooking). Traditional French cooking relies on the use of butter, heavy cream, and rich sauces. *Nouvelle cuisine* chefs have come up with new ingredients and lighter recipes, so the French can indulge in their great passion for food while paying attention to their health.

The French of the 1990s have given new meaning to the words of Brillat-Savarin, a celebrated eighteenth-century gourmet and food critic: *Dis-moi ce que tu manges et je te dirai qui tu es.* (Tell me what you eat, and I'll tell you who you are.)

Even people who are health-conscious sometimes need to see a doctor. In France, medical care is never expensive. France has a national system that provides medical care at minimal cost. Most charges, from doctor visits to prescription medicines, are paid for by social security *(la Sécurité sociale)*. Everyone contributes to the social security system, which ensures that inexpensive health care is available to anyone who needs it.

MOTS NOUVEAUX I

Comment est ton ami?

le corps
la tête
le dos
le bras
la main
le pied
la jambe

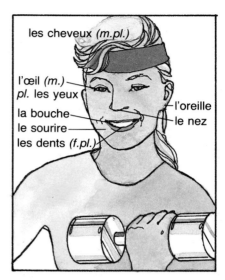

les cheveux (m.pl.)
l'œil (m.)
pl. les yeux
la bouche
le sourire
les dents (f.pl.)
l'oreille
le nez

**CONTEXTE
COMMUNICATIF**

1 HERVÉ   Qui est la jeune fille **blonde** là-bas?
   CAROLINE   C'est Annie Leblanc, une camarade de classe.
   HERVÉ   Qu'est-ce que tu **penses d'**elle?
   CAROLINE   Elle est très sympa.

Variations:
- la jeune fille blonde → le garçon **roux**
  Annie Leblanc, une camarade → Gauthier Leblanc, un
                                camarade
  tu penses d'elle → tu penses de lui
  elle est très sympa → il est très **gentil**[1]

blond, -e   *blond*

penser de   *to think of; to have an
opinion about*

roux, rousse *redheaded*

gentil, -le *nice, kind*

---

[1]The adjective *gentil* often comes before the noun: *C'est une **gentille** petite fille.*

378   Chapitre 12

faire de la gym

nager[2]

marcher

les lunettes *(f.pl.)*

les lentilles (de contact) *(f.pl.)*

les cheveux frisés

les cheveux raides

les cheveux courts

les cheveux longs

les cheveux bruns

les cheveux noirs

les cheveux roux

les cheveux blonds

2 SOLANGE Comment est ton nouvel ami?

DELPHINE Hmm … assez grand. Il **a les cheveux bruns**[3] et il **a les yeux** bleus.

■ bruns → noirs
  bleus → bruns

avoir les cheveux … *to have … hair*

brun, -e *brown; dark*

avoir les yeux … *to have … eyes*

3 GENEVIÈVE On va à la piscine?

FERNAND D'accord! On attend Didier?

GENEVIÈVE Non, il **ne** va **plus** à la piscine.

■ il ne va plus → il **ne** va **jamais**
■ il ne va plus à la piscine → il **ne** va à la piscine **que les week-ends**
■ il ne va plus à la piscine → il n'**est** pas **en forme**

ne … plus *not … anymore*

ne … jamais *never*

ne … que *only*

le week-end *weekend*

être en forme *to be fit, in shape*

---

[2]*Nager* is a verb like *manger.* Add an *e* to the *nous* form: *Nous nageons une fois par semaine.*

[3]When referring to body parts, the French usually use the definite articles.

4 A la porte du gymnase.

UNE DAME   Pardon. Est-ce que **je peux** téléphoner ici?
UN GARÇON Oui, madame. Je vais **vous** montrer le téléphone.

■ UNE DAME → UNE JEUNE FILLE
oui, madame → bien sûr
je vais vous montrer → je vais **te** montrer

je peux …? *may I …?*
vous *(to) you*

te *(to) you*

5 D'habitude le matin il **n'y** a **personne** à la piscine.

PIERRE   Je vais nager maintenant. Et toi?
SOPHIE   Tu **m'**attends, j'y vais aussi.

■ il n'y a personne → **personne ne** va
■ et toi? → et vous?
   SOPHIE → SOPHIE ET RENÉ
   tu m'attends, j'y vais → tu **nous** attends, nous y allons

ne … personne *not … anyone*

me (m') *me*

personne ne *no one*

nous *us*

6 PIERRE   Qu'est-ce que tu fais après la gym?
CAROLINE Je **ne** fais **rien** aujourd'hui.
PIERRE   Tu **veux** aller nager avec nous?
CAROLINE Je **veux bien.**

■ je veux bien → **si tu veux**
■ je veux bien → **ça m'est égal**
■ je veux bien → je ne **peux** pas, j'**ai rendez-vous**

ne … rien *not … anything*
vouloir *to want*
vouloir bien *to be willing*
si tu veux *if you want, if you wish*
ça m'est égal *it's all the same to me*
pouvoir *to be able; can*
avoir rendez-vous *to have an appointment*

EXERCICES

A Les parties du corps. Imaginez que vous parlez avec votre petit cousin, qui a trois ans. Vous lui enseignez les mots pour les parties du corps. Identifiez les parties indiquées.

1. *C'est la tête.*

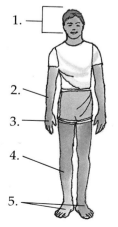

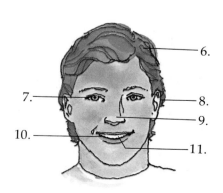

B Qui a les cheveux longs? Décrivez les élèves d'après leurs cheveux.

Paul

Paul a les cheveux raides.
OU: *Paul a les cheveux blonds.*

1. Sandrine

2. Lionel

3. Sophie

4. Yves

5. Antoine

6. Delphine

C Parlons de toi.

1. Comment es-tu? Comment sont tes cheveux? tes yeux?
2. Comment est ton professeur?
3. Combien de personnes dans ta famille portent des lunettes ou des lentilles? Tu portes des lunettes ou des lentilles, toi?
4. Tu aimes nager? Où est-ce que tu nages? Combien de fois par semaine (par mois, par an) est-ce que tu nages?

DOCUMENT

Un geste. To show that you don't believe something a friend is telling you, you can place your index finger on your cheek just below your eye and say "Mon œil!"

PIERRE *Aujourd'hui j'ai eu 20 en maths!*
TOI *Toi? Vingt en maths?! Mon œil!*

APPLICATIONS

Comment faire des progrès en anglais

Lionel, Rose et Nathalie sont dans la cour du lycée.

LIONEL	Salut! Où tu vas?
ROSE	Au labo de langues.
LIONEL	Encore?[1] Mais tu y vas tous les jours!
5 ROSE	Je veux faire des progrès en anglais, moi.
NATHALIE	Eh oui, c'est une langue très importante. Cette année, toutes les filles du lycée adorent l'anglais.
LIONEL	Ah bon?[2] Pourquoi?
ROSE	Eh bien, il y a un nouvel élève américain qui passe
10	l'année ici, et il nous aide[3] avec nos devoirs.
LIONEL	Il est sympa? Il explique bien?
NATHALIE	Il a surtout les yeux bleus ...
ROSE	Les cheveux bruns ...
NATHALIE	(rêveuse)[4] Et un sourire ... un sourire ...
15 LIONEL	Ça alors![5] Vous allez faire des progrès en anglais grâce à[6] son sourire!?

[1]**encore** *again*   [2]**ah bon?** *really?*   [3]**aider** *to help*   [4]**rêveur, -euse** *dreamy*   [5]**ça alors!** *oh, come on*   [6]**grâce à** *thanks to*

Questionnaire

1. Où sont Lionel, Rose et Nathalie?   2. Quelle langue est-ce que Rose apprend?   3. Où vont les deux filles?   4. Elles y vont souvent?
5. Pourquoi est-ce que toutes les filles adorent l'anglais cette année?
6. Comment est le nouvel élève américain?

Situation

Working with two classmates, create a dialogue based on «*Comment faire des progrès en anglais*». Imagine that many students are interested in a subject this year because there is a new, good-looking foreign student who can help with the homework.

Deux lycéens dans l'entrée de leur école

PRONONCIATION

The nasal vowel sound [ã] is the vowel sound in the word *dans.*

1 These words all end in the [ã] sound. Listen and repeat.

ans   dent   grand   temps   quand

2 These words have the nasal sound [ã] followed by a consonant. Listen and repeat.

grande   France   banque   jambe   prendre

3 Contrast the sounds of [a] in *la* and [ã] in *dans.* Say these pairs of words.

[a / ã]   Anne / an   dame / campagne   Jeanne / Jean

4 Contrast the sounds of [ɔ̃] in *bon* and [ã] in *dans.* Say these pairs of words.

[ɔ̃ / ã]   vont / vent   son / sans   blond / blanc

5 Practice the sound [ã] in sentences.

Ces gens sont vraiment grands.   L'agent entre dans la banque.
L'enfant prend son argent.   Grand-maman mange lentement.

MOTS NOUVEAUX II

Qu'est-ce qui ne va pas?

être malade
avoir mauvaise mine

avoir de la fièvre

avoir mal à la tête

ATCHOUM!

avoir bonne mine

avoir mal à la gorge

avoir mal au dos

avoir mal aux dents

avoir mal à l'oreille

avoir un rhume

une dentiste   un dentiste

un opticien   une opticienne

un médecin[1]

un infirmier

une infirmière

[1]Like *le professeur*, *le médecin* is a masculine noun that is used for both men and women: *Madame Beaumont est **un bon médecin**.*

 aller mal

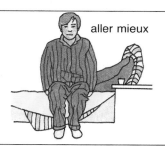 aller mieux

 aller bien

CONTEXTE COMMUNICATIF

1 Chez les Latour.

MME LATOUR   Dis donc, Paul. Tu as mauvaise mine
              aujourd'hui!
PAUL   Ohhhh, ça va mal.
MME LATOUR   Il faut **prendre rendez-vous** chez le médecin.

■ tu as mauvaise mine → tu n'as pas bonne mine
  ça va mal → j'ai de la fièvre

prendre rendez-vous   *to make
an appointment*

2 Au lycée.

DELPHINE   Qu'est-ce que tu as, toi?
FERNAND   Je ne **suis** pas **en forme.**
DELPHINE   Il faut aller à l'infirmerie.

■ qu'est-ce que tu as, toi? → **qu'est-ce qui ne va pas?**

être en forme   (here) *to feel well*

qu'est-ce qui ne va pas?
what's wrong?

3 A l'infirmerie.

L'INFIRMIÈRE   **Où est-ce que tu as mal?**
FERNAND   J'ai mal à la gorge.

■ où est-ce que tu as mal? → qu'est-ce qui ne va pas?
  à la gorge → à la tête

où est-ce que tu as mal?   *where
does it hurt?*

4 CARINE   Où tu vas?
    JEAN-PAUL   Chez l'opticien. J'ai perdu une de mes lentilles.

■ chez l'opticien → chez la dentiste
  j'ai perdu une de mes lentilles → j'ai mal aux dents

5 Chez l'opticienne.

L'OPTICIENNE	Et avec ces lunettes, ça va?
RÉMI	Ah oui, je peux **tout** lire maintenant!

tout (*pron.*) *everything*

6 Au lycée. La prof de maths **fait l'appel.**

LA PROF	Thierry Dupont?
THIERRY	**Présent.**
LA PROF	Cécile Aubrey?
THIERRY	Elle est **absente.**

faire l'appel (*m.*) *to take attendance*

présent, -e *present*

absent, -e *absent*

- elle est absente → elle est **en retard**
- elle est absente → elle n'arrive jamais **à l'heure**
- elle est absente → elle n'arrive jamais **de bonne heure**

en retard *late*
à l'heure *on time*
de bonne heure *early*

7 Aujourd'hui les élèves **passent un examen** d'histoire.

passer un examen *to take a test*

ARTHUR	Qu'est-ce qui ne va pas?
ISABELLE	Je suis **inquiète** parce que je veux **réussir**[1] l'examen.
ARTHUR	Ne sois pas inquiète. Reste **calme** et **fais de ton mieux.**

inquiet, -iète *worried*
réussir un examen *to pass a test*
calme *calm*
faire de son mieux *to do one's best*

- ne sois pas inquiète → **bonne chance**

bonne chance *good luck*

8 Dans le couloir du lycée.

JOCELYNE	Qu'est-ce que tu as?
GAËL	J'ai **raté l'examen** de maths.
JOCELYNE	**Ça alors!** C'est **impossible!** Tu es fort en maths.

rater un examen *to fail a test*
ça alors! *what?! oh, come on!*
impossible *impossible*

- maths → biologie
  c'est impossible → ce n'est pas **possible**

possible *possible*

9 Après les cours.

DELPHINE	**Comment vas-tu?**
FERNAND	Je vais mieux maintenant, merci.
DELPHINE	On va au café prendre quelque chose?
FERNAND	Je veux bien.

comment vas-tu? *how are you? how are you doing?*

- je veux bien → **je voudrais** bien, mais je ne peux pas
- comment vas-tu? → comment allez-vous?
  FERNAND → FERNAND ET THIERRY
  je vais mieux maintenant → bien
  je veux bien → **nous voudrions** bien, mais nous ne pouvons pas

je voudrais *I'd like (to)*

nous voudrions *we'd like (to)*

---

[1]*Réussir* is a verb like *finir: je réussis, nous réussissons.* Its past participle is *réussi.*

EXERCICES

A **Tu n'as pas bonne mine.** Tout le monde est malade aujourd'hui. Dites pourquoi ça ne va pas d'après les images.

le prof

ÉLÈVE 1 *Qu'est-ce qu'il a, le prof?*
ÉLÈVE 2 *Il a mal au dos.*

1. tes frères

2. Jean

3. toi

4. ton grand-père

5. Gisèle

6. Denis

B **Chez le médecin.** Choisissez le mot ou l'expression qui convient.

1. Paul a *(bonne / mauvaise)* mine aujourd'hui. C'est pourquoi il *(fait des progrès / prend rendez-vous)* chez le médecin.
2. Le médecin dit, «*(Ça alors! C'est impossible! / Qu'est-ce qui ne va pas?)*»
3. Paul a un mauvais *(rhume / sourire)*. Il dit au médecin qu'il a mal *(à la gorge / au pied)*. Le médecin dit que *(sa gorge / son pied)* est rouge.
4. «Ne sois pas *(calme / inquiet)*, Paul» dit le médecin.
5. Paul va rester chez lui demain. Il va être *(absent de / en retard pour)* ses cours.

Je suis en SUPER-FORME et vous?

Adieu les kilos!

la plus agréable
médecine douce
cure thermale
aux plantes et algues
marines...

le meilleur de L'OCÉAN chez vous

Pour soigner vos douleurs sans drogues
sciatiques, arthrose, rhumatismes, troubles circulatoires.

Éliminer vos mauvais kilos
cellulite, rétention d'eau...

C Qu'est-ce qu'il faut faire? Votre ami Cyrille se plaint *(complains)* toujours. Dites-lui ce qu'il faut faire en employant *(using)* les choix de la liste.

> avoir très faim   ÉLÈVE 1   *J'ai très faim.*
>   ÉLÈVE 2   *Alors, va au café prendre quelque chose.*

> aller à l'infirmerie
> rester calme
> prendre rendez-vous chez le médecin
> aller au café prendre quelque chose
> rester chez toi
> faire de la gymnastique
> prendre rendez-vous chez le dentiste
> faire de son mieux
> aller chez l'opticien

1. avoir mal aux dents
2. avoir mal à la tête
3. avoir de la fièvre
4. avoir besoin de lunettes
5. ne pas être en forme
6. être inquiet parce qu'on passe un examen de maths
7. ne pas être fort en maths
8. avoir un rhume

D Parlons de toi.
1. Comment vas-tu aujourd'hui? Est-ce que tu es en forme?
2. Qu'est-ce qu'il faut faire pour être en forme? Qu'est-ce qu'il ne faut pas faire?
3. Tu passes un examen cette semaine? Tu as passé un examen la semaine dernière? Tu vas passer un examen la semaine prochaine? Dans quels cours?
4. D'après toi, qu'est-ce qu'il faut faire pour réussir un examen?
5. Tu es toujours à l'heure pour tes cours, ou est-ce que tu es quelquefois en retard? Tu arrives quelquefois de bonne heure?
6. Qui fait l'appel en classe? Qui est absent aujourd'hui? Qui a été absent hier? Tu as été absent(e) cette semaine? ce mois?

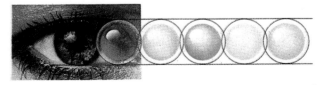

VERRES
T'AS DE BEAUX YEUX

ACTIVITÉ

Qu'est-ce qui ne va pas? With a partner, create a conversation between a parent and a teenager. The teenager says that he or she doesn't feel well. The parent asks what the matter is. The teenager must persuade the parent that he or she is too ill to go to school. The parent must decide whether or not the teenager can go to school.

If the teenager stays home, create an absence excuse form like the one shown here.

ÉTUDE DE MOTS

Words that are pronounced alike but spelled differently are called homonyms *(les homonymes)*. For example, *en* ("in") and *an* ("year") are homonyms. If you were writing from dictation, which word would you choose to complete the following sentence? *Jean va _____ ville.* Only *en* will work in this sentence. In most cases, the context will help you choose the right word.

Can you give a homonym for each of these words?

1. ça
2. sept
3. sais
4. eau
5. perd
6. ou
7. dent
8. faux
9. l'heure
10. mer

EXPLICATIONS I

Les verbes *pouvoir* et *vouloir*

◆ OBJECTIVES:

TO DESCRIBE
WHAT YOU CAN
AND CANNOT DO

TO ASK
PERMISSION

TO TELL WHAT
YOU WANT

TO ASK PEOPLE TO
DO THINGS

The two irregular verbs *pouvoir* ("to be able," "can") and *vouloir* ("to want") are very similar in the present tense.

INFINITIVE **pouvoir**

		SINGULAR	PLURAL
PRESENT	1	je **peux**	nous **pouvons**
	2	tu **peux**	vous **pouvez**
	3	il elle } **peut** on	ils elles } **peuvent**

PASSÉ COMPOSÉ **j'ai pu**

INFINITIVE **vouloir**

		SINGULAR	PLURAL
PRESENT	1	je **veux**	nous **voulons**
	2	tu **veux**	vous **voulez**
	3	il elle } **veut** on	ils elles } **veulent**

PASSÉ COMPOSÉ **j'ai voulu**

1 To say that you can do or want to do something, use *pouvoir* or *vouloir* and the infinitive of another verb.

> Je **peux organiser** la boum pour l'anniversaire de Jeanne.
> Je **veux** l'**organiser** tout de suite.

2 You can say that you want something with *je veux* or *nous voulons: Je veux du lait.* But it's more polite to use *je voudrais* ("I'd like") or *nous voudrions* ("we'd like").

> **Je voudrais** une omelette et de l'eau minérale.
> **Nous voudrions** déjeuner au Café des Sports.

3 Both *pouvoir* and *vouloir* may be used to soften commands. Compare:

> Apporte ta cassette!   Tu **veux** apporter ta cassette?
>
> Tu **peux** apporter ta cassette?

4 You can ask permission to do something with *pouvoir*.

> Maman, est-ce que je **peux** sortir ce soir?
>
> Pardon, madame, est-ce qu'on **peut** laisser ces journaux ici?

EXERCICES

A **On organise un pique-nique.**   Qu'est-ce que tout le monde veut apporter au pique-nique? Répondez d'après les images.

 Moi, je veux apporter du fromage.

moi

1. Léon

2. Anne et Claire

3. mes copains

4. vous

5. toi

6. Anne et moi, nous

B **Qu'est-ce qu'on peut acheter?**   Refaites l'Exercice A pour dire ce que *(what)* les gens peuvent acheter pour le pique-nique.

 *Moi, je peux acheter du fromage.*

moi

C J'ai soif! Commandez des boissons selon le modèle. Soyez poli!

Je voudrais du café, s'il vous plaît.

je

1. nous 2. je 3. nous

4. je 5. nous 6. je

D Le baby-sitting. Vous faites du baby-sitting pour Bastien et Clotilde, les enfants des voisins. Ces enfants ne font jamais ce que vous leur dites de faire quand vous leur donnez des ordres. Mais si vous leur posez des questions avec *pouvoir* ou *vouloir,* ils font tout ce que vous voulez. Changez ces ordres en questions. Suivez le modèle.

Bastien, ferme la télé!   *Bastien, tu veux fermer la télé?*
OU: *Bastien, tu peux fermer la télé?*

1. Clotilde, fais tes devoirs!
2. Préparez des sandwichs!
3. Mangez vos sandwichs!
4. Bastien, lis ce livre!
5. Regardez cette émission!
6. Clotilde, ouvre la porte!

Qu'est-ce qu'ils lisent?

E Parlons de toi.

1. Est-ce que tu veux faire du français l'année prochaine? Quels cours est-ce que tu veux choisir?
2. Tu peux sortir avec tes amis quand tu veux, ou est-ce qu'il faut toujours demander à tes parents si tu peux sortir?
3. Tu veux sortir ce week-end? Avec qui est-ce que tu veux sortir? Où est-ce que tu veux aller?
4. Tu as un million de dollars—qu'est-ce qu'on peut acheter avec cet argent? Qu'est-ce que tu veux acheter, toi?
5. Qu'est-ce que tu veux manger pour le déjeuner? Tu veux manger à la cantine, ou est-ce que tu veux sortir pour aller dans un restaurant? Vous pouvez sortir du lycée pour déjeuner?
6. Tu apprends maintenant le français. Tu veux apprendre une autre langue aussi? Quelle autre langue est-ce que tu veux apprendre? Tu peux apprendre cette langue dans ton lycée?
7. Quand est-ce que tu peux rester chez toi pendant les cours?

ACTIVITÉ

Situations. Qu'est-ce que vous pouvez faire dans ces situations? Qu'est-ce que vous ne pouvez pas faire? Qu'est-ce que vous voulez faire? Qu'est-ce que vous ne voulez pas faire? Complétez les phrases.

1. Quand je suis en forme …
2. Quand il fait beau …
3. Quand j'ai beaucoup d'argent …
4. Après les cours aujourd'hui …
5. Quand je suis malade …
6. Pendant les vacances …
7. Ce week-end …

   Example: *Quand je suis en forme, je ne veux pas beaucoup dormir.*

Now circulate around the class with your sentences. Choose one of them and make a statement to a classmate, finishing with *et toi?* Your classmate will answer by telling what he or she can or can't do, etc., in that same situation.

APPLICATIONS

Le sport, c'est chouette!

Le magazine *Copains* a demandé à cinq jeunes de vous parler de leur sport préféré.

▶

Voici d'abord Antoine, 14 ans.

AVANT DE LIRE

Avant de lire l'article, cherchez les réponses à ces questions.

1. Il y a plusieurs interviews dans cette *Lecture.* Elles sont pour quel magazine?
2. De quoi est-ce qu'on parle dans ces interviews?
3. Quels sont les cinq sports de ces jeunes gens?

COPAINS	Et toi, Antoine, quel sport est-ce que tu préfères?
5 ANTOINE	L'escrime[1]—j'adore.
COPAINS	Quelles qualités est-ce qu'il faut pour être un champion?
ANTOINE	Il faut être précis, rapide et ne pas avoir peur.
COPAINS	Tu fais de l'escrime souvent?
10 ANTOINE	Deux fois par semaine. Pendant les vacances, tous les jours pour préparer les tournois.[2]
COPAINS	Alors, nous te disons «bonne chance» pour le prochain tournoi!

Un tournoi d'escrime

---

[1]**l'escrime** *(f.) fencing*   [2]**le tournoi** *tournament*

▶ Ensuite, Patricia, 16 ans.

15 COPAINS   Alors, Patricia, tu fais du sport?

PATRICIA   Oui, du judo.

COPAINS   C'est un sport violent, n'est-ce pas?

PATRICIA   Ah non! Au judo, on apprend à contrôler sa force.
C'est formidable, on n'a pas besoin d'être fort[3]
20   pour réussir.[4]

COPAINS   Tu as commencé à quel âge?

PATRICIA   A dix ans, et maintenant, je suis ceinture marron.

COPAINS   Félicitations! Et merci, Patricia.

Au judo on apprend à
contrôler sa force.

▶ Et maintenant, Paul. Il a 14 ans.

25 COPAINS   Toi, Paul, tu joues au
rugby.

PAUL   Oui, dans ma région,
le sud-ouest de la France,
c'est le sport préféré de
30   tout le monde.

COPAINS   Quelle différence avec
le football?

PAUL   Au rugby, il y a plus de[5]
joueurs, on peut prendre
35   le ballon avec les mains
et on marque des essais,[6]
et des buts.

COPAINS   Ton équipe a gagné
beaucoup de matchs?

40 PAUL   Cette année, oui, et on
va continuer!

COPAINS   Eh bien, bravo Paul!

Un match de rugby

---

[3]**fort, -e** *strong*   [4]**réussir** (here) *to succeed*   [5]**plus de** *more*   [6]**l'essai** *(m.)* *try*

▶ Alors, à toi, Virginie, 16 ans.

COPAINS   Toi, tu aimes les chevaux,[7] n'est-ce pas?

45 VIRGINIE   Oui, j'habite à la campagne et il y a un club d'équitation[8] dans mon village. J'y vais assez souvent.

COPAINS   Pourquoi cette passion?

VIRGINIE   Le cheval est un animal formidable—doux[9] et intelligent. A cheval, on peut partir dans la campagne, loin des voitures. On est libre. C'est merveilleux.[10]

COPAINS   Tu vas à des compétitions?

VIRGINIE   Non, je fais de l'équitation surtout pour oublier mes problèmes et pour être calme.

COPAINS   Tu as bien raison, Virginie, et à bientôt!

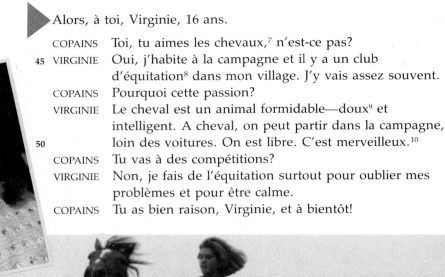

EQUITATION

Je fais de l'équitation tous les week-ends.

_____

[7]**le cheval** *horse*   [8]**l'équitation** *horseback riding*   [9]**doux, douce** *gentle, sweet*   [10]**merveilleux, -euse** *marvelous*

Notre dernier copain aujourd'hui s'appelle Cédric.

COPAINS	Tu as 15 ans, n'est-ce pas? Quel sport aimes-tu?
CÉDRIC	Moi, je fais partie d'une équipe de foot.
60 COPAINS	Pourquoi est-ce que tu as choisi le foot?
CÉDRIC	Parce que c'est un sport dynamique.
COPAINS	Tu joues bien?
65 CÉDRIC	Oui, je marque beaucoup de buts. Quand mon équipe gagne, je suis heureux.
COPAINS	Tu veux être footballeur
70	professionnel?
CÉDRIC	Oui, c'est mon rêve.[11]

Pour jouer au foot, il faut être en forme.

Questionnaire

1. Antoine aime quel sport? Pour être un champion dans ce sport, quelles qualités est-ce qu'il faut avoir? Quand est-ce qu'Antoine fait de l'escrime?

2. Quel est le sport préféré de Patricia? Quel âge a-t-elle? A quel âge est-ce qu'elle a commencé à faire du judo?

3. Dans quelle région de la France est-ce que le rugby est le sport préféré? Quelle est la différence entre le rugby et le football?

4. Pourquoi est-ce que Virginie aime les chevaux? Est-ce qu'elle va à des compétitions? Pourquoi ou pourquoi pas?

5. Pourquoi est-ce que Cédric aime le foot? Est-ce qu'il joue bien? Quel est son rêve?

6. Est-ce que vous aimez les mêmes sports que ces jeunes gens? Est-ce que vous préférez les sports d'équipe ou les sports individuels?

[11]**le rêve** *dream*

EXPLICATIONS II

Les pronoms compléments d'objet direct et indirect: *me, te, nous, vous*

◆ OBJECTIVE:

TO REFER TO
PERSONS
ALREADY
MENTIONED

You already know how to use the direct object pronouns *le, la,* and *les,* and the indirect object pronouns *lui* and *leur*. To talk about "me," "you," and "us," you use the pronouns *me, te, nous,* and *vous*. This chart lists all the direct and indirect object pronouns.

	DIRECT OBJECT	INDIRECT OBJECT
SING.	Pauline **me** comprend bien.	Pauline **me** parle souvent.
	te	**te**
	le	**lui**
	la	**lui**
PL.	**nous**	**nous**
	vous	**vous**
	les	**leur**

1 The pronouns *me, te, nous,* and *vous* may be either direct or indirect object pronouns.

Tu **me** trouves à l'entrée et tu **me** dis bonjour.

2 There is elision with *me* and *te* and liaison with *nous* and *vous*.

Jean-Luc **vous** aime bien. Il **m'**aime aussi.

3 *Me, te, nous,* and *vous* have the same position in the sentence as other object pronouns.

Maman **t'**attend à la maison.
Je vais **vous** attendre après les cours.
Tu ne peux pas **me** téléphoner ce soir?
Grand-maman **nous** a téléphoné hier soir.

Il lui lit une histoire.

EXERCICES

A **La générosité de Cécile.** Cécile et sa famille déménagent *(are moving)* aujourd'hui. Il n'y a pas beaucoup de place *(space)* dans le camion *(truck)*, alors elle donne ses vieilles affaires *(things)* à ses amis. Dites à qui Cécile donne toutes ces choses.

Elle te donne son vélo.

toi

1. moi

2. Henri et toi

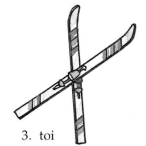

3. toi

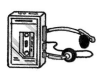

4. toi et moi

5. toi et ta sœur

6. Paul et moi

B **Avant le voyage.** Quelques camarades de classe partent en voyage au Québec. Jouez les rôles d'un(e) élève qui reste et d'un(e) élève qui part.

écrire une fois par semaine

ÉLÈVE 1 *Vous allez nous écrire une fois par semaine?*
ÉLÈVE 2 *Bien sûr, nous allons vous écrire une fois par semaine.*

1. écrire des cartes postales
2. apporter des magazines québécois
3. parler de vos amis québécois
4. montrer vos photos
5. offrir des petits cadeaux
6. téléphoner quelquefois

Rendez-vous
Québec
Region

C Edouard est toujours gentil. Edouard aime faire des choses pour ses amis, mais votre frère ne le croit *(believe)* pas. Chaque fois que vous dites ce qu'Edouard a fait, votre frère dit que c'est impossible. Conversez selon le modèle.

<table>
<tr><td>moi / prêter sa radio-cassette</td><td>ÉLÈVE 1</td><td>Edouard m'a prêté sa radio-cassette.</td></tr>
<tr><td></td><td>ÉLÈVE 2</td><td>C'est impossible! Edouard ne t'a pas prêté sa radio-cassette!</td></tr>
</table>

1. toi / téléphoner cet après-midi
2. moi / donner des jolies fleurs
3. vous / acheter un disque de jazz
4. nous / enseigner une nouvelle chanson
5. vous / préparer le dîner
6. moi / accompagner chez le dentiste
7. toi / apporter ces bonbons
8. nous / écrire une longue lettre

Des lycéens à Marseille

D On y va ensemble?   Tout le monde adore Sabine. Offrez-lui des invitations à vous accompagner quand vous sortez ce week-end. Elle peut accepter ou elle peut refuser. Conversez selon le modèle.

> Marc et moi / au concert
>
> ÉLÈVE 1 *Sabine, tu nous accompagnes au concert?*
> ÉLÈVE 2 *Oui, je veux bien vous accompagner.*
>   OU: *Merci, mais je ne peux pas vous accompagner.*

1. Chantal et moi / à une boum
2. moi / au cinéma
3. moi / au Musée des sciences
4. Hugues et moi / au parc
5. moi / à la piscine
6. Isabelle et moi / à la campagne

ACTIVITÉ

JEU: Devinez l'objet.   Put in a bag eight or nine objects for which you know the French words. The class divides into two teams. A player from Team 1 holds the bag. A player from Team 2 leaves the room or turns his or her back. The bag holder shows an object to Team 2, returns it to the bag, and tells the Team 2 player: *J'ai montré quelque chose à ton équipe.*

The Team 2 player asks his or her team: *Il (Elle) vous a montré la bague?* Team members take turns answering: *Non, il ne nous a pas montré la bague.* Each *non* answer gives a point to the team holding the bag. When the answer is *oui,* the bag passes to the other team and play continues. Team members take turns showing and guessing. The team with the most points wins.

Quelques expressions négatives

◆ OBJECTIVES:

TO DENY

TO EXPRESS
NEGATIVE
REACTIONS

You already know how to make sentences negative using *ne … pas*. Look at these affirmative expressions and the corresponding negative expressions.

AFFIRMATIVE	NEGATIVE	
Luc écoute **toujours** *(always)*. Luc écoute **quelquefois**.	Alice **n'**écoute **jamais**.	*never*
Luc écoute **toujours** *(still)*.	Alice **n'**écoute **plus**.	*no longer*
Luc écoute **tout**. Luc écoute **quelque chose**.	Alice **n'**écoute **rien**.	*nothing*
Luc écoute **tout le monde**. Luc écoute **quelqu'un**.	Alice **n'**écoute **personne**.	*no one*

1 Another similar expression is *ne … que*. It means the same thing as *seulement*.

> Alice **n'**écoute **que** du jazz. = Alice écoute **seulement** du jazz.

2 Note the position of the negative expressions in the passé composé and with *aller* + infinitive.

	Il **n'**a **jamais** compris.	Il **ne** va **jamais** comprendre.
	Il **n'**a **plus** compris.	Il **ne** va **plus** comprendre.
	Il **n'**a **rien** compris.	Il **ne** va **rien** comprendre.
but:	Il **n'**a compris **personne**.	Il **ne** va comprendre **personne**.
	Il **n'**a compris **qu'**un mot.	Il **ne** va comprendre **qu'**un mot.

Jamais, plus, and *rien* follow the same pattern as *pas* by going around the conjugated verb. *Personne* and *que* follow the past participle or the infinitive.

3 You can make *personne* and *rien* the subject of a sentence. Add *ne* when the sentence is more than one word.

> Qui est absent ce matin?
> **Personne. Personne n'**est absent ce matin.

> Qu'est-ce qui est intéressant dans ton livre?
> **Rien. Rien n'**est intéressant.

Des copines

EXERCICES

A   Chez Marie-Noëlle.   Décrivez la boum chez Marie-Noëlle en disant le contraire.

> Marie-Noëlle achète tout. Et nous?
> *Vous n'achetez rien.*

1. Jacques parle à tout le monde. Et Annie?
2. A 11h tu joues toujours de la guitare. Et Laurence?
3. Patrick mange tout. Et Paule?
4. Le frère de Marie-Noëlle parle à quelqu'un. Et toi?
5. Rémi apporte tous ses disques. Et vous?
6. Marie-Noëlle nous invite toujours le mercredi. Et Raymond?
7. Je mange quelque chose. Et elle?
8. Luc chante quelquefois. Et Marceline?

B   Je ne vais jamais oublier ...   Vous et un(e) camarade, vous parlez de ce que *(what)* vous avez fait ensemble l'été passé. Malheureusement *(unfortunately),* il (elle) a toujours tort. Corrigez votre camarade selon le modèle.

> Nous avons étudié tous les soirs. (ne … jamais)
> *Mais non. Nous n'avons jamais étudié.*

1. Nous avons lu beaucoup de livres. (ne … rien)
2. Nous avons rencontré des copains à la piscine. (ne … personne)
3. Nous n'avons pas regardé les dessins animés à la télé. (ne … que)
4. Notre équipe de baseball a été super. (rien ne)
5. Nous avons toujours gagné nos matchs. (ne … jamais)
6. Christine nous a téléphoné tous les soirs. (personne ne)
7. Nous n'avons pas mangé de hamburgers. (ne … que)
8. Henri a organisé des boums. (personne ne)

C Parlons de toi.

1. Quelqu'un t'attend après les cours? Si oui, est-ce que vous allez faire quelque chose ensemble? Quoi? Si personne ne t'attend, qu'est-ce que tu vas faire? Tu fais toujours la même chose après les cours?

2. Est-ce que tu peux toujours comprendre tes leçons? Quelles matières sont toujours difficiles? Quelles matières ne sont jamais difficiles? Quelles matières sont toujours intéressantes? Quelles matières ne sont jamais intéressantes?

3. Est-ce que tes camarades t'empruntent quelquefois des choses? Quelles choses? Est-ce qu'ils (elles) te rendent toujours ces choses? Est-ce que tes camarades te prêtent quelquefois des choses? Quelles choses? Est-ce que tu leur rends toujours ces choses?

ACTIVITÉ

Jamais! Working with a partner, make a list of five things you never do and five things no one does. For example:

Moi, je ne dors jamais en classe.
Personne ne mange des chapeaux.

Then join another pair of students and share the statements you have created.

BONNE SANTÉ!

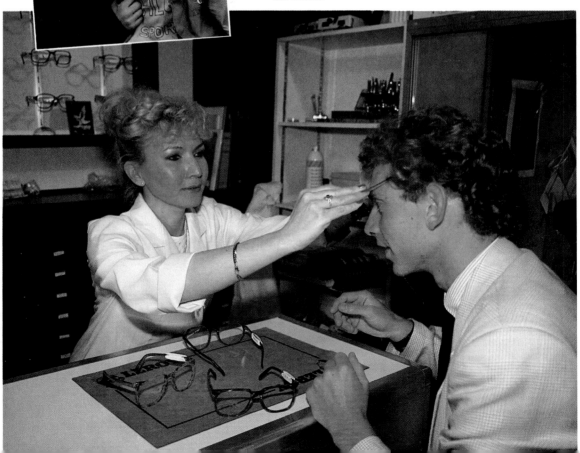

L'opticienne montre des paires de lunettes au client.

RÉVISION

Formez des phrases en français d'après les modèles.

1. *Mon oncle a mal au dos.*
   (My sister has a sore throat.)
   (You [fam.] have an earache.)

2. *Il ne peut rien dire parce qu'il est timide.*
   (We can no longer wait because we're late.)
   (They [m.] can't accompany anybody because they're absent.)

3. *Il téléphone* **pour prendre rendez-vous** *chez le médecin.*
   (We're calling)   *(with the optician)*
   (My mom's calling)   *(with the principal)*

4. *Elles ne sont pas heureuses parce qu'elles ne veulent pas y aller.*
   (We're not pleased because we don't want to go there.)
   (You [pl.] aren't worried because you don't want to go there.)

5. *Nous voudrions oublier l'examen et jouer au football.*
   (We'd like to forget our classes and play football.)
   (I'd like to forget school and swim.)

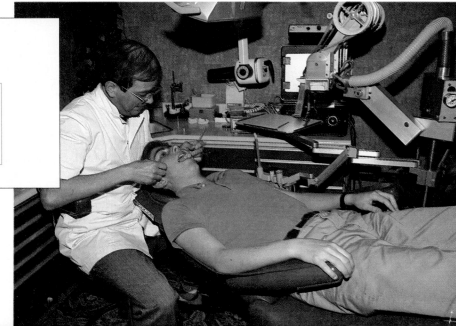

N'OUBLIEZ PAS

NOS RENDEZ-VOUS

DOCTEUR EDITH MIGNOT LANGLOIS
CHIRURGIEN-DENTISTE   **C**
3 AVE DU MAL FOCH
78630 ORGEVAL
78 4 03556 0 ⌐0⌐ ⌐10⌐⌐10⌐ **T. 975 88 20**
              CAB   ZISD ZIK

Cachet

Chez le dentiste

THÈME

Trouvez les expressions françaises qui correspondent à l'anglais et rédigez un paragraphe.

1. I have a toothache.

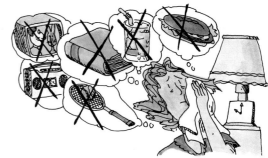

2. I can't do anything because I'm sick.

3. I'm phoning in order to make an appointment at the dentist.

4. I'm not happy because I don't want to go there.

5. I'd like to forget my appointment and play tennis.

RÉDACTION

Maintenant, choisissez un de ces sujets.

1. Imagine that one of your friends is the character in this *Thème*. He or she has a sore throat. Rewrite the captions under each picture accordingly.

2. Imagine that you have a headache. What can you do and what can't you do? Begin your paragraph with *Quand j'ai mal à la tête, je ....*

CONTRÔLE DE RÉVISION   CHAPITRE 12

A   Les parties du corps.
Write the word that logically completes the
sentence.

On nage avec les *jambes* et les *bras* .

1. On marche sur les _____.
2. On porte un chapeau sur la _____.
3. On lit avec les _____.
4. On ouvre la porte avec la _____.
5. On porte des chaussures sur les _____.
6. On écoute de la musique avec les _____.
7. On ouvre la _____ pour chanter.

B   Tout est possible.
Write sentences saying that the people are able
to do the things mentioned.

moi / aller au stade   *Je peux aller au stade.*

1. nous / assister à un cours de gym
2. eux / nager dans la mer
3. lui / jouer dans le parc
4. toi / réussir l'examen
5. elle / partir pour le week-end
6. vous / faire des progrès en maths
7. on / arriver de bonne heure

C   Pas aujourd'hui.
You find out that the people in Exercice B don't
want to do those things. Rewrite the exercise to
give this information.

moi / aller au stade

Je ne veux pas aller au stade.

D   Et qu'est-ce que tu me donnes?
If someone does you a favor you should do one
in return. Complete the sentences using the
correct pronouns: *me, te, nous,* or *vous.*

1. Si tu _____ prêtes ton baladeur, je _____ joue
   ma nouvelle cassette.
2. Si vous _____ faites du citron pressé, nous _____
   préparons des sandwichs.
3. Si tu _____ donnes de l'argent, nous _____
   achetons de la glace.
4. Si je _____ attends après les cours, tu _____
   accompagnes chez l'opticienne.
5. Si vous _____ enseignez à parler français, je
   _____ enseigne à jouer au baseball.

E   Au contraire.
Write negative answers to the questions.

Le prof a dit quelque chose après les cours?
Non, il n'a rien dit après les cours.

1. Le médecin a tout expliqué?
2. Tes amis attendent toujours?
3. Louise téléphone à la banque quelquefois?
4. Tu as tout dit?
5. Quelqu'un a trouvé le bracelet?
6. Ils demandent quelque chose?

Noms

la bouche
le bras
les cheveux *(m.pl.)*
le corps
la dent
le dentiste, la dentiste
le dos
la fièvre
la gorge
l' infirmier *(m.)*,
    l'infirmière *(f.)*
la jambe
les lentilles (de contact) *(f.pl.)*
les lunettes *(f.pl.)*
la main
le médecin
le nez
l' œil *(m.)*, *pl.* les yeux
l' opticien *(m.)*
    l'opticienne *(f.)*
l' oreille *(f.)*
le pied
le rendez-vous (avoir / prendre
    rendez-vous)
le rhume
le sourire
la tête
le week-end, *pl.* les week-ends

Pronoms

me
nous
te
tout
vous

Adjectifs

absent, -e
blond, -e
brun, -e
calme
frisé, -e
gentil, -le
impossible
inquiet, -iète
malade
possible
présent, -e
raide
roux, rousse

Verbes

marcher
nager
penser de
pouvoir
vouloir

Expressions

à l'heure
aller bien (mal / mieux)
avoir bonne (mauvaise) mine
avoir les cheveux …
avoir de la fièvre
avoir mal à …
avoir rendez-vous
avoir les yeux …
bonne chance
ça alors
ça m'est égal
de bonne heure
en retard
être en forme
faire de la gym
faire de son mieux
faire l'appel
je veux bien
je voudrais
ne … jamais
ne … personne (personne ne)
ne … plus
ne … que
ne … rien (rien ne)
nous voudrions
passer un examen
prendre rendez-vous
rater un examen
réussir un examen
si tu veux

Questions

comment vas-tu?
où est-ce que tu as mal?
qu'est-ce qui ne va pas?

CHAPITRE 13

PRÉLUDE CULTUREL | À PARIS

A walk through the streets of Paris can give you a brief glimpse of French history. The Roman ruins in the Latin Quarter remind you that Lutecia, as Paris was once known, was already a major trade center in 50 B.C. The Louvre Palace, Notre Dame cathedral, and many other famous monuments are evidence of a rich past.

Today, Paris is a modern city of over three million people. It is divided into twenty administrative districts called *arrondissements*. The districts spread over both sides of the Seine River, and Parisians talk of living on the right bank *(la Rive droite)* or the left bank *(la Rive gauche)*. Although some areas, like the 16th *arrondissement* on the right bank, are more elegant than others, housing is extremely expensive everywhere in Paris. Most Parisians live in apartments, which are everywhere— over stores, restaurants, even banks. Since the city measures only twelve miles across, there isn't room for everyone who wants to live there, so many live in the suburbs *(la banlieue)*.

Apart from modern high rises in La Défense, a district west of Paris, and the Tour Montparnasse in the middle of the city, most Parisian apartment buildings date from the mid-nineteenth century. At that time, Paris was almost totally reshaped by Napoléon III and his city planner, Baron Georges Haussmann. In those days, the city was clogged with slums, and streets were narrow. Haussmann cut spacious boulevards and avenues through Paris, tearing down more than 20,000 houses and replacing them with many more apartments in buildings five or six stories high. Many of these older apartment buildings are built around stone-paved courtyards that provide light to the apartments, and offer a quiet area off the street.

Many buildings have a special kind of custodian called *un(e) concierge*, who usually lives in a ground-floor apartment of the building. The job of a *concierge* includes cleaning the common areas such as the entryway and stairs, taking in the mail, and stopping strangers who come in from the street. Because they keep such a close watch on the comings and goings in the building, *concierges* have gained a reputation for being busybodies. Since the arrival of high-rise apartment buildings after World War II, there are fewer *concierges* than before, but they are still very much a part of daily French life. Keeping in your *concierge's* good graces when you live in an apartment building is very important. That's why when the new year comes around, no one in France forgets to give the *concierge* a little something.

MOTS NOUVEAUX I

Comment est ton appartement?

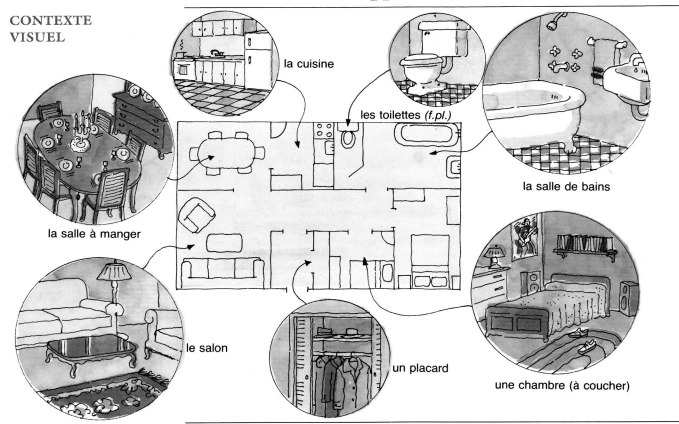

la cuisine

les toilettes *(f.pl.)*

la salle de bains

la salle à manger

le salon

un placard

une chambre (à coucher)

1 Martine habite dans un appartement avec sa sœur.

MARTINE   J'ai un nouvel appartement!
CHRISTIAN   C'est vrai? Il est bien?
MARTINE   Oui, il est très grand. Il y a un salon, une cuisine et trois chambres.

Variations:

■ oui, il est très grand → oui, mais il est assez petit
il y a un salon ... chambres → il n'y a que trois **pièces**

la pièce   (here) *room*

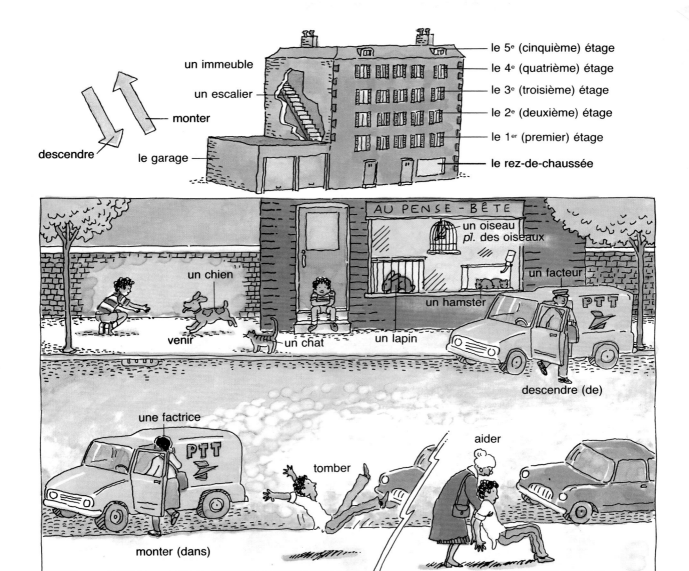

le 5ᵉ (cinquième) étage

le 4ᵉ (quatrième) étage

le 3ᵉ (troisième) étage

le 2ᵉ (deuxième) étage

le 1ᵉʳ (premier) étage

le rez-de-chaussée

un immeuble

un escalier

monter

descendre

le garage

AU PENSE-BÊTE

un oiseau
pl. des oiseaux

un facteur

un chien

un hamster

venir

un chat

un lapin

descendre (de)

une factrice

aider

tomber

monter (dans)

2

MARTINE	Viens donc nous faire une visite **un de ces jours.**
CHRISTIAN	D'accord. Tu me donnes ton adresse?
MARTINE	Résidence Le Brun, 17, rue de la République. J'habite **au quatrième,** à gauche.
CHRISTIAN	A bientôt, alors!

- au quatrième → **au rez-de-chaussée**
- au 4ᵉ → au 5ᵉ

un de ces jours   *one of these days*

au quatrième   *on the fifth floor*

au rez-de-chaussée   *on the first (ground) floor*

3 Arnaud, un petit garçon, descend de son appartement pour jouer dans la cour. **Le concierge** lui dit «bonjour».

LE CONCIERGE   Qu'est-ce que tu as là?

ARNAUD   Deux hamsters.[1] Vous aimez **les bêtes,** monsieur?

LE CONCIERGE   Non, les chiens me **font peur** et je n'aime pas les chats. Alors j'habite **seul.**

■ vous aimez les bêtes → vous aimez **les animaux**
   me font peur → font trop de **bruit**

> **le concierge, la concierge** *caretaker (of an apartment building)*
> **la bête** *animal, pet*
>
> **faire peur (à)** *to frighten*
> **seul, -e** *alone*
>
> **l'animal** (*m.*) *animal*
> **le bruit** *noise*

4 Le sac de Nathalie tombe **par terre.**

RICHARD   Je peux t'aider?

NATHALIE   Oui, merci. **Heureusement,** les œufs ne **sont** pas **tombés** du sac.

■ oui, merci → merci, c'est très gentil
   heureusement, les œufs ne sont pas tombés →
   malheureusement, les bouteilles sont tombées

> **par terre** *on the ground*
>
> **heureusement** *fortunately*
> **sont tombés** *passé composé of* tomber
>
> **malheureusement** *unfortunately*

5 Il est 7h du soir. Caroline arrive chez son amie Céline.

CÉLINE   **Bonsoir,** Caroline. Ça va?

CAROLINE   Très bien, merci. Dis donc, c'est vraiment **charmant** chez toi.

CÉLINE   Oui, c'est très bien. Les pièces sont assez grandes, et il y a beaucoup de placards.

CAROLINE   Tu as de la chance. Mon appartement est **peu confortable.**

■ charmant → **confortable**

> **bonsoir** *hello (in the evening); good evening*
> **charmant, -e** *charming*
>
> **peu confortable** *rather uncomfortable*
>
> **confortable** *comfortable*

6 Thierry et Françoise **viennent de** passer une soirée formidable chez Pascale.

THIERRY   On **retourne** chez Pascale demain? Elle est vraiment sympa.

FRANÇOISE   Oui, c'est une bonne idée! Elle nous a dit de **revenir** chez elle avant dimanche.

> **venir de** + inf. *to have just (done something)*
>
> **retourner** *to go back, to return*
>
> **revenir** *to come back, to return*

[1]The aspirate *h* in *le hamster* is like that of *le hockey* and *les haricots verts;* there is no contraction of *le* or *de,* nor liaison in the plural.

EXERCICES

A Chez moi.   Votre correspondant français va passer deux semaines chez vous. Il vient d'arriver et vous lui montrez votre maison. Suivez le modèle.

Voici le salon.

 1.
 2.
 3.

 4.
 5.
 6.

B Quels sont leurs animaux favoris *(favorite)*?   Dans la famille d'Hervé, tout le monde aime bien les animaux, mais ils n'aiment pas les mêmes animaux. Qu'est-ce qu'ils aiment?

Sa grand-mère aime beaucoup les chats.

sa grand-mère

1. son oncle

2. son cousin

3. sa tante

4. sa sœur

5. son père

6. sa mère

C **Chez Alice.** Alice parle de son immeuble. Complétez le paragraphe.

étage	immeuble	seule	rez-de-chaussée	bruit
escalier	charmant	bête	malheureusement	concierge

J'adore mon ____. Monsieur Bonnard, le ____ , habite dans un petit appartement au ____. Moi, j'habite au quatrième ____. ____ il faut monter et descendre l' ____ plusieurs fois par jour. Mais j'ai de la chance parce que je n'entends pas le ____ de la rue. C'est ____ et très confortable chez moi. Parce que j'habite ____ , c'est quelquefois ennuyeux. Un de ces jours, je vais acheter une ____.

D **Parlons de toi.**
1. Tu habites dans une maison ou dans un appartement? Il y a combien d'étages? Quelles pièces est-ce que tu as chez toi? Comment est ta chambre?
2. Tu aimes les animaux? Quels animaux est-ce que tu aimes surtout? Quels animaux est-ce que tu n'aimes pas beaucoup?
3. Est-ce que tu as un animal? Si oui, quelle sorte *(what kind)* et comment il s'appelle? Si non, est-ce que tu veux un animal? Pourquoi?

ACTIVITÉ

A vendre. Working with two other students, play the roles of a real estate agent, a home buyer, and a home seller. Together write a description of a three-story house, telling what rooms are on each floor. Then put your description in a bag with those of your classmates.

Draw a description out of the bag. The "seller" reads the description of the house to the "real estate agent." The "real estate agent" must then describe the house to the "buyer" without looking at the paper. Finally, the "buyer" describes the house while the "seller" checks each item against the original description. How accurate is the "buyer's" description?

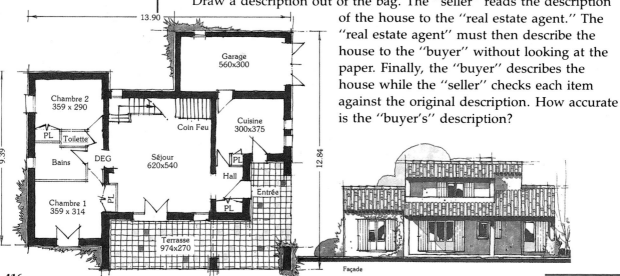

Le concierge connaît tout le monde dans l'immeuble.

APPLICATIONS

Vous aimez les bêtes?

Barbara, une Américaine, va travailler au pair[1] en France, chez les
Dupin. Elle vient d'arriver chez eux.

MME DUPIN   Voici votre chambre.

BARBARA   Merci. C'est très confortable ici.

5 MME DUPIN   Oui, et les enfants sont très sages.[2]

BARBARA   J'adore les enfants et je suis très patiente.

M. DUPIN   Ah bien! Et, euh … vous aimez les bêtes?

BARBARA   Pardon, les … quoi?[3] Je ne comprends pas.

M. DUPIN   Les animaux.

10 BARBARA   Oui, j'ai un chien chez moi en Amérique.

M. DUPIN   Ah bon! Tant mieux,[4] parce que mon fils aime
beaucoup les bêtes.

BARBARA   Il a un chien?

M. DUPIN   Oui, et aussi des poissons rouges,[5] un lapin, des

15   souris[6] blanches et un canari.

BARBARA   Ici dans l'appartement?

MME DUPIN   Oui, pourquoi pas? En France on adore les bêtes!

---

[1]**travailler au pair** *to do household work in exchange for room and board*   [2]**sage** *good,
well behaved*   [3]**quoi?** *what? what's the word?*   [4]**tant mieux** *all the better*   [5]**le
poisson rouge** *goldfish*   [6]**la souris** *mouse*

Quai de la Mégisserie à
Paris

Questionnaire

1. Comment est la chambre de Barbara?   2. D'après Mme Dupin,
comment sont les enfants Dupin?   3. Est-ce que Barbara aime les
enfants?   4. De quel pays vient Barbara?   5. Qui a un chien?
6. Quelles sortes *(what kinds)* de bêtes a le fils de Mme Dupin?
7. Est-ce que les Français aiment les animaux?

Situation

Working with a classmate, create a conversation between Henri, a French exchange student who has just arrived here, and Tom, his host. Henri finds out that every member of Tom's family has his or her own pet.

Une gamme variée de repas complets pour chiens de caractère!!

PRONONCIATION

At the beginning of words, the letter *h* can be either silent *(le h muet)* or "aspirate" *(le h aspiré)*.

1 Words that begin with an *h muet* are treated exactly as though they began with a vowel. There is elision and liaison with the words that come before them. Say these words.

l'hôpital	l'histoire	nous habitons	en hiver
l'homme	les hôtels	d'habitude	un hypocrite

2 Words that begin with an *h aspiré* are treated as though they began with a consonant, even though the *h* is not really pronounced. No elision or liaison occurs with the words that come before them. Say these words.

le hockey   les hamsters   le huitième étage   des haricots verts

MOTS NOUVEAUX II

Tu aides tes parents?

faire du jardinage

le village

le jardin

sale

propre

faire la vaisselle

faire la cuisine

faire le ménage

faire la lessive

donner à manger (à)   donner à boire (à)

garder (un enfant)

CONTEXTE COMMUNICATIF

1 FRANÇOISE   Tu aides chez toi?

    GASPARD   Oui, je fais la vaisselle plusieurs fois par semaine.

Variations:

- je fais la vaisselle → je fais la lessive
- je fais la vaisselle → je donne à manger au chat

2 Charles de Courcelle **descend d'**une vieille famille française. Il descend d'Alphonse et d'Anne de Courcelle. Sa grand-mère **est née** en 1890 (mil[1] huit cent quatre-vingt-dix). Elle **est morte** en 1957 (mil neuf cent cinquante-sept).

- mil huit cent quatre-vingt-dix →
  dix-huit cent quatre-vingt-dix[2]
  mil neuf cent cinquante-sept →
  dix-neuf cent cinquante-sept

3 Ce week-end Charles **est revenu** au village où ses grands-parents sont nés.

MME DUFOUR   Tiens, bonjour, Charles. Alors, vous êtes revenu au village? Quand est-ce que vous êtes arrivé?

CHARLES   Je suis arrivé **il y a** deux heures. Je vais passer le week-end ici avec ma femme et mes filles.

MME DUFOUR   Ce sont vos filles, là? Elles **deviennent** bien grandes! Et elles sont belles **comme** leur mère!

4 Monsieur et Mme Franquin sont sortis hier soir. Ils sont allés au restaurant. Murielle, la fille de leurs voisins, **est venue** garder leur petit enfant, Thomas.

MME FRANQUIN   Il y a **quelque chose à manger** pour toi et Thomas dans la cuisine.

MURIELLE   Merci, madame, et **bonne soirée!**

- à manger → à boire

---

descendre de   (here) *to descend from, to come from*

est né, -e   *was born (passé composé of* **naître***)*

est mort, -e   *died (passé composé of* **mourir***)*

est revenu, -e   *passé composé of* **revenir**

il y a (+ time)   *ago*

devenir   *to become*
comme   *like*

est venu, -e   *passé composé of* **venir**

quelque chose à manger   *something to eat*

bonne soirée   *have a nice evening*

---

[1]You know the word *mille* as "thousand." When it is written out in dates, *mille* is usually spelled *mil:* 1993 → **mil** *neuf cent quatre-vingt-treize.*

[2]You may also give the year in hundreds: 1994 → **dix-neuf cent** *quatre-vingt-quatorze.*

5 Thomas Franquin a été un peu triste quand ses parents sont partis **sans** lui, mais Murielle est très **patiente.**

MURIELLE	Ne sois pas triste. Va dormir. Il est tard.
THOMAS	D'accord. **Bonne nuit,** Murielle.
MURIELLE	Bonne nuit, **fais de beaux rêves!**

sans *without*
patient, -e *patient*

bonne nuit *good night*
faire de beaux rêves *sweet dreams!*

6 Ce soir Pierre et Lisette font la cuisine.

LISETTE	Pierre, tu viens m'aider à faire des omelettes?
PIERRE	D'accord. Ne sois pas **impatiente.** Je finis mon **travail** et **j'arrive.**
LISETTE	Oh zut! Il n'y a pas d'œufs. On ne peut pas faire une omelette sans œufs.

impatient, -e *impatient*
le travail *work*
j'arrive *I'll be right there*

■ des omelettes → des sandwichs
d'œufs → de pain
une omelette sans œufs → un sandwich sans pain

7 Dans la rue.

SIMONE	Patrick, n'**embête** pas ce chien. Il est peut-être **méchant.**
PATRICK	Mais non, il ne me fait pas peur.

embêter *to bother, to annoy*
méchant, -e *mean, naughty*

Il fait la vaisselle.

EXERCICES

A Une famille très occupée. John passe l'été à la campagne chez son correspondant André. Il téléphone à ses parents et leur dit que toute la famille travaille beaucoup. Suivez le modèle.

Sa grand-mère donne à manger au chien.

sa grand-mère

1. Murielle

2. Arnaud et Sylvie

3. son père

4. sa mère

5. son grand-père

6. André

B Qu'est-ce que tu dis? Choisissez des réponses de la liste.

J'arrive!	Un de ces jours.	Il y a quelque chose
Bonne nuit.	Il y a deux jours.	à manger?
Bonne soirée!	Fais de beaux rêves!	

1. Il est minuit. Ton petit frère est fatigué. Tu lui dis: __?__
2. Il est midi. Tu as très faim. Tu dis: __?__
3. Ta mère t'attend pour partir. Tu lui dis: __?__
4. Ta petite sœur a peur et ne veut pas dormir. Tu lui dis: __?__
5. Quelqu'un te demande: Quand est-ce que tu es arrivé(e)? Tu lui dis: __?__
6. Tes parents sortent ce soir. Tu leur dis: __?__
7. Quelqu'un te demande: Quand est-ce que tu vas faire un peu de ménage dans ta chambre? Tu lui dis: __?__

C Parlons de toi.

1. Est-ce que tu aimes faire la cuisine? D'habitude, qui fait la cuisine chez toi?
2. Est-ce que tu fais le ménage quelquefois? Et la vaisselle? Et la lessive? Si non, qui les fait?
3. Est-ce que tu as planté *(planted)* un jardin l'été dernier? Quels légumes est-ce que tu as plantés? Quels sont tes légumes préférés?
4. Tu gardes quelquefois des enfants? Pour qui? Comment s'appellent les enfants? Quel âge ont-ils?

ÉTUDE DE MOTS

Une onomatopée (''onomatopoeia'' in English) is the naming of a thing by imitating the sound associated with it. Every language has its own particular way of expressing sounds and noises.

Here is a list of common sounds in French. Can you find an English equivalent for each?

1. boum   a. phew
2. ouf   b. knock knock
3. aïe   c. ding dong
4. toc toc   d. bang
5. din din don   e. ouch

Onomatopoeia shows that every language interprets the world differently. The sound of a knock is the same no matter where you live, but its spoken and written expressions differ from language to language.

EXPLICATIONS I

Le verbe *venir*

Look at the pattern for the verb *venir* ("to come").

◆ OBJECTIVES:

TO DESCRIBE MOVEMENT

TO DESCRIBE SOMETHING THAT JUST HAPPENED

TO DESCRIBE THE REASON FOR SOMEONE'S ARRIVAL

TO TELL WHERE SOMEONE COMES FROM

INFINITIVE **venir**

		SINGULAR		PLURAL	
PRESENT	1	je	**viens**	nous	**venons**
	2	tu	**viens**	vous	**venez**
	3	il elle on	**vient**	ils elles	**viennent**

IMPERATIVE **viens!** **venons!** **venez!**
PASSÉ COMPOSÉ je **suis venu(e)**

All verbs that end in *-venir* follow the same pattern. You know two other verbs that are like *venir: revenir* ("to come back") and *devenir* ("to become"). Their past participles are *revenu* and *devenu*.

1 When *venir* is followed directly by an infinitive, its English equivalent is exactly what you would expect.

> Je **viens faire** la vaisselle.   *I'm **coming to do** the dishes.*

2 When *venir* is followed by *de* + infinitive, it means "to have just."

> Je **viens de faire** la vaisselle. *I've **just done** the dishes.*
> *I **just did** the dishes.*

3 *Venir de* + a location is used to tell where someone or something is from.

> Tu **viens d'où?**   Je **viens des Etats-Unis.**

EXERCICES

A Les voyageurs *(Travelers).*   Vous êtes dans le train en Europe. Le voyageur à côté de vous dit qu'il peut vous dire d'où viennent tous les voyageurs. Donnez-lui un petit test pour voir *(to see)* si c'est vrai. Conversez selon le modèle.

> moi / Etats-Unis   ÉLÈVE 1 *Je viens d'où, moi?*
> ÉLÈVE 2 *Tu viens des Etats-Unis.*

1. cette dame en robe verte / Angleterre
2. ces deux jeunes filles / Espagne
3. toi et ton copain / Canada
4. toi / Québec
5. ce monsieur en noir / Allemagne
6. ces garçons roux / Belgique
7. la femme brune / Italie
8. ce garçon derrière nous / Mexique

B Qu'est-ce qui se passe maintenant? *(What's happening now?)* Imaginez que vous gardez des enfants. Vous regardez un film policier à la télé. De temps en temps *(from time to time)* un des enfants vient vous demander ce qui se passe *(what's happening).* Conversez selon le modèle.

> l'actrice blonde / arriver à Paris
> ÉLÈVE 1 *L'actrice blonde, qu'est-ce qu'elle fait?*
> ÉLÈVE 2 *Elle vient d'arriver à Paris.*

1. les gens méchants / rentrer chez eux
2. le jeune homme / partir pour la gare
3. l'amie du jeune homme / descendre du train
4. le monsieur impatient / sortir de son bureau
5. les parents du jeune homme / téléphoner à leur fils
6. les agents de police / monter au troisième étage
7. toi / donner à manger au chat

Le soir, on regarde la télé.

C **Moi, je deviens timide.** On est souvent différent dans différentes situations. Utilisez les adjectifs suivants et conversez selon le modèle.

triste	timide	aimable	malade
désagréable	calme	sévère	inquiet
content	heureux	sérieux	bruyant

arriver à une boum

ÉLÈVE 1 *Quand j'arrive à une boum, je deviens timide.*
ÉLÈVE 2 *Moi aussi, je deviens timide.*
OU: *Pas moi, je reste calme.*

1. être seul(e) à la maison
2. faire le ménage
3. aller chez le (la) dentiste
4. faire un voyage
5. écouter des disques
6. passer un examen
7. réussir un examen
8. rentrer à l'école en automne

Maison à Quiberon en Bretagne. On vient de faire la lessive.

Le passé composé avec *être*

OBJECTIVES:

TO DESCRIBE ACTIONS IN THE PAST

TO DESCRIBE MOTION

TO TELL WHEN PEOPLE WERE BORN AND DIED

You have already learned how to form the passé composé with a present-tense form of *avoir* and a past participle. The passé composé of most verbs is formed in this way. A very few verbs, however, form their passé composé with *être*.

When a verb forms the passé composé with *être*, the past participle agrees with the subject in gender and number, just as though it were an adjective. For example, look at the passé composé of *venir*.

INFINITIVE **venir**

		SINGULAR		PLURAL	
M.	1	je	**suis venu**	nous	**sommes venus**
	2	tu	**es venu**	vous	**êtes venu (venus)**
	3	il	**est venu**	ils	**sont venus**
F.	1	je	**suis venue**	nous	**sommes venues**
	2	tu	**es venue**	vous	**êtes venue (venues)**
	3	elle	**est venue**	elles	**sont venues**

1 Here are the infinitives and past participles of the verbs that use *être* in the passé composé. Note that most of them express motion, or "coming and going."

aller: allé	entrer: entré	devenir: devenu
venir: venu	sortir: sorti	rester: resté
arriver: arrivé	descendre: descendu	naître: né
partir: parti	monter: monté	mourir: mort
rentrer: rentré	retourner: retourné	
tomber: tombé	revenir: revenu	

2 *Naître* and *mourir* are irregular verbs. For now you need to know only their past participles.

> Louis Pasteur **est né** en 1822.   Il est **mort** en 1895.
> Marie Curie **est née** en 1867.   Elle **est morte** en 1934.

EXERCICES

A Où est-ce qu'on est allé le week-end dernier? Répondez d'après les images.

nous

Nous sommes allé(e)s au village.

1. moi

2. Béatrice

3. mes parents

4. toi

5. vous

6. toi et moi

B Déjà! Votre frère a dormi pendant deux heures cet après-midi. Pendant ce temps, tout le monde a été très occupé. On a déjà fait tout ce qu'il vous demande. Conversez selon le modèle.

toi / aller au magasin   ÉLÈVE 1 *Tu vas aller au magasin?*
ÉLÈVE 2 *J'y suis déjà allé(e).*

1. grand-papa / partir
2. maman et papa / rentrer
3. Hélène / sortir
4. le chat / descendre au salon
5. Guy / monter dans sa chambre
6. tes copains / arriver bientôt
7. toi et Guy / descendre au jardin
8. mes copains / venir jouer

C La leçon d'histoire. Vous étudiez pour une interro d'histoire avec un(e) camarade. Posez des questions sur les dates de naissance *(birth)* et de mort de ces personnages. Conversez selon le modèle.

Napoléon (1769–1821)   ÉLÈVE 1 *Quand est-ce que Napoléon est né?*
ÉLÈVE 2 *Il est né en mil sept cent soixante-neuf (dix-sept cent soixante-neuf).*
ÉLÈVE 1 *Bon, et quand est-ce qu'il est mort?*
ÉLÈVE 2 *Il est mort en mil huit cent vingt et un (dix-huit cent vingt et un).*

1. Jeanne d'Arc (1412–1431)
2. Louis XIV (1638–1715)
3. Marie Curie (1867–1934)
4. Charles de Gaulle (1890–1970)
5. Victor Hugo (1802–1885)
6. Louis Pasteur (1822–1895)

D Parlons de toi.

1. Qu'est-ce que tu veux devenir plus tard? Pourquoi?
2. Est-ce que tu es parti(e) en vacances l'année dernière? Où? Quand est-ce que tu es parti(e)? Quand est-ce que tu es rentré(e)? Tu veux y retourner un de ces jours? Pourquoi ou pourquoi pas?
3. Quand est-ce que tu es né(e)? Et ton (ta) meilleur(e) ami(e)? Et tes frères et tes sœurs?
4. Tu es resté(e) chez toi hier soir ou tu es sorti(e)? Si tu es resté(e) chez toi, qu'est-ce que tu as fait? Si tu es sorti(e), où est-ce que tu es allé(e)? Avec qui? Tu es parti(e) à quelle heure? Tu es arrivé(e) à quelle heure? Tu es rentré(e) chez toi à quelle heure?

Un groupe d'amis à la terrasse d'un café

ACTIVITÉ

Sondage: Le week-end dernier. Work in groups of four or five. Take turns asking each other about what you did last weekend. One student should act as secretary and record the information.

ÉLÈVE 1 *Annie, tu es sortie avec des amis le week-end dernier?*
ÉLÈVE 2 *Oui, je suis sortie avec mes amis.*
ÉLÈVE 3 (writes) *Annie est sortie avec ses amis.*

Report to the class how many members of your group did each activity. Ask about these activities:

sortir avec des amis	regarder la télé
aller au cinéma	parler au téléphone
aller au restaurant	écouter des disques
aller à un match de _____	faire des courses
travailler	faire ses devoirs

Il écoute de la musique dans sa chambre.

APPLICATIONS

On achète une bête!

Quels animaux est-ce qu'il y a dans le magasin? Quel animal est-ce que tu préfères?

Imaginez la conversation entre M. et Mme Dupin et leurs enfants. Ils ne peuvent acheter qu'un seul animal, et chaque membre de la famille veut faire un choix différent. Qui va gagner? Pourquoi? Voici quelques expressions pour vous aider.

être propre / sale; gentil / méchant
faire du bruit; faire peur aux gens
devenir trop grand; manger trop
apprendre beaucoup de choses / rien
dormir dans la chambre / la maison / le garage
adorer nager; sortir en voiture; jouer avec les enfants
intelligent, charmant
calme, drôle comme …
obéir bien / ne pas obéir
pouvoir le prendre en vacances, le laisser seul à la maison pendant la
   journée

DOCUMENT

Vous voulez visiter l'appartement modèle. A quelle heure est-ce que vous pensez y aller? Combien de pièces est-ce que vous voulez dans votre appartement? A quel étage est-ce que vous voulez habiter?

Vous voulez téléphoner au bureau pour prendre rendez-vous. Quel est le numéro? Quelles questions est-ce que vous allez poser au représentant (à la représentante) *(salesperson)?*

DANS UN SUPERBE PARC ARBORISÉ IMMEUBLE EN PIERRE DE TAILLE

Appartements Plein Sud
3, 4, et 5 pièces
à partir de 330.000 F
crédit total possible

Appartement modèle sur place,
tous les jours de 14 à 19 h.
A 500 mètres de la gare de l'est

Téléphone: **47.73.23.06**

C'est pratique d'avoir deux restaurants dans l'immeuble!

EXPLICATIONS II

Les nombres ordinaux

◆ **OBJECTIVE:**

TO IDENTIFY PLACE IN A SERIES

The numbers you count with are called cardinal numbers: *un, deux, …*. To describe a number in a series (first, second, etc.), you use ordinal numbers. In French, ordinal numbers are formed by adding *-ième* to the cardinal number. If the cardinal number ends in *e*, the *e* is dropped: *quatre → quatrième. Un, cinq,* and *neuf* have special forms.

premier (1e)	onzième (11e)	vingt et unième (21e)
première (1ère)	douzième (12e)	vingt-deuxième (22e)
deuxième (2e)	treizième (13e)	
troisième (3e)	quatorzième (14e)	trentième (30e)
quatrième (4e)	quinzième (15e)	
cinquième (5e)	seizième (16e)	quatre-vingtième (80e)
sixième (6e)	dix-septième (17e)	quatre-vingt-deuxième (82e)
septième (7e)	dix-huitième (18e)	
huitième (8e)	dix-neuvième (19e)	centième (100e)
neuvième (9e)	vingtième (20e)	deux centième (200e)
dixième (10e)		

1 To say that you live on a particular floor of a building, you can use an ordinal number by itself, without saying *étage: J'habite au quatrième.*

2 When you speak with people who live in Paris, you will often hear them use ordinal numbers to tell what section of the city they live in. There are twenty districts called *arrondissements.* A person who lives in the nineteenth *arrondissement* will say, *Nous habitons dans le dix-neuvième.*

3 When you talk about kings, queens, and other rulers in English, you use ordinal numbers: Elizabeth I *(the first)*, Henry VIII *(the eighth)*, etc. In French, you use cardinal numbers, except for *premier, première:* François Ier *(premier)*, Henri IV *(quatre)*, Louis XIV *(quatorze)*, etc.

EXERCICES

A A la Résidence La Fontaine.   Vous avez beaucoup d'amis qui habitent dans cet immeuble. Vous parlez avec le concierge devant l'immeuble. Demandez-lui où habitent tous ces gens. Conversez selon le modèle.

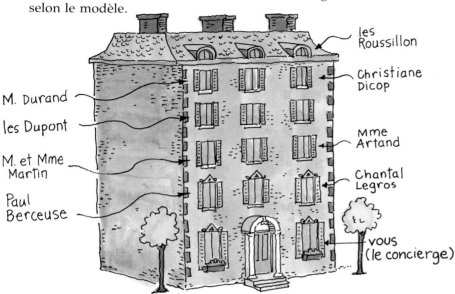

les Roussillon

Christiane Dicop

M. Durand

les Dupont

Mme Artand

M. et Mme Martin

Chantal Legros

Paul Berceuse

vous (le concierge)

les Dupont   ÉLÈVE 1   *Les Dupont habitent à quel étage?*
             ÉLÈVE 2   *Les Dupont? Ils habitent au troisième.*

1. Paul Berceuse
2. Mme Artand
3. Christiane Dicop
4. les Roussillon
5. vous
6. M. Durand
7. M. et Mme Martin
8. Chantal Legros

Qu'est-ce qu'on va manger aujourd'hui?

B **Dans quel arrondissement?** La ville de Paris est divisée en vingt arrondissements. Regardez la carte et dites dans quel arrondissement se trouvent ces endroits *(places)*.

l'avenue des Champs-Elysées   *L'avenue des Champs-Elysées se trouve dans le huitième.*

PARIS

1. la Basilique du Sacré-Cœur
2. l'Arc de Triomphe *(m.)*
3. la Tour Eiffel
4. les Galeries Lafayette
5. le Centre Pompidou
6. la Cathédrale de Notre-Dame
7. le Musée du Louvre
8. le Jardin du Luxembourg

(en haut) L'Arc de Triomphe

(à droite) La Cathédrale de Notre-Dame

Deux exemples de l'architecture contemporaine à Paris: *(A gauche)* Le Centre Pompidou *(A droite)* La Pyramide du Louvre

C Parlons de toi.

1. A quel étage est-ce qu'on trouve les vêtements dans ton magasin préféré? Et les télés? Et les chaussures? Et les disques?
2. Est-ce que c'est la première fois que tu parles en cours aujourd'hui? Si non, combien de fois est-ce que tu as parlé?
3. Quel est ton premier cours tous les jours? Et ton deuxième, troisième, etc.?
4. En quelle année est-ce que tu es allé(e) à l'école pour la première fois?

ACTIVITÉ

Visitons des monuments!   You and a partner have only one day in Paris. Decide which places you'll visit. Then ask another pair what their choices are: *Quels endroits* (places) *est-ce que vous allez visiter?*

APPLICATIONS

RÉVISION

Formez des phrases en français d'après les modèles.

1. *Les enfants n'aiment pas le lapin. Il leur fait peur.*
   (I don't like dogs. They frighten me.)
   (My sister doesn't like my hamster. It frightens her.)

2. Hier, *je suis allé chez le boulanger* acheter *des croissants.*
   (Adèle went to the butcher's)   (some meat)
   (the children went to the grocer's)   (some chocolate)

3. *Ils sont partis de Paris.*
   (You [f. sing.] got off the bus.)
   (The children came home from school.)

4. *Les amis de M. Lesage sont entrés dans le premier café.*
   (The neighbor's cat fell from the third [2ᵉ] floor.)
   (Mrs. Dupont's friends went up to the sixth [5ᵉ] floor.)

5. *Les œufs sont tombés* par terre.
   (We [m.] fell)
   (The envelope fell)

6. *La mère est inquiète.   L'enfant n'a plus faim.*
   (The teacher)   (happy) (The student is not wrong anymore.)
   (The dog)   (calm)   (The boys are not afraid anymore.)

On fait de la pub sur les bus.

Trouvez les expressions françaises qui correspondent à l'anglais et rédigez un paragraphe.

1. Martin doesn't like cats. They frighten him.

2. Yesterday he went to the dairy store to buy some cream.

3. He came back from the dairy store.

4. The concierge's cat came out of the first apartment.

5. The bottle fell on the ground.

6. The cat is happy. Martin is not afraid anymore.

RÉDACTION

Maintenant, choisissez un de ces sujets.

1. Imagine that you are Martin. Write three sentences to explain to your mother why you don't have the cream.

2. List four things that you did this week for a parent, a relative, or a friend.

CONTRÔLE DE RÉVISION   CHAPITRE 13

A   Qu'est-ce que je fais?
Write answers to this question according to the pictures.

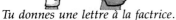

Tu donnes une lettre à la factrice.

1.
2.
3.
4.
5.
6.

B   Les métiers (jobs).
Write sentences telling what each person is going to be.

Sara et Rose apprennent à faire des lunettes.
Elles deviennent opticiennes.

1. J'apprends à jouer des rôles.
2. Luc travaille à la poste.
3. Vous apprenez à faire des pâtisseries.
4. Toi et moi, nous chantons avec un groupe de rock.
5. Sophie et Yves apprennent à enseigner le français aux enfants.
6. Tu apprends à servir dans un café.

C   On vient de le faire.
Use *venir de* + infinitive to answer the questions.

Marcel est rentré?
Oui, il vient de rentrer.

1. Tu as fait le ménage?
2. Les œufs sont tombés par terre?

3. Les enfants sont devenus impatients?
4. Vous avez donné à boire à votre hamster?
5. Papa est monté au premier étage?
6. Tu as fini tes devoirs?

D   A quelle heure?
Write sentences telling at what time each event took place.

Lise / aller à l'hôpital
Lise est allée à l'hôpital à une heure du matin.

1. moi /
   sortir du lycée

4. Thomas et moi /
   rentrer du ciné

2. mon frère /
   tomber de l'arbre

5. les facteurs /
   partir de la poste

3. les Lagarde /
   arriver à la gare

6. Hélène et toi /
   retourner au bureau

E   Les nombres ordinaux.
Write out the ordinal number in each sentence.

J'habite au 4e étage.   *quatrième*

1. C'est le 30e jour du mois.
2. Où est la 5e rue?
3. Qui est François 1er?
4. Ouvrez le livre à la 9e page.
5. C'est le 231e anniversaire de notre ville.
6. Nous venons de finir la 13e leçon.

VOCABULAIRE DU CHAPITRE 13

Noms
l' animal (m.),
    pl. les animaux
la bête
le bruit
la chambre (à coucher)
le chat
le chien
le concierge, la concierge
la cuisine (kitchen)
l' escalier (m.)
l' étage (m.)
le facteur, la factrice
le garage
le hamster
l' immeuble (m.)
le jardin
le lapin
l' oiseau (m.),
    pl. les oiseaux
la pièce (room)
le placard
le rez-de-chaussée
la salle à manger
la salle de bains
le salon
les toilettes (f.pl.)
le travail
le village

Adjectifs
charmant, -e
confortable (peu confortable)
impatient, -e
méchant, -e
patient, -e
propre
sale
seul, -e

Verbes
aider
descendre (de)
devenir
embêter
monter (dans)
mourir (p.p. mort)
naître (p.p. né)
retourner
revenir
tomber
venir

Adverbes
heureusement
malheureusement

Prépositions
comme (comparisons)
sans

Nombre
mil (in dates)

Nombres ordinaux
premier, première, deuxième,
    etc.

Expressions
au premier (deuxième, etc.)
   étage
bonne nuit!
bonne soirée!
bonsoir!
donner à manger (boire) à
faire de beaux rêves
faire du jardinage
faire la cuisine
faire la lessive
faire la vaisselle
faire le ménage
faire peur à
garder un enfant
il y a (ago)
j'arrive
par terre
quelque chose à manger
   (à boire)
un de ces jours
venir de + inf.

CHAPITRE 14

PRÉLUDE CULTUREL | À TABLE

"Set the table, please." How often do you hear those words? "Mind your manners!" Is that familiar, too? French teens hear similar instructions every day. Table customs vary from culture to culture, though. Here are some hints to help you be comfortable at a French table.

The table setting in France is only slightly different from what you're used to. For one thing, teaspoons or dessert spoons are usually placed above the plate. For another, forks and spoons are usually turned face down. For this reason, very fancy French silverware may have a design on the back of the handle as well as on the front. At a formal dinner, you might also have special knives and forks for eating fish, or tongs and a fork for eating *escargots* (snails).

Cloth napkins are used, even for everyday meals. In most families, each person has a napkin ring. When the table is set, the napkin goes on the plate or to the left of the fork. After the meal, the napkins are gathered and are placed in a drawer for use at the next meal.

Meals are usually served in courses. First comes the *hors-d'œuvre*. This course is usually rather light—maybe a thin slice of quiche, or eggs poached in a special sauce, or sliced vegetables with mayonnaise, or perhaps a rich soup. Be sure not to eat too much at this point, though! There's more to come.

Following the *hors-d'œuvre* there's the main course—*le plat principal*. Then comes salad, which is usually just lettuce with *vinaigrette*—oil and vinegar. Next there's a selection of cheeses. You can take small portions of a few different kinds. (If there is also fruit, don't just bite into an apple or banana. Many French people peel and eat fruit with a knife and fork.) And finally, there's dessert.

Throughout the meal, there will always be plenty of wine and fresh bread. In most cases, you can put your bread directly on the table—don't try to balance it on the edge of your plate.

Don't put one hand in your lap as you eat. The French keep both hands above the table, with their arms supported by the table edge. When you cut meat, don't switch your fork back to your right hand. Bring the meat to your mouth with the fork still in your left.

Watch what others do to be sure you do the same. But try to relax and enjoy! A meal in France can be a wonderful experience!

MOTS NOUVEAUX I

Quel est ton plat préféré?

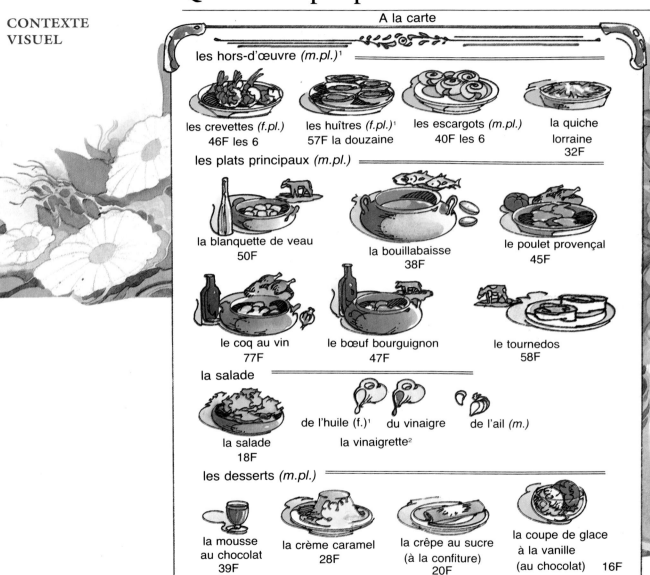

A la carte

les hors-d'œuvre (m.pl.)[1]

les crevettes (f.pl.)
46F les 6

les huîtres (f.pl.)[1]
57F la douzaine

les escargots (m.pl.)
40F les 6

la quiche
lorraine
32F

les plats principaux (m.pl.)

la blanquette de veau
50F

la bouillabaisse
38F

le poulet provençal
45F

le coq au vin
77F

le bœuf bourguignon
47F

le tournedos
58F

la salade

la salade
18F

de l'huile (f.)[1]   du vinaigre   de l'ail (m.)

la vinaigrette[2]

les desserts (m.pl.)

la mousse
au chocolat
39F

la crème caramel
28F

la crêpe au sucre
(à la confiture)
20F

la coupe de glace
à la vanille
(au chocolat)   16F

une carte

[1]*Hors-d'œuvre* is invariable—that is, it does not add an -*s* for the plural. The *h* in *les hors-d'œuvre* is aspirate; there is no contraction with *le* or *de*, and no liaison in the plural. The *h* in *huître* and *huile* is not aspirate: *Vous aimez les huîtres, madame? Je n'ai pas d'huile.*

[2]*Vinaigrette* is the standard salad dressing in France. The proportion of oil to vinegar is three to one. Rub the salad bowl with garlic; add oil, vinegar, salt, and pepper; mix well.

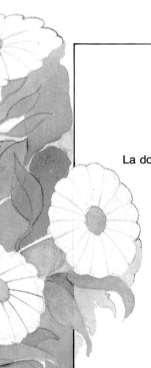

Menu à 120F

(service compris)

***

La douzaine d'escargots de Bourgogne

La quiche lorraine

***

Le poulet provençal

Le bœuf bourguignon

***

La salade maison

***

Les fromages

***

La tarte aux pommes

La coupe de glace

La mousse au chocolat

un menu[3]

le vin rosé

le vin blanc

le vin rouge

CONTEXTE COMMUNICATIF

1 Dominique et Nadine sont au restaurant. Ils regardent la carte.

NADINE Tu aimes le bœuf bourguignon?
DOMINIQUE Je préfère la blanquette.

Variations:

■ le bœuf bourguignon → le coq au vin
la blanquette → la bouillabaisse

---

[3]In France, when you want to choose among all the dishes a restaurant offers, you order *à la carte.* Most restaurants also offer fixed-price meals called *menus,* which allow you only a few choices for each course. You order *un menu* by its price: *Je vais prendre le menu à 120 francs.* Then you tell the waiter your preference for each category.

2 LE GARÇON   Bonjour, **messieurs-dames.** Vous commandez à la carte ou vous prenez un menu?

M. DUPONT   A la carte. Qu'est-ce que tu veux comme hors-d'œuvre, Suzanne?

MME DUPONT   Je n'ai pas encore **décidé.** Et toi?

M. DUPONT   Des escargots.

■ des escargots → des huîtres

messieurs-dames *ladies and gentlemen*

décider *to decide*

---

3 Monsieur Gilbert a commandé un tournedos.

LA SERVEUSE   Comment est-ce que vous voulez le tournedos? **Saignant?**

M. GILBERT   Non, **à point,** s'il vous plaît.

LA SERVEUSE   Et comme boisson?

M. GILBERT   Une bouteille de vin rouge.

■ à point → **bien cuit**
de vin rouge → d'eau minérale

saignant, -e *rare*
à point *medium rare*

bien cuit, -e *medium* or *well done*

---

4 Mireille adore **la cuisine provençale.** Elle a invité Renaud à son restaurant préféré.

MIREILLE   Tout est si bon ici … Euh … Bon, enfin, je vais prendre la bouillabaisse.

RENAUD   Hmm, une bouillabaisse, je n'**en** ai jamais mangé. C'est un plat très **épicé?**

MIREILLE   Assez. Prends du poulet provençal. C'est moins épicé.

la cuisine (here) *cooking*
provençal, -e; provençaux, -ales *from (of) Provence*

en *any (of that)*
épicé, -e *spicy*

---

5 Le serveur apporte le premier plat. Il sert M. et Mme Saunier.

LE SERVEUR   Voici. **Bon appétit!** … Je vous sers **encore** un peu de **sauce,** madame?

MME SAUNIER   Oui, s'il vous plaît. Elle est vraiment **délicieuse.**

M. SAUNIER   Vous pouvez aussi m'**en** donner encore un peu.

■ sauce → vin
elle est vraiment délicieuse → il est vraiment délicieux

bon appétit! *enjoy your meal!*
encore *more*
la sauce *sauce*
délicieux, -euse *delicious*
en (here) *some (of it)*

Escargots gros gris G 2
"Escargots de Paris"
surgelés, les 50 (370 g)_____ **34,50**
(Soit le kg : 93.24)

Moules farcies
"Escargots de Paris"
surgelées, les 12 (100 g)_____ **10,15**
(Soit le kg : 101.50)

Praires farcies
"Escargots de Paris"
surg., les 12 grosses (80 g)_____ **17,90**
(Soit le kg : 223.70)

Crabe chair et pattes
"Délectable" Luxury
les 142 g_____ **23,75**

HAUT LES CORNES!

FERME DE LA RENARDIERE
ESCARGOTS PETITS GRIS
élevés, produits et transformés à la ferme
Paris 95570 MOISSELLES - Tél. : 39.91.59.73

6 LE SERVEUR Vous prenez du fromage ou un dessert?

MME MARTIN Rien pour moi. J'ai trop bien mangé.

M. MARTIN Pas de dessert ou de fromage pour moi non plus.

■ Pas de dessert ou de fromage pour moi non plus. →
Je vais prendre un dessert. La mousse au chocolat,
s'il vous plaît.

Des chefs chez Paul Bocuse

EXERCICES

A **Tous les plats sont excellents.** Vous êtes dans un restaurant. Demandez au serveur (à la serveuse) comment sont les plats. Conversez selon le modèle. Choisissez vos réponses dans la liste.

ÉLÈVE 1 *Comment est la salade?*
ÉLÈVE 2 *Elle est très fraîche, monsieur (mademoiselle).*

bon   formidable
délicieux   frais
excellent

1.

2.

3.

4.

5.

6.

7.

8.

9.

10.

11.

12.

B Au restaurant et à la maison. Avec un(e) camarade, parlez des plats que vous commandez au restaurant et des plats que vous mangez chez vous. Conversez selon le modèle. Puis changez de rôle.

hors-d'œuvre ÉLÈVE 1 *Au restaurant, qu'est-ce que tu commandes comme hors-d'œuvre?*
ÉLÈVE 2 *D'habitude, je commande des huîtres.*
ÉLÈVE 1 *Et chez toi, qu'est-ce que tu manges comme hors-d'œuvre?*
ÉLÈVE 2 *Nous ne mangeons jamais de hors-d'œuvre.*

1. hors-d'œuvre   3. dessert
2. plat principal   4. boisson

C Parlons de toi.
1. Tu aimes la cuisine française? A quels plats français est-ce que tu as goûté *(tasted)?* Quel plat français est-ce que tu aimes le mieux? Quel plat français est-ce que tu détestes?
2. Tu aimes la cuisine italienne? mexicaine? américaine? Quel est ton plat préféré?
3. Tu vas souvent au restaurant? Quel est ton restaurant préféré? Qu'est-ce que tu commandes d'habitude? Avec qui est-ce que tu vas au restaurant? Qu'est-ce qu'ils (elles) commandent?

ACTIVITÉ

Votre restaurant. Pretend that you and a partner are opening your own restaurant. Think of a name for it and plan the menu. Include two or three *hors-d'œuvre,* several main dishes, and some vegetables, desserts, and beverages. Be sure to include the prices. Keep your menu. You will be using it again later.

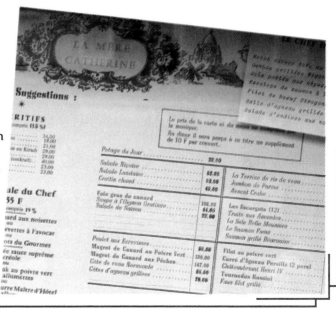

APPLICATIONS

Pourquoi manger des carottes?

Il est huit heures du soir. Monsieur et Madame Lapierre et leurs enfants vont dîner.

VINCENT	Qu'est-ce qu'on mange ce soir?
MME LAPIERRE	Du poisson.
5 VINCENT	Beurk![1] J'aime pas ça.
M. LAPIERRE	Sois poli, s'il te plaît. C'est excellent pour la santé.[2]
AURORE	Et comme légume, qu'est-ce qu'il y a?
MME LAPIERRE	Des épinards et des carottes à la crème.
10 VINCENT	C'est pas vrai! J'ai horreur de[3] ça!
AURORE	Ecoute, mon vieux, laisse le poisson et les épinards si tu veux, mais par pitié[4] mange tes carottes!
VINCENT	*(vexé)*[5] Et pourquoi donc, Mademoiselle?
15 AURORE	Parce que les carottes, ça rend aimable,[6] Monsieur!

---

[1]**beurk!** *yuk!*   [2]**la santé** *health*   [3]**avoir horreur de** *to detest*
[4]**par pitié** *I beg you; for heaven's sake*   [5]**vexé, -e** *offended*
[6]**ça rend aimable** *(carrots) make you sweet*

Questionnaire

1. Qu'est-ce qu'on fait à huit heures chez les Lapierre?   2. Qu'est-ce qu'on sert ce soir?   3. Pourquoi est-ce que M. Lapierre pense que Vincent n'est pas poli?   4. D'après M. Lapierre, le poisson est bon pour quoi?   5. Pourquoi est-ce que Vincent ne veut pas manger des épinards et des carottes?   6. Pourquoi est-ce qu'Aurore dit à Vincent de manger ses carottes?   7. D'après vous, qu'est-ce que Vincent va manger?

Situation

Working with three classmates, create a family conversation that takes place at a restaurant. Everyone chooses something from the menu except the family's fussy child, who only wants pizza. Is the child persuaded to order, or does the family go to an Italian restaurant?

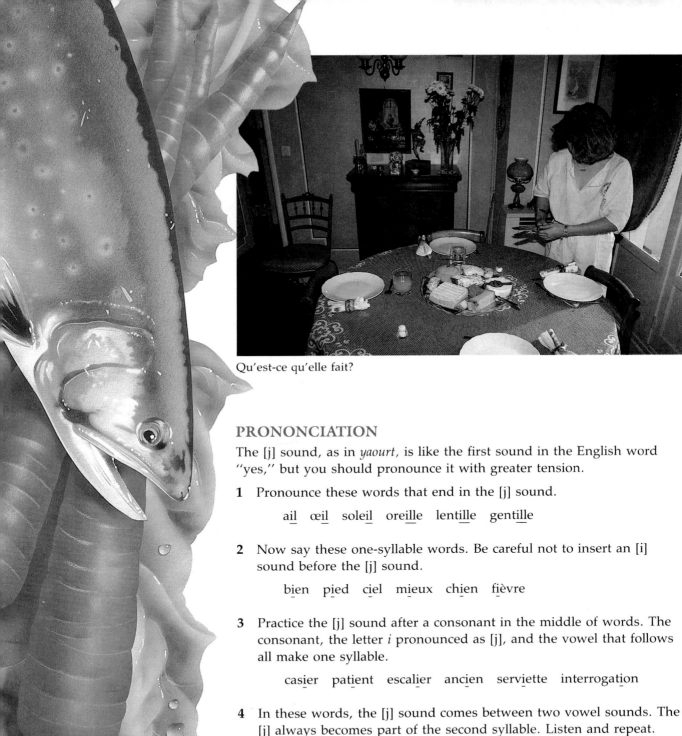

Qu'est-ce qu'elle fait?

PRONONCIATION

The [j] sound, as in *yaourt*, is like the first sound in the English word "yes," but you should pronounce it with greater tension.

1 Pronounce these words that end in the [j] sound.

> ail   œil   soleil   oreille   lentille   gentille

2 Now say these one-syllable words. Be careful not to insert an [i] sound before the [j] sound.

> bien   pied   ciel   mieux   chien   fièvre

3 Practice the [j] sound after a consonant in the middle of words. The consonant, the letter *i* pronounced as [j], and the vowel that follows all make one syllable.

> casier   patient   escalier   ancien   serviette   interrogation

4 In these words, the [j] sound comes between two vowel sounds. The [j] always becomes part of the second syllable. Listen and repeat.

> maillot   bouillabaisse   juillet   cahier   crayon

MOTS NOUVEAUX II

Tu mets le couvert, s'il te plaît?

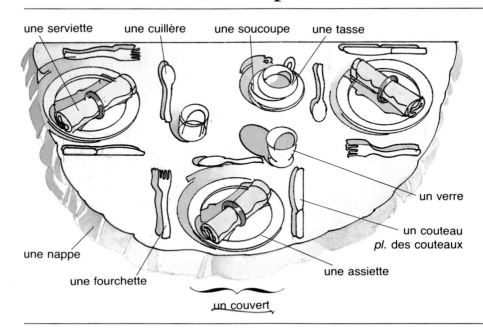

une serviette   une cuillère   une soucoupe   une tasse

un verre

un couteau
pl. des couteaux

une assiette

une nappe

une fourchette

un couvert

CONTEXTE
COMMUNICATIF

1 C'est l'heure du dîner chez les Aubert.

JULIE	Qu'est-ce qu'il faut **mettre** sur la table?
LIONEL	Les assiettes, les verres et les fourchettes.

mettre *to put*

Variations:
- les assiettes, les verres et les fourchettes →
  les tasses, les soucoupes et les cuillères

2
JULIE	Passe-moi **les sets,** s'il te plaît.
LIONEL	Voilà. Où sont les serviettes?
JULIE	Je les ai déjà **mises** sur la table.

le set *place mat*

mis past participle of *mettre*

- les sets → la nappe
  les serviettes → les couteaux
  je les ai déjà mises → je les ai déjà mis

Ça sent bon!

Ça sent mauvais!

mettre le couvert

refuser (de)

passer

débarrasser la table

3 Martine vient d'inviter Simon à dîner chez elle.

MARTINE	Quel est ton plat préféré?
SIMON	J'adore le poulet provençal.
MARTINE	**Parfait!** C'est facile et ça ne **prend** pas beaucoup **de temps.**

■ le poulet provençal → la blanquette de veau

parfait! *great!*
prendre du temps *to take time*

4 Chez Martine.

MARTINE	Tu **as goûté au** poulet?
SIMON	Oui, il est délicieux. Avec quoi est-ce que tu l'as fait?
MARTINE	On y met des tomates, de l'ail, du poulet, bien sûr, …

■ il est délicieux → il est **parfait**

goûter à *to taste*

parfait, -e *perfect*

5 MARTINE Je te sers encore un morceau de poulet?

SIMON Non, merci. Ton poulet est délicieux, mais je n'ai plus faim. Dis, **ça prend combien de temps pour** faire ce plat?

MARTINE Je l'ai fait **en** une heure.

■ un morceau de poulet → de la salade
ton poulet est délicieux → ta salade est délicieuse
ce plat → cette salade
je l'ai fait en une heure → je l'ai faite en cinq minutes

ça prend combien de temps pour ...? *how much time does it take to ...?*

en + time *in ... minutes, hours, etc.*

6 Lionel refuse d'aider sa sœur à débarrasser la table.

JULIE Lionel, tu peux m'aider à débarrasser la table?

LIONEL **Quoi?!**

JULIE Mais tu m'**as promis.**

LIONEL C'est pas vrai.[1] Je t'ai aidée hier!

MME AUBERT **Chut,** les enfants! Vous faites trop de bruit!

■ débarrasser la table → mettre le couvert
■ débarrasser la table → faire la vaisselle
■ débarrasser la table → faire la cuisine

quoi?! *what?!*
promis *past participle of* **promettre à ... (de) ...** *to promise (someone) to (do something)*
chut! *hush!*

7 JULIE **Fais attention aux** assiettes!

LIONEL Zut! Elles sont tombées.

JULIE Tu les **as cassées?**

LIONEL Non, heureusement.

■ aux assiettes → au verre
elles sont tombées → il est tombé
tu les as cassées → tu l'as cassé
■ aux assiettes → à la tasse
elles sont tombées → elle est tombée
tu les as cassées → tu l'as cassée

faire attention à *to pay attention to*
casser *to break*

[1]In very informal conversation, the *ne* is frequently omitted in a negative sentence.

MERINGUE AU CHOCOLAT
pour 6-8 personnes
blancs d'œuf
e sucre
e crème
de lait
e chocolat fondant

ÉPINARDS AUX RAISINS

cru coupé en lamelles
e pin et raisins secs

POULET AUX CHAMPIGNONS
Pour 6 personnes
8 morceaux de poulet (cuisses de préférence)
25g de beurre
300g de champignons de Paris
2 cuillerées de persil haché
150g d'olives vertes dénoyautées
1 verre de cognac
1 dl d'huile
1 dl de bouillon
poivre, sel

EXERCICES

A **On cherche du travail.** Imaginez que vous voulez travailler dans un restaurant. Le patron (*owner*) veut voir si vous pouvez mettre le couvert comme il faut. Conversez selon le modèle.

à droite de l'assiette

ÉLÈVE 1 *Qu'est-ce qu'on met à droite de l'assiette?*

ÉLÈVE 2 *Euh ... A droite de l'assiette? On y met le couteau.*

1. sur la table et sous toutes les autres choses
2. entre la fourchette et le couteau
3. sur l'assiette
4. sous la tasse
5. à gauche du verre
6. sur la serviette
7. à droite de la cuillère
8. sur la soucoupe

B **Un restaurant élégant.** Votre famille dîne dans un restaurant élégant. Qu'est-ce qu'on dit?

Chut!   Bon appétit!
A point, s'il vous plaît.   Ça sent bon!
Fais attention!   A la carte, s'il vous plaît.

1. Le serveur vous demande: «Comment est-ce que vous voulez le tournedos?» Vous dites: « _____ »
2. Le verre de votre petit frère va tomber de la table. Vous dites: « _____ »
3. La serveuse vous demande: «Vous prenez un menu?» Vous répondez: «Non, _____. »
4. Vos petites sœurs font trop de bruit. Votre mère dit: « _____ »
5. Le serveur apporte les hors-d'œuvre. Il les met sur la table. Il dit: « _____ »
6. La serveuse met de la bouillabaisse sur la table. Votre père adore la bouillabaisse. Il dit: « _____ »

C Parlons de toi.

1. Décris (*describe*) l'heure du dîner chez toi. Est-ce que toute la famille dîne toujours ensemble ou est-ce qu'on est quelquefois trop occupé? A quelle heure est-ce qu'on dîne? Qu'est-ce qu'on mange d'habitude? Qui fait la cuisine? Qui débarrasse la table? Qui fait la vaisselle?

2. Tu aides tes parents à mettre le couvert? à débarrasser la table? Combien de fois par semaine est-ce que tu les aides?

3. Tu aimes faire la cuisine? Quels plats est-ce que tu prépares? Quel plat est-ce que tu aimes mieux préparer? Avec quoi est-ce que tu le fais? Ça prend combien de temps? C'est facile?

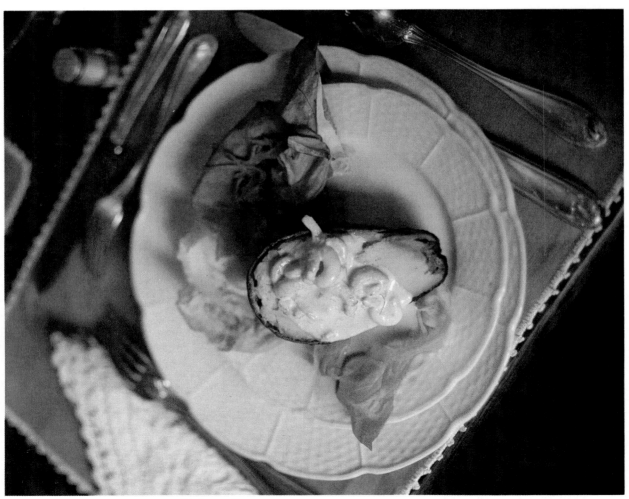

Un hors-d'œuvre

Qu'est-ce que vous aimez comme petit déjeuner?

Votre classe de français visite la Nouvelle-Orléans.
Qu'est-ce que vous décidez de prendre comme petit
déjeuner demain matin?

Petit déjeuner français typique

ÉTUDE DE MOTS

In both English and French, the prefix *re-* is often used with a verb to
show that an action is being done over again. For example,
faire → *refaire* ("to do" → "to redo"). Can you give French equivalents
for these English verbs?

to begin again	to reread
to come back	to shut again
to leave again	to come down again
to go back up	

When a verb begins with a vowel, the prefix *re-* often becomes *r-*. Can
you tell what the following verbs mean?

rouvrir	rallumer	rapporter
rapprendre	récrire	racheter

Adding the prefix *re-* sometimes results in a spelling change. Can you
give the meaning of these words and identify the original verb?

réorganiser   ressortir

EXPLICATIONS I

Le verbe *mettre*

◆ OBJECTIVES:
  TO DESCRIBE
  WHAT YOU WEAR
  AND WHERE YOU
  PUT THINGS

  TO MAKE
  PROMISES

The verb *mettre* means "to put (in)," "to place," "to set," or "to put on (clothing)."

Il faut **mettre** le vélo dans le garage.	*to put, to place*
N'oubliez pas de **mettre** du sel dans la quiche.	*to put in, to add*
Je vais **mettre** ces phrases en français.	*to put into*
Tu veux **mettre** le couvert?	*to set*
Paul a oublié de **mettre** son imperméable.	*to put on*

INFINITIVE **mettre**

			SINGULAR		PLURAL	
PRESENT	1		je	**mets**	nous	**mettons**
	2		tu	**mets**	vous	**mettez**
	3		il elle on	**met**	ils elles	**mettent**

IMPERATIVE **mets!** **mettons!** **mettez!**

PASSÉ COMPOSÉ **j'ai mis**

1. The plural forms of *mettre* follow the pattern of regular *-re* verbs. The infinitive ending is dropped and the plural endings are added to the stem *mett-*.

2. In the singular, the second *t* is dropped, and the ending *-s* is added to the 1 and 2 singular forms. All three forms are pronounced the same. The *t* is not pronounced.

3. *Promettre* ("to promise") is conjugated like *mettre*.

> Je **te promets de** te rendre ces livres demain.
> J'**ai promis à** maman **de** faire la lessive ce matin.

EXERCICES

A Mettons le couvert! Toute la famille aide à mettre le couvert. Qu'est-ce qu'on met sur la table?

papa

Papa y met les verres.

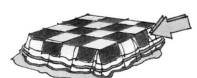

1. Christian et Odile

2. moi

3. mon frère et moi

4. maman

5. vous

6. toi

B **Il fait froid!** Quels vêtements est-ce qu'il faut mettre pour le temps qu'il fait? Conversez selon le modèle.

ÉLÈVE 1 *Dis donc, il fait froid aujourd'hui!*
ÉLÈVE 2 *Eh bien, mets ton manteau!*

C **Avec quoi est-ce qu'on fait ça?** Conversez selon le modèle. Puis changez de rôle.

un bœuf bourguignon

ÉLÈVE 1 *Avec quoi est-ce qu'on fait un bœuf bourguignon?*
ÉLÈVE 2 *On met ensemble de la viande, des oignons et des champignons.*

1. une bonne salade de fruits
2. une vinaigrette
3. ton sandwich préféré
4. ton omelette préférée
5. ta soupe préférée
6. ton plat préféré

ACTIVITÉ

Toujours les promesses! Think of three things that you will promise to do today for a teacher, classmate, friend, or relative. Write your promises on a piece of paper and turn it in to your teacher. For example:

Je promets à ma mère de faire la vaisselle après le dîner ce soir.

Tomorrow (or the next day of class), you will report whether or not you did the things you promised. Tell when you did them. If you didn't do them, tell why not.

J'ai fait la vaisselle hier à 6 heures, comme promis.
OU: *Je n'ai pas fait la vaisselle hier parce que nous avons dîné au restaurant.*

Les pronoms compléments d'objet direct au passé composé

You have already used indirect object pronouns in the passé composé.

Tu as écrit à tes tantes?	Oui, je **leur ai écrit.**
Elle **vous a parlé?**	Non, elle **ne nous a pas parlé.**

Direct object pronouns are placed in the same position as indirect object pronouns when they are used with the passé composé. However, when a direct object pronoun comes before a past participle, the past participle must agree in gender and number with the direct object. Look at these sentences with the direct object pronouns *le, la,* and *les.*

◆ OBJECTIVE:
TO REFER TO
SOMEONE OR
SOMETHING
ALREADY
MENTIONED

SING.	M.	Ce garçon?	Je **l'**ai embêt**é.**	Le cadeau?	Je **l'**ai ouver**t.**
	F.	Cette fille?	Je **l'**ai embêt**ée.**	La fenêtre?	Je **l'**ai ouver**te.**
PL.	M.	Ces garçons?	Je **les** ai embêt**és.**	Les cadeaux?	Je **les** ai ouver**ts.**
	F.	Ces filles?	Je **les** ai embêt**ées.**	Les fenêtres?	Je **les** ai ouver**tes.**

1 Note that you add an *-e* for the feminine singular. For the plural, add an *-s* for the masculine, and an *-es* for the feminine. Most of the time, you will not hear or pronounce the agreement, but you must always make it when you write. The only time you pronounce the agreement is for the feminine forms of past participles that end in a consonant. Note also that *le* and *la* elide to *l',* and that there is liaison after *les.*

2 Remember that *me, te, nous,* and *vous* may be used as both indirect and direct objects. When they are used as direct objects, there is agreement of the past participle.

SING.	M.	Luc, on **t'**a invit**é?**	Oui, on **m'**a invit**é.**
		M. Brel, on **vous** a invit**é?**	Oui, on **m'**a invit**é.**
	F.	Lise, on **t'**a invit**ée?**	Oui, on **m'**a invit**ée.**
		Mme Brel, on **vous** a invit**ée?**	Oui, on **m'**a invit**ée.**
PL.	M.	Guy et Lise, on **vous** a invit**és?**	Oui, on **nous** a invit**és.**
	F.	Lise et Eve, on **vous** a invit**ées?**	Oui, on **nous** a invit**ées.**

EXERCICES

A **Le grand dîner.** Vous et un(e) camarade, vous attendez des invités pour un dîner. Votre ami(e), qui est un peu inquiet (inquiète), vous demande si vous avez fait toutes les préparations nécessaires. Vous répondez par oui. Conversez selon le modèle.

> acheter les tomates   ÉLÈVE 1   *Tu as acheté les tomates?*
>
>   ÉLÈVE 2   *Oui, je les ai achetées.*

1. trouver les oignons
2. acheter l'ail
3. finir la bouillabaisse
4. mettre la nappe sur la table
5. inviter Diane et Hélène
6. faire la vaisselle

B **Non, ça, je ne l'ai pas encore fait!** Votre camarade continue à vous poser des questions. Mais maintenant vous répondez par non. Conversez selon le modèle.

> mettre les couteaux sur la table
>
> ÉLÈVE 1   *Tu as mis les couteaux sur la table?*
>
> ÉLÈVE 2   *Non, je ne les ai pas encore mis sur la table.*

1. préparer le hors-d'œuvre
2. faire la vinaigrette
3. ouvrir les bouteilles d'eau minérale
4. mettre les fleurs sur la table
5. emprunter le tourne-disque
6. choisir les disques

C **Une lettre de Fabienne.** Fabienne est en voyage en Italie avec sa cousine Clotilde. Elle a écrit une lettre à son amie Annie pour lui raconter *(tell about)* son voyage. Complétez ses phrases. Attention aux participes passés! Il y a des objets directs et indirects.

Chère Annie,

Je t'ai *(écrire)* la semaine dernière, mais j'ai perdu la lettre! On a fait beaucoup de choses cette semaine. Clotilde et moi, nous sommes allées au restaurant mardi. Notre tante qui habite ici nous a *(inviter)*. On nous a *(donner)* une carte, mais ensuite on nous a *(oublier)*. Un monsieur en noir et blanc nous a *(regarder)* plusieurs fois de l'autre côté du restaurant. Quand il est passé par notre table, je lui ai *(parler)* en italien, mais il ne m'a pas *(parler)*, il ne m'a pas *(regarder)*. Il m'a *(embêter)*, ce monsieur! Je lui ai *(dire)* encore quelques mots en italien, mais il ne m'a pas *(entendre)*—ou il ne m'a pas *(écouter)*. Alors j'ai dit en français: «Quel serveur impoli!» Il m'a *(comprendre)*! Il nous a *(dire)*: «Ah! Vous parlez français? Dites—je ne parle pas italien. Vous pouvez demander au serveur de venir à ma table? Ca fait une demi-heure que je l'attends!» Oh, j'ai rougi! Bon, à la semaine prochaine.

Ton amie,

Fabienne

D Oui ou non? Parlez du week-end dernier avec un(e) camarade.

mettre ton imperméable

ÉLÈVE 1 *Est-ce que tu as mis ton imperméable le week-end dernier?*
ÉLÈVE 2 *Oui, je l'ai mis samedi.*
OU: *Non, je ne l'ai pas mis.*

1. faire la cuisine
2. regarder la télé
3. faire la vaisselle
4. finir tous tes devoirs
5. garder les enfants des voisins
6. inviter tes copains chez toi

E Parlons de toi.
1. Quels vêtements est-ce que tu as mis pour aller à l'école ce matin? Tu as mis ton imperméable? ton chapeau? tes gants?
2. Quelqu'un t'a embêté(e) hier? Qui? Qu'est-ce qu'il (elle) a fait pour t'embêter?
3. Quelqu'un t'a aidé(e) hier? Qui? Qu'est-ce qu'il (elle) a fait pour t'aider?
4. Qui a préparé le dîner chez toi hier soir? Qui a mis le couvert? Qui a débarrassé la table? Qui a fait la vaisselle?

PROVERBE
Chose promise, chose due.

APPLICATIONS

Un voyage pas cher

AVANT DE LIRE

Avant de lire l'article, trouvez les réponses à ces questions.

1. On parle de faire un voyage pas cher en France. Est-ce que c'est un vrai voyage?

2. Quelles sont les trois parties du repas ici?

3. Quels sont les trois plats qu'on va préparer?

Vous voulez épater[1] vos copains, votre prof et votre famille? Alors, invitez-les à faire un voyage pas cher en France—un tour de France gastronomique avec trois recettes[2] faciles.

Le hors-d'œuvre

On part de l'est de la France avec une quiche lorraine. Il faut:

Quiche Lorraine
une pâte brisée[3]
3 œufs
une tasse de crème fraîche[4]
une tasse de lardons[5]

- Faites cuire[6] les lardons à l'eau très chaude cinq minutes.
- Mélangez[7] les œufs et la crème.
- Mettez la pâte dans un plat à tarte, et ensuite mettez-y les lardons, les œufs et la crème.
- Faites cuire à four[8] chaud 30 à 35 minutes.

Quand ça sort du four, ça sent bon et c'est délicieux!

---

[1]**épater** *to amaze, to impress*   [2]**la recette** *recipe*   [3]**la pâte brisée** *pie-crust dough*   [4]**la crème fraîche** *heavy cream*   [5]**les lardons** *(m.pl.) diced bacon*   [6]**faites cuire** *cook*   [7]**mélanger** *to mix*   [8]**le four** *oven*

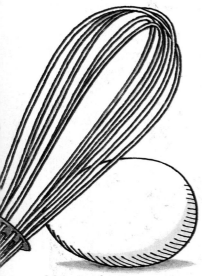

Maisons alsaciennes typiques à Strasbourg

Une maison provençale

Le plat principal

Pour le plat principal, vous allez vers le sud, en Provence, pays du soleil, avec le poulet provençal. Il faut:

Des tournesols en Provence

Poulet Provençal

PARIS

4 morceaux de poulet
4 tomates
un verre de vin blanc
6 olives noires
de l'ail
du sel, du poivre
de l'huile d'olive

- Faites cuire le poulet dans l'huile pendant cinq minutes.
- Mettez-y les tomates, le vin blanc, le sel, le poivre et l'ail.
- Faites cuire 30 minutes.
- Servez avec les olives noires.

Ça ne prend pas beaucoup de temps, et c'est un plat excellent.

Le dessert

Au dessert, vous voilà en Bretagne avec les célèbres crêpes bretonnes.[9]
Il faut:

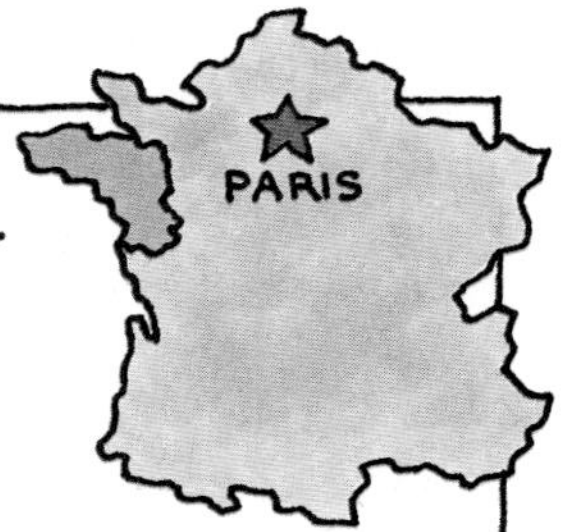

Crêpes Bretonnes

2 tasses de lait
une tasse de farine[10]
3 œufs
une cuillère d'huile

- Mélangez la farine, les œufs et un peu de lait. Tournez[11] bien.
- Mettez-y le reste du lait et l'huile.
- Attendez une heure.
- Faites cuire dans une poêle.[12] Attention! Une belle crêpe est très fine.[13]

Maintenant, montrez votre imagination. On peut servir les crêpes avec du chocolat, du sucre, de la confiture, du beurre, des fruits frais ou du miel.[14]

Enfin, pour réussir[15] votre dîner français, préparez bien la table—mettez une belle nappe, des jolis couverts. A table, parlez français, et avant le hors-d'œuvre, dites à vos invités: «Bon appétit, messieurs-dames!»

---

[9]**breton, -ne** *from Bretagne*   [10]**la farine** *flour*   [11]**tourner** *to stir*
[12]**la poêle** *frying pan*   [13]**fin, -e** *thin*   [14]**le miel** *honey*
[15]**réussir** *to succeed with*

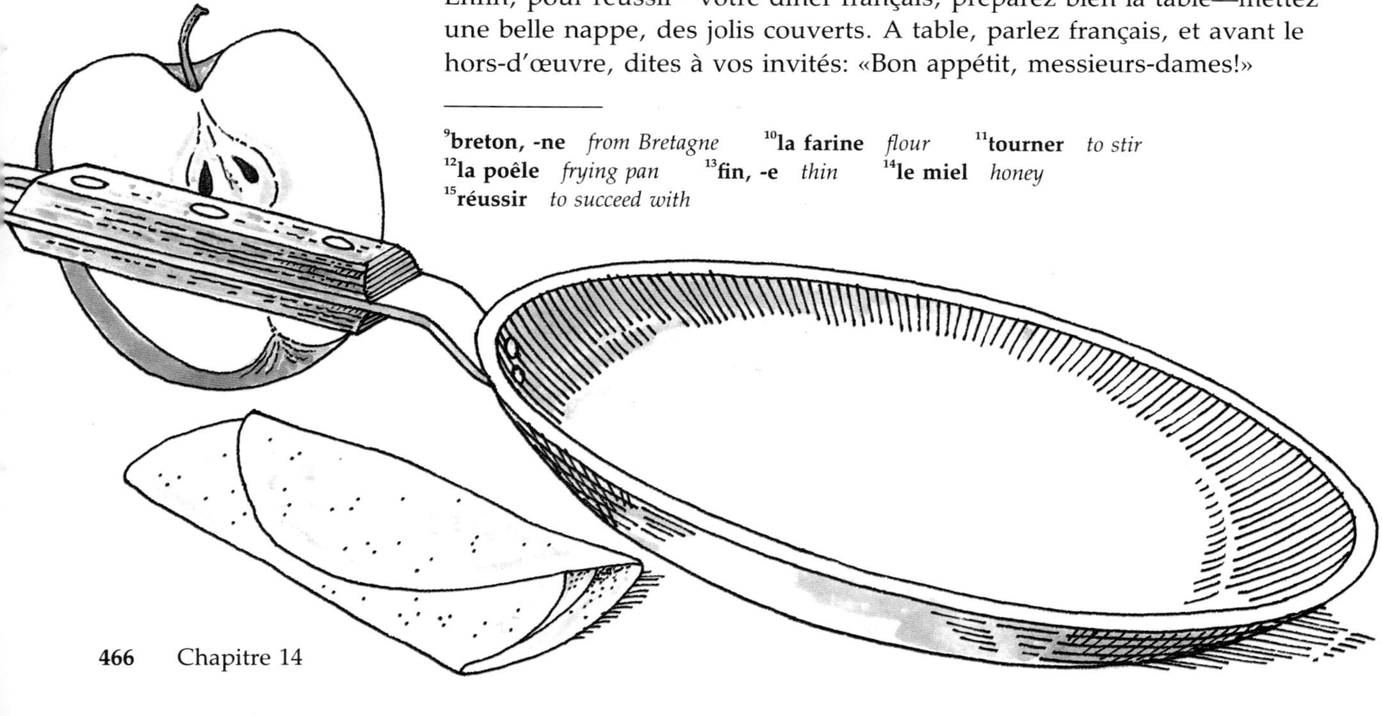

La Côte Sauvage à Quiberon en Bretagne

Costume breton
traditionnel

Questionnaire

1. Quel hors-d'œuvre est-ce qu'on va préparer?
2. Quels ingrédients est-ce qu'il faut pour faire une quiche lorraine?
3. Combien de temps est-ce qu'on fait cuire la quiche?
4. Quel est le plat principal?
5. Quels sont les ingrédients du poulet provençal?
6. Où est la Provence?
7. D'où viennent les crêpes bretonnes?
8. Qu'est-ce qu'on peut servir avec les crêpes?
9. Qu'est qu'il faut dire avant de manger?

EXPLICATIONS II

Le pronom *en*

◆ **OBJECTIVES:**

TO REFER TO THINGS ALREADY MENTIONED

TO TELL WHAT YOU HAVE AND DON'T HAVE

You have been using the direct object pronouns *le, la, les, me, te, nous,* and *vous.* There is another direct object pronoun, *en,* that is used in the following ways.

1 The pronoun *en* can replace the partitive article + a noun. In this case it means "some" or "any."

Tu prends **du coq au vin?**	*Are you having **any coq au vin?***
Oui, j'**en** prends.	*Yes, I'll have **some.***
Vous voulez **de la sauce?**	*Do you want **some sauce?***
Non, je n'**en** veux pas.	*No, I don't want **any.***

2 *En* can also replace an indefinite article + a noun.

Tu as **des frères,** toi?	*Do you have **any brothers?***
Oui, j'**en** ai.	*Yes, I have **(some).***
Il a **un couteau?**	*Does he have **a knife?***
Oui, il **en** a **un.**	*Yes, he has **(one).***

Vous en voulez?

3 To tell how much of something there is or how many of something there are, you may use *en* with an expression of quantity.

Combien d'huîtres est-ce qu'elle a mangées?	*How many oysters did she eat?*
Elle **en** a mangé **six.**	*She ate six (of them).*
Tu as mangé **beaucoup de glace?**	*Did you eat a lot of ice cream?*
J'**en** ai mangé **beaucoup.**	*I ate a lot (of it).*
Il y a **des cuillères?**	*Are there any spoons?*
Oui, il y **en** a **quatre.**	*Yes, there are four (of them).*

If you use *il y a* in the sentence, place *en* between *y* and *a*.

4 *En* can replace combinations of *de* + a noun or infinitive.

Tu reviens **de chez Muriel?**	Oui, j'**en** reviens.
Tu as peur **du chien?**	Non, je n'**en** ai pas peur.
Il a peur **de tomber?**	Oui, il **en** a peur.
Tu as eu besoin **des sets?**	Oui, j'**en** ai eu besoin.
Tu as eu besoin **d'étudier?**	Non, je n'**en** ai pas eu besoin.

5 In the sentences in the points above, note that *en* goes in the same position as the other object pronouns. However, when *en* is used with the passé composé, do not make the past participle agree.

EXERCICES

A **Les courses.**   Nicolas est curieux. Jouez les rôles de Nicolas et de sa mère (son père) d'après le modèle.

NICOLAS *Tu reviens de la poissonnerie?*
SA MÈRE *Oui, j'en reviens.*
NICOLAS *Tu as acheté des crevettes?*
SA MÈRE *Oui, j'en ai acheté.*

1.  2.  3.

4.  5.   6.

B **Danièle est très occupée.** Lisez le paragraphe et répondez aux questions. Employez le pronom *en* dans vos réponses.

Danièle a deux frères et une sœur. Elle a beaucoup de cassettes et de disques parce qu'elle adore la musique. Après les cours, elle va toujours au café du coin avec ses amis et elle commande du chocolat chaud. Vers 5h30 elle rentre chez elle pour commencer ses devoirs.
5   Après le dîner elle les finit et elle écrit une lettre à sa correspondante en France. Sa mère entre dans sa chambre et lui demande si elle veut du lait et un petit morceau de gâteau. Alors elle descend à la cuisine. Vers 10h, elle lit deux chapitres d'un roman. Bientôt elle a sommeil. Elle ferme son livre et dort jusqu'au matin.

1. Est-ce que Danièle a des frères? Combien?
2. Est-ce qu'elle a des cassettes? Combien?
3. Au café, est-ce qu'elle commande un chocolat?
4. Est-ce qu'elle fait des devoirs après le dîner?
5. Est-ce qu'elle écrit une lettre à sa correspondante?
6. Combien de gâteau est-ce qu'elle prend?
7. Combien de chapitres est-ce qu'elle lit?

C **Oui ou non?** Posez des questions à un(e) camarade de classe. Conversez selon le modèle.

prendre quelquefois du lait

ÉLÈVE 1   *Tu prends quelquefois du lait?*
ÉLÈVE 2   *Oui, j'en prends quelquefois.*
    OU: *Non, je n'en prends jamais.*

1. manger souvent des œufs
2. porter un jean tous les jours
3. faire souvent des courses
4. faire de la voile
5. prêter de l'argent aux gens
6. acheter des disques tous les mois
7. avoir peur des gros chiens
8. aimer faire des devoirs

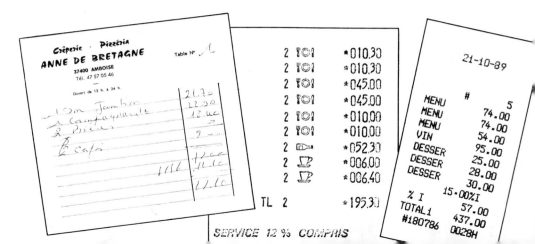

D Parlons de toi.

1. Est-ce que tu fais de la gym? Combien de fois par semaine? Est-ce que tu fais de la gym dans la classe d'E.P.S.? Tu fais de la natation *(swimming)* pour rester en forme?

2. Est-ce que tu aimes la salade? Tu en prends beaucoup? Est-ce que tu en prends avant ou après le plat principal? Tu mets de la vinaigrette sur ta salade? Tu mets beaucoup de sel sur ta salade?

3. Tu aimes les desserts? Tu en prends tous les jours? Quel est ton dessert préféré? Tu en prends beaucoup? Combien de fois par semaine (ou par jour) est-ce que tu en prends? Tu en prends peut-être trop?

ACTIVITÉ

A votre service, messieurs-dames.   Using one of the menus developed in the *Activité* on page 449, work with three or four other students to create a scene about ordering a meal in a restaurant. (Do not use a menu that any of you helped to create.) One student will act as server while the others act as customers. Each customer will order an *hors-d'œuvre*, a main dish, vegetables, a dessert, and a beverage. The server will take the orders, serve the meal, and add up the bill. Finally, the customers will decide on the amount of the tip, pay the bill, and leave.

RÉVISION

Formez des phrases en français d'après les modèles.

1. Les Lafont *prennent le petit déjeuner chez eux ce matin.*
   (are having lunch at a café this afternoon)
   (are having dinner at home this evening)

2. *Ils ont commandé du vin comme boisson. Ils l'ont beaucoup aimé.*
   (I ordered snails as an appetizer.)   *(I liked them a lot.)*
   (We ordered chocolate mousse for dessert.)   *(We liked it a lot.)*

3. *Il n'aime pas le coq au vin. Alors, il n'en a pas pris.*
   (You [pl.] don't like veal stew.)   *(you didn't have any)*
   (They [m.] don't like chicken provençal.)   *(they didn't have any)*

4. Maintenant tout le monde veut *des crevettes et une quiche lorraine.*
   (a filet and a salad)
   (caramel custard and a scoop of ice cream)

5. *Les professeurs mettent les notes sur les examens.*
   (The waitress puts the salt on the table.)
   (We put the plates on the placemats.)

GRANDE VENTE D'HUITRES SUR LE PARKING

Devant un restaurant à Paris

THÈME

Trouvez les expressions françaises qui correspondent à l'anglais et rédigez un paragraphe.

1. The Laurents are having dinner at a restaurant tonight.

2. The two children and Mme Laurent ordered oysters as an hors-d'œuvre. They like them a lot.

3. M. Laurent doesn't like oysters. So he didn't have any.

4. Now everyone wants chicken in wine and a salad.

5. The waiter puts the check on the table.

RÉDACTION

Maintenant, choisissez un de ces sujets.

1. Write a conversation between the waiter and the Laurent family as the family places their order.
2. Write the conversation that might take place when the waiter brings the check. Do M. and Mme Laurent think everything is correct? Was everything they ordered good? Is the service included? Does the waiter thank them? Do they thank the waiter? Will they come here again?
3. Imagine that you are at the restaurant with your family. Rewrite the captions under each picture to reflect the number of people in your family. Change the food items to things that your family might like.

CONTRÔLE DE RÉVISION   CHAPITRE 14

A   Un petit déjeuner américain.
Write answers to the questions according to the picture.

1. Qu'est-ce qu'il y a sur la soucoupe?
2. Qu'est-ce qu'il y a à droite du couteau?
3. Qu'est-ce qu'il y a à gauche des fourchettes?
4. Qu'est-ce qu'il y a à droite du sel?
5. Qu'est-ce qu'il y a à côté de la tasse?
6. Qu'est-ce qu'il y a sur l'assiette?

B   On le fait maintenant.
Answer the questions in the present tense, using the appropriate direct object pronouns. Follow the model.

> Tu as mis *la cravate* dans la boîte?
> *Je la mets dans la boîte maintenant.*

1. Elles ont mis *l'ail* dans la bouillabaisse?
2. Vous avez mis *le couvert,* mes filles?
3. Il a mis *le lait* dans la sauce?
4. Ils ont mis *les fleurs* dans la salle à manger?
5. Elle a mis *ses gants?*
6. Tu as mis *ton vélo* dans le garage?

C   Des questions, toujours des questions!
Write answers according to the model.

> Tu as préparé la bouillabaisse?
> *Ça alors! Oui, je l'ai préparée.*

1. Tu as remercié tes grands-parents?
2. Tu as fait la vaisselle?

3. Tu as mis les cuillères sur la table?
4. Tu as ouvert la bouteille de vin?
5. Tu as compris tes leçons?
6. Tu as appris les poèmes?

D   Qui est-ce que Guy a invité?
Identify the people referred to in the left column by matching them to the people on the right.

1. Guy t'a invité.   a. deux jeunes Italiennes
2. Il t'a invitée.   b. son prof, M. Nogent
3. Il vous a invitées.   c. son copain, Marcel
4. Il vous a invités.   d. la grand-mère d'Anne
5. Il nous a invités.   e. son amie, Paule
6. Il vous a invité.   f. Laure, Yves et Marcel
7. Il vous a invitée.   g. Benoît, Sara et moi

E   Nicolas est toujours très curieux.
Write negative answers to his questions.

> Tu prépares des pommes de terre?
> *Non, je n'en prépare pas.*

1. Tu manges un bonbon?
2. Tu sers des tournedos?
3. Tu vas commander du poulet?
4. Tu as acheté une douzaine d'œufs?
5. Tu as besoin d'huile?
6. Tu as pris trop de jus de raisin?
7. Tu vas prendre de l'ail?

VOCABULAIRE DU CHAPITRE 14

Noms
l' ail *(m.)*
l' assiette *(f.)*
la blanquette de veau
le bœuf bourguignon
la bouillabaisse
la carte
le coq au vin
la coupe de glace
le couteau, *pl.* les couteaux
le couvert
la crème caramel
la crêpe
la crevette
la cuillère
la cuisine *(cooking)*
le dessert
l' escargot *(m.)*
la fourchette
le hors-d'œuvre,
      pl. les hors-d'œuvre
l' huile *(f.)*
l' huître *(f.)*
le menu
la mousse au chocolat
la nappe
le plat
le plat principal
le poulet provençal
la quiche lorraine
la salade
la sauce
la serviette
le set
la soucoupe
la tasse
le tournedos
le verre
le vin blanc (rouge, rosé)
le vinaigre
la vinaigrette

Pronom
en

Adjectifs
délicieux, -euse
épicé, -e
parfait, -e
principal, -e; principaux, -ales
provençal, -e; provençaux, -ales
saignant, -e

Verbes
casser
débarrasser
décider (de)
goûter à
mettre
passer *(to pass)*
promettre (à … de …)
refuser (de)

Adverbe
encore

Interjection
quoi?!

Expressions
à la carte
à la vanille (au chocolat)
à point
bien cuit, -e
bon appétit!
ça sent bon (mauvais)!
chut!
débarrasser la table
en + *time*
faire attention (à)
messieurs-dames
mettre le couvert
parfait!
passe-moi …
prendre du temps

Questions
ça prend combien de temps pour …?
quel est ton plat préféré?

CHAPITRE 15

PRÉLUDE CULTUREL | LES CHÂTEAUX DE LA LOIRE

It is two days before Christmas, 1588, at the Château de Blois in the Loire Valley, southwest of Paris. At about eight o'clock in the morning, the duc de Guise is waiting to be called to a council meeting in the private rooms of the king, Henri III.

France is being torn apart by war between Catholics and Protestants. King Henri III has failed to bring peace to his kingdom and is getting desperate. The duc de Guise, as leader of the strongest Catholic group, is a popular rival for the throne. He now has enough support to overthrow the king.

Henri III has decided on murder. The plot has been carefully laid, but it still takes twenty men armed with daggers and swords to bring down the powerful duke. Moments later, the king stands over his victim and reportedly exclaims: *"Qu'il est grand! Plus grand encore mort que vivant!"* (How big he is! Even bigger dead than alive!)

This awful deed took place near the end of a glorious period for the Loire Valley. In 1429, Joan of Arc successfully fought the invading English and secured the valley for the French. For almost two centuries afterward, this lovely, tranquil region was home to the kings and their courts whenever they were not at the Louvre palace in Paris.

You can still visit some of France's most beautiful royal châteaux, built during that time. Amboise, high on a bluff above the Loire, is famous for its broad tower enclosing a spiral ramp. Horsemen could gallop up the ramp for a magnificent view of the Loire below. Chenonceaux has a two-story wing that crosses the River Cher, a tributary of the Loire. Blois is recognized by the magnificent tower staircase that projects from one wall of the courtyard. Gigantic Chambord has a remarkable rooftop terrace decorated with dormers, gables, and 365 chimneys.

The Loire Valley has long been called *le jardin de la France* because of its green woods, fertile fields, and mild climate. Nowadays, it is a great attraction for French people and foreigners alike. Guides at Blois will show you exactly where the duc de Guise died. On a summer evening you can attend an outdoor *son et lumière* production. These nighttime shows, presented at many of the châteaux, use words, music, colorful lighting, and, sometimes, actors to dramatize French legends or historical tales. Going to *un spectacle son et lumière* is a wonderful way to practice your listening skill. Indeed, there is a popular belief that the French you will hear in the Loire Valley is the purest and most beautiful of all.

MOTS NOUVEAUX I

Tu aimes faire du tourisme?

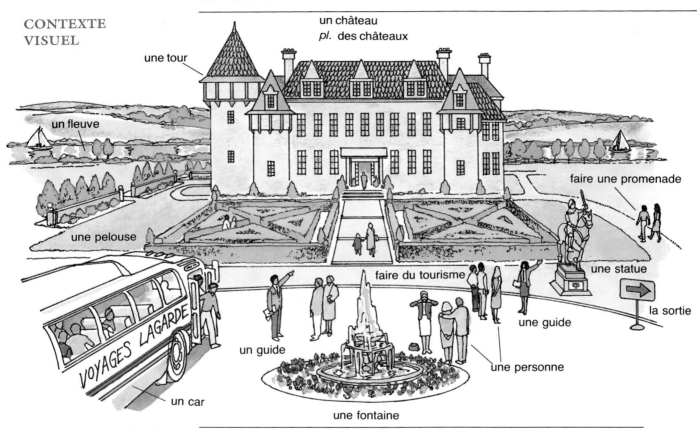

un château
pl. des châteaux

une tour

un fleuve

faire une promenade

une pelouse

faire du tourisme

une statue

la sortie

une guide

un guide

une personne

VOYAGES LAGARDE

un car

une fontaine

CONTEXTE
COMMUNICATIF

1 Tous les touristes descendent du car. C'est **le
commencement** de **la visite** d'un château du dix-septième
siècle.

> LA GUIDE   Il ne faut rien laisser dans le car. N'oubliez pas
> votre appareil!

Variations:
- votre appareil → vos guides
- votre appareil → votre parapluie

le commencement *beginning*
la visite *visit*
le siècle *century*

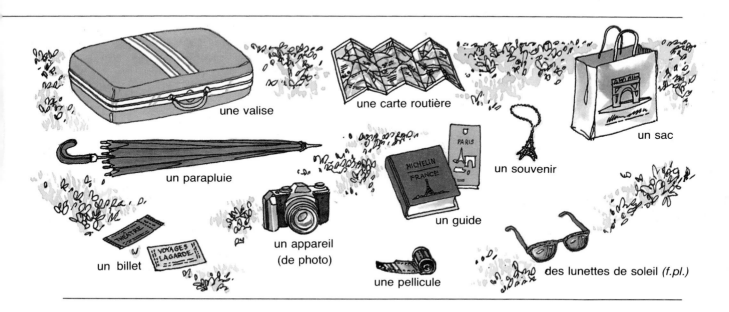

une valise

une carte routière

un sac

un parapluie

un souvenir

un guide

un billet

un appareil (de photo)

une pellicule

des lunettes de soleil *(f.pl.)*

---

2 Au **bureau de tourisme** devant le château. Il y a beaucoup de monde et il faut attendre **patiemment.**

ALAIN	**Pourriez-vous** me donner des renseignements, s'il vous plaît?
L'EMPLOYÉE	Oui, bien sûr.
ALAIN	Quand est-ce qu'on peut **visiter** la tour du château?
L'EMPLOYÉE	Une fois par jour, entre neuf heures et onze heures. Et le week-end, la visite est **gratuite.**

■ patiemment → **poliment**
   visiter → **voir**

3

SOLANGE	Où peut-on acheter une pellicule?
LE GUIDE	Il y a un magasin de photos là-bas, mademoiselle.
SOLANGE	Oh zut! Je suis partie sans argent.

■ une pellicule → un souvenir
   un magasin de photos → un magasin de souvenirs
   sans argent → sans portefeuille

le bureau de tourisme *tourist office*
patiemment *patiently*
pourriez-vous? *could you?*

visiter *to visit (a place)*

gratuit, -e *free*

poliment *politely*
voir *to see*

4 Pendant la visite.

GUSTAVE	**Voyez-vous** ces **bâtiments**-là?	
LE GUIDE	Oui, monsieur.	
GUSTAVE	Sont-ils **anciens?**	
LE GUIDE	Oui, mais ils sont plus **récents** que le château.	

- voyez-vous → **connaissez**-vous
  ces bâtiments → ce **monument**
  sont-ils anciens? → est-il ancien?
  ils sont plus récents → il est plus récent

voyez-vous? *do you see?*
le bâtiment *building*
ancien, -ne *old*
récent, -e *recent*

connaître *to know, to be acquainted with*
le monument *monument*

5

DAVID	Tu es montée dans la tour?
CÉCILE	Oui, **la vue sur** le fleuve est **magnifique.**
DAVID	J'y vais. C'est un bon **endroit** pour prendre des photos.

- le fleuve → la fontaine

la vue (sur) *view (over)*
magnifique *magnificent*
l'endroit (*m.*) *place, spot*

6

MARYSE	Regarde là-bas. C'est Roland. Tu ne le **reconnais** pas?
THIERRY	Ah si, **en effet,** c'est lui. Mais je ne le connais pas très bien.

reconnaître *to recognize*

en effet *indeed, as a matter of fact*

7 Paule accompagne son petit frère. Il part en **colonie de vacances** en car.

PAULE	Tu vas pouvoir **porter** ta valise jusqu'au car?
ARNAUD	Je ne **sais** pas. Elle est **lourde?**
PAULE	Non, pas trop. Je vais te **quitter.** Au revoir et **bon voyage!**

- elle est lourde? → elle est assez **légère?**
  non, pas trop → oui, je pense

la colonie de vacances *summer camp*

porter (*here*) *to carry*
savoir *to know*
lourd, -e *heavy*
quitter *to leave (a person or a place)*
bon voyage! *have a good trip*
léger, -ère *light*

8

MICHEL	Tu as des **projets** pour les grandes vacances?
ALICE	Des copains m'ont **proposé de** partir avec eux.
MICHEL	Sans vos parents?!
ALICE	**Evidemment!**

le projet *plan*
proposer (à ... de ...) *to propose, to offer*
évidemment *obviously*

9 C'est **la fin** de la visite. La guide compte les touristes.

LA GUIDE	**Je vois que** personne n'est resté dans le château. Alors, allons-y!

la fin *end*
je vois que *I see (that)*

EXERCICES

A Jean travaille comme guide. Qu'est-ce que Jean dit aux touristes? Complétez son commentaire.

château	fleuve	vue	fontaine	appareils
pelouse	statue	tour	endroit	bâtiment

Voici un grand _____ devant vous. C'est un vieux _____ de vingt-cinq pièces. D'abord je vous invite derrière le château où il y a une _____ de Louis IX et une très jolie _____. Regardez les fleurs et la belle _____ verte. Là-bas, derrière les arbres, on peut voir le _____ qui descend jusqu'à la mer. Maintenant, montons dans la _____. C'est un bon _____ pour prendre des photos. Vous avez vos _____ ? Parce que la _____ est magnifique, n'est-ce pas?

B Conversations de vacances. Conversez avec un(e) autre élève. Posez des questions et choisissez des réponses.

1. Il va pleuvoir?
2. Est-ce que tu peux porter cette valise?
3. On a besoin d'acheter des billets d'entrée?
4. Notre guide est charmant, non?
5. Pourquoi est-ce que tu ne peux pas prendre de photos?
6. Comment s'appelle ce petit village?
7. C'est la fin de la visite. Où est notre guide?
8. Où est-ce qu'on peut acheter des souvenirs?

a. Oui, il donne toujours les renseignements patiemment.
b. Je n'ai plus de pellicule!
c. Il nous attend à la porte du château.
d. Non, la visite du musée est gratuite aujourd'hui.
e. Il y a un petit magasin près du château.
f. Je pense que oui. Où est notre parapluie?
g. Non, elle est trop lourde.
h. Il faut regarder la carte routière.

C Comparaisons. Faites des comparaisons comme vous voulez.

intéressant *Mon guide est plus intéressant que votre livre.*

1. ancien
2. lourd
3. cher
4. récent
5. patient
6. léger

Diane de Poitiers et Catherine de Médicis ont habité à Chenonceaux.

D Parlons de toi.

1. Tu aimes faire du tourisme? Quelles sortes d'endroits est-ce que tu aimes visiter? Décris (*describe*) un endroit que tu as visité.
2. Quand tu fais du tourisme, est-ce que tu achètes des souvenirs? Quelles sortes de souvenirs? Pour qui?
3. Quand tu pars en voyage, qu'est-ce que tu mets dans ta valise? A la fin, est-ce que ta valise est lourde ou légère? Pourquoi?
4. Tu as un appareil de photo? Tu aimes prendre des photos? Tu en prends beaucoup ou peu? De qui et de quoi est-ce que tu prends des photos? Tu préfères prendre des photos de personnes ou de monuments? Décris ta photo préférée.

Entrée principale au Château de Blois

ACTIVITÉ

Une valise lourde. Imagine that you are going to spend the summer traveling through France. What would you need to bring along? Taking turns around the room, plan what you will pack in your suitcase, one item at a time, with each student repeating all the previous items and then adding a new one.

> ÉLÈVE 1 *Dans ma valise, je mets un guide.*
> ÉLÈVE 2 *Dans ma valise, je mets un guide et des chaussures.*

One student should act as secretary and record each item as it is mentioned. If anyone forgets an item or names the same item twice, the class will have to start planning what to pack again from the beginning.

Bon voyage!

APPLICATIONS

C'est ça, le tourisme!

Alain revient d'un week-end touristique en car.

CHRISTINE   Alors, ce week-end? Raconte![1]

ALAIN   Ne m'en parle pas!

CHRISTINE   Pourquoi? Tu n'as pas vu de belles choses?

5 ALAIN   Ah, si—onze châteaux, quinze monuments et quatre cents kilomètres en deux jours!

CHRISTINE   Vous êtes allés dans des bons restaurants au moins?[2]

ALAIN   Des restaurants?! Mais on n'a même[3] pas eu le temps de manger. On a pris quelques sandwichs entre deux

10   visites.

CHRISTINE   Eh oui, mon vieux, c'est ça, le tourisme!

---

[1]**raconte!** *tell me all about it!*   [2]**au moins** *at least*   [3]**même** (here) *even*

Questionnaire

1. Comment est-ce qu'Alain a voyagé pendant le week-end? 2. Est-ce qu'il veut parler de son week-end? 3. Qu'est-ce qu'il a vu? 4. Est-ce qu'il a bien mangé? Pourquoi ou pourquoi pas? 5. Est-ce qu'il est content ou non? Pourquoi ou pourquoi pas? 6. Est-ce que vous aimez mieux les vacances où on fait beaucoup de choses ou les vacances où on fait peu de choses?

Situation

Your exhausted parents are returning from a two-week whirlwind trip to Europe. With two classmates, create the conversation that you might have at the airport when you pick them up.

Le château d'Azay-le Rideau

PRONONCIATION

The word *toi* contains the [w] sound, which is always followed by a vowel sound. It is pronounced with greater tension than its English equivalent.

1 Say these words containing the [w] sound.

m<u>oi</u>	t<u>oi</u>	fr<u>oi</u>d	qu<u>oi</u>	ch<u>oi</u>x	l<u>oin</u>	c<u>oin</u>
<u>oi</u>seau	endr<u>oi</u>t	cr<u>oi</u>ssant	empl<u>oi</u>	<u>ou</u>est	<u>w</u>estern	<u>w</u>eek-end

2 Compare these pairs of sounds. Listen and repeat.

[wa] / [wɛ̃]	empl<u>oi</u> / l<u>oin</u>	m<u>oi</u>s / m<u>oin</u>s	qu<u>oi</u> / c<u>oin</u>	p<u>oi</u>s / p<u>oin</u>t
[u] / [w]	<u>où</u> / <u>oui</u>	j<u>ou</u>e / j<u>ou</u>er	v<u>ou</u>s / v<u>oir</u>	s<u>ou</u>s / s<u>oi</u>f

3 Pronounce the [w] sound in sentences.

T<u>oi</u>, tu v<u>oi</u>s Franç<u>oi</u>s. Je v<u>oi</u>s qu'elle va j<u>ou</u>er avec m<u>oi</u>.
V<u>oi</u>là les tr<u>oi</u>s hist<u>oi</u>res. <u>Oui</u>, L<u>oui</u>s ch<u>oi</u>sit une b<u>oi</u>sson.

MOTS NOUVEAUX II

On va à la campagne.

une route

faire du camping

un champ

une ferme

un cochon

l'agriculteur (m.)

un mouton

un cheval
pl. des chevaux

une vache

une chèvre

un canard

un coq

l'agricultrice (f.)

une poule

1 Alban et Josette viennent d'arriver dans la ferme de leurs
amis pour le week-end.

ALBAN   Je peux t'aider?

EVE   Si tu veux. Tu peux donner à manger aux poules.

■ donner à manger → donner à boire
   aux poules → aux vaches

2 CHANTAL   Qu'est-ce que tu as fait le week-end dernier?

JOSETTE   Je suis allée à la campagne.

CHANTAL   **Qui est-ce qui** est parti avec toi?

JOSETTE   Seulement Alban.

CHANTAL   Qui est-ce que vous êtes allés voir?

JOSETTE   Des amis. Ils sont agriculteurs.

> **qui est-ce qui?** *who?*

3 Elodie et Marie font du camping dans un champ. **Tout à coup**
elles entendent un bruit.

ELODIE   **Qu'est-ce qui** est là, dans le champ?

MARIE   C'est une vache!

ELODIE   Tu es **sûre? Quelle horreur!**

MARIE   Ne sois pas inquiète! Elle ne fait rien.

■ qu'est-ce qui est là → qu'est-ce que j'entends là
   une vache → une chèvre

> **tout à coup** *suddenly*
>
> **qu'est-ce qui?** *what?*
>
> **sûr, -e** *sure*
> **quelle horreur!** *how awful!*

4 MARIE   Tu as **déjà** visité des châteaux?

SERGE   Non, je n'ai jamais le temps de faire du tourisme.
Et toi?

MARIE   Je n'ai visité que Versailles.

■ des châteaux → des musées
   Versailles → le Louvre

> **déjà** (here) *ever*

5 La classe de dessin visite le Musée Rodin ce matin.

PAUL Qui attendons-nous?
MONIQUE La prof.

■ qui attendons-nous? → qui est-ce que nous attendons?
■ qui attendons-nous? → **qu'**attendons-nous? **que (qu')** *what?*
  la prof → le car

6 MONIQUE Avec quoi **dessines-tu** d'habitude? **dessiner** *to draw*
PAUL Avec un feutre.

EXERCICES

A **La ferme de M. Longchamp.** Combien d'animaux a-t-il?
Conversez selon le modèle.

ÉLÈVE 1 *Il a combien de chiens?*
ÉLÈVE 2 *Il en a deux.*

1. 2. 3.

4. 5. 6.

7. 8. 9.

B Parlons de toi.

1. Tu as déjà fait du camping? Tu aimes faire du camping? Où vas-tu d'habitude? Avec qui?
2. Tu as déjà visité une ferme? Quels animaux de la ferme est-ce que tu aimes? De quel animal est-ce que tu as peur?
3. Qu'est-ce que tu as fait le week-end dernier? Et ce week-end, qu'est-ce que tu vas faire?
4. Tu es déjà allé(e) en colonie de vacances? Quand? Où? Qu'est-ce que tu as fait là-bas?

ÉTUDE DE MOTS

Adverbs tell *how* an action is performed. Many adverbs in English end in *-ly: happily, quickly.*

Many French adverbs are formed by adding *-ment* to the feminine singular form of the adjective. For example, *heureux, heureuse → heureusement.* Can you make adverbs out of these adjectives?

> parfait   correct   sérieux   sûr   léger   premier

If the masculine form of the adjective ends in a vowel, add *-ment* to that form: *poli → poliment; facile → facilement.*

Can you complete the second sentence of each pair below with an adverb made from the adjective in the first?

1. Ce problème est facile. Tu as trouvé la réponse _____.
2. Luc est un garçon aimable. Il parle _____ à tout le monde.
3. Ne sois pas triste! Pourquoi regardes-tu _____ par la fenêtre?
4. Mon petit frère est calme. Il joue _____.

If the adjective ends in *-ent* or *-ant*, change the final *-nt* to *-m-* and add *-ment*. For example, *évident → évidemment.* Can you make adverbs out of these adjectives?

> patient   intelligent   méchant

Lent, however, becomes *lentement.*

Un mégalithe préhistorique à Locmariaquer en Bretagne

EXPLICATIONS I

Le verbe *voir*

◆ **OBJECTIVE:**

TO DESCRIBE WHAT YOU SEE

Look at the forms of the verb *voir*.

INFINITIVE   **voir**

		SINGULAR	PLURAL
PRESENT	**1**	je **vois**	nous **voyons**
	2	tu **vois**	vous **voyez**
	3	il elle } **voit** on	ils elles } **voient**

IMPERATIVE   **vois!   voyons!   voyez!**
PASSÉ COMPOSÉ   j'**ai vu**

The verb *voir* may be used with the conjunction *que*. Use *voir que* when making observations.

> Je **vois que** tu as réussi ton examen!   *I **see (that)** you passed your test!*
>
> Je **vois qu'**il a maigri.   *I **see (that)** he's lost weight.*

In English we often omit the word "that," but in French *que* can never be omitted.

EXERCICES

A Au magasin de souvenirs. Vous et vos amis, vous êtes dans un magasin de souvenirs à Paris. Qu'est-ce qu'on y voit?

Mme Dartois   *Madame Dartois voit des écharpes.*

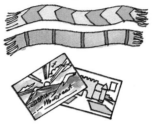

1. vous   2. moi   3. nous

  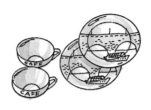

4. toi   5. elles   6. M. Poirier

B **Observations.** Qu'est-ce que vous pouvez dire avec quelque certitude *(certainty)* dans chaque situation? Suivez le modèle.

> Ton copain a eu 20 à son examen d'histoire.
> *Ah, je vois que tu as réussi ton examen!*

1. Une amie sort d'une agence de voyages avec un billet d'avion.
2. Ton cousin entre dans la gare avec sa valise.
3. Le ciel est très couvert, et tu vois des gens avec leurs parapluies.
4. Un groupe de touristes descend d'un car devant un monument.
5. Il est 5h. Beaucoup de personnes sortent d'un musée, mais personne n'y entre.

C **Le tour du monde.** *(Around the world.)* Vous avez fait le tour du monde. Quels pays et quelles villes avez-vous visités? Qu'est-ce que vous avez vu? Conversez selon le modèle.

ÉLÈVE 1   *J'ai visité l'Espagne.*
ÉLÈVE 2   *Et qu'est-ce que tu as vu là-bas?*
ÉLÈVE 1   *J'ai vu beaucoup de musées,*
            les plages, Madrid, etc.

1. le Canada
2. l'Angleterre
3. l'Allemagne
4. l'Italie
5. le Mexique
6. la Suisse

D **Parlons de toi.**
1. Qu'est-ce que tu vois de la fenêtre de ta chambre à coucher? Et de la fenêtre de la salle de classe?
2. Quand est-ce que toi et ta famille, vous avez vu vos grands-parents la dernière fois? Et vos autres parents *(relatives)*?
3. Qu'est-ce que toi et tes copains, vous avez vu à la télé hier soir?

Les verbes *connaître* et *savoir*

◆ OBJECTIVES:

TO IDENTIFY THE PEOPLE, PLACES, AND THINGS THAT YOU KNOW

TO DESCRIBE THE FACTS YOU KNOW AND WHAT YOU KNOW HOW TO DO

The verbs *connaître* and *savoir* both mean "to know," but they have different meanings.

1 Look at the forms of *connaître*.

INFINITIVE **connaître**

		SINGULAR		PLURAL	
PRESENT	1	je	**connais**	nous	**connaissons**
	2	tu	**connais**	vous	**connaissez**
	3	il elle on	**connaît**	ils elles	**connaissent**

PASSÉ COMPOSÉ **j'ai connu**

When you write, remember to put the circumflex on *connaître* and *connaît*. *Reconnaître* follows the same pattern as *connaître*.

2 *Connaître* means "to know" in the sense of being *acquainted with* or *familiar with* a person, place, or thing.

Guy? Oui, je le **connais.**	*Guy? Yes, I **know** him.*
Nous **connaissons** Paris.	*We're **familiar with** Paris.*
Tu **connais** ce **poème?**	*Are you **familiar with** that **poem?***

3 Now look at the forms of *savoir*.

INFINITIVE **savoir**

		SINGULAR		PLURAL	
PRESENT	1	je	**sais**	nous	**savons**
	2	tu	**sais**	vous	**savez**
	3	il elle on	**sait**	ils elles	**savent**

PASSÉ COMPOSÉ **j'ai su**

4 *Savoir* means to know facts or information.

> Maman, tu **sais la date?** *Mom, do you **know the date?***
> Je **sais qu'il arrive demain.** *I **know (that)** he arrives tomorrow.*

Note that though you can omit "that" in English, you must use *que* in a similar sentence in French.

5 Use *savoir* + an infinitive to describe what people know how to do.

> Je **sais dessiner.** *I **know how to draw.***
> Tu **sais trouver** la route? *Do you **know how to find** the road?*

EXERCICES

A Tu les connais? Avec un(e) ami(e), vous assistez à une boum où beaucoup des invités ne se connaissent pas (*don't know each other*). Conversez selon le modèle.

> tu / cet homme avec Jean
>
> ÉLÈVE 1 *Tu connais cet homme avec Jean?*
> ÉLÈVE 2 *Non, je ne le connais pas.*

1. Christophe / cette jeune fille en pantalon bleu
2. vous / ce monsieur aux cheveux blancs
3. Charles et Daniel / les garçons dans la salle à manger
4. tu / la sœur de Jacques
5. Lucie / le garçon aux cheveux frisés
6. vous / ces lycéens-là
7. Annick et Carine / la jeune fille blonde

On danse dans une discothèque.

B **Le club théâtre.** Les élèves ont du talent. Qu'est-ce qu'ils savent faire?

Ils savent jouer des rôles.

Arnaud et Chantal

1. moi 2. Monique et toi 3. Sylvie et Marie

 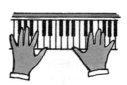

4. nous 5. Jacques 6. Et toi?

C **Détective.** Un monsieur vient de mourir au Café du Mouton Blanc. Quelqu'un a mis du poison dans son café. Vous êtes détective. Posez des questions au serveur (à la serveuse). Employez *connaître* ou *savoir.*

ce monsieur ÉLÈVE 1 *Vous connaissez ce monsieur?*
ÉLÈVE 2 *Oui, je le connais.*
OU: *Non, je ne le connais pas.*

1. comment il s'appelle
2. où il habite
3. quand il arrive d'habitude à ce café
4. la serveuse là-bas
5. combien de cafés vous lui servez chaque après-midi
6. la dame à côté de lui
7. où il travaille
8. sa femme

D Parlons de toi.

1. Qui est-ce que tu vois maintenant? Qu'est-ce que tu vois maintenant?
2. Est-ce que tu sais quand les cours vont commencer cet automne? C'est pour quelle date?
3. Qu'est-ce que tu fais quand tu vas à une boum où tu ne connais pas beaucoup de gens? Tu leur parles?
4. Est-ce que tu connais bien ta ville? Quelle grande ville est-ce que tu connais bien?

ACTIVITÉ

Connaissances.   List some things that you are familiar with or that you know how to do by completing the following cues with *savoir* or *connaître.* For example, *Je sais jouer au (volley).*

jouer au _____ *(sport)*
la B.D. « _____ » *(title)*
la musique de _____ *(name)*
l'émission « _____ » *(title)*

les romans de _____ *(author)*
jouer du _____ *(musical instrument)*
faire _____ *(chore)*
la ville de _____ *(name)*

Now tell a partner about yourself, and then ask if your partner is familiar with or knows how to do the same things. Take turns with each item. How many times do you both agree?

ÉLÈVE 1   *Je sais jouer au volley. Et toi?*
ÉLÈVE 2   *Moi aussi, je sais jouer au volley.*
OU: *Moi, je sais jouer au tennis.*

Il aime la musique.

header banner corner
EN SCÈNE

APPLICATIONS

A la ferme de Michel

Michel, le jeune agriculteur, aime sa ferme. Décrivez-la. *(Describe it.)* Il a quels animaux? Il en a combien?

Mais Michel a un petit problème à la ferme. Claudine apporte peut-être la solution. Imaginez leur conversation.

CLAUDINE Ça va? / Pourquoi pas? / Un chat fait peur aux oiseaux. / Il ne coûte pas cher. / Il s'appelle Pompon.

DOCUMENT

Sur les cartes routières de la France, les routes indiquées *(indicated)* par «A» sont les grandes *autoroutes* et il faut payer pour les prendre. L'autoroute A13 (voir la petite carte à droite), c'est l'Autoroute de Normandie. Elle commence à Paris et traverse la Normandie.

Les routes indiquées par «N» sont les routes nationales. Elles sont d'habitude plus vieilles que les autoroutes et elles n'ont souvent que deux voies *(lanes),* mais elles sont en bonne condition. Les autres routes (indiquées par «D» sur les cartes routières) sont des routes départementales. Si vous allez d'un petit village à un autre, vous prenez souvent une route départementale.

Regardez la carte. Imaginez que vous partez de Paris pour aller à la Ferme des Beurreries. Pensez-vous que vous pouvez y aller facilement en voiture?

1. Qu'est-ce qu'on peut faire à la Ferme des Beurreries?
2. Combien d'argent faut-il payer pour y entrer?
3. Qu'est-ce que vous pouvez acheter comme fruits? comme légumes?
4. Quand est-ce que la Ferme des Beurreries est ouverte *(open)*?

Les animaux de la ferme

EXPLICATIONS II

Les pronoms interrogatifs et l'inversion du sujet et du verbe

◆ OBJECTIVES:

TO ASK "WHO" AND "WHAT" QUESTIONS

TO ASK QUESTIONS IN A FORMAL SETTING

You know that interrogative pronouns like "who?" and "what?" come at the beginning of questions. Throughout this book you have used the pronouns *qui* and *que* with *est-ce que* to ask information questions: *Qui est-ce que tu as vu? Qu'est-ce que tu as vu?* Here is a chart showing the interrogative pronouns that you know. Note the different patterns that you can use.

	PEOPLE	THINGS
SUBJECT OF VERB	**Qui est-ce qui** est là? **Qui** est là?	**Qu'est-ce qui** est là?
OBJECT OF VERB	**Qui est-ce que** tu vois? **Qui** vois-tu?	**Qu'est-ce que** tu vois? **Que** vois-tu?
AFTER A PREPOSITION	**A qui est-ce qu'**il pense? **A qui** pense-t-il?	**A quoi est-ce qu'**il pense? **A quoi** pense-t-il?
	De qui est-ce que tu as peur? **De qui** as-tu peur?	**De quoi est-ce que** tu as peur? **De quoi** as-tu peur?
	Avec qui est-ce que tu dessines? **Avec qui** dessines-tu?	**Avec quoi est-ce que** tu dessines? **Avec quoi** dessines-tu?

Notice that if an interrogative expression with *est-ce* begins with *qui*, it is asking about a person. If it begins with *que*, it is asking about a thing. If it ends with *qui*, it is the subject of the verb. If it ends with *que*, it is the object of the verb.

1 You have been using intonation and *est-ce que* to ask questions in French. Some of the questions in the chart show the verb coming before the pronoun. This is called inversion. Although inversion is used in common questions such as *quel temps fait-il?*, it is not used much in ordinary conversation. Inversion is used in speeches, in formal language (like interviews), and in writing. When you use inversion, do not use *est-ce que*.

2 When the pronoun and verb are inverted, pronounce a final -*t* of a 3 singular or a 3 plural form. If the 3 singular form ends in -*d*, pronounce it like [t]. If the 3 singular form doesn't end in a -*t* or -*d*, a -*t*- is inserted.

> **Font‿ils** le ménage?   **Apprend‿elle** vite?   **Aime-t-elle** ses amis?

When the subject of the question is a noun, inversion is formed by putting the noun first, then the verb and the corresponding subject pronoun: *Les bandes sont-elles sur la table?, Marie a-t-elle parlé à ses amis?*

3 Inversion is seldom used with *je*. Use intonation or *est-ce que* instead.

4 You may also use inversion with the other question words you know.

> Où vas-tu?   D'où vient-elle?   Combien de voitures a-t-il?
> Comment allez-vous?   Quand partons-nous?   Pourquoi
> sortent-ils?   Quel âge as-tu?   Quelle robe porte-t-elle?   Quels
> amis attend-il?

5 Look at the patterns for questions using inversion with *ne … pas* and with the passé composé.

> **N'aime-t-il pas** faire du tourisme?
> **Ne descendons-nous pas** de l'autocar?
>
> **Avez-vous pris** beaucoup de photos?
> **N'avons-nous pas visité** ce château?

PHOTO PIM
LA BOITE
AUX IMAGES
2, rue du Plâtre
75004 PARIS
42.72.94.99
42.72.46.84
SIREN 320 108 286 00017
APE 8706

FRAPAR.

Pour tout film couleur donné à développer et à tirer sur papier, il vous est offert :

1 PELLICULE GRATUITE*

Chambord est un très
grand château de la Loire.

EXERCICES

A Un guide désagréable. Vous venez de visiter le château de Blois,
et maintenant vous rentrez à Paris. Le monsieur à côté de vous n'est
pas content. Il vous parle de ses problèmes, mais il y a trop de bruit
dans le car. Demandez-lui de répéter les choses que vous n'entendez
pas. Suivez le modèle.

> *Le guide* est très désagréable.   ÉLÈVE 1 *Le guide est très*
> *désagréable.*
>
> ÉLÈVE 2 *Qui est très désagréable?*
>
> ÉLÈVE 1 *Le guide.*

1. Il parle impatiemment *aux touristes.*
2. Je lui demande *des renseignements.*
3. Je ne peux pas trouver *mon amie Claude.*
4. J'ai visité le château *avec Claude et sa cousine Elise.*
5. *Mon portefeuille* est dans le sac de Claude.
6. Claude est partie *avec mon portefeuille.*
7. J'ai besoin *d'argent.*
8. Alors, j'ai besoin *de Claude.*
9. Le guide ne *m'*écoute pas.
10. Il pense *aux autres problèmes.*

B Une lettre de Paris. Vous passez
l'année à Paris et vous voulez savoir
ce qui se passe *(what's happening)* chez
vous aux Etats-Unis. Ecrivez une
lettre à votre professeur de français
pour demander des nouvelles *(news).*
Posez des questions en employant
l'inversion.

> Les élèves écoutent toujours des cassettes en classe?
> *Les élèves écoutent-ils toujours des cassettes en classe?*

1. Luc travaille toujours au labo de langues?
2. L'autre professeur de français est gentille?
3. Votre salle de classe est agréable?
4. Vos élèves sont sérieux?
5. Annick parle toujours très bien en classe?
6. Nicole et Marc n'aiment toujours pas parler en classe?

C A la Maison-Blanche.   Vous êtes attaché(e) de presse *(press secretary)* à la Maison-Blanche. Lisez ces énoncés *(statements)* à un(e) camarade, qui joue le rôle d'un(e) journaliste. Il (Elle) va poser des questions. Vous allez y répondre comme vous voulez. Conversez selon le modèle.

> Nous partons. (Comment? Quand? Pourquoi?)

> ÉLÈVE 1   *Nous partons.*
> ÉLÈVE 2   *Comment partez-vous?*
> ÉLÈVE 1   *Nous partons en avion.*
> ÉLÈVE 2   *Quand partez-vous?*
> ÉLÈVE 1   *Nous partons demain.*
> ÉLÈVE 2   *Pourquoi partez-vous?*
> ÉLÈVE 1   *Parce que nous sommes fatigués.*

1. Elle a parlé. (Où? Comment? Pourquoi?)
2. Leurs amis arrivent. (Quand? Où? Comment?)
3. La famille va faire un voyage. (Quand? Pourquoi? Où?)
4. Il vend des maisons. (Pourquoi? Quand? Combien?)

D Parlons de toi.
1. Quelle question est-ce que tu veux poser au Président des Etats-Unis? (N'oublie pas d'employer l'inversion.)
2. Est-ce que tu as des projets de vacances? Qu'est-ce que tu vas faire? Quand? Où? Avec qui?
3. Tu vas faire du français l'année prochaine? Tu connais déjà ton emploi du temps? Tu vas faire quelles matières?
4. Qui est-ce qui est devant toi dans la classe de français? Qu'est-ce qu'il y a à ta droite? à ta gauche?

Un car touristique près de Cerbère dans le sud de la France

ACTIVITÉ

Write five or six questions to ask classmates about their summer plans. For example:

> *Vas-tu faire un voyage?*
> *Avec qui est-ce que tu pars?* etc.

Working with two other students, ask one another your questions and compare your answers.

APPLICATIONS

Formez des phrases en français d'après les modèles.

1. *Nous habitons dans une maison à côté de la mer.*
   (They [m.] *live in an apartment to the left of the park.*)
   (She lives in a château far from Paris.)

2. *Elle est heureuse* parce que *sa tante passe le mois chez elle.*
   (I [m.] *am happy*)   (*my cousins are spending the summer at my house*)
   (They [m.] *are happy*)   (*their classmates are spending the weekend at their house*)

3. *Au parc on voit des arbres, des fleurs et des pelouses.*
   (*At the souvenir shop we see some sunglasses, tote bags, and post cards.*)
   (*At the entrance they* [f.] *see tourists, guides, and tour buses.*)

4. *Nous savons* qu'il y a beaucoup *d'enfants à la colonie de vacances.*
   (*They* [f.] *know*)   (*fountains at Versailles*)
   (*I know*)   (*goats on the farm*)

5. Je demande à Anne: «*Connaissent-ils le Boulevard Saint-Michel?*»
                 "*Are you* [pl.] *acquainted with England?*"
                 "*Does she know the châteaux of the Loire?*"

6. *Demain je vais les voir.*
   (*In two hours they're going to leave me.*)
   (*Soon you're going to draw it.*)

Une colonie de vacances à St-Malo en Bretagne

Trouvez les expressions françaises qui correspondent à l'anglais et rédigez un paragraphe.

1. Daniel lives on a farm near Blois.

2. He's happy because his friend Gilbert is spending the weekend at his house.

3. On the farm, Gilbert sees sheep, cows, and hens.

4. Gilbert knows that there is lots of work on the farm.

Dis ...

5. Daniel asks Gilbert: "Do you know the château of Blois?"

6. Tomorrow the family is going to visit it.

Maintenant choisissez un de ces sujets.

1. Imagine that you are Daniel, writing to an American pen pal for the first time. Write a paragraph describing where you live.
2. Write three sentences telling what makes you happy. Begin each statement with *Je suis heureux parce que (quand)* ....
3. Think of a place where you like to go. Tell whom or what you usually see there.

CONTRÔLE DE RÉVISION   CHAPITRE 15

A   A la ferme.
You're chaperoning a group of children on a visit to a farm. They couldn't wait to see their favorite animals. You look around to check where they are. Write sentences with *voir*.

toi   *Toi, tu vois des moutons.*

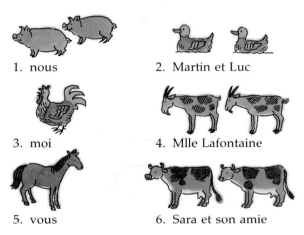

1. nous   2. Martin et Luc

3. moi   4. Mlle Lafontaine

5. vous   6. Sara et son amie

B   A la sortie du car.
You and a group of tourists are leaving the tour bus after your return to Paris. The guide asks if people left things behind, but no one did. Write her questions and your answers.

*Avez-vous oublié votre guide?
Non, je ne l'ai pas oublié.*

1.   2.

3.   4.

5.   6.

C   En vacances.
Complete each sentence with the correct form of *connaître* or *savoir*.

1. Qui _____ ce château?
2. Je ne _____ pas la statue d'Henri IV.
3. Ma mère _____ prendre des photos magnifiques.
4. Tu _____ où on achète des billets?
5. Nous ne _____ pas à quelle heure le car part.
6. Vous _____ bien ce guide.
7. Les touristes ne _____ pas cette rue.

D   Un questionnaire.
Imagine that you wrote these answers on a class questionnaire. Can you write the questions? They should be written using the *vous* form and inversion.

1. J'ai 17 ans.
2. J'habite à Marseille.
3. Je parle souvent avec mon ami Yvon au téléphone.
4. J'ai peur des gros chiens.
5. J'ai deux sœurs et un frère.
6. J'ai étudié l'allemand au lycée.

Noms

l'agriculteur *(m.)*
l'agricultrice *(f.)*
l'appareil (de photo)
le bâtiment
le billet *(ticket)*
le bureau de tourisme
le canard
le car
la carte routière
le champ
le château,
   pl. les châteaux
le cheval,
   pl. les chevaux
la chèvre
le cochon
la colonie de vacances
le commencement
le coq
l'endroit *(m.)*
la ferme
la fin
le fleuve
la fontaine
le guide *(guidebook)*;
   le guide, la guide
   (tour guide)
les lunettes de soleil *(f.pl.)*
le monument
le mouton
le parapluie
la pellicule
la pelouse
la personne
la poule

le projet
la route
le sac *(bag)*
le siècle
la sortie
le souvenir
la statue
la tour
la vache
la valise
la visite
la vue (sur)

Adjectifs

ancien, -ne
gratuit, -e
léger, -ère
lourd, -e
magnifique
récent, -e
sûr, -e

Verbes

connaître
dessiner
porter *(to carry)*
proposer (à … de …)
quitter
reconnaître
savoir
visiter
voir

Adverbes

déjà *(ever)*
évidemment
patiemment
poliment

Conjonction

que (je sais que …)

Questions

qu'est-ce que? (que?)
qu'est-ce qui?
qui est-ce que? (qui?)
qui est-ce qui? (qui?)

Expressions

bon voyage!
en effet
faire du camping
faire du tourisme
faire une promenade
pourriez-vous …?
quelle horreur!
tout à coup

LES NOMBRES, LES JOURS, LES MOIS ET L'HEURE

Cardinal Numbers

0	zéro	30	trente
1	un, une	31	trente et un
2	deux	32	trente-deux
3	trois	40	quarante
4	quatre	50	cinquante
5	cinq	60	soixante
6	six	61	soixante et un
7	sept	62	soixante-deux
8	huit	70	soixante-dix
9	neuf	71	soixante et onze
10	dix	72	soixante-douze
11	onze	80	quatre-vingts
12	douze	81	quatre-vingt-un
13	treize	82	quatre-vingt-deux
14	quatorze	90	quatre-vingt-dix
15	quinze	91	quatre-vingt-onze
16	seize	92	quatre-vingt-douze
17	dix-sept	100	cent
18	dix-huit	101	cent un
19	dix-neuf	102	cent deux
20	vingt	200	deux cents
21	vingt et un	300	trois cents
22	vingt-deux	1000	mille
23	vingt-trois	1.000.000	un million
24	vingt-quatre		
25	vingt-cinq		
26	vingt-six		
27	vingt-sept		
28	vingt-huit		
29	vingt-neuf		

Days of the Week

lundi   *Monday*
mardi   *Tuesday*
mercredi   *Wednesday*
jeudi   *Thursday*
vendredi   *Friday*
samedi   *Saturday*
dimanche   *Sunday*

Months

janvier   *January*
février   *February*
mars   *March*
avril   *April*
mai   *May*
juin   *June*
juillet   *July*
août   *August*
septembre   *September*
octobre   *October*
novembre   *November*
décembre   *December*

Time

Quelle heure est-il?   *What time is it?*
Il est une heure.   *It's 1:00.*
Il est deux heures.   *It's 2:00.*
Il est trois heures et quart.   *It's 3:15.*
Il est trois heures moins le quart.   *It's 2:45.*
Il est quatre heures et demie.   *It's 4:30.*
Il est trois heures vingt.   *It's 3:20.*
Il est trois heures moins cinq.   *It's 2:55.*
Il est midi.   *It's noon.*
Il est minuit.   *It's midnight.*

VERBES

Regular Verbs

regarder

je	regarde	nous	regardons
tu	regardes	vous	regardez
il, elle, on	regarde	ils, elles	regardent

IMPERATIVE   regarde!   regardons!   regardez!
PASSÉ COMPOSÉ   j'ai regardé

finir

je	finis	nous	finissons
tu	finis	vous	finissez
il, elle, on	finit	ils, elles	finissent

IMPERATIVE   finis!   finissons!   finissez!
PASSÉ COMPOSÉ   j'ai fini

dormir

je	dors	nous	dormons
tu	dors	vous	dormez
il, elle, on	dort	ils, elles	dorment

IMPERATIVE   dors!   dormons!   dormez!
PASSÉ COMPOSÉ   j'ai dormi

vendre

je	vends	nous	vendons
tu	vends	vous	vendez
il, elle, on	vend	ils, elles	vendent

IMPERATIVE   vends!   vendons!   vendez!
PASSÉ COMPOSÉ   j'ai vendu

Other Verbs

aller

je	vais	nous	allons
tu	vas	vous	allez
il, elle, on	va	ils, elles	vont

IMPERATIVE   va!   allons!   allez!
PASSÉ COMPOSÉ   je suis allé(e)

acheter

j'	achète	nous	achetons
tu	achètes	vous	achetez
il, elle, on	achète	ils, elles	achètent

IMPERATIVE   achète!   achetons!   achetez!
PASSÉ COMPOSÉ   j'ai acheté

apprendre   See *prendre*

s'asseoir   IMPERATIVE   assieds-toi!   asseyons-nous!   asseyez-vous!

attendre   See *vendre*

avoir

j'	ai	nous	avons
tu	as	vous	avez
il, elle, on	a	ils, elles	ont

IMPERATIVE   aie!   ayons!   ayez!
PASSÉ COMPOSÉ   j'ai eu

commencer

je	commence	nous	commençons
tu	commences	vous	commencez
il, elle, on	commence	ils, elles	commencent

IMPERATIVE   commence!   commençons!   commencez!
PASSÉ COMPOSÉ   j'ai commencé

comprendre   See *prendre*

connaître

je	connais	nous	connaissons
tu	connais	vous	connaissez
il, elle, on	connaît	ils, elles	connaissent

IMPERATIVE   connais!   connaissons!   connaissez!
PASSÉ COMPOSÉ   j'ai connu

correspondre   See *vendre*

corriger   See *manger*

descendre

je	descends	nous	descendons
tu	descends	vous	descendez
il, elle, on	descend	ils, elles	descendent

IMPERATIVE   descends!   descendons!   descendez!
PASSÉ COMPOSÉ   je suis descendu(e)

devenir   See *venir*

dire

je	dis	nous	disons
tu	dis	vous	dites
il, elle, on	dit	ils, elles	disent

IMPERATIVE   dis!   disons!   dites!
PASSÉ COMPOSÉ   j'ai dit

écrire

j'	écris	nous	écrivons
tu	écris	vous	écrivez
il, elle, on	écrit	ils, elles	écrivent

IMPERATIVE   écris!   écrivons!   écrivez!
PASSÉ COMPOSÉ   j'ai écrit

entendre   See *vendre*

être

je	suis	nous	sommes
tu	es	vous	êtes
il, elle, on	est	ils, elles	sont

IMPERATIVE   sois!   soyons!   soyez!

PASSÉ COMPOSÉ   j'ai été

faire

je	fais	nous	faisons
tu	fais	vous	faites
il, elle, on	fait	ils, elles	font

IMPERATIVE   fais!   faisons!   faites!

PASSÉ COMPOSÉ   j'ai fait

falloir

il faut

PASSÉ COMPOSÉ   il a fallu

geler

il gèle

PASSÉ COMPOSÉ   il a gelé

lire

je	lis	nous	lisons
tu	lis	vous	lisez
il, elle, on	lit	ils, elles	lisent

IMPERATIVE   lis!   lisons!   lisez!

PASSÉ COMPOSÉ   j'ai lu

manger

je	mange	nous	mangeons
tu	manges	vous	mangez
il, elle, on	mange	ils, elles	mangent

IMPERATIVE   mange!   mangeons!   mangez!

PASSÉ COMPOSÉ   j'ai mangé

mettre

je	mets	nous	mettons
tu	mets	vous	mettez
il, elle, on	met	ils, elles	mettent

IMPERATIVE   mets!   mettons!   mettez!

PASSÉ COMPOSÉ   j'ai mis

mourir PASSÉ COMPOSÉ je suis mort(e)

nager See *manger*

naître PASSÉ COMPOSÉ je suis né(e)

offrir See *ouvrir*

ouvrir

j'	ouvre		nous	ouvrons
tu	ouvres		vous	ouvrez
il, elle, on	ouvre		ils, elles	ouvrent

IMPERATIVE ouvre! ouvrons! ouvrez!
PASSÉ COMPOSÉ j'ai ouvert

partir

je	pars		nous	partons
tu	pars		vous	partez
il, elle, on	part		ils, elles	partent

IMPERATIVE pars! partons! partez!
PASSÉ COMPOSÉ je suis parti(e)

perdre See *vendre*

permettre See *mettre*

pleuvoir il pleut

PASSÉ COMPOSÉ il a plu

pouvoir

je	peux		nous	pouvons
tu	peux		vous	pouvez
il, elle, on	peut		ils, elles	peuvent

PASSÉ COMPOSÉ j'ai pu

préférer

je	préfère		nous	préférons
tu	préfères		vous	préférez
il, elle, on	préfère		ils, elles	préfèrent

IMPERATIVE préfère! préférons! préférez!
PASSÉ COMPOSÉ j'ai préféré

prendre

je	prends	nous	prenons
tu	prends	vous	prenez
il, elle, on	prend	ils, elles	prennent

IMPERATIVE   prends!   prenons!   prenez!

PASSÉ COMPOSÉ   j'ai pris

promettre   See *mettre*

reconnaître   See *connaître*

rendre   See *vendre*

répondre   See *vendre*

revenir   See *venir*

savoir

je	sais	nous	savons
tu	sais	vous	savez
il, elle, on	sait	ils, elles	savent

IMPERATIVE   sache!   sachons!   sachez!

PASSÉ COMPOSÉ   j'ai su

servir

je	sers	nous	servons
tu	sers	vous	servez
il, elle, on	sert	ils, elles	servent

IMPERATIVE   sers!   servons!   servez!

PASSÉ COMPOSÉ   j'ai servi

sortir

je	sors	nous	sortons
tu	sors	vous	sortez
il, elle, on	sort	ils, elles	sortent

IMPERATIVE   sors!   sortons!   sortez!

PASSÉ COMPOSÉ   je suis sorti(e)

venir

je	viens	nous	venons
tu	viens	vous	venez
il, elle, on	vient	ils, elles	viennent

IMPERATIVE   viens!   venons!   venez!

PASSÉ COMPOSÉ   je suis venu(e)

voir

je	vois	nous	voyons
tu	vois	vous	voyez
il, elle, on	voit	ils, elles	voient

IMPERATIVE   vois!   voyons!   voyez!

PASSÉ COMPOSÉ   j'ai vu

vouloir

je	veux	nous	voulons
tu	veux	vous	voulez
il, elle, on	veut	ils, elles	veulent

PASSÉ COMPOSÉ   j'ai voulu

VOCABULAIRE FRANÇAIS-ANGLAIS

The *Vocabulaire français-anglais* contains all active vocabulary from the text.

A dash (—) represents the main entry word. For example, **sans —** following **l'accent** means **sans accent.**
An asterisk before a word that begins with an *h* denotes an aspirate *h.*

The number following each entry indicates the chapter in which the word or expression is first introduced.
Two numbers indicate that it is introduced in one chapter and elaborated upon in a later chapter. A letter
following an entry refers to the *En Route* sections.

The following abbreviations are used: *adj.* (adjective), *adv.* (adverb), *f.* (feminine), *inf.* (infinitive), *m.* (masculine),
pl. (plural), *pron.* (pronoun).

à to (C); at, in (1)
abord: d'— first, at first (8)
absent, -e absent (12)
l'accent *m.* accent (7)
   sans — without an accent (7)
accompagner to go with, to
   accompany (9)
accord: d'— OK (1)
acheter to buy (9)
l'acteur *m.,* **l'actrice** *f.* actor, actress
   (4)
l'addition *f.* check, bill (8)
adorable delightful, adorable (2)
adorer: j'adore I'm crazy about (E)
l'adresse *f.* address (4)
   quelle est ton —? what is your
   address? (4)
l'aéroport *m.* airport (1)
l'affiche *f.* poster (B)
l'âge *m.:* **tu as quel —?** how old are
   you? (3)
l'agence de voyages *f.* travel agency
   (7)
l'agent de police *m.&f.* police officer
   (4)
agréable pleasant (8)
l'agriculteur *m.,* **l'agricultrice** *f.*
   farmer (15)
aider to help (13)
l'ail *m.* garlic (14)
aimable nice (2)

aimer to like (E)
— mieux to prefer, to like better
   (5)
j'aime I like, I'm fond of (E)
je n'aime pas I don't like (E)
tu aimes? do you like? (E)
vous aimez? do you like? (E)
l'algèbre *f.* algebra (11)
l'Allemagne *f.* Germany (7)
allemand, -e German (7)
l'allemand *m.* German (*language*) (7)
aller to go (1)
— à pied to walk, to go on foot (4)
— bien (mal, mieux) to be/feel
   well (ill, better) (12)
— en cours de to go to (*subject*)
   class (11)
— + inf. to be going to (*do
   something*) (5)
allez: comment —-vous? how are
   you? (A)
allons-y! let's go! (1)
qu'est-ce qui ne va pas? what's
   wrong? (12)
allumer to turn on (6)
alors then, so (1)
   ça — what?!; oh, come on! (12)
américain, -e American (1; 7)
   le football — football (E)
l'Amérique (du Nord) *f.* (North)
   America (7)

l'ami *m.,* **l'amie** *f.* friend (2)
amusant, -e amusing, funny (10)
l'an *m.* year (7)
   avoir … —s to be … years old
   (3)
   tous les —s every year (7)
ancien, -ienne old (15)
anglais, -e English (7)
l'anglais *m.* English (*language*) (7)
l'Angleterre *f.* England (7)
l'animal *m.; pl.* **les animaux** animal
   (15)
animé: le dessin — movie cartoon
   (6)
l'année *f.* year (C)
l'anniversaire *m.* birthday (3)
   bon —! happy birthday! (10)
   le gâteau d'— birthday cake (10)
l'anorak *m.* ski jacket (5)
août *m.* August (C)
l'appareil (de photo) *m.* camera (15)
l'appartement *m.* apartment (4)
l'appel *m.:* **faire l'—** to take
   attendance (12)
appeler:
   je m'appelle my name is (A)
   comment tu t'appelles? what's
   your name? (A)
l'appétit *m.:* **bon —!** enjoy your
   meal (14)
applaudir to applaud (6)

apporter to bring (6)
apprendre (à) to learn (to) (8)
  — par cœur to memorize (11)
après after (4)
  d'— according to (10)
l'après-midi *m.* afternoon (6)
  de l'— P.M., in the afternoon (6)
l'arbre *m.* tree (4)
l'argent *m.* money (8)
  l'— de poche *m.* spending money, allowance (10)
arriver to arrive (4)
  j'arrive! I'll be right there! (13)
assez + *adj./adv.* rather, quite, pretty (8)
  — (de) enough (9)
l'assiette *f.* plate (14)
assister à to attend (11)
attendre to wait, to wait for (10)
l'attention *f.*: **faire — (à)** to pay attention (to) (14)
au (à + le) to, at, in (1; 4)
  — (aux) + *masculine countries* in, to (7)
  — revoir good-bye (A)
aujourd'hui today (C)
  c'est — today is (C)
aussi too, also (E)
  moi — me too (E)
l'autobus (le bus) *m.* bus (4)
l'automne *m.* autumn, fall (C)
  en — in autumn, in the fall (5)
autre other (8)
aux (à + les) to, at, in (1; 4)
avant before (6)
avare stingy (8)
avec with (1)
l'avion *m.* airplane (7)
avoir to have (3)
  See also individual nouns that form expressions with **avoir**
avril *m.* April (C)

la bague ring (10)
la baguette loaf of bread (9)
le bain:
  le maillot de — bathing suit (5)
  la salle de —s bathroom (13)

le baladeur Walkman (10)
la balle ball (6)
le ballon *(inflated)* ball (6)
la bande tape (1)
la bande dessinée (la B.D., *pl.* **les B.D.)** comic strip (6)
la banque bank (1)
le baseball baseball (E)
le basketball (le basket) basketball (E)
le bateau, *pl.* **les bateaux** boat (5)
  le — à voiles sailboat (5)
  faire du — to go boating (5)
le bâtiment building (15)
beau (bel), belle; *pl.* **beaux** beautiful, handsome, fine (6)
  faire de beaux rêves to have sweet dreams (13)
  il fait beau it's nice out, it's nice weather (5)
beaucoup a lot, very much (E)
  — de much, many, a lot of (9)
  — de monde many people (9)
bel, belle *see* **beau**
belge Belgian (7)
la Belgique Belgium (7)
besoin: avoir — de to need (3)
bête dumb, stupid (2)
la bête animal, pet (13)
le beurre butter (9)
la bibliothèque library (1)
bien well (A); nice (3)
  aller — to be well (12)
  — cuit, -e well done *(meat)* (14)
  — sûr of course, certainly (5)
  ça va — everything's fine (A)
bientôt soon (5)
  à — see you soon (A)
la bière beer (8)
le bifteck steak (9)
le billet bill *(money)* (8); ticket (15)
la biologie biology (11)
blanc, blanche white (3)
la blanquette de veau veal stew (14)
bleu, -e blue (3)
blond, -e blond (12)
le blouson jacket (3)
le bœuf bourguignon beef burgundy (14)
bof! oh, I don't know; it's all the same to me (5)

boire:
  donner à — à to give something to drink to (13)
  quelque chose à — something to drink (13)
la boisson drink, beverage (8)
la boîte box (1)
bon, bonne good (4)
  bon! well, OK! (2)
  bon anniversaire! happy birthday! (10)
  bon appétit! enjoy your meal! (14)
  bonne soirée! have a nice evening! (13)
  bon voyage! have a nice trip! (15)
  de bonne heure early (12)
les bonbons *m.pl.* candy (10)
bonjour hello (A)
bonsoir good evening (13)
la botte boot (3)
la bouche mouth (12)
le boucher, la bouchère butcher (9)
la boucherie butcher shop (9)
les boucles d'oreilles *f.pl.* earrings (10)
la bouillabaisse bouillabaisse, fish stew (14)
le boulanger, la boulangère baker (9)
la boulangerie bakery (9)
la boum party (10)
bourguignon: le bœuf — beef burgundy (14)
la bouteille bottle (8)
la boutique shop (10)
le bracelet bracelet (10)
le bras arm (12)
bravo! well done! (6)
brun, -e brown, dark (12)
bruyant, -e noisy (10)
le bureau, *pl.* **les bureaux** desk (B); office (4)
  le — de tourisme tourist office (15)
le bus bus (4)
le but goal (6)
  marquer un — to score a goal (6)

ça that (9)
— **alors** what!?; oh, come on! (12)
— **fait combien?** what does that come to? (8)
— **m'est égal** it's all the same to me (12)
— **ne va pas** things aren't going well (A)
— **sonne** the bell's ringing (11)
— **va?** how's it going? (A)
— **va (bien) (mal)** things are OK, (fine) (awful) (A)
c'est — that's right (2)
comme ci, comme — so-so (A)
cacher to hide (10)
le cadeau, *pl.* **les cadeaux** gift, present (10)
le café coffee (E); café (4)
le — **crème** coffee with cream (8)
la terrasse d'un — sidewalk café (8)
le cahier notebook (B)
calé, -e smart (2)
le calendrier calendar (C)
calme calm (12)
camarade de classe *m.&f.* classmate (2)
la campagne country (1)
le camping: faire du — to camp, to go camping (15)
le Canada Canada (7)
canadien, -ienne Canadian (1; 7)
le canard duck (15)
la cantine lunchroom, cafeteria (11)
le car tour bus (15)
caramel: la crème — caramel custard (14)
la carotte carrot (9)
la carte map (1); playing card (6); menu (14)
à la — à la carte (14)
la — **postale** post card (11)
la — **routière** road map (15)
jouer aux —**s** to play cards (6)
le casier locker (11)
casser to break (14)
la cassette cassette (1)
le magnétophone à —**s** cassette player (1)

ce (cet), cette this, that (6)
ce ... -ci, ce ... -là this ... (here); that ... (there) (6)
ce soir tonight (6)
ce sont these are, those are, they are (1)
la ceinture belt (10)
célèbre famous (4)
cent one hundred (3)
le centime centime (8)
ces these (6)
c'est this is, that is (A; B)
— **ça** that's right (2)
qu'est-ce que —? what is it? (B)
cet, cette *see* ce
la chaise chair (B)
la chambre room (13)
la — **à coucher** bedroom (13)
le champ field (15)
le champignon mushroom (9)
la chance luck (12)
avoir de la — to be lucky (8)
ne pas avoir de — to be unlucky (8)
la chanson song (4)
chanter to sing (E)
le chanteur, la chanteuse singer (4)
le chapeau, *pl.* **les chapeaux** hat (5)
le chapitre chapter (11)
chaque each, every (9)
la charcuterie delicatessen; cold cuts (9)
le charcutier, la charcutière deli owner (9)
charmant, -e charming (13)
le chat cat (13)
le château, *pl.* **les châteaux** château, castle (15)
chaud, -e hot (8)
avoir — *(people)* to be hot (3)
il fait — it's hot out (5)
la chaussette sock (3)
la chaussure shoe (3)
la — **de ski,** *pl.* **les** —**s de ski** ski boot (5)
la chemise shirt (3)
le chemisier blouse (3)
cher, chère expensive (3)
ça (ne) coûte (pas) cher to be (in)expensive (3)

chercher to look for (9)
le cheval, *pl.* **les chevaux** horse (15)
les cheveux *m.pl.* hair (12)
avoir les — ... to have ... hair (12)
la chèvre goat (15)
chez to (at) someone's house or business (1)
chic elegant, stylish (3)
—**!** great! (3)
le chien dog (13)
la chimie chemistry (11)
le chocolat chocolate (9)
le — **chaud** hot chocolate (8)
au — *(made with)* chocolate (14)
la mousse au — chocolate mousse (14)
choisir to choose (6)
le choix choice (6)
la chose thing (8)
quelque — something (8)
chouette neat, terrific (3)
chut! hush! (14)
ci: comme —**, comme ça** so-so (A)
-ci: ce (cet), cette, ces + *noun* + — this *(emphatic)* (6)
le ciel sky (5)
le cinéma movies; movie theater (4)
cinq five (C)
cinquante fifty (D)
cinquième fifth (13)
le citron pressé lemonade (E)
la classe:
la salle de — classroom (B)
le/la camarade de — classmate (2)
classique classical (10)
le client, la cliente customer (9)
le cochon pig (15)
le cœur: apprendre par — to memorize (11)
le coin corner (4)
le collège middle school (4)
le collier necklace (10)
la colonie de vacances summer camp (15)
combien (de) how much? how many? (3)
ça fait —? what does that come to? (8)

combien (continued):
  ça prend — de temps pour …? how much time does it take to …? (14)
  — coûte (coûtent) …? how much does (do) … cost? (3)
  (pour) — de temps? (for) how long? (7)
commander to order (8)
comme as a, for a (10); like (13)
  — ci, — ça so-so (A)
le commencement beginning (15)
commencer (à) to begin (to) (5)
comment how? (A)
  — allez-vous? how are you? (A)
  — dit-on …? how do you say …? (11)
  — est …? what's … like? (2)
  — est-ce qu'on va à …? how does one get to …? (4)
  — tu t'appelles? what's your name? (A)
  — vas-tu? how are you? how are you doing? (12)
comprendre to understand (8)
  je (ne) comprends (pas) I (don't) understand (B)
compris: le service est — the tip is included (8)
compter to count (C)
le concert concert (4)
concierge m.&f. caretaker, custodian (13)
la confiture jam (9)
confortable comfortable (13)
  peu — uncomfortable (13)
connaître to know, to be acquainted or familiar with (15)
contact: les lentilles de — f.pl. contact lenses (12)
content, -e pleased, happy (8)
continuer (à) to continue (to) (4)
contraire: au — on the contrary (2)
le copain, la copine pal, friend (2)
le coq rooster (15)
  le — au vin chicken cooked in wine (14)
la corbeille wastebasket (1)
le corps body (12)

correct, -e correct (11)
le correspondant, la correspondante pen pal (11)
correspondre to correspond (11)
corriger to correct (11)
le côté: à — de beside, next to (2)
la couleur color (3)
  de quelle — …? what color? (3)
le couloir hall, corridor (11)
coup: tout à — suddenly (15)
la coupe de glace dish of ice cream (14)
la cour courtyard (11)
le cours class, course (4)
  aller en — de to go to (subject) class (11)
  après les — after class (4)
les courses f.pl.: **faire des —** to go shopping (5)
court, -e short (3)
le cousin, la cousine cousin (2)
le couteau, pl. **les couteaux** knife (14)
  coûter to cost (3)
  (ne pas) — cher to be (in)expensive (3)
couvert: le ciel est — it's cloudy (5)
le couvert place setting (14)
  mettre le — to set the table (14)
la craie chalk (B)
la cravate tie (10)
le crayon pencil (B)
la crème cream (8)
  le café — coffee with cream (8)
  la — caramel caramel custard (14)
la crémerie dairy store (9)
le crémier, la crémière dairy merchant (9)
la crêpe crêpe (14)
la crevette shrimp (14)
le croissant croissant (9)
le croque-monsieur, pl. **les croque-monsieur** grilled ham and cheese (E)
la cuillère spoon (14)
la cuisine kitchen (13); cooking (14)
  faire la — to cook, to do the cooking (13)
cuit, -e: bien — well done (meat) (14)

la dame lady (2)
  les —s checkers (6)
  jouer aux —s to play checkers (6)
dans in, into (1)
danser to dance (E)
la date date (C)
  quelle est la —? what's the date? (C)
de of (B); from (C); any (3); some (8)
  — (possession) 's (B)
  — rien don't mention it (10)
débarrasser la table to clear the table (14)
décembre m. December (C)
décider (de) to decide (to) (14)
le degré: il fait (moins) … —s it's (minus) … degrees (5)
déjà already (8); ever (15)
déjeuner to have lunch (8)
le déjeuner lunch (8)
  le petit — breakfast (8)
délicieux, -euse delicious (14)
demain tomorrow (5)
  à — see you tomorrow (A)
demander to ask, to ask for (4)
  — à … de + inf. to ask (someone to do something) (4)
demi(e): time + **et —** half past (D)
la demi-heure half hour (6)
démodé, -e out of style, old-fashioned (3)
la dent tooth (12)
  avoir mal aux —s to have a toothache (12)
dentiste m.&f. dentist (12)
dernier, -ière last (7); latest (10)
derrière behind (1)
des (de + les) some (1;4); from (7); any (8)
désagréable unpleasant (2)
descendre to come/go down (13)
  — de to get off (a bus, plane, etc.); to get out of (a car); to descend from, to come from (13)
désirer: vous désirez? may I help you? (9)
désobéir (à) to disobey (6)
désolé, -e sorry (3)

le **dessert** dessert (14)
le **dessin** drawing (11)
   le **— animé** movie cartoon (6)
   dessinée: la bande — (la B.D., *pl.* les B.D.) comic strip (6)
dessiner to draw (15)
détester: je déteste I hate (E)
deux two (C)
deuxième second (13)
devant in front of (1)
devenir to become (13)
deviner to guess (10)
les **devoirs** *m.pl.* homework (1)
   faire ses — to do one's homework (5)
difficile difficult, hard (7)
dimanche *m.* Sunday (C)
dîner to have dinner (8)
le **dîner** dinner (8)
dire (à) to say, to tell (11)
   comment dit-on …? how do you say …? (11)
   dis donc! say! (11)
   dis-moi! tell me! (11)
   on dit que they say (that), people say (that) (11)
   qu'est-ce que ça veut —? what does that mean? (11)
le **disque** record (E)
dix ten (C)
dix-huit eighteen (C)
dix-neuf nineteen (C)
dix-sept seventeen (C)
le **documentaire** documentary (6)
la **documentation: la salle de —** school library (11)
dommage: c'est — that's too bad (3)
donc then, so (10)
   dis —! say! (11)
donner (à) to give (to) (4)
   — à boire à to give something to drink to (13)
   — à manger à to feed (13)
dormir to sleep (E)
le **dos** back (12)
   avoir mal au — to have a backache (12)
la **douzaine (de)** dozen (9)
douze twelve (C)

le **drapeau,** *pl.* les **drapeaux** flag (1)
droit: tout — straight ahead (4)
la **droite: à — (de)** to the right (of), on the right (2;4)
drôle funny (2)
du (de + le) some, any (4;8); from (7)

l'**eau minérale** *f.* mineral water (8)
l'**écharpe** *f.* scarf (5)
les **échecs** *m.pl.* chess (6)
   jouer aux — to play chess (6)
l'**école** *f.* school (1)
écouter to listen (to) (E)
écrire to write (11)
l'**éducation physique (et sportive) (l'E.P. S.)** *f.* gym (11)
effet: en — indeed, as a matter of fact (15)
égal: ça m'est — it's all the same to me (12)
l'**église** *f.* church (1)
égoïste selfish, egotistical (2)
l'**élève** *m.&f.* student (A)
   elle she; it (1); her (5)
   elles *f.pl.* they (1); them (5)
embêter to bother, to annoy (13)
l'**émission** *f.* radio or TV program (6)
l'**emploi du temps** *m.* class schedule (11)
l'**employé** *m.,* l'**employée** *f.* employee (7)
emprunter (à) to borrow (from) (10)
en in (B); to (3); some, any (14)
   — + *vehicle* by (4)
   — quelle saison? in what season? (5)
   — retard late (12)
   — + *time* in (14)
   — ville downtown, to town (1)
   être — + *clothing* to be in (wearing) (3)
encore again (14)
l'**endroit** *m.* place, spot (15)
énergique energetic (6)
l'**enfant** *m.&f.* child (2)
   garder un — to babysit (13)
enfin finally (8)
s'ennuyer: je m'ennuie I'm bored (4)
ennuyeux, -euse boring (4)

enseigner to teach (11)
ensemble together (8)
ensuite afterward (8)
entendre to hear (10)
entre between (4)
l'**entrée** *f.* entrance, front door (11)
entrer (dans) to enter, to go/come in (4)
l'**enveloppe** *f.* envelope (11)
épicé, -e spicy (14)
l'**épicerie** *f.* grocery (9)
l'**épicier** *m.,* l'**épicière** *f.* grocer (9)
les **épinards** *m.pl.* spinach (9)
l'**équipe** *f.* team (6)
l'**escalier** *m.* stairs, staircase (13)
l'**escargot** *m.* snail (14)
l'**Espagne** *f.* Spain (7)
espagnol, -e Spanish (7)
l'**espagnol** *m.* Spanish *(language)* (7)
l'**est** *m.* east (7)
   est-ce que? *signals a question* (1)
et and (E)
l'**étage** *m.* floor, story of a building (13)
les **Etats-Unis** *m.pl.* United States (7)
l'**été** *m.* summer (C)
   en — in the summer (5)
   tous les —s every summer (7)
l'**étoile** *f.* star (5)
étranger, -ère foreign (7)
   (partir) à l'étranger (to go) abroad (7)
l'**étranger** *m.,* l'**étrangère** *f.* foreigner (7)
être to be (2)
   — à to belong to (4)
   — en + *clothing* to be in (wearing) (3)
   nous sommes lundi, *etc.* it's Monday, etc. (C)
étroit, -e narrow (3)
étudier to study (E)
eu *past participle of* **avoir**
euh … er …, uh … (2)
l'**Europe** *f.* Europe (7)
eux *m.pl.* they; them (5)
évidemment obviously (15)
l'**examen** *m.* exam, test (B)
   passer un — to take a test (12)
   rater un — to fail a test (12)

l'examen (continued):
    réussir un — to pass a test (12)
  excellent, -e excellent (9)
  exemple: par — for example (10)
l'exercice *m.* exercise (11)
  expliquer to explain (11)

la face: en — de opposite, across
    from (4)
facile easy (7)
le facteur, la factrice letter carrier (13)
la faim: avoir — to be hungry (3)
  faire to make, to do (5)
    — de + *school subject* to take (11)
    See also individual nouns and
    adjectives that form expressions
    with **faire**
la famille family (2)
  fatigué, -e tired (6)
  fauché, -e broke (out of money)
    (10)
  faut: il — + *inf.* you must, we
    must *(do something)* (5)
la faute mistake (7)
  faux, fausse wrong, false (11)
  félicitations! congratulations! (10)
la femme wife (2); woman (3)
la fenêtre window (B)
la ferme farm (15)
  fermer to close; to turn off (6)
la feuille leaf (4)
    la — de papier piece of paper (B)
le feuilleton soap opera (6)
le feutre felt-tip pen (1)
  février *m.* February (C)
la fièvre fever (12)
    avoir de la — to have a fever (12)
la fille daughter (2)
    la — unique only child
      (daughter) (2)
    la jeune —, *pl.* **les jeunes —s**
      girl (2)
le film film, movie (E)
    le — policier detective movie (6)
le fils, *pl.* **les fils** son (2)
    le — unique only child (son) (2)
la fin end (15)
  finir to finish (6)
le flamand Flemish *(language)* (7)

la fleur flower (4)
le fleuve river (15)
la fois time (8)
    une — par … once a(n) …, one
      time per … (8)
la fontaine fountain (15)
le football (le foot) soccer (E)
    le — américain football (E)
  forme: être en — to be fit, to be in
    shape; to be well (12)
  formidable great, tremendous (2)
  fort, -e en good in (11)
la fourchette fork (14)
  frais, fraîche fresh (9)
    il fait frais it's cool out (5)
le franc franc (3)
  français, -e French (B;7)
le français French *(language)* (7)
la France France (7)
le frère brother (2)
  frisé, -e curly (12)
les frites *f.pl.* French fries (E)
  froid, -e cold (8)
    avoir — to be cold *(people)* (3)
    il fait — it's cold (5)
le fromage cheese (9)
la frontière border (7)
le fruit piece of fruit; *pl.* fruit (9)
    le jus de — fruit juice (8)

gagner to win (6)
le gant glove (5)
le garage garage (13)
le garçon boy (2); waiter (8)
  garder (un enfant) to babysit (13)
la gare railroad station (1)
le gâteau, *pl.* **les gâteaux** cake (9)
    le — d'anniversaire birthday
      cake (10)
la gauche: à — (de) to the left (of), on
    the left (2;4)
  geler to freeze (5)
    il gèle it's freezing (5)
  généreux, -euse generous (8)
les gens *m.pl.* people (9)
  gentil, -le nice, kind (12)
la géographie geography (11)
la géométrie geometry (11)
le gigot leg of lamb (9)

la glace ice cream (E); ice (5)
la gomme eraser (B)
la gorge throat (12)
    avoir mal à la — to have a sore
      throat (12)
  goûter à to taste (14)
  le goûter afternoon snack (8)
  grand, -e big, large, tall (3)
la grand-mère grandmother (2)
le grand-père grandfather (2)
les grands-parents *m.pl.* grandparents
    (2)
    gratuit, -e free (15)
    gris, -e gray (3)
    gros, grosse fat, large (6)
    grossir to gain weight (6)
le groupe group (10)
  guide *m.&f.* guide (15)
le guide guidebook (15)
la guitare guitar (10)
  gym: faire de la — to do
    gymnastics (12)
le gymnase gymnasium (11)
la gymnastique gymnastics (E)
    faire de la — to do gymnastics
      (5)

habiter (à) to live in/at (4)
    — dans + *house/apartment* to live
      in (4)
  habitude: d'— usually (6)
le*hamburger hamburger (E)
le*hamster hamster (13)
les*haricots verts *m.pl.* green beans (9)
l'heure *f.* o'clock (D); time (4); hour
    (6)
    à l'— on time (12)
    à quelle —? at what time? (4)
    de bonne — early (12)
    il est une — (deux —s, etc.) it's
      1:00 (2:00, etc.) (D)
    quelle — est-il? what time is it?
      (D)
    vous avez l'—? do you have the
      time? (4)
  heureusement fortunately (13)
  heureux, -euse happy (4)
  hier yesterday (8)
    — matin (après-midi, soir)

hier (continued):
    yesterday morning
    (afternoon, last evening) (8)
l'histoire f. history; story (11)
l'hiver m. winter (C)
    en — in the winter (5)
le*hockey hockey (5)
l'homme m. man (3)
l'hôpital, pl. **les hôpitaux** m.
    hospital (1)
horreur: quelle —! how awful! (15)
les*hors-d'œuvre m.pl. hors d'œuvres,
    appetizers (14)
le*hot-dog, pl. **les hot-dogs** hot dog
    (E)
l'hôtel m. hotel (1)
l'huile f. oil (14)
huit eight (C)
l'huître f. oyster (14)
hypocrite hypocritical (2)

ici here (2)
    d'— from around here (7)
l'idée f. idea (5)
  il he; it (1)
  ils m.pl. they (1)
  il y a there is, there are (3); + time
    ago (13)
    qu'est-ce qu'—? what is there?
    (6); what's the matter? (8)
l'immeuble m. apartment building
    (13)
impatient, -e impatient (13)
l'imperméable (l'imper) m. raincoat
    (5)
important, -e important (11)
impossible impossible (12)
inconnu, -e unknown (4)
incorrect, -e incorrect, wrong (11)
l'infirmerie f. infirmary; nurse's
    office (11)
l'infirmier m., **l'infirmière** f. nurse
    (12)
les informations f.pl. TV news (6)
inquiet, -iète worried (12)
l'instrument m. instrument (10)
    de quel — est-ce que tu joues?
    what instrument do you
    play? (10)
intelligent, -e intelligent (11)
intéressant, -e interesting (4)

l'interrogation (l'interro) f. quiz (11)
l'invitation f. invitation (10)
l'invité m., **l'invitée** f. guest (10)
  inviter to invite (10)
l'Italie f. Italy (7)
  italien, -ienne Italian (7)
l'italien m. Italian (language) (7)

jamais never (5)
  ne ... — never (12)
la jambe leg (12)
le jambon ham (9)
  janvier m. January (C)
le jardin garden (13)
le jardinage: faire du — to garden
    (13)
  jaune yellow (3)
le jazz jazz (10)
  je I (B;1)
le jean jeans (3)
le jeu, pl. **les jeux** game; game show
    (6)
  jeudi m. Thursday (C)
  jeune young (6)
    la — fille, pl. **les jeunes filles**
    girl (2)
  joli, -e pretty (2)
  jouer to play (5)
    — à to play (a game or sport) (5)
    — de to play (a musical
    instrument) (10)
le joueur, la joueuse player (6)
le jour day (C)
    faire — to get light (5)
    quel — sommes nous? what day
    is it? (C)
le journal, pl. **les journaux**
    newspaper (6)
la journée day (8)
  juillet m. July (C)
  juin m. June (C)
la jupe skirt (3)
le jus juice (8)
    le — de (d') ... ... juice (8)
  jusqu'à to, up to (4); until (8)

le kilo(gramme) kilo(gram) (9)

la (l') f. the (B); + measure per; a(n)
    (9); her; it (10)

  là there (2)
  -là: ce (cet), cette, ces + noun + **—**
    that (emphatic) (6)
  là-bas over there (1)
le laboratoire (le labo) laboratory
    (lab) (11)
    le — de langues language lab
    (11)
    le — de sciences science lab (11)
  laisser to leave (behind) (8)
le lait milk (E)
la laitue lettuce (9)
la langue language (7)
le lapin rabbit (13)
  large wide (3)
le (l') m. the (B); + measure per; a(n)
    (9); him; it (10)
    — + day on (day) (6)
la leçon lesson (8)
  léger, -ère light (weight) (15)
le légume vegetable (9)
  lent, -e slow (4)
  lentement slowly (7)
les lentilles (de contact) f.pl. contact
    lenses (12)
  les m.&f.pl. the (1); them (10)
la lessive: faire la — to do the
    laundry (13)
la lettre letter (11)
  leur to (for, from) them (11)
  leur, -s their (2)
  libre free, not busy (8)
  lire to read (E;11)
le litre liter (9)
le livre book (B)
    le — de poche paperback (10)
  loin de far from (4)
  long, longue long (3)
  longtemps (for) a long time (8)
  lourd, -e heavy (15)
  lui him; he (5); to (for, from) him,
    her (11)
  lundi m. Monday (C)
la lune moon (5)
les lunettes f.pl. glasses (12)
    les — de soleil sunglasses (15)
le Luxembourg Luxembourg (7)
  luxembourgeois, -e from
    Luxembourg (7)
le lycée high school (4)
le lycéen, la lycéenne high-school
    student (11)

ma my (2)

madame (Mme) Mrs., ma'am (A)

mademoiselle (Mlle) Miss (A)

le magasin store (3)

le magazine magazine (11)

le magnétophone tape recorder (1)

    le — à cassettes cassette player (1)

magnifique magnificent (15)

mai *m.* May (C)

maigre thin, skinny (6)

maigrir to lose weight (6)

le maillot de bain, *pl.* **les maillots de bain** bathing suit (5)

la main hand (12)

maintenant now (3)

mais but (E)

    — non of course not (2)

    — oui of course (2)

    — si! oh, yes! (5)

la maison house (1)

mal bad, awful (A); badly (6)

    aller — to be ill (12)

    avoir — à to have a sore …, to have a(n) … ache (12)

    où est-ce que tu as —? where does it hurt? (12)

malade sick (12)

malheureusement unfortunately (13)

maman Mom (2)

la Manche English Channel (7)

manger to eat (E)

    donner à — à to feed (13)

    quelque chose à — something to eat (13)

    la salle à — dining room (13)

le manteau, *pl.* **les manteaux** coat, overcoat (3)

le marchand, la marchande merchant, shopkeeper (9)

le marché market (9)

marcher to walk (12)

mardi *m.* Tuesday (C)

le mari husband (2)

marquer un but to score a goal (6)

marron brown (3)

mars *m.* March (C)

le match game, match (6)

    le — nul tie game (6)

les mathématiques (les maths) *f.pl.* math(ematics) (11)

la matière *(school)* subject (11)

le matin morning, in the morning (6)

    du — A.M., in the morning (6)

la matinée morning (8)

mauvais, -e bad (4)

    il fait — it's bad out (5)

me me; to (for, from) me (12)

méchant, -e mean, naughty (13)

le médecin doctor (12)

même same (8)

le ménage: faire le — to do housework (13)

le menu fixed-price meal (14)

la mer sea (7)

    la — Méditerranée Mediterranean Sea (7)

merci thank you (A)

mercredi *m.* Wednesday (C)

la mère mother (2)

mes *pl.* my (2)

messieurs-dames ladies and gentlemen (14)

mettre to put, to set, to place; to put on *(clothing)* (14)

    — le couvert to set the table (14)

mexicain, -e Mexican (7)

le Mexique Mexico (7)

midi noon (D)

mieux *adv.* better (6)

    aller — to be/feel better (12)

    faire de son — to do one's best (12)

mil thousand *(in dates)* (13)

mille thousand (3)

un million million (3)

la mine: avoir bonne (mauvaise) — to look well (ill) (12)

minérale: l'eau — *f.* mineral water (8)

minuit midnight (D)

la minute minute (6)

la mobylette (la mob) motorbike (4)

moche ugly (3)

la mode: à la — in style, stylish (3)

moi me *(for emphasis)* (B); I; me (5)

    — aussi me too (E)

    — non plus neither do I (E)

moins minus (5)

le mois month (C)

mon my (2)

le monde people (9)

    tout le — everybody (10)

la monnaie change (8)

monsieur (M.) Mr., sir (A)

le monsieur, *pl.* **les messieurs** man, gentleman (2)

    messieurs-dames ladies and gentlemen (14)

la montagne mountain (1)

monter to come/go up, to climb (13)

    — dans to get on *(a bus, plane, etc.);* to get in *(a car)* (13)

la montre watch (10)

montrer to show (10)

le monument monument (15)

le morceau, *pl.* **les morceaux** bit, piece (9)

mort, -e *past participle of* **mourir** (13)

le mot word (11)

la moto motorcyle (4)

    faire de la — to go motorcycle riding (5)

mourir to die (13)

la mousse au chocolat chocolate mousse (14)

la moutarde mustard (9)

le mouton sheep (15)

le musée museum (4)

la musique music (10)

nager to swim (12)

naître to be born (13)

la nappe tablecloth (14)

la nationalité nationality (7)

nautique: faire du ski — to water-ski (5)

ne:

    — … jamais never (12)

    — … pas not (1)

    — … personne not anyone, no one, nobody (12)

    — … plus no longer, not anymore (12)

    — … plus de not any more (of), no more (of) (9)

    — … que only (12)

    — … rien not anything, nothing (12)

né, -e *past participle of* **naître** (13)

la neige snow (5)

neiger to snow (5)

n'est-ce pas? isn't it?, aren't they?, don't I? etc. (1)

neuf nine (C)

le neveu, *pl.* **les neveux** nephew (2)

le nez nose (12)

la nièce niece (2)

Noël *m.* Christmas (7)

noir, -e black (3)

le nom name (B)

non no (A)

  mais — of course not (2)

  moi — plus neither do I (E)

le nord north (7)

le nord-est northeast (7)

le nord-ouest northwest (7)

nos *pl.* our (2)

la note grade (11)

notre our (2)

nous we (1); us (5); to (for, from) us (12)

nouveau (nouvel), nouvelle; *pl.* **nouveaux, nouvelles** new (6)

novembre *m.* November (C)

le nuage cloud (5)

la nuit night (5)

  bonne —! good night! (13)

  faire — to get dark (5)

nul, -le en no good in (11)

  match — tie game (6)

le numéro number (4)

obéir (à) to obey (6)

occupé, -e busy; occupied (8)

l'océan *m.* ocean (7)

  l'— Atlantique Atlantic Ocean (7)

  l'— Pacifique Pacific Ocean (7)

octobre October (C)

l'œil, *m.; pl.* **les yeux** eye (12)

l'œuf *m.* egg (8)

offrir (à) to give, to offer (10)

  — à + *person* + **de** + *inf.* to offer to do something for someone (10)

l'oignon *m.* onion (9)

l'oiseau, *m.; pl.* **les oiseaux** bird (13)

l'omelette *f.* omelette (8)

on we, people, they (1)

l'oncle *m.* uncle (2)

onze eleven (C)

l'opticien *m.,* **l'opticienne** *f.* optician (12)

orange orange (3)

l'orange *f.* orange (8)

l'orangeade *f.* orangeade (E)

l'oreille *f.* ear (12)

  avoir mal à l'— to have an earache (12)

  les boucles d'—s *f.pl.* earrings (10)

organiser to organize (10)

ou or (1)

où where (B;1)

  d'— from where (7)

oublier to forget (10)

  — de + *inf.* to forget (*to do something*) (10)

l'ouest *m.* west (7)

oui yes (A)

  mais — of course (2)

ouvrir to open (10)

le pain bread (9)

le pantalon pants, slacks (3)

papa Dad (2)

le papier paper (B)

  la feuille de — piece of paper (B)

par by, by way of (4)

  — exemple for example (10)

  — terre on the ground (13)

  une fois — ... once a(n) ..., one time per ... (8)

le parapluie umbrella (15)

le parc park (4)

parce que because (2)

pardon excuse me (4)

les parents *m.pl.* parents (2)

paresseux, -euse lazy (6)

parfait, -e perfect (10); great (14)

le parfum perfume (10)

parler to talk, to speak (E)

  — au téléphone to talk on the phone (E)

les paroles *f.pl.* words (*to a song*) (10)

la partie: faire — de to belong to (6)

partir to leave (7)

  — à l'étranger to go abroad (7)

pas not (A)

  ne ... — not (1)

  — du tout not at all (2;5)

passer to spend (*time*) (7); to pass (14)

  passe-moi pass me ... (14)

  — un examen to take a test (12)

le pâté pâté, loaf or spread of chopped meat (8)

patiemment patiently (15)

patient, -e patient (13)

la pâtisserie pastry; pastry shop (9)

le pâtissier, la pâtissière pastry cook; pastry shop owner (9)

pauvre poor (2)

le pays country (7)

la pêche peach (9)

la pellicule film (15)

la pelouse lawn (15)

pendant during (7); for (8)

  — que while (5)

penser to think (10)

  — à to think of/about (10)

  — de to think of, to have an opinion about (12)

  — que oui (non) to think so (not) (10)

perdre to lose (10)

le père father (2)

perm: être en — to be in study hall (11)

permanence: la salle de — study hall (11)

la personne person (15)

  ne ... — not anyone, no one, nobody (12)

  — ne ... no one, nobody (12)

petit, -e small, little, short (3)

  le — déjeuner breakfast (8)

  les —s pois *m.pl.* peas (9)

peu:

  — confortable uncomfortable (13)

  — de few, little (9)

  un — a little (E)

  un — de a little (bit) of (9)

la peur:

  avoir — (de) to be afraid (of) (3)

  faire — à to frighten, to scare (13)

peut-être maybe, perhaps (7)

peux *see* **pouvoir**

la **photo** photograph (2)

la **phrase** sentence (11)

physique: l'éducation — (et sportive) (l'E.P. S.) *f.* gym (11)

la **physique** physics (11)

le **piano** piano (10)

la **pièce** play (4); coin (8); room (13)

le **pied** foot (12)

   à — on foot (4)

la **piscine** swimming pool (1)

la **pizza** pizza (E)

le **placard** closet (13)

la **place** square, plaza (4)

la **plage** beach (1)

plaît: s'il te (vous) — please (B)

le **plat** dish; course (14)

   le **— principal** main course (14)

pleuvoir to rain (5)

   il pleut it's raining (5)

la **pluie** rain (5)

plus more, *adj/adv.* + -er (4)

   moi non — neither do I (E)

   ne ... plus no longer, not anymore (12)

   ne ... — de no more (of) (9)

   — ... que more ... than (5)

   — tard later (5)

plusieurs several (10)

la **poche:**

   l'argent de — *m.* spending money, allowance (10)

   le livre de — paperback (10)

le **poème** poem (11)

   point: à — medium *(meat)* (14)

la **poire** pear (9)

les **pois: les petits —** peas (9)

le **poisson fish** (9)

la **poissonnerie** fish market (9)

le **poissonnier, la poissonnière** fishmonger (9)

le **poivre** pepper (9)

poli, -e polite (2)

police: l'agent de — *m.&f.* police officer (4)

policier:

   le film — detective movie (6)

   le roman — detective novel (6)

poliment politely (15)

la **pomme** apple (8)

   la — de terre potato (9)

le **pont** bridge (4)

le **porc: le roti de —** pork roast (9)

la **porte** door (B)

le **portefeuille** wallet, billfold (10)

   porter to wear (5); to carry (15)

   poser une question to ask a question (11)

   possible possible (12)

   postal, -e: la carte —e post card (11)

la **poste** post office (1)

la **poule** hen (15)

le **poulet** chicken (9)

   le — provençal chicken provençale (14)

   pour for (3); + *inf.* in order to (4)

le **pourboire** tip (8)

pourquoi (pas)? why (not)? (2)

pouvoir to be able, can (12)

   je peux ...? may I ...? (12)

   pourriez-vous? could you? (15)

préféré, -e favorite (6)

préférer to prefer (9)

premier, -ière first (7;13)

   au — étage on (to) the second floor (13)

   le — + *month* the first of (C)

prendre to take; to have *(food or drink)* (8)

   — rendez-vous to make an appointment (12)

préparer to prepare (8)

près de near (4)

présent, -e present (12)

pressé: le citron — lemonade (E)

prêter (à) to lend (10)

prier: je vous (t')en prie you're welcome (4;10)

principal, -e; *pl.* **principaux, -ales** main (14)

le **principal, la principale** principal *(middle school)* (11)

le **printemps** spring (C)

   au — in the spring (5)

le **problème** problem (11)

prochain, -e next (5)

prof *m.&f.* teacher (B)

le **professeur** teacher (A)

la **salle des —s** teachers' lounge (11)

le **progrès: faire des —** to make progress, to improve (11)

le **projet** plan (15)

   promenade: faire une — to take a walk (15)

   promettre (à ... de ...) to promise *(someone to do something)* (14)

   prononcer to pronounce (11)

   proposer (à ... de ...) to suggest, to propose *(to someone to do something)* (15)

   propre clean (13)

   provençal, -e; *pl.* **provençaux, -ales** of (from) Provence (14)

la **province** province (7)

la **publicité (la pub)** ad, commercial (6)

le **pull** sweater (3)

quand when (5)

quarante forty (D)

le **quart:**

   le — d'heure quarter hour (6)

   time + **et —** quarter past (D)

   time + **moins le —** quarter to (D)

quatorze fourteen (C)

quatre four (C)

quatre-vingt-dix ninety (3)

quatre-vingts eighty (3)

quatrième fourth (13)

que than (5); that (11;15)

   ne ... — only (12)

   —? what? (15)

le **Québec** Quebec (7)

québécois, -e Quebecois, from Quebec (7)

quel, quelle what, which (C;6)

   — ...! what (a) ...! (6)

quelque chose something (8)

   — à manger (boire) something to eat (drink) (13)

quelquefois sometimes (5)

quelques a few, several (9)

quelqu'un someone (11)

qu'est-ce que? what? (15)

   — ça veut dire? what does that mean? (11)

qu'est-ce que? (continued):

— **c'est?** what is it? (B)

— **il y a?** what is there? (6); what's the matter? (8)

— **tu as?** what's the matter with you? (3)

qu'est-ce qui? what? (1;15)

— **ne vas pas?** what's wrong? (12)

la question question (11)

poser une — to ask a question (11)

qui who (1); whom (5)

à — ...? whose ...? to whom ...? (5)

— **est-ce?** who's that? (A)

— **est-ce que?** whom? (15)

— **est-ce qui?** who? (15)

la quiche lorraine quiche lorraine (14)

quinze fifteen (C)

quitter to leave (a person or place) (15)

quoi?! what?! (14)

à —? what? (6)

de —? (of) what? (9)

la radio radio (E)

la radio-cassette, pl. **les radio-cassettes** boom box (10)

raide straight (12)

le raisin grape (8)

la raison: avoir — to be right (3)

rapide fast, quick (4)

rater un examen to fail a test (12)

récent, -e recent (15)

reconnaître to recognize (15)

la récréation (la récré) break, recess (11)

refuser (de) to refuse (to) (14)

regarder to watch, to look at (E;2)

remercier (pour) to thank (for) (10)

le rendez-vous appointment (12)

avoir — to have an appointment (12)

prendre — to make an appointment (12)

rendre to return (something), to give back (10)

les renseignements m.pl. information (7)

rentrer to go/come back, to return, to go/come home (4)

le repas meal (7)

répondre (à) to answer, to reply (to) (10)

la réponse answer (11)

le restaurant restaurant (4)

rester to stay, to remain (4)

retard: en — late (12)

retourner to go back, to return (13)

réussir un examen to pass a test (12)

le rêve: faire de beaux —s to have sweet dreams (13)

revenir to come back, to return (13)

revoir: au **—** good-bye (A)

le rez-de-chaussée ground floor, main floor (13)

le rhume cold (12)

riche rich (2)

rien nothing (12)

de — don't mention it (10)

ne ... rien not anything, nothing (12)

— **ne ...** nothing (12)

le riz rice (9)

la robe dress (3)

le rock rock (music) (10)

le rôle role, part (4)

le roman novel (6)

le — policier detective novel (6)

le rosbif roast beef (9)

rose pink (3)

rosé: le vin — rosé wine (14)

le rôti (de porc/de veau) roast (pork/veal) (9)

rouge red (3)

rougir to blush (6)

la route road (15)

routier, -ière: la carte —ière road map (15)

roux, rousse redheaded (12)

la rue street (4)

sa his, her, its (2)

le sac purse (10); tote bag (15)

saignant, -e rare (meat) (14)

sais see **savoir**

la saison season (C)

en quelle —? in what season? (5)

la salade salad (14)

sale dirty (13)

la salle:

la — à manger dining room (13)

la — de bains bathroom (13)

la — de classe classroom (B)

la — de documentation school library (11)

la — de permanence study hall (11)

la — des professeurs teachers' lounge (11)

le salon living room (13)

salut hi; bye (A)

samedi m. Saturday (C)

le sandwich, pl. **les sandwichs** sandwich (E)

sans without (7;13)

la sauce sauce (14)

le saucisson sausage (9)

savoir to know, to know how (15)

je (ne) sais (pas) I (don't) know (B)

les sciences f.pl. science (11)

seize sixteen (C)

le sel salt (9)

la semaine week (C)

sent: ça — bon (mauvais)! that smells good (bad)! (14)

sept seven (C)

septembre m. September (C)

sérieux, -euse serious, conscientious (11)

le serveur, la serveuse waiter, waitress (8)

le service est compris the tip is included (8)

la serviette napkin (14)

servir to serve (7)

ses his, her, its (2)

le set placemat (14)

seul, -e alone (13)

seulement only (8)

sévère strict, stern (2)

le short shorts (5)

si yes (5); if (7); so (8)

s'il te (vous) plaît please (B)

si (*continued*):

mais —! oh, yes! (5)

le siècle century (15)

sincère sincere (2)

six six (C)

le ski ski (5)

faire du — to ski (5)

faire du — nautique to water-ski (5)

snob snobbish (2)

la sœur sister (2)

la soif: avoir — to be thirsty (3)

le soir evening, in the evening (6)

ce — tonight (6)

du — P.M., in the evening (6)

la soirée evening (8)

bonne — have a nice evening (13)

sois! be + *adj.!* (2)

ne — pas + *adj.* don't be + adj. (3)

soixante sixty (D)

soixante-dix seventy (D;3)

le soleil sun (5)

il fait du — it's sunny (5)

les lunettes de — *f.pl.* sunglasses (15)

le sommeil: avoir — to be sleepy (3)

sommes:

nous — + *day* it's + *day* (C)

quel jour —-nous? what day is it? (C)

son his, her, its (2)

sonner: ça sonne the bell's ringing (11)

la sortie exit (15)

sortir to go out (7)

la soucoupe saucer (14)

le sourire smile (12)

sous under (1)

le souvenir souvenir (15)

souvent often (5)

le spectateur, la spectatrice spectator (6)

le sport:

faire du — to play sports (6)

le terrain de — playing field (6)

sportif, -ive athletic (6)

l'éducation physique (et sportive) (l'E.P. S.) *f.* gym (11)

le stade stadium (4)

la statue statue (15)

le stylo pen (1)

le sucre sugar (8)

le sud south (7)

le sud-est southeast (7)

le sud-ouest southwest (7)

suisse Swiss (7)

la Suisse Switzerland (7)

suite: tout de — right away, immediately (8)

super great (2)

le supermarché supermarket (9)

sur on (1)

— la photo in the photograph (2)

sûr, -e sure (15)

bien — of course, certainly (5)

surtout especially (10)

— pas! absolutely not! (10)

sympathique (sympa) nice, likable (2)

ta your (2)

la table table (1)

le tableau, *pl.* **les tableaux** chalkboard (B)

la tante aunt (2)

tard: plus — later (5)

la tarte pie (9)

la — aux pommes apple pie (9)

la tartine piece of bread and butter (8)

la tasse cup (14)

le taxi taxi (4)

te you; to (for, from) you (12)

le tee-shirt T-shirt (3)

la télé television, TV (E)

le téléphone phone (E)

parler au — to talk on the phone (E)

téléphoner (à) to phone (9)

le temps weather (5); time (8)

ça prend combien de — pour …? how long does it take to …? (14)

l'emploi du — *m.* class schedule (11)

(ne pas) avoir le — de + *inf.* to (not) have the time to (*do something*) (8)

(pour) combien de —? (for) how long? (7)

prendre du — to take time (14)

quel — fait-il? what's the weather like? (5)

le tennis tennis (E); tennis shoe (3)

le terrain de sport playing field (6)

la terrasse (d'un café) sidewalk café (8)

terre:

la pomme de —, *pl.* **les pommes de —** potato (9)

par — on the ground (13)

tes *pl.* your (2)

la tête head (12)

avoir mal à la — to have a headache (12)

le thé tea (E)

le théâtre theater (4)

tiens! say! well!; here you go!; take this! (10)

le timbre stamp (11)

timide shy (2)

toi you (A;5)

les toilettes *f.pl.* restroom, toilet (13)

la tomate tomato (9)

tomber to fall (13)

ton your (2)

tort: avoir — to be wrong (3)

toujours always (3); still (6)

la tour tower (15)

le tourisme:

le bureau de — tourist office (15)

faire du — to sightsee (15)

touriste *m.&f.* tourist (4)

le tourne-disque record player (10)

le tournedos (*meat*) filet (14)

tourner to turn (4)

tout all (9); everything (12)

pas du — not at all (2;5)

— à coup suddenly (15)

— de suite right away (8)

— droit straight ahead (4)

tout, -e; *pl.* **tous, toutes** all, every (6;8)

— le monde everybody (10)

le train train (4)

la tranche slice (9)

le travail work (13)

travailler to work (E)

traverser to cross (4)
treize thirteen (C)
trente thirty (C)
très very (A)
triste sad (2)
trois three (C)
troisième third (13)
trop too (3)
  — (de) too much, too many (9)
trouver to find (9)
  se — to be located (7)
tu you (1)

un, une a, an (B); one (C)
unique only (2)
l'usine *f.* factory (1)

va:
  ça — (bien) things are OK (A)
  ça —? how's it going? (A)
  ça — mal things are awful (A)
les vacances *f.pl.* vacation (7)
  en — on vacation (7)
  la colonie de — summer camp (15)
la vache cow (15)
la vaisselle: faire la — to do the dishes (13)
la valise suitcase (15)
  vanille: à la — *(made with)* vanilla (14)
le veau:
  la blanquette de — veal stew (14)
  la rôti de — veal roast (9)
le vélo bicycle (4)
  faire du — to go bike riding (5)
le vendeur, la vendeuse salesperson (3)

vendre to sell (10)
vendredi *m.* Friday (C)
venir to come (13)
  — de + *inf.* to have just *(done something)* (13)
le vent wind (5)
  il fait du — it's windy (5)
la vérité truth (11)
le verre glass (14)
  vers toward; around (6)
  vert, -e green (3)
  les*haricots —s green beans (9)
les vêtements *m.pl.* clothing (3)
veux/veut *see* **vouloir**
la viande meat (9)
  vieux (vieil), vieille; *pl.* **vieux, vieilles** old (6)
le village village (13)
la ville city, town (1)
  en — downtown, to town (1)
le vin wine (14)
  le coq au — chicken cooked in wine (14)
  le — blanc (rouge, rosé) white (red, rosé) wine (14)
le vinaigre vinegar (14)
la vinaigrette oil and vinegar dressing (14)
  vingt twenty (C)
  violet, violette purple (3)
la visite visit (15)
  faire une — (à) to visit *(someone)* (5)
visiter to visit *(a place)* (15)
vite hurry! (1); fast, quickly (7)
voici here is, here are (B)
voilà there is, there are (B)
la voile:
  faire de la — to go sailing (5)
  le bateau à —s sailboat (5)
voir to see (15)

le voisin, la voisine neighbor (2)
la voiture car (4)
le volleyball (le volley) volleyball (E)
vos *pl.* your (2)
votre your (2)
vouloir to want (12)
  je voudrais I'd like (12)
  nous voudrions we'd like (12)
  qu'est-ce que ça veut dire? what does that mean? (11)
  si tu veux if you wish (12)
  — bien to be willing (12)
vous you (A;1;5); to (for, from) you (12)
le voyage trip (5)
  l'agence *f.* **de —s** travel agency (7)
  bon —! have a nice trip (15)
  faire un — to take a trip (5)
vrai, -e true (11)
vraiment really, truly (7)
la vue (sur) view (of) (15)

le week-end weekend (12)
le western western *(movie)* (6)

y there; (to) it (11)
  il y a there is, there are (3)
  il y a + *time* ago (13)
le yaourt yogurt (9)
les yeux *see* **œil**
  avoir les — ... to have ... eyes (12)

zéro *m.* zero (C)
zut! darn!, rats! (5)

ENGLISH-FRENCH VOCABULARY

The *English-French Vocabulary* contains all active vocabulary from the text.

A dash (—) represents the main entry word. For example, **to — out** following **go** means **to go out.** An asterisk before a word that begins with an *h* denotes an aspirate *h.*

The number following each entry indicates the chapter in which the word or expression is first introduced. Two numbers indicate that it is introduced in one chapter and elaborated upon in a later chapter. A letter following an entry refers to the *En Route* sections. The following abbreviations are used: *adj.* (adjective), *f.* (feminine), *inf.* (infinitive), *m.* (masculine), *part.* (participle), *pl.* (plural), and *pron.* (pronoun).

a, an un, une (B); + *measure* le, la (9)
able: to be — pouvoir (12)
abroad à l'étranger (7)
   to go — partir à l'étranger (7)
absent absent, -e (12)
absolutely not surtout pas (10)
accent l'accent *m.* (7)
   without an — sans accent (7)
to **accompany** accompagner (9)
according to d'après (10)
ache: to have a back—, **ear**—, etc. avoir mal au dos, aux oreilles, etc. (12)
acquainted: to be — **with** connaître (15)
across from en face de (4)
actor l'acteur *m.* (4)
actress l'actrice *f.* (4)
ad la publicité (la pub) (6)
address l'adresse *f.* (4)
   what is your —? quelle est ton adresse? (4)
adorable adorable (2)
afraid: to be — **(of)** avoir peur (de) (3)
after après (4)
afternoon l'après-midi *m.* (6)
   in the — (de) l'après-midi (6)
afterward ensuite (8)

again encore (14)
ago il y a + *time* (13)
ahead: straight — tout droit (4)
airplane l'avion *m.* (7)
airport l'aéroport *m.* (1)
algebra l'algèbre *f.* (11)
all *adj.* tout, -e, *(pl.)* tous, toutes (8); *pron.* tout (9;12)
   it's — **the same to me** ça m'est égal (12)
   not at — pas du tout (2;5)
   that's — c'est tout (9)
allowance l'argent de poche *m.* (10)
alone seul, -e (13)
already déjà (8)
also aussi (E)
always toujours (3)
A.M. du matin (6)
America l'Amérique *f.* (7)
   North — l'Amérique du Nord (7)
American américain, -e (1;7)
amusing amusant, -e (10)
an un, une (B)
and et (E)
   — **you?** et toi? et vous? (A)
animal l'animal, *pl.* les animaux *m.* (13); la bête (13)
to **annoy** embêter (13)
answer la réponse (11)
to **answer** répondre (à) (10)

any des (1;8) *(after negative)* de (3); en (14)
anybody: not — ne … personne (12)
anymore: not — ne … plus (12)
anything: not — ne … rien (12)
apartment l'appartement *m.* (4)
   — **building** l'immeuble *m.* (13)
appetizers les*hors-d'œuvre *m.pl.* (14)
to **applaud** applaudir (6)
apple la pomme (8)
   — **pie** la tarte aux pommes (9)
appointment le rendez-vous (12)
   to have an — avoir rendez-vous (12)
   to make an — prendre rendez-vous (12)
April avril *m.* (C)
arm le bras (12)
around vers (6)
to **arrange** organiser (10)
to **arrive** arriver (4)
   as a(n) comme (10)
to **ask (for)** demander (4)
   to — **a question** poser une question (11)
   to — **someone (for)** demander à (4)
at à; chez (1)

at (continued):
   — **last** enfin (8)
athletic sportif, -ive (6)
Atlantic Ocean l'océan *m.* Atlantique (7)
to **attend** assister à (11)
attendance: to take — faire l'appel (12)
attention: to pay — (to) faire attention (à) (14)
August août *m.* (C)
aunt la tante (2)
autumn l'automne *m.* (C)
   in — en automne (5)
away: right — tout de suite (8)
awful:
   how —! quelle horreur! (15)
   things are — ça va mal (A)

to **babysit** garder (un enfant) (13)
back le dos (12)
   to have a —ache avoir mal au dos (12)
back: to give — rendre (10)
bad *adv.* mal (A); *adj.* mauvais, -e (4)
   it's — weather out il fait mauvais (5)
   that's too — c'est dommage (3)
bag le sac (15)
baker le boulanger, la boulangère (9)
bakery la boulangerie (9)
ball la balle (6); *(inflated)* le ballon (6)
bank la banque (1)
baseball le baseball (E)
basketball le basketball (le basket) (E)
bathing suit le maillot de bain, *pl.* les maillots de bain (5)
bathroom la salle de bains (13)
to **be** être (2); *(located)* se trouver (7)
beach la plage (1)
beans: green — les*haricots verts *m.pl.* (9)
beautiful beau (bel), belle; *pl.* beaux, belles (6)
because parce que (2)
to **become** devenir (13)

bedroom la chambre à coucher (13)
beef:
   — **burgundy** le bœuf bourguignon (14)
   roast — le rosbif (9)
beer la bière (8)
before avant (6)
to **begin (to)** commencer (à) (5)
beginning le commencement (15)
behind derrière (1)
Belgian belge (7)
Belgium la Belgique (7)
bell: the — is ringing ça sonne (11)
to **belong to** être à (4); faire partie de (6)
belt la ceinture (10)
beside à côté de (2)
best: to do one's — faire de son mieux (12)
better *adv.* mieux (6)
   to be/feel — aller mieux (12)
between entre (4)
beverage la boisson (8)
bicycle le vélo (4)
   to go bicycling faire du vélo (5)
big grand, -e (3)
bike see **bicycle**
bill: *(check)* l'addition *f.* (8); *(money)* le billet (8)
billfold le portefeuille (10)
biology la biologie (11)
bird l'oiseau *m.; pl.* les oiseaux (13)
birthday l'anniversaire *m.* (3)
   — **cake** le gâteau d'anniversaire (10)
   happy —! bon anniversaire! (10)
bit le morceau, *pl.* les morceaux (9)
   a little — of un peu de (9)
black noir, -e (3)
blackboard le tableau, *pl.* les tableaux (B)
blond blond, -e (12)
blouse le chemisier (3)
blue bleu, -e (3)
to **blush** rougir (6)
boat le bateau, *pl.* les bateaux (5)
   to go —ing faire du bateau (5)
body le corps (12)
book le livre (B)
boom box la radio-cassette, *pl.* les radio-cassettes (10)

boot la botte (3)
   ski — la chaussure de ski, *pl.* les chaussures de ski (5)
border la frontière (7)
bored: I'm — je m'ennuie (4)
boring ennuyeux, -euse (4)
born né, -e *(past part. of* naître) (13)
   to be — naître (13)
to **borrow (from)** emprunter (à) (10)
to **bother** embêter (13)
bottle la bouteille (8)
bouillabaisse la bouillabaisse (14)
box la boîte (1)
boy le garçon (2)
bracelet le bracelet (10)
bravo! bravo! (6)
bread le pain (9)
   loaf of French — la baguette (9)
   piece of — and butter la tartine (8)
break *(rest)* la récréation (la récré) (11)
to **break** casser (14)
breakfast le petit déjeuner (8)
bridge le pont (4)
to **bring** apporter (6)
broke *(out of money)* fauché, -e (10)
brother le frère (2)
brown marron (3); brun, -e (12)
building le bâtiment (15)
bus l'autobus, *pl.* les autobus (le bus) *m.* (4)
   tour — le car (15)
busy occupé, -e (8)
   not — libre (8)
but mais (E)
butcher le boucher, la bouchère (9)
   — **shop** la boucherie (9)
butter le beurre (9)
to **buy** acheter (9)
by par (4); en + *vehicle* (4)
bye (good-bye) salut (A)

café le café (4)
   sidewalk — la terrasse d'un café (8)
cafeteria la cantine (11)
cake le gateau, *pl.* les gateaux (9)

cake *(continued)*:
   birthday — le gâteau d'anniversaire (10)
calendar le calendrier (C)
to call *(on the phone)* téléphoner (à) (9)
calm calme (12)
camera l'appareil (de photo) *m.* (15)
camp: summer — la colonie de vacances (15)
to camp faire du camping (15)
can pouvoir (12)
Canada le Canada (7)
Canadian canadien, -ienne (1;7)
candy les bonbons *m.pl.* (10)
car la voiture (4)
caramel custard la crème caramel (14)
cards les cartes *f.pl.* (6)
   to play — jouer aux cartes (6)
caretaker le/la concierge (13)
carrot la carotte (9)
to carry porter (15)
carte: à la — à la carte (14)
cartoon *(film)* le dessin animé (6)
cassette la cassette (1)
   — player le magnétophone à cassettes (1)
castle le château, *pl.* les châteaux (15)
cat le chat (13)
centime le centime (8)
century le siècle (15)
certainly bien sûr (5)
chair la chaise (B)
chalk la craie (B)
chalkboard le tableau, *pl.* les tableaux (B)
change la monnaie (8)
chapter le chapitre (11)
charming charmant, -e (13)
château le château, *pl.* les châteaux (15)
check l'addition *f.* (8)
checkers les dames *f.pl.* (6)
   to play — jouer aux dames (6)
cheese le fromage (9)
   grilled ham and — le croque-monsieur, *pl.* les croque-monsieur (E)

chemistry la chimie (11)
chess les échecs *m.pl.* (6)
   to play — jouer aux échecs (6)
chicken le poulet (9)
   — cooked in wine le coq au vin (14)
   — provençale le poulet provençal (14)
child l'enfant *m.&f.* (2)
chocolate le chocolat (9); *(made with)* au chocolat (14)
   — mousse la mousse au chocolat (14)
   hot — le chocolat chaud (8)
choice le choix (6)
to choose choisir (6)
Christmas Noël *m.* (7)
church l'église *f.* (1)
city la ville (1)
class le cours (4)
   after — après les cours (4)
   — schedule l'emploi du temps *m.* (11)
   to go to *(subject)* **—** aller en cours de (11)
classical classique (10)
classmate le/la camarade de classe (2)
classroom la salle de classe, *pl.* les salles de classe (B)
clean propre (13)
to clear the table débarrasser la table (14)
to climb monter (13)
to close fermer (6)
closet le placard (13)
clothing les vêtements *m.pl.* (3)
cloud le nuage (5)
cloudy: it's — le ciel est couvert (5)
coat le manteau, *pl.* les manteaux (3)
coffee le café (E)
   — with cream le café crème (8)
coin la pièce (8)
cold froid, -e (8); le rhume (12)
   — cuts la charcuterie (9)
   it's — out il fait froid (5)
   to be — *(people)* avoir froid (3)
color la couleur (3)
   what —? de quelle couleur? (3)
to come venir (13)

oh, — on! ça alors! (12)
   that —s to how much? ça fait combien? (8)
to — back rentrer (4); revenir (13)
to — down descendre (13)
to — in entrer (dans) (4)
to — up monter (13)
comfortable confortable (13)
comic strip la bande dessinée (la B.D., *pl.* les B.D.) (6)
commercial la publicité (la pub) (6)
concert le concert (4)
congratulations! félicitations! (10)
conscientious sérieux, -euse (11)
contact lenses les lentilles (de contact) *f.pl.* (12)
to continue (to) continuer (à) (4)
contrary: on the — au contraire (2)
to cook faire la cuisine (13)
cooking la cuisine (14)
cool: it's — out il fait frais (5)
coq au vin le coq au vin (14)
corner le coin (4)
correct correct, -e (11)
to correct corriger (11)
to correspond correspondre (11)
corridor le couloir (11)
to cost coûter (3)
could you? pourriez-vous? (15)
to count compter (C)
country la campagne (1); le pays (7)
course *(school)* le cours (4)
   main — le plat principal (14)
   of — mais oui (2); bien sûr (5)
   of — not mais non (2)
courtyard la cour (11)
cousin le cousin, la cousine (2)
cow la vache (15)
crazy: I'm — about j'adore (E)
cream la crème (9)
   coffee with — le café crème (8)
crêpe la crêpe (14)
crescent roll le croissant (9)
to cross traverser (4)
cup la tasse (14)
curly frisé, -e (12)
custard: caramel — la crème caramel (14)
custodian le/la concierge (13)
customer le client, la cliente (9)

Dad papa (2)

dairy:
  — **merchant** le crémier, la crémière (9)
  — **store** la crémerie (9)

to **dance** danser (E)

dark *(hair)* brun, -e (12)
  to get — faire nuit (5)

darn! zut! (5)

date la date (C)
  what's the —? quelle est la date? (C)

daughter la fille (2)

day le jour (C); la journée (8)
  it's —**light** il fait jour (5)
  what — **is it?** quel jour sommes-nous? (C)

dead mort, -e *(past part. of* mourir) (13)

December décembre *m.* (C)

to **decide (to)** décider (de) (14)

degrees: it's (minus) … — il fait (moins) … degrés (5)

delicatessen la charcuterie (9)
  — **owner** le charcutier, la charcutière (9)

delicious délicieux, -euse (14)

delightful adorable (2)

dentist le/la dentiste (12)

to **descend (from)** descendre (de) (13)

desk le bureau, *pl.* les bureaux (B)

dessert le dessert (14)

detective:
  — **film** le film policier (6)
  — **novel** le roman policier (6)

to **die** mourir (13)

difficult difficile (7)

dining room la salle à manger (13)

dinner le dîner (8)
  to have — dîner (8)

dirty sale (13)

disagreeable désagréable (2)

dish le plat (14)
  — **of ice cream** la coupe de glace (14)
  to do the —**es** faire la vaisselle (13)

to **disobey** désobéir à (6)

to **do** faire (5)

doctor le médecin (12)

documentary le documentaire (6)

dog le chien (13)

door la porte (B)

down: to come/go — descendre (13)

downtown en ville (1)

dozen la douzaine (de) (9)

to **draw** dessiner (15)

drawing le dessin (11)

dream: to have sweet —**s** faire de beaux rêves (13)

dress la robe (3)

dressing: oil and vinegar — la vinaigrette (14)

drink la boisson (8)
  to give something to — **to** donner à boire à (13)
  something to — quelque chose à boire (13)

duck le canard (15)

dumb bête (2)

during pendant (7)

each chaque (9)

ear l'oreille *f.* (12)
  to have an —**ache** avoir mal à l'oreille (12)

early de bonne heure (12)

earrings les boucles d'oreilles *f.pl.* (10)

east l'est *m.* (7)

easy facile (7)

to **eat** manger (E)
  something to — quelque chose à manger (13)

egg l'œuf *m.* (8)

egotistical égoïste (2)

eight huit (C)

eighteen dix-huit (C)

eighty quatre-vingts (3)

elegant chic (3)

eleven onze (C)

employee l'employé *m.,* l'employée *f.* (7)

end la fin (15)

energetic énergique (6)

England l'Angleterre *f.* (7)

English anglais, -e (7); *(language)* l'anglais *m.* (7)

English Channel La Manche (7)

enjoy:
  — **your meal** bon appétit! (14)
  — **your trip** bon voyage (15)

enjoyable amusant, -e (10)

enough assez + *adj.* (8); assez de (9)

to **enter** entrer (dans) (4)

entrance l'entrée *f.* (11)

envelope l'enveloppe *f.* (11)

er … euh … (2)

eraser la gomme (B)

especially surtout (10)

Europe l'Europe *f.* (7)

evening le soir (6); la soirée (8)
  good — bonsoir (13)
  have a nice — bonne soirée (13)
  in the — le soir; *time* + du soir (6)
  last — hier soir (8)

ever déjà (15)

every tous les, toutes les (8); chaque (9)
  — **day (morning, evening)** tous les jours (matins, soirs) (6)

everybody tout le monde (10)

everything tout (12)
  —**'s fine** ça va bien (A)

exam l'examen *m.* (B)
  to fail an — rater un examen (12)
  to pass an — réussir un examen (12)
  to take an — passer un examen (12)

example: for — par exemple (10)

excellent excellent, -e (9)

excuse me pardon (4)

exercise l'exercice *m.* (11)

exit la sortie (15)

expensive cher, chère (3)
  that's (not) — ça (ne) coûte (pas) cher (3)

to **explain** expliquer (11)

eye l'œil *m.*; *pl.* les yeux (12)
  to have … — avoir les yeux … (12)

eyeglasses les lunettes *f.pl.* (12)

fact: as a matter of — en effet (15)

factory l'usine *f.* (1)

to fail a test rater un examen (12)
fall l'automne *m.* (C)
   in the — en automne (5)
to fall tomber (13)
false faux, fausse (11)
familiar: to be — with connaître (15)
family la famille (2)
famous célèbre (4)
far from loin de (4)
farm la ferme (15)
farmer l'agriculteur *m.*, l'agricultrice *f.* (15)
fast rapide (4); vite (7)
fat gros, grosse (6)
   to get — grossir (6)
father le père (2)
favorite préféré, -e (6)
February février *m.* (C)
to feed donner à manger à (13)
to feel well (ill, better) aller bien (mal, mieux) (12)
felt-tip pen le feutre (1)
fever la fièvre (12)
   to have a — avoir de la fièvre (12)
few peu de (9)
   a — quelques (9)
field le champ (15)
   playing — le terrain de sport (6)
fifteen quinze (C)
   time + **—** heure(s) et quart (D)
fifth cinquième (13)
fifty (51, 52, etc.) cinquante (cinquante et un, cinquante-deux, etc.) (D)
filet *(meat)* le tournedos (14)
film le film (E); la pellicule (15)
   detective — le film policier (6)
finally enfin (8)
to find trouver (9)
fine beau (bel), belle; *pl.* beaux, belles (6)
   things are — ça va bien (A)
to finish finir (6)
first premier, -ière (7); *adv.* d'abord (8)
   at — d'abord (8)
   the — of le premier + *month* (C)
fish le poisson (9)
   — market la poissonnerie (9)

— stew la bouillabaisse (14)
fishmonger le poissonnier, la poissonnière (9)
fit: to be — être en forme (12)
five cinq (C)
fixed-price meal le menu (14)
flag le drapeau, *pl.* les drapeaux (1)
Flemish *(language)* le flamand (7)
floor *(of a building)* l'étage *m.* (13)
   ground (main) — le rez-de-chaussée (13)
   on the second (third, etc.) — au premier (deuxième, etc.) étage (13)
flower la fleur (4)
fond: to be — of aimer bien (E)
foot le pied (12)
   on — à pied (4)
football le football américain (E)
for pour (3); pendant (8)
   — a(n) comme (10)
   — example par exemple (10)
foreign étranger, -ère (7)
foreigner l'étranger *m.*, l'étrangère *f.* (7)
to forget (to) oublier (de) (10)
fork la fourchette (14)
fortunately heureusement (13)
forty (41, 42, etc.) quarante (quarante et un, quarante-deux, etc.) (D)
fountain la fontaine (15)
four quatre (C)
fourteen quatorze (C)
fourth quatrième (13)
franc le franc (3)
France la France (7)
free libre (8); gratuit, -e (15)
to freeze geler (5)
   it's freezing il gèle (5)
French français, -e (1;7); *(language)* le français (7)
   in — en français (B)
French fries les frites *f.pl.* (E)
fresh frais, fraîche (9)
Friday vendredi *m.* (C)
friend l'ami *m.*, l'amie *f.* (2); le copain, la copine (2)
to frighten faire peur à (13)
from de (d') (C;4)

front:
   — door l'entrée *f.* (11)
   in — of devant (1)
fruit les fruits *m.pl.* (9); *(piece of)* le fruit (9)
   — juice le jus de fruit, *pl.* les jus de fruit (8)
funny drôle (2); amusant, -e (10)

to gain weight grossir (6)
game le jeu, *pl.* les jeux (6); le match (6)
   — show le jeu, *pl.* les jeux (6)
garage le garage (13)
garden le jardin (13)
to garden faire du jardinage (13)
garlic l'ail *m.* (14)
generous généreux, -euse (8)
gentleman le monsieur, *pl.* les messieurs (2)
   ladies and gentlemen messieurs-dames (14)
geography la géographie (11)
geometry la géométrie (11)
German allemand, -e (7); *(language)* l'allemand *m.* (7)
Germany l'Allemagne *f.* (7)
to get:
   let's — going! allons-y! (1)
   to — in *(a car)* monter dans (13)
   to — off (of) *(a bus, plane, etc.)* descendre de (13)
   to — on *(a bus, plane, etc.)* monter dans (13)
   to get out of *(a car)* descendre de (13)
gift le cadeau, *pl.* les cadeaux (10)
girl la jeune fille, *pl.* les jeunes filles (2)
to give (to) donner à (4); offrir à (10)
   to — back rendre (à) (10)
   to — something to drink to donner à boire à (13)
glass le verre (14)
glasses les lunettes *f.pl.* (12)
glove le gant (5)
to go aller (1)
   here you —! tiens! (10)
   how's it —ing? ça va? (A)

to go (*continued*):

let's —! allons-y! (1)

to be —**ing to** (*do something*) aller + *inf.* (5)

to — **back** rentrer (4); retourner (13)

to — **down** descendre (13)

to — **in** entrer (dans) (4)

to — **out** sortir (7)

to — **to** (*subject*) **class** aller en cours de (11)

to — **up** monter (13)

to — **with** accompagner (9)

goal le but (6)

to score a — marquer un but (6)

goat la chèvre (15)

good bon, bonne (4)

— **evening** bonsoir (13)

— **in** fort, -e en (11)

— **morning** bonjour (A)

no — **in** nul, -le en (11)

good-bye salut; au revoir (A)

grade la note (11)

grandfather le grand-père (2)

grandmother la grand-mère (2)

grandparents les grands-parents (2)

grape le raisin (8)

gray gris, -e (3)

great super (2); formidable (2); chic! (3); parfait (14)

green vert, -e (3)

— **beans** les*haricots verts *m.pl.* (9)

grilled ham and cheese le croque-monsieur, *pl.* les croque-monsieur (E)

grocer l'épicier *m.*, l'épicière *f.* (9)

grocery store l'épicerie *f.* (9)

ground:

— **floor** le rez-de-chaussée (13)

on the — par terre (13)

group le groupe (10)

to guess deviner (10)

guest l'invité *m.*, l'invitée *f.* (10)

guide le/la guide (15)

guidebook le guide (15)

guitar la guitare (10)

gym l'éducation physique (et sportive) (l'E.P. S.) *f.* (11)

gym(nasium) le gymnase (11)

gymnastics la gymnastique (E)

to do — faire de la gym(nastique) (5;12)

hair les cheveux *m.pl.* (12)

to have ... —- avoir les cheveux ... (12)

half:

— **hour** la demi-heure (6)

— **past** *time* + et demi(e) (D)

hall le couloir (11)

ham le jambon (9)

grilled — **and cheese** le croque-monsieur, *pl.* les croque-monsieur (E)

hamburger le*hamburger (E)

hamster le*hamster (13)

hand la main (12)

handsome beau (bel), belle; *pl.* beaux, belles (6)

happy heureux, -euse (4); content, -e (8)

— **birthday!** bon anniversaire! (10)

hard difficile (7)

hat le chapeau, *pl.* les chapeaux (5)

to hate: I hate je déteste (E)

to have avoir (3); (*food or drink*) prendre (8)

to — **just** (*done something*) venir de + *inf.* (13)

to — **to** il faut (5)

he il (1); lui (5)

head la tête (12)

to have a —**ache** avoir mal à la tête (12)

to hear entendre (10)

heavy lourd, -e (15)

hello bonjour (A); (*in the evening*) bonsoir (13)

to help aider (13)

may I — **you?** vous désirez? (9)

hen la poule (15)

her son, sa, ses (2); elle (5); la (l') (10)

to (for, from) — lui (11)

here ici (2)

from (around) — d'ici (7)

— **is (are)** voici (B)

— **you go!** tiens! (10)

hi salut (A)

to hide cacher (10)

high school le lycée (4)

— **student** le lycéen, la lycéenne (11)

him lui (5); le (l') (10)

to (for, from) — lui (11)

his son, sa, ses (2)

history l'histoire *f.* (11)

hockey le*hockey (5)

home:

at — chez (moi, toi, etc.) (1;5)

to (at) ...'s — chez (1)

to come — rentrer (4)

homework les devoirs *m.pl.* (1)

to do — faire ses devoirs (5)

hors d'œuvres les*hors-d'œuvre *m.pl.* (14)

horse le cheval, *pl.* les chevaux (13)

hospital l'hôpital, *pl.* les hôpitaux *m.* (1)

hot chaud, -e (8)

it's — **out** il fait chaud (5)

to be — (*people*) avoir chaud (3)

hot dog le*hot-dog (E)

hotel l'hôtel *m.* (1)

hour l'heure *f.* (6)

half — la demi-heure (6)

house la maison (1)

at (to) someone's — chez (1)

housework: to do — faire le ménage (13)

how comment (4)

(for) — **long?** (pour) combien de temps? (7)

— **are things?** ça va? (A)

— **are you?** comment allez-vous? (A); comment vas-tu? (12)

— **much (many?)** combien (de)? (3)

— **much time does it take to ...?** ça prend combien de temps pour ...? (14)

— **old are you?** tu as quel âge? (3)

that comes to — **much?** ça fait combien? (8)

hundred cent (3)

hungry: to be — avoir faim (3)

hurry! vite! (1)

to hurt avoir mal à (12)

to hurt (continued):
  where does it —? où est-ce que tu as mal? (12)
husband le mari (2)
hush! chut! (14)
hypocritical hypocrite (2)

I je (B;1); moi (5)
ice la glace (5)
ice cream la glace (E)
  dish of — la coupe de glace (14)
idea l'idée f. (5)
if si (7)
ill:
  to be/feel — aller mal (12)
  to look — avoir mauvaise mine (12)
immediately tout de suite (8)
impatient impatient, -e (13)
important important, -e (11)
impossible impossible (12)
to improve faire des progrès (11)
  in en (B;5;7) dans; à (1)
  — + time dans (5); en (14)
  — order to pour + inf. (4)
  — the photograph sur la photo (2)
included: the tip is — le service est compris (8)
incorrect incorrect, -e (11)
indeed en effet (15)
inexpensive: that's — ça ne coûte pas cher (3)
infirmary l'infirmerie f. (11)
information les renseignements m.pl. (7)
instrument l'instrument m. (10)
  what — do you play? de quel instrument est-ce que tu joues? (10)
intelligent intelligent, -e (11)
interesting intéressant, -e (4)
into dans (1)
invitation l'invitation f. (10)
to invite inviter (10)
it elle f., il m. (1); le, la, l' (10); y (11)
  — is c'est (B); il (elle) est (2)
Italian italien, -ienne (7); (language) l'italien m. (7)

Italy l'Italie f. (7)
its son, sa, ses (2)

jacket le blouson (3)
  ski — l'anorak m. (5)
jam la confiture (9)
January janvier m. (C)
jazz le jazz (10)
jeans le jean (3)
juice le jus (8)
July juillet m. (C)
June juin m. (C)
just: to have — (done something) venir de + inf. (13)

kilo(gram) le kilo(gramme) (9)
kind gentil, -le (12)
kitchen la cuisine (13)
knife le couteau, pl. les couteaux (14)
to know connaître; savoir (15)
  I (don't) — je (ne) sais (pas) (B)
  to — how savoir (15)

lab(oratory) le laboratoire (le labo) (11)
  language — le labo(ratoire) de langues (11)
lady la dame (2)
  ladies and gentlemen messieurs-dames (14)
  young — mademoiselle (A)
lamb: leg of — le gigot (9)
language la langue (7)
  — lab le labo de langues (11)
large grand, -e (3); gros, grosse (6)
last dernier, ière (7)
  — night hier soir (8)
late en retard (12)
later plus tard (5)
latest dernier, -ière (10)
laundry: to do the — faire la lessive (13)
lawn la pelouse (15)
lazy paresseux, -euse (6)
leaf la feuille (4)
to learn (to) apprendre (à) (8)

to leave partir (7); (a person or place) quitter (15)
  to — (behind) laisser (8)
left: to the — (of) à gauche (de) (2)
leg la jambe (12)
  — of lamb le gigot (9)
lemonade le citron pressé (E)
to lend prêter (à) (10)
lenses: contact — les lentilles (de contact) f.pl. (12)
lesson la leçon (8)
let's go! allons-y! (1)
letter la lettre (11)
  — carrier le facteur, la factrice (13)
lettuce la laitue (9)
library la bibliothèque (1)
  school — la salle de documentation (11)
light (weight) léger, -ère (15)
  to get — faire jour (5)
likable sympathique, sympa (2)
like comme (13)
  what's … —? comment est …? (2)
  what's the weather —? quel temps fait-il? (5)
to like aimer (E)
  do you — …? vous aimez …? tu aimes …? (E)
  I'd — je voudrais (12)
  I don't — je n'aime pas (E)
  I — j'aime (E)
  to — better aimer mieux (5)
  we'd — nous voudrions (12)
to listen (to) écouter (E)
liter le litre (9)
little adj. petit, -e (3); adv. peu de (9)
  a — un peu (E)
  a — (bit) of un peu de (9)
to live in/at habiter à (4)
  — in + house/apartment habiter dans (4)
living room le salon (13)
located: to be — se trouver (7)
locker le casier (11)
long long, longue (3)
  (for) a — time longtemps (8)
  (for) how —? (pour) combien de temps? (7)
longer: no — ne … plus (12)
to look (at) regarder (E;2)

to look (continued):
   to — for chercher (9)
   to — well (ill) avoir bonne (mauvaise) mine (12)
to lose perdre (10)
   to — weight maigrir (6)
lot: a — (of) beaucoup de (E;9)
lounge: teachers' — la salle des professeurs (11)
to love aimer (E;4)
   luck la chance (12)
   lucky: to be — avoir de la chance (8)
   lunch le déjeuner (8)
   to have — déjeuner (8)
   lunchroom la cantine (11)
   Luxembourg le Luxembourg (7)
   from — luxembourgeois, -e (7)

ma'am madame (A)
magazine le magazine (11)
magnificent magnifique (15)
mail carrier le facteur, la factrice (13)
main principal, -e; *pl.* principaux, -ales (14)
   — course le plat principal (14)
   — floor le rez-de-chaussée (13)
to make faire (5)
   to — an appointment prendre rendez-vous (12)
man le monsieur, *pl.* les messieurs (2); l'homme *m.* (3)
many beaucoup de (9)
   how —? combien (de)? (3)
   too — trop (de) (9)
map la carte (1)
   road — la carte routière (15)
March mars *m.* (C)
market le marché (9)
mathematics (math) les mathématiques (les maths) *f.pl.* (11)
matter:
   as a — of fact en effet (15)
   what's the — (with you)? qu'est-ce que tu as? (3); qu'est-ce qu'il y a? (8)

may:
   — I ...? je peux ...? (12)
   — I help you? vous désirez? (9)
May mai *m.* (C)
maybe peut-être (7)
me moi (B;5); me (12)
   — too moi aussi (E)
   to (for, from) — me (12)
meal le repas (7)
   enjoy your — bon appétit (14)
   fixed-price — le menu (14)
mean méchant, -e (13)
to mean: what does that —? qu'est-ce que ça veut dire? (11)
meat la viande (9)
Mediterranean Sea la mer Méditerranée (7)
medium (*meat*) à point (14)
to memorize apprendre par cœur (11)
   mention: don't — it de rien (10)
menu la carte (14)
merchant le marchand, la marchande (9)
Mexican mexicain, -e (7)
Mexico le Mexique (7)
middle school le collège (4)
midnight minuit (D)
milk le lait (E)
million un million (de) (3)
mineral water l'eau minérale *f.* (8)
minus moins (5)
minute la minute (6)
Miss mademoiselle (Mlle) (A)
mistake la faute (7)
Mom maman (2)
Monday lundi *m.* (C)
money l'argent *m.* (8)
   spending — l'argent de poche *m.* (10)
month le mois (C)
monument le monument (15)
moon la lune (5)
more plus + *adj.* (4)
   — ... than plus ... que (5)
   no — (of) ne ... plus de (9)
morning le matin (6); la matinée (8)
   good — bonjour (A)
   in the — le matin; *time* + du matin (6)

mother la mère (2)
motorbike la mobylette (la mob) (4)
motorcycle la moto (4)
   to go — riding faire de la moto (5)
mountain la montagne (1)
mousse: chocolate — la mousse au chocolat (14)
mouth la bouche (12)
movie le film (E)
   —s le cinéma (4)
   — theater le cinéma (4)
Mr. monsieur (M.) (A)
Mrs. madame (Mme) (A)
much beaucoup de (9)
   how —? combien (de)? (3)
   too — trop (de) (9)
   very — beaucoup (E)
museum le musée (4)
mushroom le champignon (9)
music la musique (10)
must: you —, we — (do something) il faut + *inf.* (5)
mustard la moutarde (9)
my mon, ma, mes (2)
   — name is je m'appelle (A)

name le nom (B)
   his (her) — is il (elle) s'appelle (A)
   my — is je m'appelle (A)
   what's your —? comment tu t'appelles? (A)
napkin la serviette (14)
narrow étroit, -e (3)
nationality la nationalité (7)
   what — are you? tu es de quelle nationalité? (7)
naughty méchant, -e (13)
near près de (4)
neat! chouette! (3)
necessary: it's — to il faut + *inf.* (5)
necklace le collier (10)
necktie la cravate (10)
to need avoir besoin de (3)
   what do you —? de quoi est-ce que vous avez besoin? (9)
neighbor le voisin, la voisine (2)

neither do I moi non plus (E)

nephew le neveu, *pl.* les neveux (2)

never jamais (5); ne … jamais (12)

new nouveau (nouvel), nouvelle; *pl.* nouveaux, nouvelles (6)

news: TV — les informations (6)

newspaper le journal, *pl.* les journaux (6)

next prochain, -e (5)

— **to** à côté de (2)

nice aimable (2); sympa(thique) (2); bien (3); gentil, -le (12)

have a — evening bonne soirée (13)

have a — trip bon voyage! (15)

it's — out il fait beau (5)

niece la nièce (2)

night la nuit (5)

good — bonne nuit (13)

last — hier soir (8)

nine neuf (C)

nineteen dix-neuf (C)

ninety quatre-vingt-dix (3)

no non (A)

— **good in** nul, -le en (11)

— **… longer** ne … plus (12)

— **more (of)** ne plus de (9)

— **one** ne … personne; personne ne … (12)

nobody personne ne … (12)

noise le bruit (13)

noisy bruyant, -e (10)

noon midi (D)

north le nord (7)

North American l'Amérique du Nord *f.* (7)

northeast le nord-est (7)

northwest le nord-ouest (7)

nose le nez (12)

not pas (5); ne … pas (1)

— **… anymore** ne … plus (12)

— **… anyone** ne … personne (12)

— **… anything** ne … rien (12)

— **at all** pas du tout (2;5)

— **bad** pas mal (A)

of course — mais non (2)

why —? pourquoi pas? (2)

notebook le cahier (B)

nothing rien ne …; ne … rien (12)

novel le roman (6)

detective — le roman policier (6)

November novembre *m.* (C)

now maintenant (3)

number le numéro (4)

nurse l'infirmier *m.*, l'infirmière *f.* (12)

—'s office l'infirmerie *f.* (11)

to obey obéir à (6)

obviously évidemment (15)

occupied occupé, -e (8)

ocean l'océan *m.* (7)

o'clock (il est) une heure, deux heures, etc. (D)

October octobre *m.* (C)

of de (B)

— **course** mais oui (2); bien sûr (5)

— **course not** mais non (2)

off:

to get — (of) *(plane, bus, etc.)* descendre de (13)

to turn — fermer (6)

to offer offrir à (10)

office le bureau, *pl.* les bureaux (4)

nurse's — l'infirmerie *f.* (11)

officer: police — l'agent de police *m.&f.* (4)

often souvent (5)

oil l'huile *f.* (14)

— **and vinegar dressing** la vinaigrette (14)

OK d'accord (1); bon! (2)

old vieux (vieil), vieille, *pl.* vieux, vieilles (6); ancien, -ienne (15)

how — are you? tu as quel âge? (3)

to be … years — avoir … ans (3)

old-fashioned démodé, -e (3)

omelette l'omelette *f.* (8)

on sur (1)

— *(day of week)* le + *day of week* (6)

to get — *(a bus, plane, etc.)* monter (dans) (13)

to turn — allumer (6)

once: — a(n) … une fois par … (8)

one un, une (C)

onion l'oignon *m.* (9)

only seulement (8); ne … que (12)

— **child** le fils (la fille) unique (2)

to open ouvrir (10)

opinion: to have an — about penser de (12)

opposite en face de (4)

optician l'opticien *m.*, l'opticienne *f.* (12)

or ou (1)

orange orange (3)

orange l'orange *f.* (8)

orangeade l'orangeade *f.* (E)

order: in — to pour + *inf.* (4)

to order commander (8)

to organize organiser (10)

other autre (8)

our notre, nos (2)

out:

to get — of *(car)* descendre de (13)

— **of style** démodé, -e (3)

over there là-bas (1)

overcoat le manteau, *pl.* les manteaux (3)

oyster l'huître *f.* (14)

Pacific Ocean l'océan Pacifique *m.* (7)

pain: to have a — in avoir mal à (12)

pal le copain, la copine (2)

pen — le correspondant, la correspondante (11)

pants le pantalon (3)

paper le papier (B)

piece of — la feuille de papier (B)

paperback le livre de poche (10)

pardon me pardon (4)

parents les parents *m.pl.* (2)

park le parc (4)

part *(in a play)* le rôle (4)

party la boum (10)

to pass passer (14)

— **me …** passe-moi … (14)

to — a test réussir un examen (12)

pastry la pâtisserie (9)
  — **chef** le pâtissier, la pâtissière (9)
  — **shop** la pâtisserie (9)
  — **shop owner** le pâtissier, la pâtissière (9)
pâté le pâté (9)
patient patient, -e (13)
patiently patiemment (15)
to **pay attention (to)** faire attention (à) (14)
peach la pêche (9)
pear la poire (9)
peas les petits pois *m.pl.* (9)
pen le stylo (1)
  felt-tip — le feutre (1)
pencil le crayon (B)
pen pal le correspondant, la correspondante (11)
people on (1); les gens *m.pl.* (9); le monde (9)
pepper le poivre (9)
per le/la + *measure* (9)
perfect parfait, -e (10)
perfume le parfum (10)
perhaps peut-être (7)
person la personne (15)
pet la bête (13)
phone le téléphone (E)
  on the — au téléphone (E)
to **phone** téléphoner (à) (9)
photograph la photo (2)
  in the — sur la photo (2)
physical education l'éducation physique (et sportive) (l'E.P. S.) (11)
physics la physique (11)
piano le piano (10)
pie la tarte (9)
  apple — la tarte aux pommes (9)
piece le morceau, *pl.* les morceaux (9)
  — **of bread and butter** la tartine (8)
  — **of paper** la feuille de papier (B)
pig le cochon (15)
pink rose (3)
pizza la pizza (E)
place l'endroit *m.* (15)
to **place** mettre (14)

placemat le set (14)
place setting le couvert (14)
plan le projet (15)
plane l'avion *m.* (7)
plate l'assiette *f.* (14)
play *(theater)* la pièce (4)
to **play** jouer (4)
  to — *(musical instrument)* jouer de (10)
  to — *(sport or game)* jouer à (5)
  to — sports faire du sport (6)
player le joueur, la joueuse (6)
playing field le terrain de sport (6)
pleasant agréable (8)
please s'il te (vous) plaît (B)
pleased content, -e (8)
P.M. de l'après-midi; du soir (6)
pocket money l'argent de poche *m.* (10)
poem le poème (11)
police officer l'agent de police *m.&f.* (4)
polite poli, -e (2)
politely poliment (15)
pool: swimming — la piscine (1)
poor pauvre (2)
pork: roast — le rôti de porc (9)
possible possible (12)
post card la carte postale (11)
poster l'affiche *f.* (B)
post office la poste (1)
potato la pomme de terre, *pl.* les pommes de terre (9)
to **prefer** aimer mieux (5); préférer (9)
to **prepare** préparer (8)
present présent, -e (12)
present le cadeau, *pl.* les cadeaux (10)
pretty joli, -e (2); + *adj./adv.* assez (8)
principal le principal, la principale *(collège)* (11)
problem le problème (11)
program *(TV or radio)* l'émission *f.* (6)
progress: to make — faire des progrès (11)
to **promise** promettre à … de + *inf.* (14)
to **pronounce** prononcer (11)

to **propose** *(to someone to do something)* proposer à … de + *inf.* (15)
Provence: of (from) — provençal, -e; *pl.* provençaux, -ales (14)
province la province (7)
pupil l'élève *m.&f.* (A)
purple violet, violette (3)
purse le sac (10)
to **put** mettre (14)
  to — on *(clothing)* mettre (14)
  to — on weight grossir (6)

quarter:
  — **hour** le quart d'heure (6)
  — **past** *time* + et quart (D)
  — **to** *time* + moins le quart (D)
Quebec le Québec (7)
Quebecois québécois, -e (7)
question la question (11)
  to ask a — poser une question (11)
quiche lorraine la quiche lorraine (14)
quick rapide (4)
  —! vite! (1)
quickly vite (7)
quite assez + *adj./adv.* (8)
quiz l'interrogation (l'interro) *f.* (11)

rabbit le lapin (13)
radio la radio (E)
  — **program** l'émission *f.* (6)
railroad station la gare (1)
rain la pluie (5)
to **rain** pleuvoir (5)
  it's —ing il pleut (5)
raincoat l'imperméable (l'imper) *m.* (5)
rare *(meat)* saignant, -e (14)
rather assez + *adj./adv.* (8)
rats! zut! (5)
to **read** lire (E;11)
really vraiment (7)
recent récent, -e (15)
recess la récréation (la récré) (11)
to **recognize** reconnaître (15)
record le disque (E)
  — **player** le tourne-disque (10)

recorder:
  cassette — le magnétophone à cassettes (1)
  tape — le magnétophone (1)
red rouge (3)
  to turn — rougir (6)
redheaded roux, rousse (12)
to refuse (to) refuser (de) (14)
to remain rester (4)
to reply (to) répondre (à) (10)
restaurant le restaurant (4)
restroom les toilettes *f.pl.* (13)
to return rentrer (4); *(something)* rendre (10); retourner (13); revenir (13)
rice le riz (9)
rich riche (2)
riding: to go bike (motorcycle) — faire du vélo (de la moto) (5)
right:
  I'll be — there j'arrive (13)
  — away tout de suite (8)
  that's — c'est ça (2)
  to be — avoir raison (3)
  to the — (of) à droite (de) (2;4)
ring la bague (10)
to ring: the bell's —ing ça sonne (11)
river le fleuve (15)
road la route (15)
  — map la carte routière (15)
roast le rôti (9)
  — beef le rosbif (9)
  — pork le rôti de porc (9)
  — veal le rôti de veau (9)
rock *(music)* le rock (10)
role le rôle (4)
room la chambre (13); la pièce (13)
rooster le coq (15)
rosé (wine) le vin rosé (14)

sad triste (2)
to sail: to go —ing faire de la voile (5)
sailboat le bateau à voiles, *pl.* les bateaux à voiles (5)
salad la salade (14)
salesperson le vendeur, la vendeuse (3)
salt le sel (9)
same même (8)

it's all the — to me bof! (5); ça m'est égal (12)
sandwich le sandwich, *pl.* les sandwichs (E)
Saturday samedi *m.* (C)
sauce la sauce (14)
saucer la soucoupe (14)
sausage le saucisson (9)
to say dire (11)
  how do you — ...? comment dit-on ...? (11)
  people (they) — that ... on dit que ... (11)
  —! tiens! (10); dis donc! (11)
to scare faire peur à (13)
scarf l'écharpe *f.* (5)
schedule *(class)* l'emploi du temps *m.* (11)
school l'école *f.* (1)
  high — le lycée (4)
  middle — le collège (4)
science les sciences *f.pl.* (11)
to score a goal marquer un but (6)
sea la mer (7)
— season la saison (C)
  in what —? en quelle saison? (5)
second deuxième (13)
to see voir (15)
  — you (Monday) à (lundi) (C)
  — you soon à bientôt (A)
  — you tomorrow à demain (A)
selfish égoïste (2)
to sell vendre (10)
sentence la phrase (11)
September septembre *m.* (C)
serious sérieux, -euse (11)
to serve servir (7)
to set mettre (14)
  to — the table mettre le couvert (14)
seven sept (C)
seventeen dix-sept (C)
seventy soixante-dix (D;3)
several quelques (9); plusieurs (10)
shape: to be in — être en forme (12)
she elle (1)
sheep le mouton (15)
shirt la chemise (3)
shoe la chaussure (3)
  tennis — le tennis, *pl.* les tennis (3)

shop la boutique (10)
to shop faire des courses (5)
shopkeeper le marchand, la marchande (9)
shopping; to go — faire des courses (5)
short court, -e (3); petit, -e (3)
shorts le short (5)
to show montrer (10)
shrimp la crevette (14)
shy timide (2)
sick malade (12)
sidewalk café la terrasse (d'un café) (8)
to sightsee faire du tourisme (15)
sincere sincère (2)
to sing chanter (E)
singer le chanteur, la chanteuse (4)
sir monsieur (A); *pl.* messieurs (2)
sister la sœur (2)
six six (C)
sixteen seize (C)
sixty (61, 62, etc.) soixante (soixante et un, soixante-deux, etc.) (D)
ski le ski (5)
  — boot la chaussure de ski, *pl.* les chaussures de ski (5)
  — jacket l'anorak *m.* (5)
to ski faire du ski (5)
  to water- — faire du ski nautique (5)
skinny maigre (6)
skirt la jupe (3)
sky le ciel (5)
slacks le pantalon (3)
to sleep dormir (E)
sleepy: to be — avoir sommeil (3)
slender maigre (6)
slice la tranche (9)
  — of bread and butter la tartine (8)
slow lent, -e (4)
slowly lentement (7)
small petit, -e (3)
smart calé, -e (2)
to smell: that —s good (bad) ça sent bon (mauvais) (14)
smile le sourire (12)
snack: afternoon — le goûter (8)
snail l'escargot *m.* (14)

snobbish snob (2)
snow la neige (5)
to snow neiger (5)
so alors (1); si + *adj./adv.* (8); donc (10)
soap opera le feuilleton (6)
soccer le football (le foot) (E)
— ball le ballon (6)
sock la chaussette (3)
some des (1); de l', de la, du (8); en (14)
someone quelqu'un (11)
something quelque chose (8)
— to eat (drink) quelque chose à manger (boire) (13)
sometimes quelquefois (5)
son le fils, *pl.* les fils (2)
song la chanson (4)
soon bientôt (5)
see you — à bientôt (A)
sore: to have a — ... avoir mal à ... (12)
sorry désolé, -e (3)
so-so comme ci, comme ça (A)
south le sud (7)
southeast le sud-est (7)
southwest le sud-ouest (7)
souvenir le souvenir (15)
Spain l'Espagne *f.* (7)
Spanish espagnol, -e; l'espagnol *m.* (7)
to speak parler (E)
spectator le spectateur, la spectatrice (6)
to spend *(time)* passer (7)
spending money l'argent de poche *m.* (10)
spicy épicé, -e (14)
spinach les épinards *m.pl.* (9)
spoon la cuillère (14)
sports: to play — faire du sport (6)
spot l'endroit *m.* (15)
spring le printemps (C)
in the — au printemps (5)
square la place (4)
stadium le stade (4)
stairs, staircase l'escalier *m.* (13)
stamp le timbre (11)
star l'étoile *f.* (5)
statue la statue (15)

to stay rester (4)
steak le bifteck (9)
stern sévère (2)
stew:
fish — la bouillabaisse (14)
veal — la blanquette de veau (14)
still toujours (6)
stingy avare (8)
store le magasin (3)
story l'histoire *f.* (11); *(of a building)* l'étage *m.* (13)
straight raide (12)
— ahead tout droit (4)
street la rue (4)
strict sévère (2)
student l'élève *m.&f.* (A)
high-school — le lycéen, la lycéenne (11)
to study étudier (E)
study hall la salle de permanence (11)
to be in — être en perm (11)
stupid bête (2)
style:
in — à la mode (3)
out of — démodé, -e (3)
stylish à la mode (3); chic (3)
subject *(school)* la matière (11)
suddenly tout à coup (15)
sugar le sucre (8)
to suggest *(to someone that he/she do something)* proposer (à ... de + *inf.*) (15)
suitcase la valise (15)
summer l'été *m.* (C)
every — tous les étés (7)
in the — en été (5)
— camp la colonie de vacances (15)
sun le soleil (5)
Sunday dimanche *m.* (C)
sunglasses les lunettes de soleil *f.pl.* (15)
sunny: it's — il fait du soleil (5)
supermarket le supermarché (9)
sure sûr, -e (15)
sweater le pull (3)
sweet: to have — dreams faire de beaux rêves (13)
to swim nager (12)

swimming pool la piscine (1)
Swiss suisse (7)
Switzerland la Suisse (7)

table la table (1)
to clear the — débarrasser la table (14)
to set the — mettre le couvert (14)
tablecloth la nappe (14)
to take prendre (8)
how much time does it — to ...? ça prend combien de temps pour ... ? (14)
— this! tiens! (10)
to — *(a school subject)* faire de (11)
to — a test passer un examen (12)
to — a trip faire un voyage (5)
to — attendance faire l'appel (12)
to — a walk faire une promenade (15)
to — time prendre du temps (14)
to talk parler (E)
to — on the phone parler au téléphone (E)
tall grand, -e (3)
tape la bande (1)
— recorder le magnétophone (1)
to taste goûter à (14)
taxi le taxi (4)
tea le thé (E)
to teach enseigner (11)
teacher le professeur (A); le/la prof (B)
—s' lounge la salle des professeurs (11)
team l'équipe *f.* (6)
telephone le telephone (E)
to talk on the — parler au téléphone (E)
to telephone téléphoner à (9)
television la télé (E)
to tell dire (à) (11)
— me dis-moi (11)
ten dix (C)
tennis le tennis (E)
— shoe le tennis, *pl.* les tennis (3)
terrific chouette (e)
test l'examen *m.* (B)
to fail a — rater un examen (12)

test (continued):
    to pass a — réussir un examen (12)
    to take a — passer un examen (12)
than que (5)
to thank (for) remercier (pour) (10)
thank you merci (A)
that ce (cet), cette (6); *(emphatic)* ce (cet), cette + noun + -là (6); ça (9); que (11;15)
    —'s c'est (A)
the le, la, l' (B); les (1)
theater le théâtre (4)
    movie — le cinéma (4)
their leur, leurs (2)
them eux; elles (5); les (10)
    to (for, from) — leur (11)
then alors (1); donc (10)
there là (2); y (11)
    I'll be right — j'arrive (13)
    over — là-bas (1)
    — is (are) voilà (B); il y a (3)
    — isn't (aren't) il n'y a pas de (3)
these ces (6); *(emphatic)* ces + noun + -ci (6)
    — are ce sont (1)
they elles; ils; on (1); eux (5)
thin maigre (6)
    to get — maigrir (6)
thing la chose (8)
    how are —s? ça va? (A)
    —s are fine ça va bien (A)
    —s aren't so good ça ne va pas (ça va mal) (A)
to think penser (10)
    to — about penser à (10)
    to — of *(opinion)* penser de (12)
    to — so (not) penser que oui (non) (10)
third troisième (13)
thirsty: to be avoir soif (3)
thirteen treize (C)
thirty (31, 32, etc.) trente (trente et un, trente-deux, etc.) (C)
    6:30 six heures et demie (D)
this ce (cet), cette (6); *(emphatic)* ce (cet), cette + noun + -ci (6)
those ces (6); *(emphatic)* ces + noun + -là (6)

— are ce sont (1)
thousand mille (3); *(in dates)* mil (13)
three trois (C)
throat la gorge (12)
    to have a sore — avoir mal à la gorge (12)
Thursday jeudi *m.* (C)
ticket le billet (15)
tie la cravate (10)
tie *(game)* match nul (6)
time l'heure *f.* (D;4); le temps (8); la fois (8)
    at what —? à quelle heure? (4)
    do you have the —? vous avez l'heure? (4)
    (for) a long — longtemps (8)
    how much — does it take to ...? ça prend combien de temps pour ...? (14)
    on — à l'heure (12)
    one — per ... une fois par (8)
    to have — to *(do something)* avoir le temps de + *inf.* (8)
    to take — prendre du temps (14)
    what — is it? quelle heure est-il? (D)
tip le pourboire (8)
    the — is included le service est compris (8)
tired fatigué, -e (6)
to à (C;1); chez (1); jusqu'a (4); en (7)
    — someone's house or business chez (1)
today aujourd'hui (C)
    — is c'est aujourd'hui (C)
together ensemble (8)
toilet les toilettes *f.pl.* (13)
tomato la tomate (9)
tomorrow demain (5)
    see you — à demain (A)
tonight ce soir (3)
too aussi (E); trop (3)
    that's — bad c'est dommage (3)
    — much (many) trop de (9)
tooth la dent (12)
    to have a —ache avoir mal aux dents (12)
tote bag le sac (15)
tour bus le car (15)

tourist le/la touriste (4)
    — office le bureau de tourisme (15)
toward vers (6)
tower la tour (15)
town la ville (1)
    in — en ville (1)
train le train (4)
    — station la gare (1)
travel agency l'agence de voyages *f.* (7)
tree l'arbre *m.* (4)
tremendous formidable (2)
trip le voyage (5)
    have a nice — bon voyage! (15)
    to take a — faire un voyage (5)
true vrai, -e (11)
truly vraiment (7)
truth la vérité (11)
T-shirt le tee-shirt (3)
Tuesday mardi *m.* (C)
to turn tourner (4)
    to — off fermer (6)
    to — on allumer (6)
    to — red rougir (6)
TV la télé (E)
    — news les informations *f.pl.* (6)
    — program l'émission *f.* (6)
twelve douze (C)
twenty (21, 22, etc.) vingt (vingt et un, vingt-deux, etc.) (C)
two deux (C)

ugly moche (3)
uh ... euh ... (2)
umbrella le parapluie (15)
uncle l'oncle *m.* (2)
uncomfortable peu confortable (13)
under sous (1)
to understand comprendre (8)
    I (don't) — je (ne) comprends (pas) (B)
unfortunately malheureusement (13)
unhappy triste (2)
United States les Etats-Unis *m.pl.* (7)
unknown inconnu, -e (4)
unlucky: to be — ne pas avoir de chance (8)

unoccupied libre (8)
unpleasant désagréable (2)
until jusqu'à (8)
up to jusqu'à (4)
   to come/go — monter (13)
us nous (5)
   to (for, from) — nous (12)
usually d'habitude (6)

vacation les vacances *f.pl.* (7)
   Christmas — les vacances de
     Noël (7)
   on — en vacances (7)
   to spend a — passer des vacances
     (7)
   to take a — prendre des vacances
     (8)
vanilla *(made with)* à la vanille (14)
veal:
   roast — le rôti de veau (9)
   — stew la blanquette de veau (14)
vegetable le légume (9)
very très (A)
   — much beaucoup (E)
view (of) la vue (sur) (15)
village le village (13)
vinegar le vinaigre (14)
   oil and — dressing la vinaigrette
     (14)
visit la visite (15)
to visit *(someone)* faire une visite à (5);
   (a place) visiter (15)
volleyball le volleyball (le volley)
   (E)

to wait (for) attendre (10)
   waiter le serveur; le garçon (8)
   waitress la serveuse (8)
   walk: to take a — faire une
     promenade (14)
to walk aller à pied (4); marcher (12)
   Walkman le baladeur (10)
   wallet le portefeuille (10)
to want vouloir (12)
   if you — si tu veux (12)
   wastebasket la corbeille (1)
   watch la montre (10)

to watch regarder (E)
   water: mineral — l'eau minérale *f.*
     (8)
to water-ski faire du ski nautique (5)
   way: by — of par (4)
   we nous; on (1)
to wear porter (5)
   to be —ing être en + *clothing* (3)
   weather le temps (5)
   it's nice — il fait beau (5)
   what's the — like? quel temps
     fait-il? (5)
Wednesday mercredi *m.* (C)
week la semaine (C)
weekend le week-end (12)
weight:
   to gain — grossir (6)
   to lose — maigrir (6)
welcome: you're — je vous en prie
   (4); je t'en prie (10)
well bien (A); tiens! (10)
   to be/feel — aller bien (12)
   to look — avoir bonne mine (12)
   — ... eh bien (A)
   — done *(meat)* bien cuit (14)
   — done! bravo! (6)
   —, OK! bon! (2)
west l'ouest *m.* (7)
western *(movie)* le western (6)
what? quel, quelle? (C;6); qu'est-ce
   qui (1;15); qu'est-ce que?
   (3;15) à quoi? (6); de quoi?
   (9); que? (15)
   —!? quoi?! (14)
   —?! ça alors! (12)
   — a(n) ...! quel(le) ...! (6)
   — is it? qu'est-ce qu c'est? (B)
when quand (5)
where? où? (B;1)
   from — d'où (7)
which? quel, quelle, quels, quelles
   (6)
while pendant que (5)
white blanc, blanche (3)
who? qui? (1); qui est-ce qui? (15)
   —'s that? qui est-ce? (A)
whom qui (5); qui est-ce que? (15)
whose? à qui? (5)
why? pourquoi? (2)

   — not? pourquoi pas? (2)
wide large (3)
wife la femme (2)
willing: to be — vouloir bien (12)
to win gagner (6)
wind le vent (5)
window la fenêtre (B)
windy: it's — il fait du vent (5)
wine le vin (14)
   chicken cooked in — le coq au
     vin (14)
winter l'hiver *m.* (C)
   in the — en hiver (5)
wish: if you — si tu veux (12)
with avec (1)
without sans (7;13)
woman la femme (3)
word la parole (10); le mot (11)
work le travail (13)
to work travailler (E)
worried inquiet, -iète (12)
to write écrire (11)
wrong faux, fausse (11); incorrect, -e
   (11)
   to be — avoir tort (3)
   what's —? qu'est-ce qui ne vas
     pas? (12)

year l'année *f.* (C); l'an *m.* (7)
   every — tous les ans (7)
   to be ... —s old avoir ... ans (3)
yellow jaune (3)
yes oui (A); si (5)
   oh, —! mais si (5)
yesterday hier (8)
   — morning (afternoon, evening)
     hier matin (après-midi, soir)
     (8)
yogurt le yaourt (9)
you toi (A;5); vous (A;1;5); tu (1)
   to (for, from) — te; vous (12)
young jeune (6)
your ton, ta, tes (2); votre, vos (2)
   what's — name? comment tu
     t'appelles? (A)

zero zéro (C)

INDEX

Most structures are presented first in conversational contexts and explained later. The numbers in bold refer to pages where structures are explained or highlighted. Other numbers refer to pages where material is initially presented or where it is elaborated upon after explanation.

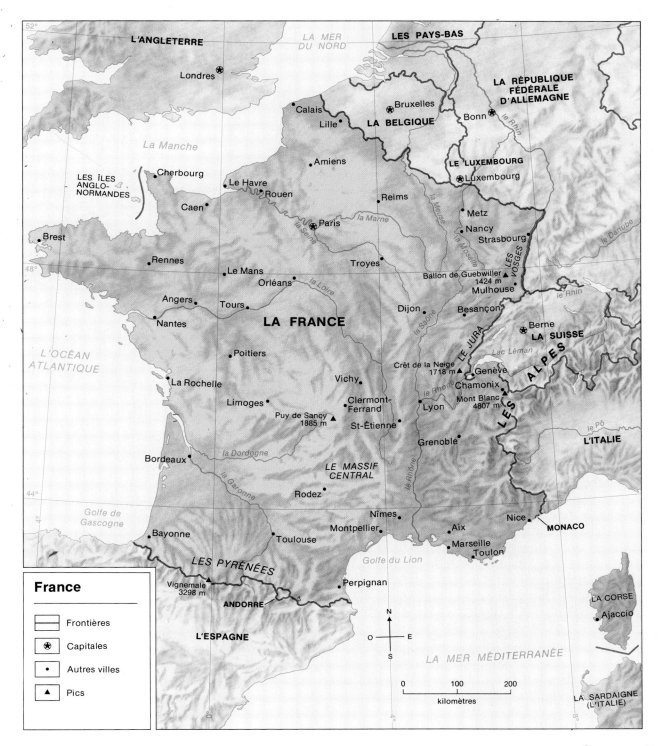

France

	Frontières
⊛	Capitales
•	Autres villes
▲	Pics

52°

L'ANGLETERRE

LA MER DU NORD

LES PAYS-BAS

Londres ⊛

Calais

Lille

Bruxelles ⊛

LA BELGIQUE

LA RÉPUBLIQUE FÉDÉRALE D'ALLEMAGNE

Bonn

le Rhin

Amiens

LE LUXEMBOURG

Luxembourg ⊛

LES ÎLES ANGLO-NORMANDES

Cherbourg

Le Havre

Rouen

Reims

Metz

Nancy

Strasbourg

La Manche

Caen

la Seine

la Marne

la Meuse

la Moselle

le Danube

Paris ⊛

Brest

48°

Rennes

Le Mans

Troyes

Ballon de Guebwiller 1424 m

LES VOSGES

le Rhin

Orléans

la Loire

Mulhouse

Angers

Tours

LA FRANCE

Dijon

Besançon

Nantes

la Saône

Berne ⊛

LA SUISSE

L'OCÉAN ATLANTIQUE

Poitiers

Lac Léman

LE JURA

LES ALPES

La Rochelle

Vichy

Crêt de la Neige 1718 m ▲

Genève

Limoges

Clermont-Ferrand

Chamonix

Puy de Sancy 1885 m ▲

St-Étienne

Lyon

le Rhône

Mont Blanc 4807 m

Bordeaux

la Dordogne

LE MASSIF CENTRAL

Grenoble

44°

Rodez

le Pô

L'ITALIE

Golfe de Gascogne

Nîmes

Nice

Bayonne

Montpellier

Aix

MONACO

Toulouse

Marseille

Toulon

LES PYRÉNÉES

Vignemale 3298 m ▲

Golfe du Lion

Perpignan

LA CORSE

Ajaccio

ANDORRE

N

O   E

S

LA MER MÉDITERRANÉE

L'ESPAGNE

0   100   200

kilomètres

LA SARDAIGNE (L'ITALIE)

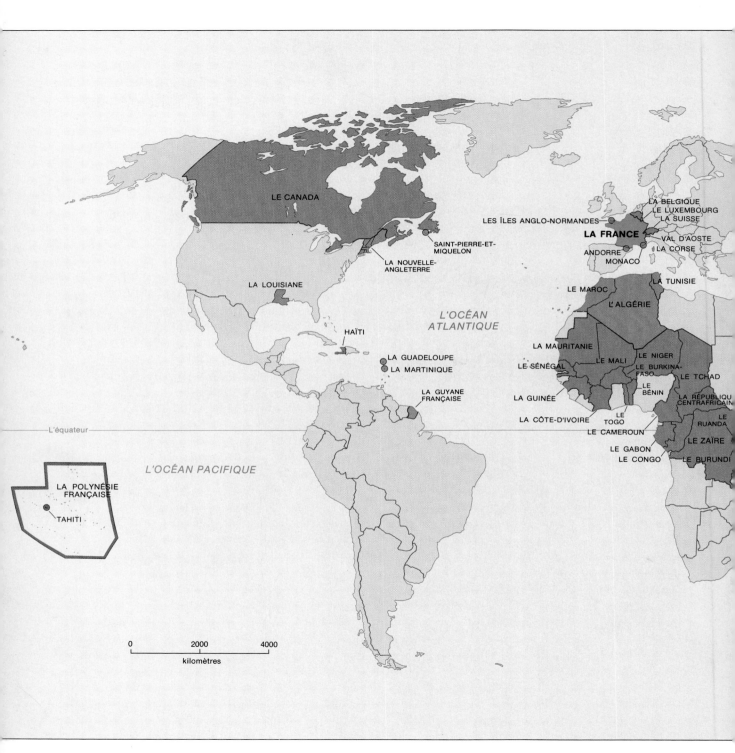

LE CANADA

LES ÎLES ANGLO-NORMANDES

SAINT-PIERRE-ET-
MIQUELON

LA NOUVELLE-
ANGLETERRE

LA LOUISIANE

HAÏTI

L'OCÉAN
ATLANTIQUE

LA GUADELOUPE
LA MARTINIQUE

LA GUYANE
FRANÇAISE

L'équateur

L'OCÉAN PACIFIQUE

LA POLYNÉSIE
FRANÇAISE

TAHITI

LA BELGIQUE
LE LUXEMBOURG
LA SUISSE

LA FRANCE
VAL D'AOSTE
LA CORSE
ANDORRE
MONACO

LE MAROC
LA TUNISIE

L'ALGÉRIE

LA MAURITANIE
LE NIGER
LE MALI
LE SÉNÉGAL
LE BURKINA-
FASO
LE TCHAD
LE BÉNIN
LA GUINÉE
LA RÉPUBLIQU
CENTRAFRICAIN
LA CÔTE-D'IVOIRE
LE
TOGO
LE RUANDA
LE CAMEROUN
LE ZAÏRE
LE GABON
LE BURUNDI
LE CONGO

0   2000   4000

kilomètres

552   Cartes

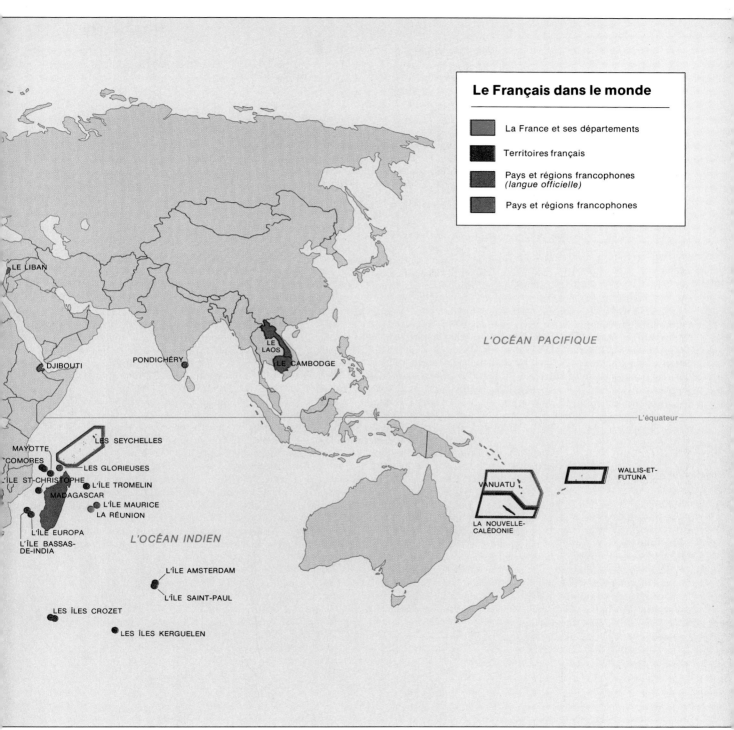

Le Français dans le monde

La France et ses départements

Territoires français

Pays et régions francophones
(langue officielle)

Pays et régions francophones

L'OCÉAN PACIFIQUE

LE LIBAN

DJIBOUTI

PONDICHÉRY

LE
LAOS

LE CAMBODGE

L'équateur

LES SEYCHELLES

MAYOTTE

COMORES

LES GLORIEUSES

L'ÎLE ST-CHRISTOPHE

L'ÎLE TROMELIN

MADAGASCAR

L'ÎLE MAURICE

LA RÉUNION

L'ÎLE EUROPA

L'OCÉAN INDIEN

L'ÎLE BASSAS-
DE-INDIA

L'ÎLE AMSTERDAM

L'ÎLE SAINT-PAUL

LES ÎLES CROZET

LES ÎLES KERGUELEN

VANUATU

WALLIS-ET-
FUTUNA

LA NOUVELLE-
CALÉDONIE

ACKNOWLEDGMENTS

Illustrations

Istvan Banyai, Diane Bennett, Eldon Doty, Len Ebert, Lisa Egeli, Allen Eitzen, Celeste Henriquez, Linda Kellen, Carl Koch, Dennis Schofield, Steven Shindler, Suzanne Snyder, Ed Taber, Tito, George Ulrich, Gary Undercuffler, Justin Wager, John Yossi. **Cartoons:** 219(tc), ASTERIX. © 1989 Les éditions Albert René/Goscinny-Uderzo; 219(b), LUCKY LUKE, © Dargaud Paris 1972 by Morris. With permission Dargaud Editeur; 220, TINTIN, Hergé Casterman.

Photos

Positions of photographs are shown in abbreviated form as follows: top(t), bottom(b), center(c), left(l), right(r), insert(INS). Unless otherwise acknowledged, all photos are the property of Scott, Foresman and Company.

ii/iii, Eduardo Aparicio; v, Eduardo Aparicio; vi, Stuart Cohen/COMSTOCK INC.; vii, Peter Gonzalez; viii, Peter Gonzalez; ix, Peter Gonzalez; x, Eduardo Aparicio; xi, Walter S. Clark, Jr.; xii/xiii, Owen Franken; xiv, Owen Franken; xv, Owen Franken; xvi, Helena Kolda; xvi/xvii, Walter S. Clark, Jr.; 1, Stuart Cohen/COMSTOCK INC.; 5, Stuart Cohen/COMSTOCK INC.; 6, Stuart Cohen/COMSTOCK INC.; 7, Stuart Cohen/COMSTOCK INC.; 11(t), Peter Gonzalez; 11(b), Owen Franken; 15, Owen Franken; 16, Dorka Raynor; 21, Mark Antman/The Image Works; 29, Mark Antman/The Image Works; 31, Beryl Goldberg; 32, David & Linda Phillips; 33(l), Owen Franken; 33(tr), Eduardo Aparicio; 33(br), Owen Franken; 36, Richard Lucas/The Image Works; 37(l), © David Black 1988; 37(r), © David Black 1988; 40, Owen Franken; 41(l), Owen Franken; 41(r), Owen Franken; 42, Owen Franken; 43, Peter Gonzalez; 46, Joe Viesti; 47, Courtesy SIC-Pet; 48(l), Peter Gonzalez; 48(r), Owen Franken; 49(t), Stuart Cohen/COMSTOCK INC.; 49(b), Beryl Goldberg; 53, Stuart Cohen/COMSTOCK INC.; 56, Walter S. Clark, Jr.; 57, Courtesy Louisiana Tourist Bureau; 59, Ken Ross/Viesti Associates; 60, Courtesy SIC Pet; 63, Owen Franken; 65, Owen Franken; 69(l), Owen Franken; 69(r), IPA/The Image Works; 71, Ronald Greer/TravelStock; 72, Stuart Cohen/COMSTOCK INC.; 76, David Schaefer; 77, Keith Fry; 80, Mark Antman/The Image Works; 81, Courtesy Nicole Dicop-Hineline; 82, Owen Franken; 83, Owen Franken; 87(t), Stuart Cohen/COMSTOCK INC.; 87(b), Joe Viesti; 90, Eduardo Aparicio; 91(l), Ken Ross/Viesti Associates; 91(r), Hubert LeCampion/ANA/Viesti Associates; 98, Courtesy Nicole Dicop-Hineline; 99, Owen Franken; 102, David & Linda Phillips; 106, John Henebry; 107, Peter Gonzalez; 111, Helena Kolda; 113, Mark Antman/The Image Works; 114, Owen Franken; 115, Chip & Rosa Maria de la Cueva Peterson; 118, Stuart Cohen/COMSTOCK INC.; 120, Ronald Greer/TravelStock; 121, Owen Franken; 123, David & Linda Phillips; 124, Owen Franken; 126, Stuart Cohen/COMSTOCK INC.; 134, Owen Franken; 138, Helena Kolda; 139, Owen Franken; 144(l), Owen Franken; 144(r), Chip & Rosa Maria de la Cueva Peterson; 145, Owen Franken; 147, Walter S. Clark, Jr.; 151, Owen Franken; 152, Walter S. Clark, Jr.; 153, Ken Ross/Viesti Associates; 155, Ken Ross/Viesti Associates; 156(t), Ken Ross/Viesti Associates; 156(b), Walter S. Clark, Jr.; 157, Ken Ross/Viesti Associates; 159(l), Owen Franken; 159(r), Ken Ross/Viesti Associates; 163, Stuart Cohen/COMSTOCK INC.; 166, Keith Fry; 170, A. Henning/ANA/Viesti Associates; 171, DeHenning/ANA/Viesti Associates; 177, Mark Antman/The Image Works; 180, Hubert LeCampion/ANA/Viesti Associates; 182, Jean-Guy Jules/ANA/Viesti Associates; 183, Mark Antman/The Image Works; 186, Michelangelo Durazzo/ANA/Viesti Associates; 189(tl), Peter Gonzalez; 189(tr), Peter Gonzalez; 189(b), David & Linda Phillips; 190, Owen Franken; 191, Mark Antman/The Image Works; 192, Walter S. Clark, Jr.; 193, Suzanne J. Englemann; 196, Philippe Gontier/The Image Works; 200, Alain Argentin/Gamma-Liaison; 201, Alain Argentin/Gamma-Liaison; 207, Owen Franken; 210, Beryl Goldberg; 212(t), Owen Franken; 212(b), Peter Gonzalez; 221, Eduardo Aparicio; 223, Ken Ross/Viesti Associates; 224, Eduardo Aparicio; 225, SIPA Press; 226, Colorsport/SIPA Press; 230, Stuart Cohen/COMSTOCK INC.; 231, Ken Ross/Viesti Associates; 235, Eduardo Aparicio; 237, Suzanne J. Engelmann; 238, Peter Gonzalez; 244, Robert Frerck/Odyssey Productions, Chicago; 246, Helena Kolda; 249, Stuart Cohen/COMSTOCK INC.; 251, Michelangelo Durazzo/ANA/Viesti Associates; 252, Ric Ergenbright; 253, David Schaefer; 254, Reprinted by permission of United Feature Syndicate, Inc.; 258, Beryl Goldberg; 259, Owen Franken; 263, Peter Gonzalez; 264, Philippe Gontier/The Image Works; 266, Chip & Rosa Maria de la Cueva Peterson; 270, Helena Kolda; 277, Stuart Cohen/COMSTOCK INC.; 279, Owen Franken; 284(l), Keith Fry; 284(r); Thomas Craig/Lightwave; 288, Owen Franken; 289, Owen Franken; 295, Eduardo Aparicio; 298, David R. Frazier

Photolibrary; 300, Owen Franken; 305(l), Helena Kolda; 305(r), Owen Franken; 307(l), Robert Frerck/Odyssey Productions, Chicago; 307(r), Owen Franken; 308, Peter Gonzalez; 310, Peter Gonzalez; 312, Milt & Joan Mann/Cameramann International, Ltd.; 316, Owen Franken; 317, Eduardo Aparicio; 321, Chip & Rosa Maria de la Cueva Peterson; 322, Peter Gonzalez; 323(l), Ken Ross/Viesti Associates; 323(r), Owen Franken; 325, Owen Franken; 328, Eduardo Aparicio; 331, Ken Ross/Viesti Associates; 335, Chip & Rosa Maria de la Cueva Peterson; 337(l), Beryl Goldberg; 337(r), Owen Franken; 341, David R. Frazier Photolibrary; 342, Peter Gonzalez; 346, Owen Franken; 347, Eduardo Aparicio; 350, David & Linda Phillips; 353(t), Philippe Gontier/The Image Works; 353(b), Richard Lucas/The Image Works; 356, David & Linda Phillips; 358, Owen Franken; 360, David & Linda Phillips; 362, David R. Frazier Photolibrary; 365(t), Ken Ross/Viesti Associates; 365(c), Beryl Goldberg; 365(b), Peter Gonzalez, 369(l), Ken Ross/Viesti Associates; 369(r), Peter Gonzalez; 372, Owen Franken; 376, Joe Viesti; 377, Keith Fry; 383, Owen Franken; 392, Irene Barki; 394, Hubert LeCampion/ANA/Viesti Associates; 395(t), Eduardo Aparicio; 395(c), John Henebry; 395(b), Richard Lucas/The Image Works; 396(t), Eduardo Aparicio; 396(b), Claire Parry/The Image Works; 397, Owen Franken; 398, Peter Gonzalez; 400, Eduardo Aparicio; 403, Richard Lucas/The Image Works; 405(t), Stuart Cohen/COMSTOCK INC.; 405(b), David R. Frazier Photolibrary; 406, Joe Viesti; 410, Peter Gonzalez; 411, Giraudon/Art Resource, NY; 417(l), Suzanne J. Engelmann; 417(r), Eduardo Aparicio; 418, David & Linda Phillips; 422, Ken Ross/Viesti Associates; 426, John Henebry; 427, Chip & Rosa Maria de la Cueva Peterson; 430, John Henebry; 431, Eduardo Aparicio; 433, John Henebry; 435, Ken Ross/Viesti Associates; 436(t), Walter S. Clark, Jr.; 436(b), Ronald Greer/TravelStock; 437(l), John Henebry; 437(r), John Henebry; 438, Eduardo Aparicio; 442, Helena Kolda; 443, IPA/The Image Works; 447, Owen Franken; 449, Peter Gonzalez; 451, Joe Viesti; 456, Helena Kolda; 457, Helena Kolda; 464, Walter S. Clark, Jr.; 465(t), Walter S. Clark, Jr.; 465(b); Owen Franken; 467(l), Jean S. Buldain/Berg & Associates; 467(r), Walter S. Clark, Jr.; 468, Peter Gonzalez; 471, Chip & Rosa Maria de la Cueva Peterson; 473, Ken Ross/Viesti Associates; 476, Suzanne J. Engelmann; 477, Suzanne J. Engelmann; 481, Owen Franken; 482, Peter Gonzalez; 483, Peter Gonzalez; 485, Peter Gonzalez; 489, Helena Kolda; 493, Owen Franken; 495, John Henebry; 497, Walter S. Clark, Jr.; 499, Walter S. Clark, Jr.; 501, Peter Gonzalez; 502, Ronald Greer/TravelStock; 507, Lauros-Giraudon/Art Resource, NY.